古代世界の呪詛板と呪縛呪文

Curse Tablets and Binding Spells from the Ancient World

ジョン・G・ゲイジャー 編
J. G. Gager

志内一興 訳
Kazuoki Shiuchi

京都大学学術出版会

Curse Tablets and Binding Spells from the Ancient World

First Edition was originally published in English in 1992.

This translation is published by arrangement with Oxford University Press.

目次

凡例

いろは　訳文中、古代の史料からの引用文は、全て太字で表示される

＊　＊（アステリスク）は、それの付された「神秘的文言《ウォケス・ミュスティカエ》 *voces mysticae*」が、巻末の「特殊用語解説」で論じられていることを示している。

イァオ　すべての一般的ではない単語や用語、つまり「神秘的文言《ウォケス・ミュスティカエ》」は、長母音を維持し、カタカナで表す。

・・・　点の部分は、原文の中で読むことのできない文字が続いていることを示している。

（　）　丸括弧は原文の意味を解釈によって広げたり、また意味をはっきりさせるために挿入された補いであることを示している。また丸括弧部分は、原文にはない部分なので、史料の翻訳文中では太字表示されていない。

［　］　角括弧は原文からは読み取れないものの、書かれていたと考えられる文字を囲うために用いられる。

｛　｝　大括弧は原文で誤って繰り返されている単語や文字を示すために用いられる。

〈　〉　かぎ括弧は原文の著者が誤って省いてしまった文字や単語を示している。

7×8 cm　呪詛板の寸法はすべて、幅×高さの順で表されている。

前1世紀　紀元前の年号のみ、「前」と付記している。「後」は、混乱を避ける場合にのみ用いている。

略号

AIBL	Académie des Inscriptions et Belles-Lettres
AJA	*American Journal of Archaeology*
AM	*Mitteilungen des deutschen archäologischen Institutes*, Athenische Abteilung
ANRW	*Aufstieg und Niedergang der römischen Welt*, ed.Hildegard Temporini and W.Haase
ARW	*Archiv für Religionswissenschaft*
BCH	*Bulletin de correspondance hellénique*
BE	*Bulletin épigraphique*
Bonner, *Amulets*	C.Bonner, *Studies in Magical Amulets, Chiefly Graeco-Egyptian*, Ann Arbor, 1950
CAF	*Comicorum Atticorum Fragmenta*, ed. T.Kock
CIL	*Corpus Inscriptionum Latinorum*
CMRDM	*Corpus Monumentorum Religionis Dei Menis*
Davies, *Families*	J.K.Davies, *Athenian Propertied Families. 600–300 B.C.*, Oxford, 1971.
Dalette and Derchain	A.Dalette and Ph.Derchain, *Les intailles magiques gréco-égyptiennes*, Paris, 1964
DTA	*IG*, vol. 3, pt.3, Appendix : "Defixionum Tabellae", Berlin, 1897

DT	*Defixionum Tabellae*, ed. A.Audollent, Paris, 1904
Dubois	L.Dubois, *Inscriptions grecques dialectales de Sicilie*, Rome, 1989
Faraone, "Context"	C.A.Faraone, The Agonistic Context of Early Greek Binding-Spells, in *Magika*, pp. 3–32
GMP	*The Greek Magical Papyri in Translation Including the Demotic Spells*, ed. H.D.Betz, Chicago, 1986（*PGM* の翻訳と新たな読み）
HTR	*Harvard Theological Review*
IG	*Inscriptiones Graecae*
JEA	*Journal of Egyptian Archaeology*
Jeffery	L.H.Jeffery, Further Comments on Archaic Greek Inscriptions, *The Annual of the British School at Athens* 50（1955）, pp. 69–76
JOAI	*Jahreshefte des österreichischen archäologischen Instituts*
Jordan, "Agora"	D.R.Jordan, Defixiones from a Well near the Southwest Corner of the Athenian Agora, *Hesperia* 54（1985）, pp. 198–252
Jordan, TILT	D.R.Jordan, Two Inscribed Lead Tablets from a Well in the Athenian Kerameikos, *AM* 95（1980）, pp. 225–39
JRS	*Journal of Roman Studies*
Kropp	A.Kropp, *Ausgewählte koptische Zaubertexte*, vols. 1–3, Brussels, 1930–1931
LSJ	*A Greek-English Lexicon*, 9th ed., ed. H.G.Liddell, R.Scott, H.S.Jones, Oxford, 1968

MAMA	*Monumenta Asiae Minoris Antiqua*
Magika	*Magika Hiera. Ancient Greek Magic and Religion*, ed. C.A.Faraone and D.Obbink, New York, 1990
Martinez	D.G.Martinez, *P.Michigan XVI. A Greek Love Charm from Egypt* (*P.Mich.*757), Atlanta, 1991
Naveh and Shaked	J.Naveh and S.Shaked, *Amulets and Magic Bowls. Aramaic Incantations of Late Antiquity*, Jerusalem, 1985
PA	*Prosopographia Attica*, ed. J.Kirchner, Berlin, 1901/1903
PDM	spells in Demotic, often with Greek（*GMP* の１部）
Peek	W.Peek, *Kerameikos, Ergebnisse der Ausgrabungen*, vol. 3, Berlin, 1941, pp. 89–100
PG	J.P.Magne, *Patrologia Graeca*, Paris, 1857–89
PGM	*Papyri Graecae Magicae*, vol. 1, ed. K.Preisendanz, Stuttgart, 1928； rev.ed. A.Henrichs, 1973； vol. 2, ed. K.Preisendanz, 1931
PL	J.P.Migne, *Patrologia Latina*, Paris, 1844–64
Preisendanz（1930）and（1933）	Die griechischen und lateinischen Zaubertafeln, *Archiv für Papyrusforschung* 9（1930）, pp. 119–54； and 11（1933）, pp. 153–64
Preisendanz（1972）	"Fluchtafel（Defixion）". *RAC* 8（1972）, col.1–29
RAC	*Reallexicon für Antike und Christentum*

RB	*Revue biblique*
RE	*Paulys Realencyclopädie der klassischen Altertumwissenschaft*
RM	*Rheinisches Museum*
Robert, *Froehner*	L.Robert, *Collection Froehner, I: Inscriptions grecques*, Paris, 1936
Sepher ha-Razim	*Sepher ha-Razim. The Book of Mysteries*, ed. M.A.Morgan, Chico, 1983
SEG	*Supplementum Epigraphicum Graecum*（巻数と碑文番号で指示。例えば *SEG* 14. 3（14巻の碑文番号3番））
SGD	D.R.Jordan, A Survey of Greek Defixones Not Included in the Special Corpora, *Greek, Roman and Byzantine Studies* 26（1985）, pp. 151–97
Solin	H.Solin, *Eine neue Fluchtafel aus Ostia*, Helsinki, 1968, 特に pp. 22–31：Eine Übersicht über lateinische Fluchtafeln, die sich nicht bei Audollent und Besnier finden
SuppMag	*Supplementum Magicum*, vol. 1, ed. R.W.Daniel and F.Maltomini, Cologne, 1990
TAPA	*Transactions of the American Philological Association*
Tomlin	R.S.O.Tomlin, "The Curse Tablets", in：*The Temple of Sulis Minerva at Bath*, vol. 2：*The Finds from the Sacred Spring*, ed. B.Cunliffe, Oxford, 1988, pp. 69–277
Wilhelm	A.Wilhelm, Über die Zeit einiger attischer Fluchtafeln, *JOAI* 7（1904）, pp. 105–26
Wortmann	D.Wortmann, Neue magische Texte, *Bonner Jahrbücher* 168（1968）, pp. 56–111
Wünsch（1900）	R.Wünsch, Neue Fluchtafeln, *RM* 55（1900）, pp. 62–85 and 232–71
Wünsch, *Antike Fluchtafeln*	

	R.Wünsch, *Antike Fluchtafeln*, Bonn, 1912
ZAW	*Zeitschrift für die alttestamentliche Wissenschaft*
Ziebarth (1899)	E.Ziebarth, Neue attische Fluchtafeln, *Nachrichten von der Gesellschaft der Wissenschaften zu Göttingen, Phil.-hist. Klasse*, 1899
Ziebarth (1934)	E.Ziebarth, Neue Verfluchungstafeln aus Attika, Boiotien und Euboia, *Sitzungsberichte der preussischen Akademie der Wissenschaften, Phil.-hist. Klasse*, Berlin, 1935, pp. 1022–50
ZPE	*Zeitschrift für Papyrologie und Epigraphik*

はじめに

　この本のプロジェクトを開始しようと思い立った最初の動機は、西洋文化の中での「魔術」と「宗教」に関する、長く険しい論争の説明に役立ちそうな、そんな一次史料の全体像を見極めたいとの思いだった。呪詛板、そしてたいていは薄い金属片の上に刻まれた呪縛呪文。我々の目には、この古代の「呪詛板 *defixiones*」が、他では得られない情報を提供してくれるのは明らかだった。ただし呪詛板は、一般読者にも、また研究者たちにもほとんど知られていない。一方、古代世界での呪いに関しては、もっとずっとお馴染みの資料がある。パピルス紙に記されて伝わる、プロの呪術師《マゴス》たちが使うための、巨大な手引き書集に集録されている呪文だ。それに対し、呪詛板が今に伝わるのは、一般の顧客が実際に使用したからである。石に刻まれた古代の護符とともに、これらの資料は我々の手元へと、外部のフィルターを介することなくたどり着いた。古代の文学作品とは異なり、これらの資料には教育・社会的な階層や地位、あるいは文学ジャンルや伝統といった要素の織りなすゆがみがない。またそのほとんどが、強烈なまでに個人的で直截だ。

　無論、呪詛板は文化的な力の働きとは全く無縁、などと素直に信じているわけではない。そこに用いられる言葉遣いは極度に定式的で、土地の呪術師《マゴス》が彼／彼女の書棚にどういった手引き書を備えているかで、顧客の選択が左右されることもしばしばだった。では呪詛板という資料の最も大きな特徴は何だろう。それは、呪詛板の大半が、古代の顧客・代理人がそれを安置したまさにその場所で、現代の考古学者によって発見されているということにある。

さて何点かの理由を考慮し、本書には呪詛文の原語本文を載せないことに決めた。理由その一。本書の想定読者として、古代地中海世界の研究者のみならず（特にその層を狙っているということでさえなく）、より幅広い層の学生や一般読者を考えているから。理由その二。作業を開始してすぐ明らかとなったのだが、多数の呪詛板に関し、出版されて印刷された文面が、信頼に足るものではなかったのだ。実際多くの場合、もはや呪詛板の実物を手に取って検分することもできない（例えば、ＤＴＡの中でヴィンシュにより公刊された事例の大半はそうだ）。十九世紀の終わり（例えばＤＴＡ）や二〇世紀初頭（例えばＤＴおよび Ziebarth, 1934）に公刊された呪詛板を再調査し、そして新しい読みを提示する作業。この作業ははるか二十一世紀までかかることは確実だ。[訳注1] 理由その三。呪詛文の原語にあたることを望む・必要とする人には、すぐに校訂本でも、あるいはもっと新しいカタログや目録でも（例えばギリシア語の呪詛板であればＳＧＤ、ラテン語であれば Solin）、入手することができる。だから代わりに本書では、集録事例のそれぞれに、できるだけ詳しい研究文献案内を付けることにした。さらに個々の語や表現が解釈上とても重要となる場合には、原語を翻字するなどして付記することにした。

さて各章に収められた事例の配列は、基本的には地理的区分に従っている。まずは（ひとまずの出発点とした）古代ギリシア人世界の事例から始まり、地中海を時計回りにぐるりと回る。ただし地中海世界の外からの事例、例えばメソポタミア出土の鉢なども何点か含まれていることから、我々がいずれの区分にも、きつく縛られていると感じていないことを見て取って欲しい。

ここで少々、外国語、特にギリシア語の名前の扱いについて付言しておきたい。史料本文では、個人名はラテン語化しなかった。ギリシア文字のカッパ（K）はそのままKに、ユプシロン（Y）はUに（より伝統的なYでなく）、オメガ（Ω）はō、等々。しかし各章冒頭の解説や注記、議論の箇所では、ラテン語化の慣習を採用した。特に一般的でお馴染みの名前の場合にはそうしている。そのため少なからぬ箇所で、一つの名前が二種類の表記法で現れている。史料本文では「ソークラテース」、一方議論部分では「ソクラテス」、と言った具合だ。[訳注2] 次に神秘的文言《ウォケス・ミュスティカエ》について。呪詛文中に現れるこの文言や語は、通常の言葉としては何も意味しない言葉だ。本書ではこれらを、大文字で表記することとした。[訳注3] しかし呪詛文のなかでは、神秘的文言《ウォケス・ミュスティカエ》がどこで終わり、どこから新しく始まるのかを見分けるのが困難な場合が多々ある。また別に、様々な書記法上の工夫により、区切りが記されている事例もある。例えば神秘的文言《ウォケス・ミュスティカエ》の周りを箱形に取り囲んだり、上に横棒を引っ張ったり、点々を入れたりと。また本書では数多く、文面がどんなに奇妙に配されているのかが反映されるようにと、呪詛文の翻訳を呪詛板上での配置そのままに印刷するよう試みた。また本書では、こうした技法を具体的に見てもらうため、

訳注1　原著は一九九二年に出版されている。DTAとは、『ギリシア碑文集成 *Inscripiones Graeca*（*IG*）』第三巻第三部の補遺として、一八九七年ヴィンシュによって編纂・公刊された、『補遺——呪詛板集 *Apendix: Defixionum Tabellae*』の略号。DTは、一九〇四年にオドランが編纂・発表した、『呪詛板集 *Defixiones Tabellae*』の略号。ともに、呪詛板研究の基礎的史料集である。その他、本文中の研究書の略語、および研究者名については、全て「略号」表を参照のこと。

訳注2　本訳書では、混乱を避けるため、ギリシア語・ラテン語の長音は、慣例として必要とされる以外の箇所ではすべて無視している。

訳注3　原著で大文字表記される神秘的文言《ウォケス・ミュスティカエ》は全て、本訳書ではカタカナ表記している。また音のみが問題の文言であることを考え、長音も生かして表記している。

数多くの図版を取り入れている。

古代のテキストや史料を集成した他書と比べるとき、本書には一つの大きな特徴がある。そこにこそ、古代地中海世界をどう学びどう理解するかに関する、我々の考え方全般が表現されている。その特徴とは、本書に収められている内容が、伝統的に相互不可侵であった言語や文化の障壁を幅広く侵犯している点だ。だから本書には、ギリシア語やラテン語で記された事例のみならず、ヘブライ語、アラム語、コプト語、そしてエジプトの民衆文字《デモティック》で記された資料も含まれている。ユダヤ人、エジプト人、ギリシア人、ローマ人、ブリタニア人、そしてキリスト教徒の作製した呪詛板が隣り合って登場してくる。そしてしばしばそこには、同じ定式表現、同じ神秘的名前、同じ図像が記されている。地域的に見ると、本書の事例はブリテン島から北アフリカ、メソポタミアからスペインに及ぶ。こうした混交の背後には、我々の意図するある目論みがある。すなわち、自信を掘り崩したいのだ。文化、地域、時代のラベルを、あたかもそれが明白で紛れもない、重複箇所などありえない分類であるかのごとく、古代の史料や伝統に貼り付けてきた、その根拠となってきた自信を。

本書は徹頭徹尾、チームワークの結晶だ。主たる寄稿者諸氏に加え、温かい助力を差し伸べてくれた方々にも感謝を表したい。それは他に代えがたく、多くの場合決定的であった。まずはクリストファー・A・ファラオネとデイヴィッド・R・ジョーダンに。お二方の与えてくれた衝撃の大きさは計り知れない。次いで次の方々に。ギデオン・ボハク、ナンシー・ブッキディス、エドワード・J・チャンプリン、ヴァレリー・フリント、エリザベス・R・ゲバード、マーサ・ヒンメルファーブ、ジョン・J・キーニー、イズラエル・ノール、ロバート・ランバートン、エヴァシオ・デ・マーセリス、ジョシュア・マーシャル、スティーブン・G・ミラー、スーザン・

ロトロフ、ミッチェル・スティックマン、そしてエマニュエル・ヴーティラス。またプリンストン大学のディミトリ・ゴンディカス、ギリシア研究委員会、そして学部長からの温かい支援にも。

このプロジェクトの最初の段階では、我々の一人一人が個々別々に、何点かのテキストを翻訳して注記を付けていた。次の段階では、全員で知恵を出し合って、訳文や注記を作成するようになった。だから本書では、各テキストのそれぞれを最初に訳したのが誰なのかを表示しないこととした。結果の全責任を負うのは、全体の編者たる私だ。

J・G

プリンストン

一九九二年五月

古代世界の呪詛板と呪縛呪文

序章

呪詛板、すなわちラテン語でデフィクシオネス、ギリシア語でカタデスモイと呼ばれるこの遺物が明らかにしてくれるのは、古代地中海世界文化の影の中にある小さな秘密だ[1]。現存している呪詛板の事例は、今のところ全部で一五〇〇例を超える[2]。どうやら古代人はみな、呪詛板を使っていたし知っていたらしい。それなのに現代の研究者たちは、ごく稀にしか呪詛板に真剣な注意を払ってこなかった[3]。どうしてこれ程までに、一貫して無視されてきたのだろうか。理由の一つはきっと、これら小さな金属板が危害を加えるような性質を持っていたことにある。その危害とは、別に古代に呪詛の標的となった人がこうむった実害のことではない。そうではなくて、古典古代のギリシア・ローマ文化、果てはユダヤ教やキリスト教という宗教が築き上げてきた、純粋な哲学と本物の宗教の根拠地という難攻不落の名声にとって、呪詛板が有害となる可能性があったという意味だ。

呪詛板の素材

デイヴィッド・R・ジョーダンという研究者が、この興味深い遺物についてこう説明してくれている。「他の人間や動物に対して影響を及ぼしてもらおうと、超自然的な力を招来するために用意された、たいていが小さくて薄いシート状の、文字の刻まれた鉛の薄片[4]」。ただし鉛以外の材料の使用もありえた。例えば陶片《オストラカ》[5]、石灰石[6]、貴石、[7]パピルス紙、[8]ロウ、[9]陶製の鉢[10]などだ。しかし中でも鉛、そして鉛を含んだ合金などの金属は、ずっと変わらず主要な素材であり続けた。呪詛板の製作を依頼した人、またはみずから呪詛の文言を刻んだ人物は、他の人間（戦車競走に関わる呪詛の場合は動物）を自分のコントロール下に置く、という努力の手助けをしてもらおうと、これを媒介に超自然力の助けを借りたいという望みを表現した。そして実際、現存する呪詛板の大半は鉛製、あるいは鉛を含んだ合金製だ。[11]

鉛が他の金属よりも好まれたのは確かだが、実はこの事実には、以下に記す一連の複雑かつ示唆的な問題がからんでいる。まず一点目。イギリスのバースにあるスリス・ミネルウァ女神の泉から素晴らしい呪詛板が多数発見されたが、その金属組成を調査したところ、成分として鉛を三分の二以上含む呪詛板が全体の五分の一しかないことが明らかとなった。[12]残りは鉛とスズの合金、また時には鉛と銅の合金だ。[13]おそらくこうした合金はイギリスに特有のもので、土地の白目（鉛とスズの合金）産業の副産物なのだろう。しかしこの調査結果からは、「たいていの呪詛板は純粋な鉛製」という、かねてからの主張への疑念が必然的に生じる。二点目。ではそれでもなぜ、鉛が好まれたのかというと、ギリシアにおける銀採掘時の副産物としてか、あるいはイギリスでの白目製造の副産物としてか、とにかく鉛の価格が安く、入手が容易であったことに起因したらしいのだ。さらに古代に書かれた呪詛板製作の手引き書は、おそらく公共財の、水道の鉛管から鉛を「**借りる**（盗む？）」ことを推奨している。[14]三点目。熱した鉛を型に流し込む、圧延する、叩く、あるいは表面をなめらかにするために研磨する。[15]そうしてから、鉛の薄板は切り分けられ、それぞれが呪詛板製作のために用いられる。バースの呪詛板を調査したトムリンが述べる通り、このように鉛は「板に成形するのが非常に容易であった」のだ。四点目。鉛は私的な手紙を含む、様々な内容を記すためのありふれた素材で、またおそらく最古の素材の一つだった。[16]そして五点目。時代が進むにつれ鉛の持ついくつかの特徴（冷たく、重く、ありふれている）は、冥界に呪詛と呪文を運ぶという特殊な役割を果たすのに特に好都合と考えられるようになっていった。例えばアテネのアゴラから発見された呪詛板には、「これらの名前が冷たいのと同じように、アルキダモスの名も冷たくあれ！」との祈願が記されている。[17][訳注1] また自分の敵対者に対し、「鉛のように重くあれ！」と求めている事例もある。[18] そしてギリシアの初期の呪詛板の何点かでは、どうやらすでに決まり文句になっていたと思しきこの表現が使われている。「この鉛が冷たく無為であるのと同様に、彼ら（我が敵たち）をもまた、冷たく無為にし給え！」[19]。ただしこうした式文は古い時期の呪詛板に登場しないことから、おそらく後の時代の思考段階を表しているのだろう。

呪詛板に記されたメッセージ

金属板に文字を刻み込む過程には、予期に反し、実はさほどの困難はない。そして文字を書くのに特に好まれた筆記具が、青銅の尖筆であった。文字は板面に軽く書き付けられていることもあるし、あるいはしっかりと刻み込まれて、一筆の終わりのところに金属の盛り上がりが明瞭に確認できることもある。再びトムリンによると、「熟練した書記は、ロウの上に書くのと同じように、柔らかい金属の表面に容易に文字を書くことができた」[20]。もちろんここでの一番の問題は、誰が実際に文字を書いたかということだ。専門の書記なのだろうか、あるいは呪文の執行を求めた一般人なのだろうか。さしあたっては、次の三点に注意を払うところから始めよう。まずは一点目。呪詛板上に披露される筆記技能の巧拙の幅はとても広い。一方の極には大きく不格好な文字があり、他方の極には流麗な文字がある。[21] 二点目。プラトンはすでに前四世紀、料金を取って呪詛板を製作する専門家の存在

訳注1　本書№3の事例を参照。

に言及している。[22] だがそうは言っても、ギリシアの古典期やヘレニズム時代（前五世紀―前一世紀頃）と比べると、ローマ時代（一―六世紀）には専門の書記が、おそらくより大きな役割を果たしていた。三点目。たいていの文化では、呪いをかけるという生業は専門家に託されてきた。

呪詛板そのものからは、呪術師《マゴス》にせよ書記にせよ、とにかく人々が専門家を頼るのが稀ではなかったことが分かる。例えばDTA五五番のような呪詛板では、専門家の仕事の痕跡をこの目ではっきりと確認できる。その筆跡については、「公共の記念建造物を思わせるような、非常に流麗な筆跡」と説明される。[23] またアテネのアゴラにある井戸跡から発掘された、「巧みで、流麗で、達筆な準草書体」の呪詛文も同様だ。[24] イギリスのバースからも「書記風」の特徴を持つ呪詛板が多数発見されており、そこからも専門の筆記者の存在が窺われる。ただしバースではこれまで一例として、他と同じ筆跡によると思しき呪詛板が発見されていない。[25] ではその場での作文ではありえない、高度に定型的な表現の場合はどうだろうか。それらはPGMに集録されているその種の定型句や、古代の専門家により活用されていた、類似の手引き書集から引き写されていたのは間違いない。[訳注2] 最後に、同一地点から呪詛板が大量にまとまって発見されることがあるが、そうした状況は、明らかに呪いに関わる当地の「小規模地場産業」と関係している。すると常識的に判断すれば、注意はどうやらトムリンのこの慎重な結論へと向かう。つまり我々が見出そうと期待すべきなのは、「プロの書記とアマチュアの書き手の混在状態」。[26] ただやはり全体として見ると、少なくともローマ時代には、呪詛板に文字を刻むにも定式文の提供にも、職業的な書記が大きな役割を果たすようになっていたと思われる。

続いて問われるべきが、これら書記の手で何が呪詛板に記されたかについてだ。この問いには大方、次章以降での呪詛文の翻訳それ自体が答えてくれるであろう。それでもここでまず少しでも全体を概観しておけば、パターンの揺れや時代変遷に関し、何らかのイメージを形作っておくことができるだろう。まずはこの一般原則、最も古い事例は、同時に最もシンプルな事例である。シチリア島やアッティカ地方で発見された初期の呪詛板（前六―前四世紀）には、呪詛の標的の名前しか記されていない。標的の行為を縛ることを意味する「動詞」の記載もなく、神格や精霊の名前への言及もない。ただし動詞（「呪詛する *katadein*」の関連語であるのが通例）および神格名（アッティカ地方では、通常ヘルメス神かペルセフォネ）が記される事例が皆無というわけではない。[27] また特殊な書き方が用いられることもあり、例えば呪文の標的の名前の綴りがばらばらに入れ替わっていたりする。[28] あるいは名前の文字が、また時には呪詛文全体が「後ろ向きに」、つまりそれぞれの文字は正対のまま、右から左へと書かれていたりもする。こうした技巧により表現されるのが、呪詛板の素材である鉛に託された意味と同じく、象徴的意味であったのは明らかだ。すなわち呪詛の標的の運命が、名前の書かれ方と同様、後ろ向きになったりばらばらになるようにと。これもまた鉛と同じく、ごくありふれた習慣が時を経るにつれ、当初は考えられもしなかった意味や力をまとい、「神秘化」していく過程を示すもう一つの好例である。

さて「神秘的」な用語や定型表現については、ごくわずかの例外を除くと、古典期およびヘレニズム期のギリ

訳注2　ＰＧＭとは『ギリシア魔術パピルス文書集成 *Papyri Graecae Magicae*』の略。エジプトで発見された、ギリシア・ローマ時代の魔術に関する記述を含む数多くのパピルス文書を、プライゼンダンツを始めとするヨーロッパの研究者たちが集成した史料集。本書では以下、ＰＧＭに集録されている何番（漢数字もしくはローマ数字で表示）のパピルス文書の何行目、という形で注記が表示される。

シア語呪詛板には登場しない。それはローマ時代（一世紀以降）の呪詛板に見られる、彩り豊かな言葉遣いとは対照的である。だがこのごくわずかの例外こそが、実は興味深くまた重要なのだ。まず例外のうちの一例目が、六つの単語のかたまりから構成される「エフェソスの字母《エフェシア・グランマタ》」である。前四世紀の喜劇作家アナクシラスの作品断片の中で、初めてこう述べられている。[29]「（とある人物が）・・・縫った革袋の中にエフェソスの、美しい字母を書いたのを入れて持ち歩いている」[訳注3]。それを構成する六つの単語（アスキオン、カタスキオン、リクス、テトラクス、ダムナメネウス、アイシオン／アイシア）は、身につけた人（どうやら、とりわけ拳闘家）に、攻撃・守備両面での大きな力を授ける能力を持つと信じられた。[30] そして何世紀にもわたり周知であり続け、後の時代の呪文やまじない文の中にも登場する。キリスト教著述家であったアレクサンドリアのクレメンス（二〇〇年頃）は、この六単語をリストアップするだけでなく、「多くの人の間で有名だ」とも述べている。[31] さらに重要なのが、この「字母」がヘレニズム時代（前四世紀後半から前一世紀にかけて）に製作された鉛製護符のうち、少なくとも一点に記されていることだ。そしてこの事実は、一世紀以降に広く普及する神秘的な語（神秘的文言《ウォケス・ミュスティカエ》）の使用という慣習が、明らかにそのはるか以前に、すでに確立していたことを意味している。[32] ところでその一点とは、クレタ島で発見の二つ折り書板である。前四世紀のものと考えられ、護符として身につけられていたものに違いない（二〇行目には、この護符の携帯者を敵意ある呪文から守ると記されている）。その文中にエフェソスの字母《エフェシア・グランマタ》のいくつかが登場している。「アスキ」と「カタスキ」（九―一〇行目）、「リクス」（五行目と一〇行目）、「テトラクス」の異形（五行目、十一―十二行目）、そして「ダムナメネウス」（十六行目）[33]。続いて例外の二例目が、ギリシアで発見された、前五世紀末のものと考えられる奇妙な石碑だ。そこに刻まれた碑文を公刊したジェフリーはこれを、自分の敵対者への懲罰が首尾よくなされたことへの、ある人物による感謝の奉納物であると考えている。[34] ジェフリーはその文面を、次のように再構成している。「エフェソスの復讐が下された（？）。まずヘカテが、全ての物に関し、メガラの所有物（？）

に損害を与える（?:）。そしてすでにペルセフォネが、全て（嘆願?:）を神々に伝えている[35]」。

ギリシア古典期およびヘレニズム時代から、後のローマ的タイプへの呪詛板の展開を考えようとするとき、これらの証拠の持つ重要性はどう強調してもしすぎにはならない。試みに次章以降の呪詛文の翻訳の中から、どれでも古い事例と新しい事例を取り出して比較して欲しい。するとすぐに明らかになることだが、両者は本当に異なっており、そしてその相違は以下のように多岐にわたっている。

1. ローマ時代後期（特に四―五世紀）の事例の中には、「神秘的文言《ウォケス・ミュスティカエ》 *voces mysticae*」やその他「理解不能」な語が、文面の八〇～九〇％を占めるような事例がいくつか存在する。一方で先ほどのクレタ島出土の護符では、エフェソスの字母《エフェシア・グランマタ》が占めるのはたった一行か二行ほどだ。
2. 時代が下った時期の事例では、神や精霊の名前・訴えかけ表現の長さは著しく、非常に複雑、また徹底して多文化的である。
3. 人間や動物の図像、およびおそらく占星術的な象徴記号《カラクテレス》が、あらゆる事例に登場するようになる。
4. 全般にエジプト風の要素が増加する。これは残存する定型表現の大半が、エジプトで作成・筆写されたという事実を反映している。またこの増加からは、一世紀以降のエジプトに典型的な、ギリシアとエジプトおよびその他の諸文化の融合という状況が垣間見える。とりわけエジプト的な要素の中で目立つのが、神々への脅迫表現だ[36]。

訳注3 『ギリシア喜劇全集』第七巻、岩波書店、二〇一〇年、三七九頁を参照、一部改訳。

しかしだからといって、これまでの研究者たちのようには、この相違点を強調しすぎてはならない。彼らはローマ時代後期の「魔術」や「迷信」といった「退廃的な文化習合」と比較されたりすることから、古代ギリシアの文化を、そのうちの低級な（例えば呪詛板のような）ものさえも引っくるめて守りたいと考えていたのだ。だがこの相違の背後に、継続性をはっきり見て取ることができる。

例えば古い時代のエフェソスの字母《エフェシア・グランマタ》は、より下った時代の呪詛文の中にも登場し続けている(37)。今やそれを、後者の時代に非常に特徴的な、より念入りな神秘的文言《ウォケス・ミュスティカエ》の先駆として捉えてよいかもしれない。実際、クレタ島で出土した初期ヘレニズム時代の護符では、元来は非人格的であるはずのエフェソスの字母《エフェシア・グランマタ》が、そのままで何らかの力を持つ存在として訴えかけられている。後にこの「字母」は超自然的存在の名前となるが、その歴史的展開の様子はちょうど、後の時代の神秘的文言《ウォケス・ミュスティカエ》が、呪文の中で訴えかけられる秘密で強力な神々の名前として機能するようになったのと同じである(38)。

では古い時代の呪詛板が、比較的簡素な形式なのはどうしてだろう。単純な定型句の書かれた呪詛板の製作が依頼され、安置されるとき、そこには口頭での祈り、および神々への訴えかけが伴われていた可能性がかなり高い。その後ギリシア文化において書き言葉が成長するにつれ、これら口頭での付随事項が伝統的な要素（呪詛の標的の名前、神格名ならびに「呪縛」の動詞）と肩を並べ、文面に登場するようになっていったのだ(39)。

初期の呪詛板では、占星術的な象徴記号《カラクテレス》や図像の利用を示す証拠事例は実質的に皆無だが、前述のギリシアの石碑では、文面の途中に子羊の頭が組み込まれている。この点に関してはまた、こう指摘しておく意味はあるかもしれない。初期の呪詛板ではあわせて人形や小像も活用されていたことを考えると、これは本来別物だったアイテム（小像）が、ついに呪詛板そのものの中に（人間の姿を描いた図像として）導入されるという流れを示す、もう一つの好例となる可能性がある。

いずれにせよ、ローマ時代の呪詛板の表現形式はたいそう念入りで、見誤るなどできそうにない。概してそうした表現形式が現れていることが、新しい時代の事例であることを示す最も確かな指標だ。特殊な表現形式の一部を列挙すれば、次の通りとなる。

1. 回文。
2. 象徴記号《カラクテレス》（図1を参照）。
3. 母音の連続[40][訳注4]。
4. 文字の配置により作られた三角形、四角形、「翼」等々の幾何学的形模様[訳注5]。
5. 「〜エール」や「〜オートゥ」で終わる名前の頻出。明らかにユダヤ・ヘブライのモデルに従っている。
6. 神秘的文言《ウォケス・ミュスティカエ》。そのままではギリシア語、ヘブライ語、あるいはその他当時一般に使用されていた言葉としては理解できない語。
7. 頻繁に現れる、数種の神秘的文言《ウォケス・ミュスティカエ》から構成される定型表現（ＰＧＭでは「式文（*logoi*）」と呼ばれる）。これらは呪詛の手引き書では、しばしば先頭の「文言」のみを示して略記される。例えば「ａｂｃ――式文」。

訳注4　例えば本書No.35ないし134の呪詛文などを参照。
訳注5　例えば本書No.27および115を参照。

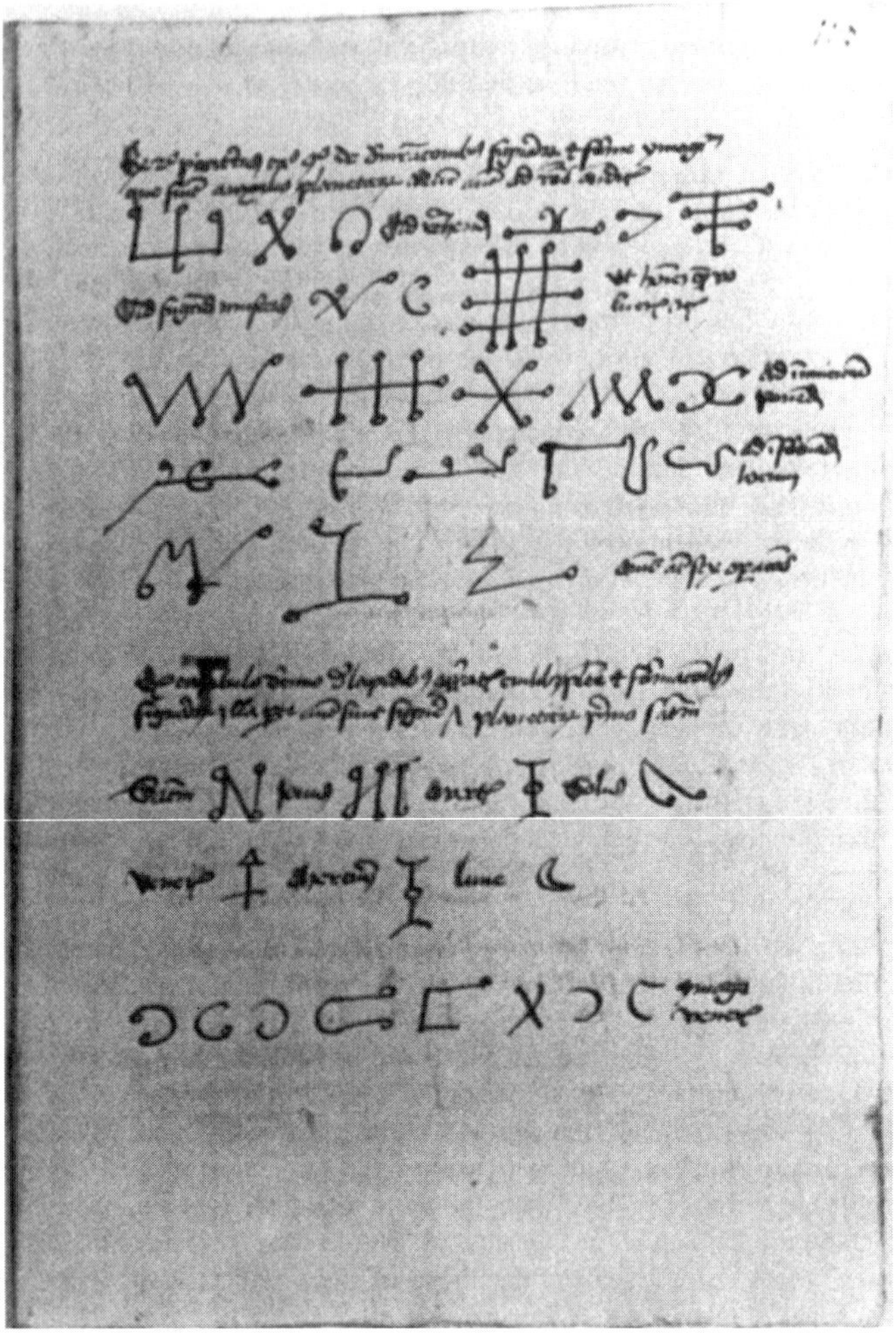

図1　中世のアラビア語手写本『ガーヤト・アル・ハーキム』あるいは『知者の目的』に記された象徴記号《カラクテレス》。ラテン語訳され、『ピカトリクス』として知られている。この書では、天なる諸力とその実際の適用法に関し丹念に議論が展開されているが、そこからは天体、とりわけ黄道の「宮」が持つ力と、記された記号やシンボル、すなわちここに記されている象徴記号《カラクテレス》との間の対応関係についての理論が生み出された。(Österreichische Nationalbibliothek : Cod.3317, fol.113v.)

これら「理解不能」な表現形式は、伝統的には意味のないたわごと、ナンセンスと捉えられてきた。公正を期すべく言っておくが、こうした解釈は別に現代人の発案ではなく、古代の批評家にまでさかのぼることができる。サモサタのルキアノス[訳注6]は、ある著作でこうした慣習を皮肉って、主人公にこう抗弁させている（『嘘好き、または懐疑者』第九章）。「まず熱病や腫れ物が尊い名とかちんぷんかんぷんの言葉とかを恐れて、このために腫れから逃げ出すというので、自然とかかる結果を生ずるのだということを理論的に証明して私を納得させるのでなくては、君の話はいまだ老婆物語の域を出ないよ（高津春繁訳）」。その一方で新プラトン主義哲学者であるイアンブリコス（三〇〇年頃）は、同様の（彼が「神秘秘術 *theurgy*」と呼ぶ）慣習を熱烈に擁護して、象徴記号《カラクテレス》や外国語の名辞(41)は正しく使われれば、神秘秘術者に神の力をもたらすと論じている。イアンブリコスはまた、そうした名辞は母語のギリシア語に翻訳されるや、神秘秘術的な力を失うとも付け加えている(42)。しかし全体としてルキアノスの懐疑的な考え方が優勢で、ジェームズ・フレイザー卿[訳注7]や、その後継者たちの考え方に大きな影響を与えた。最近になってようやく、こうした流れを反転させようとの試みが始まった。イアンブリコスのようにその真実性の弁護へと陥ることなく、こうした信念の基礎部分を理解しようとの試みだ(43)。

そしてその試みの中心にあるのが、文化人類学者タンバイアの業績だ。彼自身は古代地中海世界の呪詛について明確な知識を持っているわけではないが、一九六八年の「言葉の持つ魔術的な力」と題された論文の中で、タンバイアは神秘的文言《ウォケス・ミュスティカエ》の「理解不能」さに関わる従来の考え方を徹底的に批判している(44)。本書の目的に照らし、

訳注6　二世紀のシリア生まれのギリシア語著述家。

訳注7　十九―二〇世紀の社会人類学者。『金枝篇』を著すなどして多大な影響力を残した。

ここではその議論のうちから一点、病気を司る精霊への訴えかけに用いられる、シンハラ語呪文中の特殊な言葉遣いに関する考察に注目するのがよかろう。これは超自然的精霊という「異世界の」聞き手に訴えかけていることを、治療者自らが認識しているような場合である。そしてこの場合、その人が人間の通常の言語を使用することは、完全に不適切となるのだという。だから呪文で用いられる神秘的言語は、言語共同体の基本ルール（関係者皆が、分かり合わねばならない）に抵触しないことになる。なぜなら神秘的文言《ウォケス・ミュスティカエ》によって表現されるのは、「精霊が理解できる言葉」であるからだ。[45] この考え方に従い、ミラーとウォリスは別々の論文の中で、古代末期の文化では、理解不能な表現形式を用いるようになることこそが、低次の俗世領域から高次の存在との真の霊的対話状態へと遷移したことを示すしるしであったと論じている。[46] またキリスト教神学者であるアレクサンドリアのクレメンス（二〇〇年頃）の次の一節には、人間が普通に喋る言語は、神やその他高位の存在に語りかけるには不適切であるとの、当時広く行き渡っていた共通認識が示されている。「プラトンによると、神々は特別な会話をするという。彼がこの結論に達したのは夢や神託についての体験からだが、しかしとりわけ、精霊《ダイモン》たちに取り憑かれた人々を見たからだった。というのもこうした人々は、自分たち自身の言語を話すのでも会話するのでもなく、自分に取り憑いた精霊《ダイモン》たちの言葉を話すからだ」。[47]

もちろん呪詛板製作を依頼した人、ないしは実際に用意した人が、本当は神秘的文言《ウォケス・ミュスティカエ》を理解していたなどと論じたいわけではない。そうではなくて、問題としたいのは、精霊たちは訴えかけ表現や秘密の名前を理解している、という信念だ。人間同士でも普通そうだろう。出会いが成功するどうかの鍵は、上位の存在に対し適切な名前と称号で呼びかけることにある。その意味では、こうした神秘的文言《ウォケス・ミュスティカエ》の多くが他の「実際の」言語（ヘブライ語、アラム語、ペルシア語、エジプト古語とコプト語）からの借用、また時に曲解された「本当の」語であることが判明した、といった指摘は確かに面白くはあるものの、しかしこの種の発見は、呪詛板購入者の心持ちを理解するには全く役立たない。心配を抱えた顧客にとり大事だったのはただ、呪術師《マゴス》はこれらの名前や称号を正しく扱うための特別な知識を有している、との信頼感だった。また変異形が多く存在していることからも、呪術師《マゴス》が必ずしもいつも、神秘的文言《ウォケス・ミュスティカエ》を手引き書からそっくりそのまま写し取っていたのではないことが分かる。さらには「理解不能」な対話表現という核心を維持することこそが、専門家が自身の地位を高めるための要因の一つであった可能性も考慮すべきだろう。それにより顧客は、否応なくこう信じ込まされるのだ。優れた知恵を用いる専門家のみが、これら高次の言語の意味や意義を理解できるのだと。タンバイアの論文についてはまだまだ語り足りないが、とにかく「理解不能性」という問題一点に限れば、彼は訳知り顔の研究者たちの足元をすくったのだった。つまり彼らは結局のところ、一方には迷信ならびに無知な未開人に付随する暗愚な非合理性、他方には自身の現代的な合理性という、無為な対照関係を作り上げていたことが明らかとなったからだ。

さて象徴記号《カラクテレス》は、古代の呪文に用いられた記号システムの中では特別な存在である。なぜ特別かと言うと、それはあらゆるところで（ただし二世紀より後に）見出されるのに、ほとんど全く注意を払われなかったからだ。象徴記号《カラクテレス》が現れるのは、護符[48]、呪詛板[49]、ペルガモンで発見された個人用占い器具[50]、呪詛や呪文のための手引き書（ギリシア語、ヘブライ語、コプト語、そしてアラビア語で記された文書の集成を含む）[51]、そして古代のグノーシス文書の中などである[52]。さらにミレトス市では、劇場壁面に刻まれた公的碑文の中にも現れている。その碑文の中では、七種の象徴記号《カラクテレス》それぞれが二個一組の母音と組み合わされている。そして一つの象徴記号《カラクテレス》と二個の母音のセットそれぞれの下に、次の祈願が記される。「聖なる御方、ミレトスの町と全住民をお守り下さい」。さらに全セット計七列全体の下部に、次のような一行の祈願が刻まれる。「大天使様！　ミレトスの町と全住民をお守り下さい[53]」。象徴記号《カラクテレス》は明らかに、偉大な力の象徴、およびその力の源泉と考えられていた。それは宗教シンボルの模範的定義を体現する存在。つまり神の領域から人間の領域へと、力を具現化して送り込んでくれる存在だったのだ。しかしそれにより象徴されていたのは、正確には何なのだろう。伝統的な神々、大天使たち、惑星、あるいはその他の何か……。いずれにせよ呪詛板上に現れる他の特殊な表現形式と同様、とにかくこれらの記号は神秘的で強力と考えられていた。そしてそれはつまり、「本当の」由来は全く理解されていなかったことを意味する。これまでもその由来について、様々な説が提示されてきた。中でも特に有望なのは、占星術的なものとする解釈であろうか。すなわち記号のそれぞれは様々な惑星の力を象徴しており、そうした力がいつしか一般に、ローマ時代後期の占星術師たちにより天使や大天使と同定されていくといった解釈だ[54]。だがその由来が何であろうと、アパメア出土の呪詛板（「いとも聖なる主ら」と形容されている）[訳注8]、あるいはベト・シェアン出土の呪詛板[訳注9]、またヘブロン出土の呪詛板[訳注10]において、象徴記号《カラクテレス》そのものが無比の力を持つ存在として訴えかけられているという事実は、象徴記号《カラクテレス》それ自体が生命を獲得し、そして大きな力を擬人化・象徴・具現化するものと見られていたことを教えてくれている[55]。

数多くの呪詛板、宝玉護符の大半、および式文集に収められた手引き書の多くにはまた、人間、動物、あるいは半獣半人の姿を描いた図像が登場している（例えば人間の胴に雄鶏の頭とヘビの足を持った、有名な「ヘビ人間」など）。おおむねこれら図像の意味や機能は明らかだ。神秘的文言《ウォケス・ミュスティカエ》が言葉でそれを行うように、呪文中に登場する色々なキャラクター（呪詛の標的、超自然的な存在、そして稀に呪詛者自身）が本当はどのような姿をしているのか、具体的に絵の形で表現してくれているのだ。ここでもまた従来の考え方とは対照的に、呪詛板上の図像が果たす機能は決して特異でも特有でもないことが分かる。というのも、グラバールが初期キリスト教図像学に関する研究の中で述べているが、古代末期において図像は「他のどの歴史的時代にもまして頻繁に用いられ、そして非常な重要性を付与されていたように思われる。・・・君主の肖像が、君主自身の代わりとなった。・・・そうした（ローマの公職者やキリスト教司祭のような）地位にいる人物の肖像は、法廷での証言や署名と同じ価値を持っていた」(56)。ユダヤ教・キリスト教の文脈における図像の役割についてグラバールは、「過去の出来事を想起させること以上の役割が担わされていた。図像はある意味、秘蹟と同様、神の介入を永続化させるという目的を持たされていた」と述べている(57)。こうした見解に従えば、我々には次のように結論づけることが許されるだろう。ミイラ、四肢を切り離された体、それに縄やヘビでぐるぐる巻きにされた人物などの図像は[訳注11]、呪文そのものが望む成果、つまり呪詛の標的を呪縛したり、またそれ以外のやり方で害するという成果を予示して実現させるためのものだったのだ。だが呪詛板の他の多くの特徴と同様、やはり図像の研究もほとんど進展していない。ノックがすでに一九二九年、こうした絵や図像の意味を研究しようと訴えていたが、彼の主張はいまだにほぼ顧みられぬままだ(58)。

神々、精霊《ダイモン》たち、死者の霊魂

力を媒介するのが図像や絵姿の役割ということであれば、呪詛板上に登場する、その力の源泉たる神々やその

訳注8　本書No.6を参照。
訳注9　本書No.77を参照。
訳注10　本書No.106を参照。
訳注11　本書No.13図9などを参照。

他の霊的存在の名前を最後に取り扱わねばならない。さて名前を論じるにあたり、古代地中海世界文化の「霊的宇宙」に関し、まず三点の基本的特徴を頭に入れておくのが肝要だ。特徴の一点目。全宇宙はあらゆるレベル・場所において、超自然的存在に文字通り満ちあふれていた。二点目。時にはこうした存在を、古代の理論家が明瞭な分類をもうけて整理しようと試みているが、大半の人は神々と精霊《ダイモン》、惑星、星々、天使、守護精霊などの間の区別について、明確な認識を持ってはいなかった。そして三点目。死者の霊魂、とりわけ早死にしたり暴力的な死を迎えた人の霊魂は、鎮まることなく復讐心に満ちた気持ちのまま、埋葬された自分の遺体近くをさまよっていた。

これまで長らく、例えば宗教史研究者のフェルスネルのように、呪詛板に名前の挙がる神々は「すべからく死や冥界、地下の領域に属しているか、あるいは魔術との関係で名高い」と指摘することで、古代の呪詛板を古代文化の他要素から区別する（つまりは魔術を宗教から隔離する）のが通例だった。(59) しかしこうした見解から教えられることは、貴重なほどに少ない。というのも呪詛板に挙がる超自然的存在は、それ以外の、我々が古代の宗教と呼ぶ領域でも登場しているからだ。そしてほぼ全ての神や精霊は、宗教の領域で死や冥界と何らかの関係を持っている。簡単に言えば、ユダヤ教（後にはキリスト教）の要素（天使、大天使、そしてイスラエルの神「イァオ」という存在）が考慮に入ると、冥界とのつながりはほぼ無いものと見なされてしまう。だが端的に言って、冥界の神々が文中にいる／いないということは、「宗教」と「魔術」を十全に区別しようとする作業の進展にいかなる希望を与えることもないのだ。

呪文で訴えかけられる神々の名前を、口頭で唱える代わりに文字として書く慣例がいったん成立するや、神々のうちに次の序列が明瞭となった。断然よく登場するのが、ヘルメス神だ。それに続くのがヘカテ、コレ、ペルセフォネ、ハデス（プルトとも呼ばれる）、ゲー／ガイア、「聖なる女神たち」（シチリア島のセリヌスで発見の事例。本書№50を参照）、そしてデメテル（しばしば「彼女と共にある神々」と付記される）。他にはゼウス、[60]「全ての神々と全ての女神たち」、クロノス、神々の母、そして復讐の女神《エリニュス》たちなどにも訴えかけが行われる。[61] ラテン語呪詛板で最も一般的な名前が、マネス（亡き先祖の祖霊）、ユピテル、プルト（ギリシアのハデス）、ネメシス、メルクリウス（ギリシアのヘルメス神）、そして様々な妖精《ニュンフ》たちだ。今ではバースからスリス女神（ミネルウァ女神とも呼ばれる）に捧げられた呪詛板が一三〇点発見されており、これをリストの一番先頭に加える必要がある。そして最後に、主に三世紀から六世紀にかけて、北アフリカやエジプトで製作された非常に文化混交的な呪文の事例がある。神々および秘密の名前を持つ精霊《ダイモン》たち、擬人化された言葉（例えばエウラモン）、異邦の神格の要素を含む神秘的文言《ウォケス・ミュスティカエ》（イァオ、エレシュキガル）、そしてとりわけ種々のエジプトの神格。そうした事例においてはこのような要素が寄せ集まり、あらゆる次元の古代末期文化の特徴である、多文化的な混交状態が作り出されている。エジプト起源の要素の中で特に目立つのが、トト（通常ヘルメス神と同一視される）、セト、そしてオシリスといった神々だ。エジプトはもちろん重要だが、それに加えユダヤに起源を持つもの、あるいはペルシアの、また遅い時代にはキリスト教の要素を見つけることもできる。ではこうした中からどの神々や精霊を、またどの名前を選択するのが良いと考えられたのだろうか。その決定は、どうやら一般には二つの要因に左右されていたようだ。まずは当地の慣習と信仰。次いで土地の専門家が所有・活用した式文集にあった手引き書である。その意味では、ある時代・ある地域にどういった信仰が広がっていたのかに関し、呪詛板から読み取れる内容がかなり正確な指標として活用されうるかもしれない。

　呪詛板での言葉遣いは、人間の言語表現の他の形態（例えば法律関連、[62] 宗教的、[63] 書簡での言葉遣い）[64] にとても良く似ていて、また同じく極めて定型的だ。[65] これまでにも数多く、こうした定型表現を整理する枠組みが提案されてきた。そして近年、ファラオネが新たな提案をしている。彼は呪詛板で用いられる表現の様式や種別に関し、単純だが包括的な、次の三分類を提起した。ただし彼は、これらの三要素が一度に全て、一枚の呪詛板上に使われることもありえたことを強調している[66]。

1. 直接的な呪縛の式文（「我はXを呪縛する！」）。ファラオネはこれを「実行的発話」と呼んでいる。つまり超自然的な力の助けが全くなくとも、言葉自体の持つ威力により、自動的に効果がもたらされるよう意図された表現だ。ただしこの場合、呪詛板の製作依頼ないし安置の際、神々に対して「口頭で」訴えかけられた可能性を考えておく必要がある。
2. 祈願の式文。直接的あるいは間接的に、超自然的存在の加護を求め訴えかける（「Xを束縛し給え！」）。
3. 説得のために用いられる類似関係《アナロジー》。呪詛板の製作依頼者はこの表現を用い、呪文内に言及のある物と同じ特徴を、呪詛の標的もまた帯びるようにとの願いを表明する（「この鉛が冷たく無為であるように、同じようにXもまた冷たく無為となりますように！」）。ここでもまた、口頭であったにせよ、神的な加護を求める訴えかけを伴うのが通例だったはずだ[67]。

これら基本的な類型に加え、呪詛板上の言葉遣いや表現形式には、様々な特徴的表現が繰り返し現れる。それを一部列挙すると、重複、冗長、隠喩、直喩、擬人化、リズミカルな表現、誇張、脅迫、約束、嘆願、形式的な訴えなど[68]。ただしこうした特徴は決して呪詛板に特有のものではなく、ただ呪詛板を、その時代の文化全般の一部に位置づけるに過ぎない。この点は繰り返し強調せねばならない。

さてどういった呪詛板にも刻まれる情報のうち最後の要素が、呪詛の標的の名前、および表示しても差し支えない場合の呪詛依頼者の名前であろう。ただし個人名は、必ずしもあらゆる呪詛板に記されているわけではない。それでも特にローマ時代ともなると、時に呪詛板は、料金を払ってそれを購入する人から知らされる名前を書き込むための空隙を残し、あらかじめ用意されていたことが明らかだ。しかし名前が空隙には長すぎるような場合には、書記はやむなく名前の文字を詰め込んだり、最後の文字を斜め上や下に書いたり、また行間に書かねばならなかった[69]。古い時代のギリシア語呪詛板では、しばしば綴りがばらばらにされていたり、文字が逆方向に進行するなど、名前が象徴的に意味ある方法で記されているのを目にする。明らかに名前は、単なる個人識別ラベル以上の機能を果たしていた。名前は人物や動物の体現であり、そこに何らかの支配力を及ぼす手立てを与えてくれたのだ。名前についての同じ原則は、すでに確認した通り、神々や精霊たちにも適用されていた。

名前の取り扱いに関しては、もう一つの珍しい特徴がある。特に二世紀以降に顕著となるのが、個人の特定のため母親の名前を付記するという慣習だ（「我はYから生まれたるXを呪います」[70]）。ユダヤの呪文にもこうした慣例があり、高名なユダヤ教のラビであるアバイェ（三二五年頃）は、ある文章の中で次のように述べている。「母が私に言った。「何度も繰り返されるような祈祷には全て、患者の母親の名前を入れておかねばならない」[71]」。これまで様々な説明が、この珍しい慣習について提案されてきた。人物の正確な特定が必須だが、確実に知られうるのは母親についてだけだったから。あるいはバビロニアやエジプトからの影響の可能性があり、これらの地域では、古い時代の呪文中に母方の血統が記されているから。またこの慣習は奴隷の生きる世界から取り入れられたものであり、奴隷の出自は通常母方の家系で特定されていたから。さらにはエジプト、またユダヤ人やキリスト教徒の墓では、死者が母方の家系によって特定されることがあったから、等々[72]。確かにエジプトからの影響を示唆する証拠はいくらか存在するものの、ここには古代地中海世界に特徴的な社会・心理的ダイナミズムに起因する、他の力もまた働いていると考える必要がある。しかし詰まるところ、この慣習が呪詛板自体の反文化的・価値転倒的な特性とも結びついていたことは間違いない。

人形、髪の毛、釘——呪詛板の付属品

文字の記された呪詛板、とりわけ二世紀以降のものは、複雑そうな外見をしていることがある。そして更に、呪詛板はお店から出荷される前に、もう少しの用意を必要としたかもしれない。それは往々にして、呪詛板本体に別のアイテムを付け足すという形をとった。

小像の利用(73)

古代の呪詛板の最も目立つ特徴の一つが、人形や小像が呪縛手続きの一部に組み込まれ、利用されていたことだ。現存する小像の数は非常な数に上り、様々な史料(74)（本書第八章、特に№141のプラトンの証言を参照）、および式文集（本書第二章およびPGMを参照）などの文書が自明として語るその利用を、実地に確証・例証してくれている。小像利用に関する最古の言及は、エジプト中王国時代（前二一三三—一七八六年頃）の史料中に現れている。そこでは来世を司るオシリス神からひどい仕打ちを受けるようにと、ロウで敵対者の姿をかたどり、それを墓に埋めるように指示されている。(75)同種の人形は前四世紀頃のギリシアの諸都市で、公的な呪縛の儀式の中でも用いられていた。(76)

私的な呪詛板で活用された小像には三つの類型がある。(77)そのほぼ全てで、鉛製、陶製、ロウ製を問わず、像は後ろ手に縛られている（**「呪縛された」**）。中には丹念に四肢が切断されているらしき事例もある(78)（図2）。また呪詛の標的の名が刻まれるのも頻繁だ。(79)さて小像の第一の類型は恋慕の対象をかたどるもので、性愛呪詛で用いられ

ている。例えばエジプトで発見された小さな人形は、パピルス紙につづられた愛の呪文に添えられていた(80)。別の事例（本書No.28を参照）は、ＰＧＭに収められている綿密な手引きに従って作られており、その指示通り、象徴的な意味を持つツボに適宜十三本の針が差し込まれている。呪詛板と共に見つかるこうした不可思議な「性的物証」については、他にいくらでも言葉を費やすこともできよう。ただとにかく強調する必要があるのが、これら

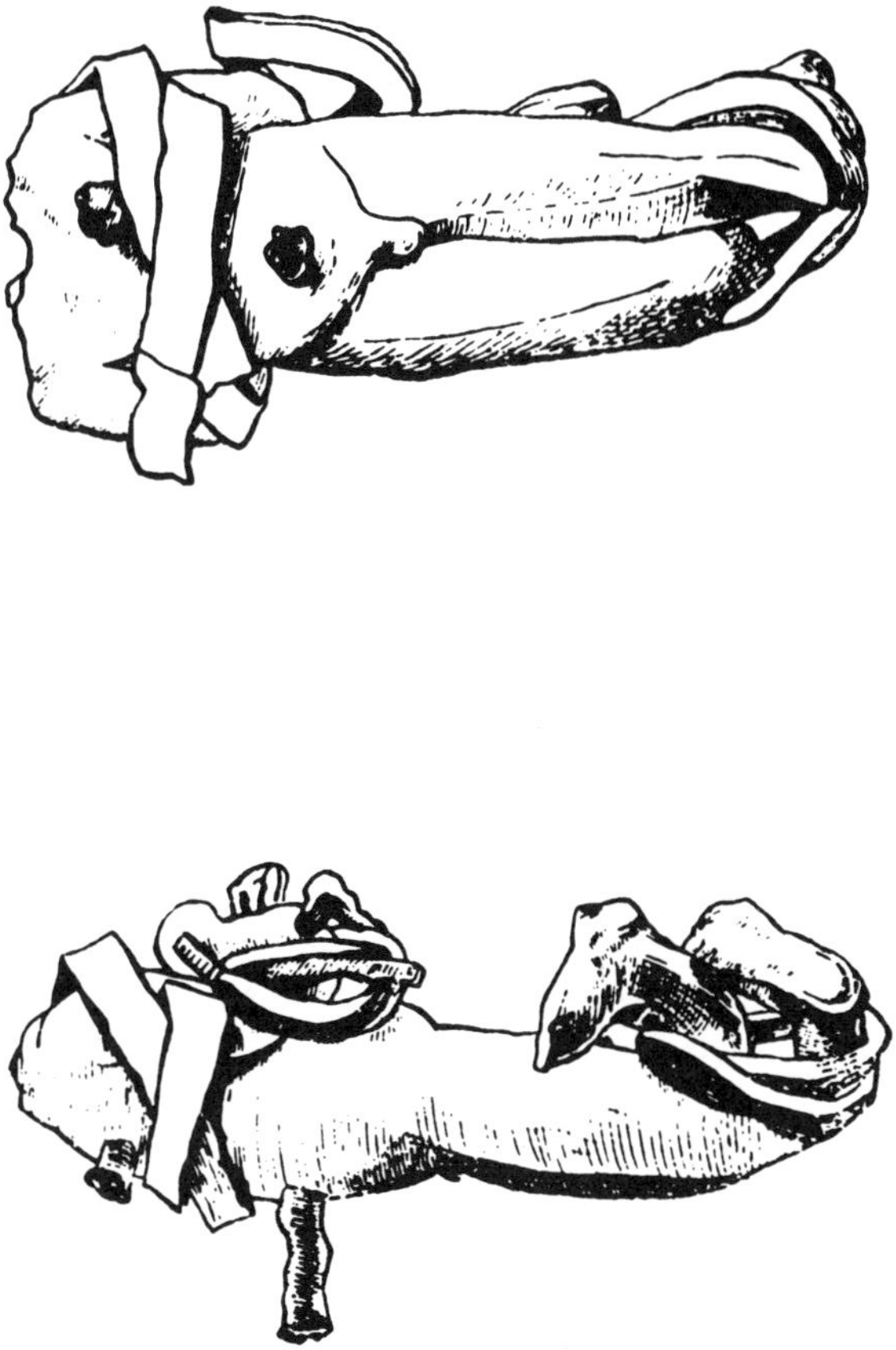

図２　鉛製の、故意に頭の落とされた男性の小像。２本の鉄釘で貫かれている。両手両脚は、鉛の帯でぐるぐる巻きにされている。この小像はギリシアのアッティカ地方で発見され、年代はキリスト教拡大以前と考えられる。同じ場所の同時期の遺物である呪詛板（DTA86：「我はドロモンを呪縛する・・両脚両手を・・」）の付属品の可能性はある。

が呪いではないということだ。つまり標的に危害を加えることが、必ずしも意図されてはいないのである[81]。続いて第二の類型が、個人的敵対者に攻撃を加えるためのものだ。ケラメイコス（アテネ市）の墓地からは、前四〇〇年頃のものと推測される、この類型に属する特別な事例が発見されている（図3）。全部で四体の鉛製小像群が、それぞれ二枚の鉛板で作られたミニチュアの棺の中に納められていた（本書No.41を参照）。そして鉛板全部と三体の小像には、それぞれに呪詛の標的の名が刻まれていた[82]。最後に第三の類型として、シリアのアンティオキアで発見されたユニークな事例、馬をかたどる九体の小像に触れておこう。そのうち六体には、それぞれ一つずつ次の名が記されていた。ヒュペロコス、ポリュクレス、ポリュアンドロス、ディテュランボス、シュンディコス、ペンフレオス。そして残り三体には、次の二つずつの名前が記される。エウァスピスとダマステス、アリステネトスとポントゥコス、そしてアンキテオスとテティス。これらの馬の小像が、戦車競走での競技者チームを表現しようとしているのはほぼ間違いない。というのも古代の競走の世界からは、騎手と競走馬の両方を名指しする呪詛板の例が、数多く発見されているからだ[83]。

頭髪と衣服の利用

サモサタのルキアノスの著した『遊女の対話』には、女性の呪術師《マゴス》が客の女に、別れた恋人の愛情を取り戻すテクニックを伝授する場面がある（四章四節。また本書No.152を参照）。そこで呪術師の女性は、意中の男の髪の毛や衣服の切れ端を持ってくるよう指示している。髪の毛や衣服（*ousia*――本書では「付属物」と訳している）とそれを身につける人との関係は、パピルス紙あるいは鉛に記されて残る性愛呪詛の中でも裏付けられる[84]。例えばPGM十六番（一―三世紀のもの）の記されていたパピルス紙は、何本かの髪の毛が中に入れられて折りたたまれた状態で発見された。また同じく性愛呪詛の記されたPGM十九a番（四―五世紀）にも、髪の毛が包まれていた。一

図3　鉛製の小像が3体、ミニチュアの棺に納められている。ケラメイコスの墓地（アテネ市）から発見。2体の小像は、その手が後ろ手に縛られている。また全て性器が誇張されている。箱／棺のそれぞれと2体の小像には、呪文が記されている。こうした小像の利用は、古典期アテネの呪詛板に共通する特徴であった。Barbara Schlörb-Vierneisel, “Eridanos -Nekropole”, *Athenische Mitteilungen* 81, Berlin, Verlag Gebr. Mann, 1966, Beilage 51.1.

方で鉛の呪詛板もまた、愛する人の頭髪を必要としていた。エジプトで発見されたがまだ未公刊の鉛の呪詛板にも、髪の毛と何らかの繊維（衣服の？）が包まれていた。またアテネ市のアゴラから発見された呪詛板（三世紀）には、髪の毛でつけられた跡と、数房の髪そのものが見られる。これらはおそらく、呪詛の標的であるテュケという女性の頭から取られたものだろう。それでも、髪の毛の持つ象徴的意味を理解するのは難しくはない。現代の我々が財布に写真を入れるのと同じように、いまいない人がそこに現れる。それは詩、あるいは呪文と多くの共通点を持つ他の言い回しで用いられる、提喩法と同じだ。いつでも一部分は、それを含む全体を表すのである。

丸める、折りたたむ、釘で封をする

こうして呪文の文字は全て無事に記され、そこに付随する品も挿入・付加された。そうしてからほぼ全ての呪詛板が、丸められるか折りたたまれるかする。このとき一本ないしそれ以上の釘で貫かれることもあった。[85] 釘は腐食しやすいが、それでもこうして封印され「固定された」呪詛板が非常な数、かつての姿のまま残されている。[86]ではこうした形での封印には、どのような象徴的意味がこめられていたのだろう。ある場合、とりわけ外側面に「超自然的宛先」が記されるような事例の場合[訳注12]、呪詛板を丸めることは、ただ手紙を宛てる普通のやり方に従っているだけかもしれない。[87] しかし呪詛文の内容を人目に触れさせないことは、折りたたむ、丸める、釘を打つという行為の一番の目的ではなかった。なぜならほぼあらゆる場合で、呪詛板はいかなる人間にも見つけられない場所に安置されたであろうから。[88] 何か特別な意味が、釘の使用にもこめられていたはずだ。それに関してはカガロウが、古代および現代の文化において釘を象徴的な道具として捉える幅広い議論を展開している。そこで彼は釘の機能に関し、呪文に苦痛と死を付加することだったと主張している。しかし上述の通り、これでは愛の呪文に釘が使われることとの整合性がとれない。実際には根底の意味はおそらく、釘の日常的な機能から由来したのだろう。つまり打ち付け、固定し、束縛し、ひいては呪縛する(89)。いずれにせよその幅広い活用状況を考えると、「本来の」目的が何であったにせよ、呪詛板における釘の使用は、ほどなく呪詛板準備手続きの所定の一部となったことが分かる。ところで板をある場所に固定するという日常的な目的のために、釘が用いられている事例がたった一例存在する。近年カルタゴの競走場《キルクス》で行われた発掘で、折りたたまれた呪詛板が、かつて置かれたま

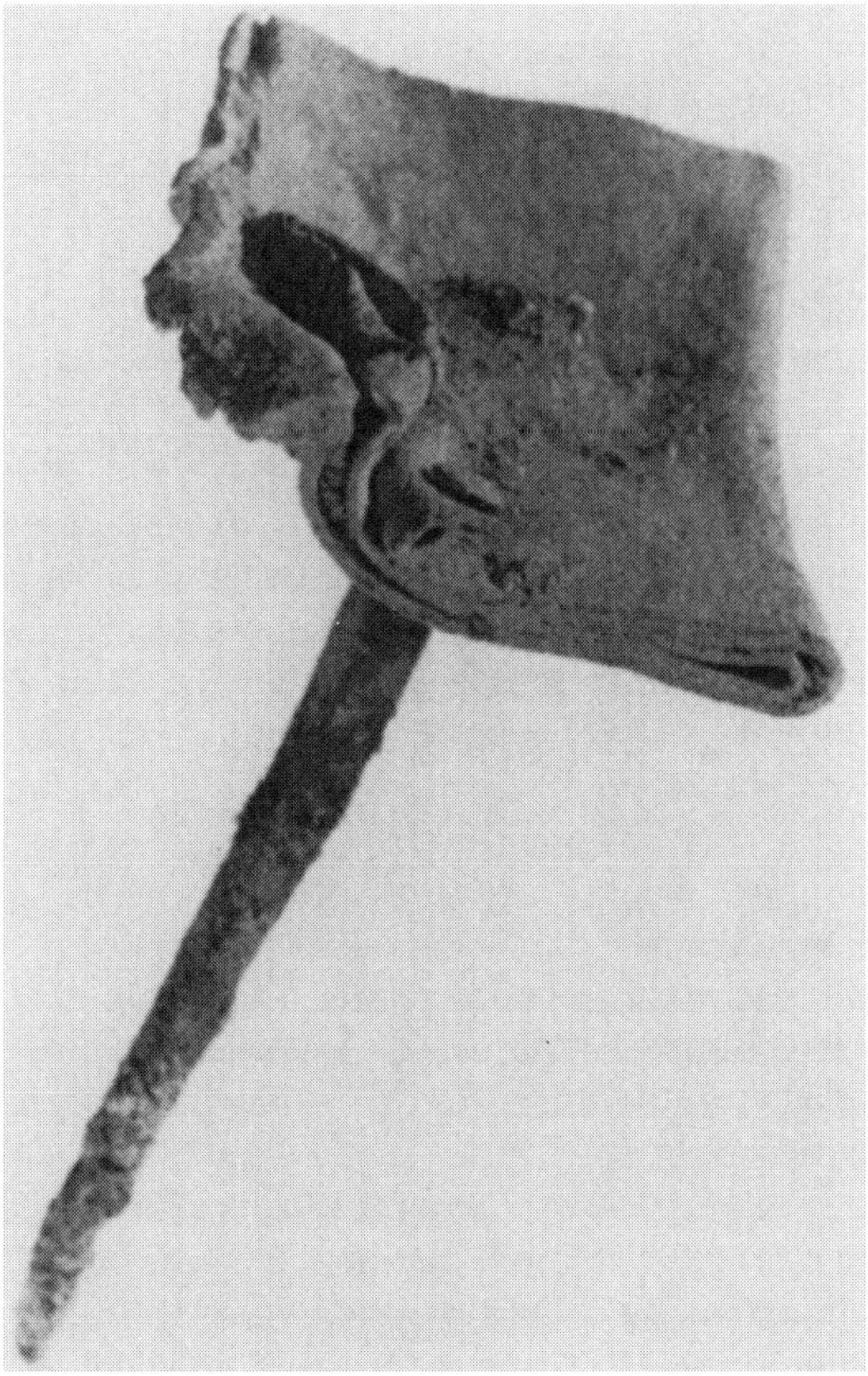

図4　カルタゴの競走場で発見された、未公刊の珍しい呪詛板の例。この呪詛板を出走ゲート近くのコースレーンの地面そのものに固定するため、釘が用いられていた。ナオミ・ノーマン（*Naomi Norman*）の許可により掲載。ビル・ウッド（*Bill Wood*）撮影。

訳注12　本書No.40を参照。

さにその場所で発見された。長い青銅の釘を使い、念入りに競走場の固い床に固定されていたのである。呪詛板も釘も共に、保存状態は良好だ（図4）。

呪詛板の安置

呪詛板と護符とは、ある根本的な一点で相違している。呪詛板は文字が刻まれるや、効力を発揮させるための特別な場所に安置されたのだ。PGM七番四五一―二行には、その種の場所の典型例が列挙されている。「（呪詛板を）川、地面、海、小川、棺、あるいは井戸に埋めよ、または［入れよ］」[90]。その他、性愛呪詛の場合は、想いの向かう標的の家に。競走競技に関わる呪文の場合は、競争場のコース面に[91]。また冥界の神々と関わる聖域も安置場所の一つだ[92]。

中でも墓地は、最もよく安置に使われた場所であった。多くの墓から、元々そこに埋葬されていた遺体と、後でそこに差し入れられた呪詛板が一緒に発見されている。好んで選ばれたのが、早世、あるいは暴力的な亡くなり方をした人の埋葬場所である。そういった人の霊魂は、本来の寿命に達するまで鎮まることなく、墓の近辺に留まっていると信じられたからだ[93]。そうした霊魂に対し、呪詛文に書かれた通りに任務を果たし終えた暁には、その不幸な運命から解放すると約束されている事例も何例かある。これら「死者の霊魂《ネクダイモネス》」の担う役割が厳密には何なのか、必ずしもいつも明確なわけではない。生者と死者の中間に留め置かれた立場で、呪詛板に書かれた嘆願をただ神々に伝達しただけなのか。あるいは神々の厳しい監督の下、自ら呪文を実行に移していたのか。答えはおそらく、時を経るうち、また地域の信仰に応じ、その役割は変化するというものだろう。そしてとにかく、いつも必ず神々が何らかのやり方で呪文に関与させられる。標準的なやりかたは、裁判の用語を用いることだ。

そうすることで呪詛の標的についての事案が、神の司法権に引き渡されたり移管されたりするのだ（「我はXをヘルメス神の御前に引き渡す」(94)）。

では呪詛板はどうやって安置されたのだろう。この問題を考えるには、同時にこうも問うておく必要がある。いったい安置の作業を実際に行ったのは、呪詛依頼者なのか、書記なのか、それとも呪術師《マゴス》なのか。呪詛板の文面を刻んだのが誰かとの問いと関連するこの問いは、やはり同じく、呪詛の全体的な手順理解に関わり、そして理解を形づくってもくれる。だが残念なことに、この問題への解答をどういったやり方にせよ暗示するような、そうした直接的証拠はほぼない。一方には、安置するための特別な技能を一向に必要としないような事例がある。例えば、呪詛板を井戸や泉に投げ込むような場合。こうした場合には、呪詛依頼者が自らその作業を行ったと想像して構わないだろう。他方、呪詛板を墓の中に置いたり、あるいは競走場の出走ゲートのところに埋めたりするときはどうだろう。この場合には、書記や呪術師《マゴス》、またはその助手が顧客サービスの一環として、この任務を遂行した公算がずっと大きい。夜、アテネのケラメイコスの墓地に一般市民が立ち入り、早世者の墓を掘り起こし、そして遺体の右腕のところに呪詛板を置いてくるなどありそうにない(95)。

呪詛板をどこに安置したか、および誰が安置したかに関する考察を終える前に、もう一度強調しておかねばならないことがある。かつて深刻な誤解を生む原因となった、呪詛の手順の一側面についてだ。つまり、呪詛板を依頼するという行為には、単に折りたたまれた金属片を購入し、それを井戸に投げ入れる以上のことが必要とされていたのである。PGMに収められた手引き書が明示しているように、呪詛の手順全体は極めて複雑たりえた。そこでは祈祷、お祓い、燻蒸、祈願、様々な器具、色々な儀式等々の要素が要求されていた。例えば古い時代の作品、テオクリトスの『牧歌（エイデュリア）』第二歌で、シマイタがデルフィスの愛情を取り戻そうとする努力は実に複雑だ。[訳注13] またさらに古い『オデュッセイア』（第十九歌四五七—五八）では、アウトリュコスの息子たちがオデュッセウスの傷を直すとき、彼らは血を止めるため包帯を巻くのと同時に、まじない《エパオイデー》を唱えるのである。[訳注14] 端的に言えば、呪詛板を用意しようとする依頼者の企図は、決して一つ一つの孤立した行為としてではなく、最初の決断から実際の製作依頼までの一連の行動、出来事の全体的な流れとして捉えられねばならない。単に無害な腐食した鉛のかけらだけに注意を集中するだけで、その依頼に伴う諸々の行動を認識しようとしないのは重大な誤りなのである。(96)

上記と関連し、また同程度の重大さを持つ問題が、呪詛板の製作を依頼し、安置するという行為における公共的側面・私的側面のバランスの問題である。呪詛板に関わる手順については一般に、完全に個人的で、秘密裏に行われ、そして世間の目からは隠されていたと想定されている。結果そこからは解釈にあたっての重要な帰結（「これら愚かな人々は何と、ただ無為な金属片を井戸の中に放り投げ、そしてちょっと意味のない言葉をつぶやくだけで、他人の人生に影響を与えることができると信じていたのだ！」）が生じている。しかし事実は決してそのようではなかったことを、数多くの指標が示している。その最たるものが、呪詛板は効力がある、あるいは効力があると信じられていたこと（両者は結局同じことだ）を示す、以下のような否定しがたい指標の数々だ。まず一点目。貴族、哲学者から奴隷、戦車競走の騎手にいたるまで、ほぼ全ての古代人が、どうやら呪詛を社会的な事実として知っていたということ。次いで二点目。呪詛や呪縛呪文について語る公共的な記念碑が、私的な領域ではなく公共的な領域に建立されていること（本書No.137を参照）。さらに三点目。ゲルマニクスを襲った不意の病に関する有名な事件で、その際に呪詛板や呪文を捜索しようと思い立った（そして見つけた）人がいたという事実（本書No.148を参照）。この例からは、自分の敵が誰で、そして敵が何を仕掛けてくる可能性があるのか、人々が承知していたことが窺われる。また四点目。前述の、恋人に捨てられたシマイタに少し戻ると、彼女が利用した対抗手段は儀式や呪文だけに留まらなかった。それだけでなく彼女は、自ら体操場《ギュムナシオン》に足を運んでつれない恋人に面と向かって相対する。つまり呪詛の利用はあくまで、目的達成に向けての数ある戦略の一つに過ぎなかったのだ。性愛呪詛はとりわけ、こうした想定へのもっともな論拠を与えてくれている。そして五点目。呪詛の関係者（呪詛依頼者はいざ知らず、少なくとも書記や呪術師《マゴス》）は、おそらく意図的に、自分たちの仕事について控えめに振る舞ったりはせず、誰々の上に「狙い」が定められたと知られるよう仕向けたと考えられる。(97) このように呪詛板の製作依頼および安置における公的側面を重視することが、多少なりとも現実に即しているとするならば、呪詛板は効果があったのか、どのように効果を発揮したのかについての従来の見方には、修正の必要が生じることになるだろう。

呪詛板の追求する効果

他の人間や動物を、普通は気づかれぬままその意思に反し、呪詛依頼者の力の下に置きたい。あらゆる呪詛板では、こう定式化できる願いが表出されていることを我々は知っている。願いは時に、相手に危害を加えたい、死を課したいという意思としても表現される。さてカガロウはそうした危害の実例を、次のように列挙している。

訳注13　テオクリトスは前四世紀の末にシチリア島で生まれ、前二六〇年代に死去したと考えられる「牧歌の元祖」とされるギリシア語詩人。『牧歌』第二歌では、シマイタという女性が恋した男デルフィスから捨てられ、まじないを用いて恋人を呼び戻そうとする姿が歌われている。

訳注14　本書No.168を参照。

死、病気（熱、衰弱、失明、口がきけなくなる、不具、手足の骨折）、記憶喪失、各種精神障害、不眠、不本意な独身、家族・家の喪失、公的な恥辱、戦争や運動競技での敗北、仕事での失敗、公法廷での有罪宣告、来世の否定、そして全般的な不成功。[98] 戦車競走に関わる呪文では、馬の転倒、骨折、またスタート時に後足立ちになるよう願われる。比較的数は少ないが、無生物に対する呪詛もある。ある事例（本書No.82）では公共浴場が呪縛され邪魔されるようにと、また別の事例（本書No.79）ではローマの市門が打たれるようにと願われている。

だがこうした「願い」を、いったいどのように受け取ればよいのだろう。こうした祈願の真の聴き手は、いったい誰だったのだろう。やはりこの場合も研究者たちのこれまでの傾向は、願いを字義通り読む、だ。ここでは、我々がいま用いるある種の呪いについて考えることから始めてみよう。「*Screw you!*（くそったれ！　ぶち込むぞ！）」という言葉がふと口をついて出たとき、我々は何を言わんとしているのだろうか。性的関係を望む気持ちの表出なのだろうか。ではチームメイトやスポーツ競技のファンが「*Kill the bum!*（あの下手くそをぶっ殺せ！）」と叫ぶのが聞こえたとき、我々はすぐにライフルに弾をこめるだろうか。するとどうやら、次の二点を考えるのが良さそうだ。まず一点目。祈願の聴き手は、ただ「あちらの世界」だけにいるのでも、あるいは主に「あちらの世界」にいると考えられたのでもなかった可能性がある。とりわけタンバイアは、あらゆる儀礼的行為において、呪文はまず儀礼に参加する「人間」に対して向けられていると論じている。[99] 次いで二点目。口頭での言語形式が果たしている機能には、人間の言語に特有の特徴が表れている。すなわちまず他人に伝達する能力、そして人の経験する物事の、何やら意味ありげで比喩的な側面に形を与えるという能力である。詩や小説を読むとき、我々は言語をこのように取り扱うのを当然と考えている。おそらく呪文や呪いの言葉にも、この見方が適用されるべきなのだ。そうするとここで、メアリ・ダグラスの記す逸話が思い起こされる。「ある時クング・ブッシュマン族の一団が雨乞いの儀式をし終えると、小さな雲が地平線から現れ、成長して黒雲となった。そして、雨が降り出した。しかし文化人類学者たちが彼らに、その儀式のおかげで雨が降ったと思うかと訊ねると、大笑いされた。我々は他の人々の持つ信仰について、どこまで愚直になれるのだろうか(100)」。

呪詛板は効果があったのか

つい最近までなら、「呪詛板は効果があったのか」といった問題を問おうとの考えを持つこと自体、馬鹿げていると思われたことだろう。予想される反応は、もちろんこんなものに効果などあるはずがない！　確かにジェームズ・フレイザー卿の時代から現在に至るまで、呪文・まじない・護符が効くことはありえないという想定が支配的だった――自明のこととして。ここでもまた当初の想定が、更なる議論や解釈に向けた議題を設定してくれている。呪詛を利用した人々の信念は誤りと想定されるから、またその営為には効果がなかったと考えられるから、すると何世紀にもわたりその効果を追及した人々のあくなき非合理性は、いったいどう説明されるというのか。

だがもし冒頭の想定を訂正するなら、どうなるだろう。こうした信念や営為は「何らかの意味で」機能していたと考えるところから、もし議論を開始するなら。それに固執した人々は非合理的だといった考えはもはや受け入れられないと、もし示唆するなら。そして全人類の経験の基本構成要素としての、詩的な言語や表現豊かな儀式を理解する心を、もし我々が取り戻すなら。

そうするとロジャー・トムリンが、バースで発見の呪詛板を紹介する著書の序論で示している見解を、古代の呪文および呪いの効力を検討する際の新たな思潮の基準と捉えて良いのではないか。その箇所でトムリンは「バースの呪詛板は効果があったのか？」と問いかけ、こう答えている。「バースで二世紀にわたり呪いを記すという営為が続いたということは・・・それが効果があったことを暗に示している。あるいは、効果があると信じられていた。そしておそらく、この信頼の正しさは証明されていたのだ[101]」。無論この手続きに携わった人々の信じる、まさにその通りに呪詛は効力を発揮したとまで想定する必要はない。一方で呪詛に携わる人々や彼らの信念を、単純または字義通りの先入見をもって理解する行為の正しさは、証明されはしない。だとすれば呪詛はどのように効果を発揮できたのだろう。この点に関し、トムリンが何点か有益な見解を示してくれている。呪詛板製作依頼の過程は「耐えがたい緊張状態を取り除いた[102]」。それは「気分転換させてくれた[103]」。さらにトムリンは具体的にこう続ける。「呪詛板に文字を刻み、それを聖なる泉に投げ入れることは、被害を受けた当事者の気持ちを楽にした。少なくとも、何かは行われたのだ[104]」。

さて現在までに、このテーマについては非常に多くの論考が発表されてきた。例えば、レヴィ゠ストロースの「呪術師とその呪術」と題された優れた論文[105]。ゲザ・ローハイムによる、彼が「魔術的原則」と呼ぶものに関する検討。彼はこれを、「対抗恐怖（怖いものみたさ）的姿勢[106]」とか「常に存在する我々の行動の母体[107]」とか、様々な呼び名を使って記述している。こうした新フロイト主義的見解と軌を一にする研究として、エヴァンズ゠プリチャードの業績を挙げることができよう。このイギリス人文化人類学者はアフリカの呪術についての著作の中で、個人の不運を説明しようとしたり共同体の失敗の責任を免じようとするとき、呪いや呪文が重要な役割を果たすことを示したのだった[108]。

呪詛板と法律との関係

呪詛板の使用および準備は法に反した。こうした想定がこれまでしきりとなされてきた。だが古代ギリシア時代の法典が、呪詛板をそのようにして挙げていた事実はない。[109] そこでこう主張されてきた。おそらく、個々の事件は不敬（*asebeia*）を取り締まる法でカバーされていたので、そうした法規は必要なかったのだと。[110] また多分、例えば標的の死を願う場合のような、殺人犯として一括できる人のみが法律違反者とされたのだと。他方、テオス島に住むイオニア系ギリシア人コミュニティは前四七九年、「ファルマカ *pharmaka*」の使用および準備が死罪にあたることを決議している。[111]「ファルマカ」という言葉は、時に毒物を指すのに使われることもあるが、さらに意味を拡大し、呪文や呪いを表す言葉としても頻繁に使われていたことを、ここで指摘しておく意義はあろう。またプラトンは呪詛板を禁止する法を提案しており、著書『法律』にはその草案が示されている（本書No.141を参照）。ただしそこには、何点か不確かな点が残されてはいる。プラトンの示した法は、彼の時代に実際に存在した、我々の知らない法の内容を反映しているのだろうか。それともプラトンは、当時の法体系の隙間を埋めようとしているのだろうか。さてその後、ローマ法の影響の下、呪詛板は確実に違法行為となった。それでも、同じく一般に違法とされた占星術と同様、ローマ時代を通じ呪詛板の隆盛は続いた。[112]

では呪詛板はなぜ違法とされたのだろう。他人を傷つけ、時には殺害することをさえ追求したから、といった説明は不十分である。というのも、その説明は性愛呪詛や予防的な護符には当てはまらないからだ。[113] すると次の重要な二つの問いには、いまだに答えがないことになる。すなわち、問いその一。呪詛板が隆盛を誇ったのはなぜなのか。その二。呪詛板が違法と、また少なくとも危険・脅威と宣せられたのはなぜなのか。この二つの問いに答える、ただ一つの答えを見出してみよう。

ここまで見てきたように、呪詛板は古代地中海世界文化のありふれた一特徴として取り扱われねばならない。さらにまた、呪詛板との関わりは社会階層の上下の別を問わなかった。この点では、実質的に満場一致である。呪詛板がこれほどまでに広範に普及していたことの理由。それは、効果があった、あるいは効果があると信じられていた（この両者は結局、意味するところは同じだ）という見解の中にある。そして呪詛板が成功し、効果的であったことはまた、なぜそれが違法や危険と見なされたのかの理由をも説明してくれる。つまり、呪詛板は危険だったのだ。いつも他人への危害を志向していたからではなく、それが有効だったから。さらに言えば呪詛板が、古代社会における法・社会・政治的中心からのコントロールを逸脱する、そういったやり方で効力を発揮していたからだ。実際、しばしば呪詛は社会の外側に地歩を占め、おそらく中心に対して真っ向から対立することもあった。だからこうした考え方、「呪術師《マゴス》たちは、人間の生にとって中心的重要性を持つ事柄の上に、力を及ぼすことができた」「どんな普通の人も、ほんのちょっとのお金を払えば、そういった力を様々な状況下に利用可能だった」「社会の〈合法的〉全体組織の外側に位置し、時にはそれにあらがう個人でさえも、こうした商取引を全て自由に行うことができた」。こうした考え方は全て、社会の中心から由来する力の嫉妬深い守護者を自任する人々にとって、深刻な脅威となった。それはギリシア人でもローマ人でも、シリアのアンティオキア市民、あるいはユダヤ教のラビでも同じことだ。呪詛板には、こうした人々の統制を逸脱する力があった。そんな力が、自由に商取引する一個人の手に握られてしまうのだ。

「魔術」と「宗教」

さて本書では「魔術」という言葉の使用を避けることにした。慣例的に呪詛板は古代の「魔術」の一表出と見なされ、古代の「宗教」と対置される。しかし人間の経験を理路整然と定義する分類項目としては、「魔術」という項目は存在しない。これが本書での理解である。その理由として、ある批評家（ペッテション）の言を引こう。(114)

「魔術」と「宗教」の関係についての科学的論争は、キリスト教的に理想化されたパターンにのっとり宗教を定義することによって生み出された、人工的な論争である。人間の信仰や儀式を構成する要素のうち・・・理想化された類型としての宗教と相容れないものは、「魔術」と呼ばれた（そして今も呼ばれている）。「魔術」は「宗教」の中で十分に「価値ある」ものではない要素のための、ゴミの山となった（そして今でもなっている）。

しかしこのペッテションの嘆きの中にある「キリスト教」という言葉を、「公認／公式信仰」という総称的な句と入れ替えれば、この文章をそのまま非キリスト教社会、あるいはキリスト教以前の社会に適用することが可能となるかもしれない。いつでも「その他の人々」の信仰や慣習には、「魔術」や「迷信」などといったレッテルが貼られるものだ。魔術と宗教には重なり合う部分があると定義したところで、そう定義するためにはそもそも、両者は異なっており、境界線を画定できるという理解が前提となっていなければならない[115]。だから本書ではそこからさらに進み、魔術から宗教、さらに科学へと連なるといった[116]、あるいはその逆に、魔術は宗教の堕落形態であるといった[117]、あらゆる発展段階的枠組みも拒否されている。またそれに関連し、宗教は教養ある文化的階層の所産である一方、魔術や迷信（頻繁に互換可能な語として使われる）は、無知で教養のない人々の発育不全な状況を表しているといった立場も拒否されている[118]。だから「魔術」という語が使用されていることからは、その用語の背後にある実態についてほとんど何も読み取ることができない。つまり「Xは魔術師です（でした）！」という文章があったとして、そこからはXという人物の持つ信仰や慣習について何も分かりはしないのだ。こうした陳述から中身ある情報を引き出すことができるとすれば、それはこの発言をした人物のXに対する態度、および二人の社会関係上の優劣に関する情報となる。例えば、Xは発言者から見て権力を持っている、取るに足らない、また危険だと見られている、等々[119]。すると魔術について正しく（解答可能なように）歴史学的な問いを設定しようとする場合、その問いは決して、例えば「ギリシアの魔術の特徴とは?」といったものにはならない。それは必ず「どういった状況下に、誰によって、そして誰について〈魔術〉という語が使われるに至ったか?」といった問いとなる。だから本書において古代の呪詛を取り扱うのは、この事象を魔術というカテゴリーの中に位置づけたりするためではない。我々の考えでは、そういったカテゴリーは存在しないからだ。[120] その代わりに、本書ではより記述的なアプローチが用いられている。つまり、そこでは何が述べられ、何がしたいと言われ、誰が作製し、誰が使用し、そして様々な人がそれについてどう考えているのか。こうした事々を記述しようとしたのだ。もちろん、一般に魔術的と称されるような古代の呪文や呪詛板、また式文集の中の素材は、「宗教的」(文化的)源泉から引き出されたものではないなどと論じようというのではない。古代末期の世界では、その隅々で大量の文化的借用が行われており、呪術師《マゴス》たちすらも例外ではなかった。[121]

ギリシア・ローマ時代以前および以後における呪詛

普遍的に人は、怒りや落胆、また不安定さや激しい競争にさらされる時、何らかの誓いをたてるのが習いだ。呪詛はそのほんの一例に過ぎない。今の我々が用いる奇妙かつ独特な誓いの言葉や宣誓の文句もまた、様々な形態の呪詛と全く同じに、高度に形式化され、そして時にたいそう古めかしい口頭定式表現の代表的存在である。ただし古代地中海世界文化の中にも間違いなく、口からとっさに出てくるたぐいの、個人的な誓いの形式が独自に用意されていたことだろう。[122] しかしその世界では同時に、保護や助力、また実在・想像上を問わず自身の敵への報復の意志を表すための、もっとずっと形式的で、儀礼的でもある表現方法が発展していた。本書に登場する呪詛板は、こうした形式的表現を普通の人々が個人的な敵に対し、また時に公の敵に対し配したときの、そのままの姿で示してくれている。その意味では、本書での事例は公的な呪いの形式からは区別されるべきではあるものの、それでも両者の手法はしばしば全く同じである。例えば一世紀、海賊の被害に苦しめられていた小アジアのシュエドラ市の住民は、クラロス市においてアポロン神の神託を求めた。神から与えられた託宣は、伝統的な戦争の神であるアレス神の神像を、ヘルメス神の持つ鎖に縛られ、そしてディケ（正義）女神に許しを請う姿にして建てるようにというものだった。[123]

さらに時代をさかのぼると、中東やエジプトの文明圏でも、他の人を呪ったり呪縛したりし、また敵対的な呪文から自分を守るために各種の技法が用いられていた。本書の扱う時代の事例と同様、それらの呪文は公的な場面においても、また私的な個人によっても用いられた。こうした事例の内には、後の地中海世界における呪詛板との対応関係が、単なる偶然以上のものに思える事例がある。例えばおそらく専門家により用いられた、対抗呪文を発するためのヒッタイト人の儀式書では、「〜であるのと同様にまた〜」というお馴染みの定式表現（「この糸を我が燃やし、そしてそれが二度と戻って来ぬのと同様に、かの呪術師の言葉もまた焼き尽くされるように！」）が、その指示の中に四回登場している。[124] また様々なバビロニアの儀式書では、その呪文や対抗呪文に関する理論体系の中で、小像や護符の使用が規定されていた。[125] 同じく際だつのが、前十九—十八世紀エジプトの壺と小像の断片である。そこには憎むべき外国人（エルサレムの支配者とその家臣を含む）の名が刻まれ、それから壺は「自分たちの敵の勢力を砕くべく」粉砕されたのだった。[126] 形式化された呪いの慣習は、古代のイスラエルでもまたしっかりと確立されていた。それがとりわけはっきり現れているのが、『旧約聖書』の『申命記』二八章、神がモーセとの間に結んだ契約の末尾にある祝福と呪いにおいてだ。[127]訳注15 それ以外にも、他の中近東の文化に明白な類例を持つ呪いの定式表現が、聖書の数多くの預言中に現れている。そうした箇所で呪いは、イスラエルの敵や契約に違反したイスラエル人たち、ならびに各種の罪人に対して向けられている。[128] 二十世紀初頭にギリシア・ローマ時代の呪詛を検討したある研究者は、聖書中の呪詛六例（『士師記』十七・一―二、『マラキ書』三・八―九、『ゼカリア書』五・二―四、『エレミア書』五一・六〇―六四、『エゼキエル書』四・一―三、『列王記下』二三・一七―一九）を検討した上で、これらの文面は「呪詛板の基本構成要素を全て含んでいる・・・ヘブライ人は呪詛板の近親である文字化された呪いに、前六世紀の前半にはすでに親しんでいた」と結論づけている。[129] これら全てを勘案すると、すでに一九一五年に発せられた、次のマーサーの言に疑いを差しはさむ余地はほとんどなさそうだ。

呪詛はバビロニアやアッシリアの時代、高度に発達した法的・宗教的な式典となっており、広く実践され尊重されていた。それは重要な祝祭日の式典に登場したのみならず、人々の日々の暮らしにも深く浸透していたのだ。それはどうやら、近代人の間で慣習法《コモンロー》が果たしていたのとほぼ同じ役割を果たしたらしい。というのも呪詛は、抑止力として、矯正力として、そして良い行いへの誘因として機能していたのだから。[130]

もしこれら古代の中近東やエジプトの文化が、後の地中海世界における呪詛板や呪縛呪文の多くの側面に、その背景部分を提供しているのだとしても、後の時代における独自の発展を決して見落としてはならない。鉛板の使用。ギリシア、ローマ、エジプト、そしてユダヤの精霊への、霊魂への、また神々への訴えかけ。呪詛板を配するのが適切と見なされる機会の増大。公的な場面に比し私的な場面での呪詛板使用の人気上昇。それに伴っての、呪詛板使用に対する当局の排斥姿勢の登場。こうした特徴が、地中海世界における呪詛板と、中近東やエジプトにおけるその先駆とを画している。

私的な場面で呪詛板を利用するという状況が、キリスト教の勃興以降にも変わらず存続したことについては疑う余地がない。この点に関しては、パピルス紙に記されて伝わる史料中に多くの証拠が残されている。[131] 時代が下った頃に行われたある説教では、キリスト教徒による活用にはっきり言及しながら、次のように論じられている。「月が満ちゆく期間に、文字の記された鉛板を用いて（害悪を）逃れることが可能と考える者は誰でも・・・そうした者たちはキリスト教徒ではなく異教徒である」。[132] 同じような史料はまだ他にもある。[133] しかし八世紀になると、面白いことに呪詛板に関する物的証拠が存在しなくなる。それでも、痕跡を残すことなく完全に消滅したわけではない。西方ヨーロッパ世界においてさえ、そんなことはなかった。一つの痕跡が、ロリカエ（ラテン語で「胸当て」を意味した語）として知られる、特にケルト世界のキリスト教文化に特徴的な、あまり知られていないひと揃いのラテン語祈祷文である。そこには古い時代の呪詛板に対抗して用いられたことを窺わせる痕跡と、古い時代の呪詛板からの影響の痕跡とが同時に現れている。[134] ロリカエは様々な種類の危害から個人を守ることを目的としており、そこでは時に長々と、守りたい体の部位が列挙される。その様は呪詛板における同様のリストを思い起こさせる。あるロリカエ（「ライドケンのロリカエ」――七世紀）から二箇所を引用するが、その文面は呪詛板への明白な言及を含んでいるようにさえ見えるのではなかろうか。「だからお前は我が四肢、我が内臓を最も良く守る胸当てとなれ。そうすることでお前は我から、邪悪な悪魔のこしらえた槍先の見えない釘を押し返してくれるように（五一―五四行）」。そして「我が嚢、脂肪、そして数え切れない全ての関節部分の連なりを守れ。我が髪の毛を、そして我が図らずもその名を挙げ損ねた身体の部分を守れ（七九―八二行）」。前半の節で「釘」という語が使われているが、これは多くの呪詛において釘が利用されていることを想起させる。一方で後半には、いわゆる「保険条項」（「我が図らずもその名を挙げ損ねた」）が使われているが、これもはっきりと名指ししなかった人名や品目を含める

訳注15　以下、聖書についての言及および訳は全て、『聖書　新共同訳』日本聖書教会、に従う。

ために呪文やまじない文で利用された、同様の定式表現に由来するのかもしれない。

さらに後の時代、十五世紀にG・ミディアテスによって作製されたギリシア語写本がある（パリ写本Gr.二四一九番）。これがさらに前の時代の写本から筆写されたことは間違いない。そこには熱病に対抗するための護符の作り方が、次のように記されてある。「石を手に取れ。そしてそこに腕や脚を後ろで縛られている、直立して頭のない精霊の姿を刻め。そしてその周りに次のような記号を、また裏には先に挙げた名前を記せ。・・・それを鉛の板の下に置いて身につけよ。そうすればお前は、そういった害悪から遠ざけられることであろう[135]」。これが呪詛板でないことは確かだ。しかしここには、ずっと古い時代の呪詛板や呪縛呪文および護符に見られる、見間違いようのない構成要素（記号、頭のない精霊、神秘的な名前、縛られた手足、鉛板）が含まれている。もしかしたら、こうした慣習は結局ずっと生き続けていたということなのかもしれない。

最後の痕跡が、近世のイギリスで作られた数枚の呪詛板である。それらは鉛に刻まれたり、紙に書かれたりしているが、本書で取りあげる古代の呪詛板と驚くほどよく似ている[136]（図5）。こうしたほんの数例を、八世紀から十七世紀まで実物の残されていない呪詛板に関し、その伝統が継続していたことを示す証拠と見ることは許されるのだろうか。あるいはこれは、おそらく偶然に古代の呪詛板が発見されたことに触発された、一種の「リバイバル」なのだろうか。答えは、否定的なものだろう。東西ヨーロッパ中世の時代、金属製の呪詛板が継続して使用されたことを示す物的な証拠は存在していないのだから。それでもこの期間を通じ、形式化された呪いを利用する慣習自体はずっと生き続けていたのだ。

金属製の板から手写本へと、呪詛の文言を記録する媒体が変化したところに注目することで、ある程度はこう

図５　17世紀の呪詛板。象徴記号《カラクテレス》が記されている。イングランドのウィルトン・プレイス。この近世の呪詛板は、古代の呪詛板の意識的な模倣の表現なのかもしれない。(グロースター市、市立博物館および美術ギャラリー)

した継続性を跡づけることが可能だろう。一方で同時に、墓石に呪いを刻むことは断続的に行われ続けた。また「本の呪い」、つまり自分の記した貴重な文章を改変、消去、あるいは破壊する可能性のある人々に対して書記が書き込んだ呪詛は、その歴史をおそらく前七〇〇年にまでさかのぼることができる[137]。そのはっきりとした最古の事例は、前七世紀のものである。そして種々の中世の手写本の奥付にそのような呪いを付け加える習慣が、ユダヤ人やキリスト教徒写本製作者の間に広がった。『新約聖書』の『ヨハネの黙示録』は、次のような警告で結ばれている。「この書物の預言の言葉を聞くすべての者に、私は証しする。これに付け加える者があれば、神はこの書物に書いてある災いをその者に加えられる。また、この預言の書の言葉から何か取り去る者があれば、神は、この書物に書いてある命の木と聖なる都から、その者が受ける分を取り除かれる[138]」。

結局のところ、「本の呪い」と本書の扱う呪詛板との類似性を強調しすぎることも、その違いを無視することも、共に間違いなのだろう。事実はただ、一二〇〇年以上にわたり呪詛板の時代が続いた後、記録からその利用に関する物的証拠が消失した、ということだ。では途切れてしまったのはなぜなのだろう。その理由の説明を、八世紀のキリスト教の説教の文言中に見出せるかもしれない（本書No.167を参照）。「人間・・・の首に何かの記号を巻き付ける者は誰でも、それが・・・青銅の、鉄の、鉛の、あるいは他のどんな材料の金属板に記されたのであれ、そのような者はキリスト教徒ではなく異教徒である」。ここで我々は、教会当局が実際に「異教の」慣習を抑え込むのに成功した、稀な一事例と対峙している可能性がある。というのも他の多くの慣習と異なり、この慣習が反異教的なフィルターをこっそりくぐり抜けることはなかったし、キリスト教的な装いをまとって受け入れられることもなかった。この慣習はただただ、あまりに異教的だったのだ。

第1章　競技呪詛板——劇場や競走場で

この町[訳注1]でライバル関係にある地縁集団の中で、最も強力なのが「ガチョウ」と「塔」だ。「ガチョウ」地区と「塔」地区との間の憎悪がどれほど深いのかについては、それを物語る何十もの逸話がある。中でもおそらく特に有名なのは、「ガチョウ」地区の老司祭についての話だ。あるとき彼は、自分の教区民の葬儀を執り行わねばならず、パリオ[訳注2]観戦をいやいや断念させられたのだった。・・・遺体が棺に納められ、その司祭が歩み寄った。周りには故人の親類が並んで立つ。遺族は皆、司祭が自分たちに向かい、何か慰めの言葉をささやくものと思っていた。だが棺が墓穴に降ろされると、司祭は死者に向けてこう呼びかけたのだ。「きっと天国へと向かう聖なる魂よ！　主に伝えてくれ、〈「塔」を勝たせないで欲しい〉と！[1]」

古代地中海世界における、その主要都市に住む住民の生の大部分は、公的な舞台装置で繰り広げられていた——つまり劇場、円形闘技場、競走場《ヒッポドローム》、小講堂《オディオン》、競技場《スタディオン》、また競走場《キルクス》などにおいてである。[2] 競技場《スタディオン》や競走場《キルクス》といった大規模施設は、ギリシア世界では宗教的中心地に、ローマ世界では大都市に限定される傾向にあった一方で、劇場や小講堂《オディオン》はもっとずっとありふれていた。[3] 建物の規模に応じ、観衆の数は千差万別だ。小さな劇場では

訳注1　イタリアのシエナ市。
訳注2　シエナ市で年二回行われる、地区対抗競馬。

数百。例えばポンペイにあるような、比較的大きな劇場では数千。ローマ市のコロッセオや、またアテネ市にあるヘロデス・アッティクスの競技場《スタディオン》ではおそらく五万。ローマ市の大競走場《キルクス・マクシムス》での戦車競走の観衆は、二五万人にも達した（この数は、ローマ市人口の約四分の一に相当する）。

ギリシア世界では古典期の時代からローマ支配時代にかけ、各都市においてのみならず、主要な宗教的中心地（オリュンピア、デルフォイ、イストミア／コリントス、ネメア、エピダウロス）をも舞台とし、競技祭が盛大に開催されていた。そして少し遅れて、パンアテナイア祭がアテネ市において開かれるようになった。全ギリシア人にとってこうした競技大祭は大きな祝祭だったが、開催されるのは二年か四年に一度のみ。つまりは、大祭は比較的開催頻度の低い一大イベントであり、政治的、民族的、そして宗教的な装飾要素であふれかえっていた。さて競技祭は、元々はアマチュアとして出場して競う富裕な貴族市民のために創設されたが、その後徐々に専門的な性格を帯びるようになる。そして前二世紀には、運動競技参加者は全てプロの選手となっていた。一方で劇場を舞台とする競技は、おそらく当初から専門家によって競われていた(4)。前五世紀のアテネで作成された受賞者リストが、こうした競技祭の持つ網羅性を明らかにしてくれている。そこに現れるのは、ホメロスを朗唱する吟遊詩人、竪琴や横笛を使う歌うたい、竪琴や横笛を奏でる演奏者、各種競技に出場する成年男子や少年の運動選手（徒競走、五種競技、格闘、拳闘、それから格闘と拳闘の要素を混ぜ合わせた総合格闘技のパンクラティオン(5)）、四頭立ておよび二頭立て戦車競走などの騎士的イベント、様々な団体競技、さらには船の競争などだ(6)。また二年もしくは四年ごと開催の競技大祭サイクルの隙間を、定期開催の演劇祭が埋めていた。例えばアテネで毎年開催されたディオニュシア祭では、劇作家たちは自分の演劇が上演される権利をかけて競い合い(7)、そのうえ他の公的イベントでも、詩が吟じられたり、歌が詠じられたりしていた。そして必然的にこうした機会には、合唱隊や踊り手、朗唱者、またその指導者同士の、何らかの形での競争が伴われた。以下に見る通り、その後の雇用と地位とに大きく響く場面に付随するこの競争的性格が、呪詛板活用の推進力となったのだ。自分の敵を邪魔するために、また自分の成功可能性を高めるために、呪詛板は活用されていた。さて北アフリカのヒッポのアウグスティヌス、すなわちキリスト教司教にして、またかつての修辞学の権威であるその他ならぬ彼が、競争と呪いとの間にあるつながりの長い歴史を例証してくれている。ギリシア最古の呪詛板から八〇〇年、『告白』(四・二)の中で、アウグスティヌスはこう語る。「以前、劇場で詩を朗唱する競技に出場しようと決めたとき、ある妖術師《ハルスペクス》が私に、勝利の保証のためにいくら払うつもりがあるか、と訊ねました(8)」。

本章で主に問題となる時代、つまり二世紀以降というのは、地中海全体にローマの覇権が及んだ時代。その意味はつまり、ローマ風の見世物、特に戦車競走と剣闘試合が、地中海の東から西のあらゆる場所で見られたということだ。アテネ人とは異なり、ローマ人は祭典(*feriae*)、競技祭(*ludi*)、それから見世物(*munera*)やその組み合わせなど、各種競技で文字通りはち切れんばかりの日々を楽しんでいた(9)。そして三〇〇年までには、年に一七七日もの祝祭日が設定されるまでになっていた。うち六十六日を占めたのが、競走場《キルクス》での戦車競走だ。さらにこの公共の祝祭リストを完全なものとするには、数多くの豪勢で盛大な見世物や、また年に数回不定期に、時には競技祭の一環として、時には単独で開催されていた、人や野獣が戦う剣闘試合のことも考え併せねばならない(10)。

ギリシアとローマの公演に共通する要素が、激しい競争意識、大きな報賞、および絶大な人気である。実際の競技参加者数は限定的だったかもしれないが、イベントに関心を持つ人数は莫大で、皇帝から奴隷まで、あらゆる社会階層にわたっていた。そして勝利を手にした出演者には、名声と財産という確かな報酬が。一方観衆として参加する人々には、結果を知りたくて落ち着かない気持ち、試合のもたらす興奮、さらには結果の如何に応じ、勝利なら歓喜、敗北なら落胆が与えられたのだ。

つまり関係する人皆にとって、全ては結果次第。だから競技者やファンは、有利な立場へとつながる要因を、何としてでもどこかに見出そうと努めていた。[11] そうした要因のうちの一つ。それが、呪詛板の使用だ。この場合の呪詛板は、神々や死者の霊魂、および精霊《ダイモン》などに対し訴えかけられた呪文の力により、呪縛という語そのままに、競争相手の四肢・筋肉・士気などを縛るための努力と理解される。こうした呪詛板は、競走場《キルクス》の歴史の中でずっと変わらぬ役割を果たし続けた。現存する事例はかなりの数に上り、また発見地点はローマ世界の四方に及んでいる。数点の事例が競走場《ヒッポドローム》内やその周りでも発見されているが、そこは定められた手順に従いかつて安置された、まさにその場所だ。[12] それ以外にも各種文学史料の証言が、呪詛板の文面そのものが描き出すイメージを補ってくれている。[13]

人間同士の運動競技に関わる呪詛板に関しては、我々の手元にある事例は全て比較的新しい時代のものであり、また関連するイベントは多種多様だ。例えば三世紀のアテネで作製された五枚の呪詛板は、ある試合で戦うプロの格闘競技者に向けられたもので、その対戦相手の名前も挙げられている（本章No.3）。[14] エジプトのオクシュリュンコスからはその一〇〇年後の呪詛板が発見されており、競争走者の名前が記載されている（本章No.8）。[15] しかし現在、「運動競技」呪詛板全八〇枚あまりのうち、その最大多数が関係するのが、ローマ世界の競走場（キルクス／ヒッポドローム）での戦車競走だ。[16]

ギリシア・ローマ世界において、戦車競走がどれほどの文化的意義を持っていたのか。それをどれだけ大きく評価しても過大とはなるまい。文学史料中最古の事例が、ホメロスの『イリアス』（二三歌二六二行以下）に現れている。その箇所でアキレウスの戦友に捧げられた葬送競技が長々と物語られるが、競技の冒頭で戦車競争が行われている。それから約一五〇〇年後に至ってもなお、その時代のビザンツ帝国の文明を「二種の英雄を尊ぶ文明」（ビザンツ史家ベインズの言）と説明可能だ。二種の英雄とはつまり、キリスト教の聖人、および戦車競走で勝利を収めた騎手のことである。[17] 実際ローマ人著述家たちも、このローマ的生の一側面に嫌悪感を表明している文章中でさえ、それを理解しながら詳細に物語っている。例えば一世紀後半、歴史家タキトゥスはさげすむようにこう語る。「**我々の都ローマ特有の悪徳は、どうやらすでに母親のお腹の中にいるときから育まれているらしい。つまり舞台に寄せる偏愛と、剣闘士や戦車競走への熱情だ**[18]」。またその約三〇〇年後、歴史家アンミアヌス・マルケッリヌスはあざけりをこめ、戦車競走ファンが次のようにまくしたてるのを描写している。「**自分の応援するチームが真っ先にスタートを切って、それから上手にコーナーをやり過ごすことができなきゃ、国そのものが滅びちまう**」。アンミアヌスによれば、こうした人々にとって「**その神殿であり、住居であり、集会所であり、そしてあらゆる希望の頂点にあるのが、大競走場《キルクス・マクシムス》だ**[19]」。その一方で、勝利を収めた騎手は莫大な富を手にしていた。ユウェナリス[訳注3]は、ラケルタという「赤党」の騎手が法律家の一〇〇倍もの金を稼ぐと文句を言っている[20]。もちろん賭けは日常茶飯事だったし、暴動が起こることもしばしばだった。皇帝たちもまた、自分がどの騎手を応援しているのかを常に公言していた。また力ある「党派」(赤党、白党、青党、緑党)は、この競技の財政的、技術的、および職業的な面の組織化を図り、最終的には帝国のあらゆる大都市へとその影響力を拡大させた[21]。そして六世紀に至ると、歴史家プロコピウスはこう書くことができた。「**あらゆる町で、人々は長い間、青党か緑党へと区分されてきた**[22]」。戦車競走の生き生きとした描写は、四七〇年代にガリアで司教となったシドニウスの若き日の詩の中にも、あるいは五世紀または六世紀の著述家ノンノスによる、『ディオニュシアカ』と題された叙事詩の中にも現れる。ただしエフェソスのヨハネ(六世紀)のような人物は、シリアの都市アンティオキアの大主教が競走場《ヒッポドローム》建設の立案をしたとき、それを「悪魔の教会」と呼んで反発している[23]。それでも先に挙げた証言は、戦車競走がこうした抵抗にもかかわらず、帝国がキリスト教的な国家となった時代にあっても、驚くほど粘り強く存続したことを容易

訳注3　一―二世紀のローマの風刺詩人。

に理解させてくれる。そして六世紀のキリスト教徒著述家であるカッシオドルスは、競走場とそこで行われるレースを、実に全宇宙の占星術的、天文学的な象徴として理解する解釈を残すのである。毎日行われる二四レースは、一日の時間数。各レースで戦車が走る七周回は、一週間の日数。入り口のところにある十二のゲートは黄道十二宮を表すサイン。コーナーに置かれた標柱は、天の回帰線、等々。(24)

ここまで述べてきたこと等を理由に、呪詛板は戦車競走の世界において、力強い役割を持続的に果たし続けた。(25)安置したのがファンだったのか(26)、ないしは騎手自身であったのかはさておき(27)、呪詛板は競争競技につきものの特徴だった。党派やファン、および騎手たちは、実際のコース場での駆け引きや技術によっても、あるいは呪詛板で人や動物の動きを妨げることによっても、とにかく有利な立場を得ようと努めたのだ。

誰もが、時に期待はずれに終わったとしても、呪詛板が効力を持つと信じていた。そう想定できる十分な根拠がある。でなければ、これほど広大な時間と地域にわたり、この慣習が確認されることをどう理解できよう。そして確かに、法史料の証言もこの方向を指し示している。ローマ的な競走場《キルクス》の建設が最高潮に達していた四世紀(28)、その時代のローマ皇帝たちは、騎手と呪詛使用との悪名高い結びつきに特に狙いを定めた法令を発し始めた(29)。そしてテオドリック[訳注4]王の時代、王の秘書官を務めて重要な文書を代筆していたカッシオドルスは、次の興味深い一節の中で、この結びつきの様子を垣間見せてくれている。

王テオドリックから、ローマ市長官のファウストゥスへ

志操堅固という性質は、演者たちにおいてはあまり見られる美徳ではないので、より一層の喜びと共に、我々は騎手トマスの献身的な忠誠を記録するところのものである。この者はかなり以前に東部よりこの地に至り、そして第一位の騎手となると、我々の帝国の首府と緊密に結びつくことを選択したのだった。そこで我々は、この

者が毎月の俸給をもって遇されることを決定する。この者は、戦車競走において以前は旗色の悪かった側に入り、それを勝利へと導いたのだった。この者があまりに多く勝利を収めたため、競争相手たちは嫉妬心に駆られ、この者が魔術を使って勝利を収めたと明言するほどであった。実際は、この者の勝利をその馬の強さでもって説明することができない時に、仕方なく魔術のせいにしていたのだった。(30)

「競走場《キルクス》はまさしく、ローマ国家の縮図であった」(31)。これは、古代世界における党派の検討を行ったキャメロンの言だ。ただしこの縮図を見るのに、「精神の神秘主義的転換」は必須ではない。またその縮図が象徴しているのは、皇帝、元老院議員、そこから「下降」して奴隷や子供という社会構造の中にはっきりと映し出される、社会的・政治的生のうちの可視的領域だけなのでもない。文字が刻まれ、折りたたまれ、出走ゲートの下にある土くれに埋められ、目立たなくされた鉛板。この鉛板が象徴していたのは、ローマ世界の不可視部分だった。その世界は一方では神々、霊魂、および精霊《ダイモン》の世界であり、他方では野望、緊張、および明確に表現できない力の世界だ。要するにそこは、皇帝、元老院議員、そして司教などの力が及ばない世界であったのだ(32)。

〜〜〜〜〜〜〜〜〜〜〜

1. ギリシア、アッティカ地方。発見地点は不詳。おそらく前四世紀、あるいは前三世紀に製作された、七×四cmの鉛板。元は折りたたまれていた(1)。原文全四行のうち、最初と最後の行は左から右、真ん中二行は右から左へ文字が進行している。呪縛を表現する動詞は記されていない。呪詛の標的の名前は、この省略

訳注4　五世紀末から六世紀前半にかけてイタリア半島を支配した、ゲルマン系東ゴート族の王。

された動詞（口頭で語られた?）の直接目的語として、ただ対格形[訳注5]で示されている。文中に登場するテアゲネスという人物が、合唱隊の監督なのか、それとも財政的支援者なのかは述べられていない。この呪詛がどういった活動と関係するのかも説明されていないが、劇場の合唱隊同士の競争と関わるのは確かだ。合唱隊、その後援者、および指導者たち間で競われる公的なコンテストが、定期的に開催されていた[2]。この呪詛は、指導者間の競争心を垣間見せてくれる。　文献　DTA 34：Faraone, “Context”, p. 12.

テアゲネスと共にある合唱隊の監督たち全員と[3]、監督補佐たち全員を[4]。合唱隊の監督たちと監督補佐たちの両方を。

2. ギリシア、アテネ（パティシア地区）。発見地点は不詳。六×四cmの鉛板。両面に記載がある。元は丸められ、一本の釘で貫かれていた。公刊者は年代を示していないが、前二世紀より後である可能性は低い。訴えかけられる神格名は記されていない。「**我は呪縛する!**」という簡素な定式表現が用いられるだけで、呪詛の状況も判然としない。唯一の手がかりが、呪詛の主標的であるエウァンドロスが二度、俳優と注記されていることだ。そこから、この呪詛板が俳優同士のライバル関係に起因していた可能性が浮かぶ。俳優の息子、アステアスの名もまた挙げられている。　文献　DTA 45：Faraone, “Context” p. 12.

（A面）**我はエウァンドロスを、鉛のいましめで呪縛する[5]。そして・・・俳優エウァンドロスを**

（B面）**そしてエウァンドロスの全ての・・・を・・・俳優エウァンドロスの息子であるアステアスを。**

3. ギリシア、アテネ。アゴラにあるローマ時代の井戸発掘の際に発見。アテネのアゴラからは、これまで一〇〇枚ほどの鉛の呪詛板が、丸められた状態で発見されている。ジョーダン[訳注6]は、この呪詛板を三世紀半ば頃のものと推定している。十三・九×十一・五㎝。ジョーダンによると、その文字は専門的な書記の筆跡のように「巧みで、流麗で、達筆な準草書体」だ。[6] この呪詛板は、あるプロの格闘競技者に対する呪いに関係している。同地点から発見された他の事例には、格闘競技者や恋人に対する呪詛が何点かある。そうした事例の多くで、同様の名前や定式表現が何度も使われている。どうやら書記の所持していた一冊の式文集から写し取られたようだが、正確にというわけではない。[7] ジョーダン編纂の呪詛板事例集にある別の事例（№６）は、アルキダモスという人物に向けられている。アルキダモスはこれから市の運動競技に参加する走者であった。おそらく彼の競争相手の一人が依頼したその呪文では、アルキダモスがスタートを切ることがないように、またもしスタートを切れてもコースアウトし、面目を失うようにとの願いが表現されている。呪縛呪文と格闘競技者との結びつきについては、キリスト教聖人伝の中にもいくつかの言及がある。[8] この事例で訴えかけられている神格は、広く知られていたギリシア・エジプト的な神、セト／テュフォンだ。

文献 Jordan, "Agora", no. 1, pp. 214–5.

＊ボールフォルババルボルババルフォルババボルボルバイエー、力強きベトプト。[9] 我はあなた様に、エウテュキアから生まれたるエウテュキアノスを引き渡します。あなた様が彼を、また彼の意志を、[10] あなた様の暗澹たる空気の中で凍えさせて下さいますように。また彼と共にある者たちをも。光なき忘却の世界の中に、彼を呪縛し給え。次の金曜日、彼がデ・・・エイで行おうとしている格闘競技を凍えさせ、[11][12] そして

訳注５　直接目的語（「〜を」）であることを示す語尾が付された活用形。

訳注６　以下、解説欄および注に記される研究者名については、解説欄の末尾に付されている「文献」の研究を参照。「文献」欄等で使われている略号については、本書巻頭の「略号」を参照のこと。

台無しにし給え。そしてもし彼が格闘競技を行うなら、我はあなた様に、マズ〔ー〕ネー・アルケイネー・ペ〔ル〕ペルタローナ・イァイア。(13)エウテュキアから生まれたるエウテュキアノスを、倒れ、そして笑いものとしていただくべく引き渡します。力強き神なるテュフォン・コルコイ・トントノン・セト・サ〔タオーク〕(16)・エア・主なるアポムクス・＊フリウーリグクス。(17)エウテュキアから生まれたるエウテュキアノスが、消え去り凍えることに関し、コルコイ〔ケイロープス〕。エウテュキアノスを冷たくさせ、次の金曜日、良い状態でないようにし給え。そして彼が弱くあるようにし給え。これらの名前が冷たくなるのと同様に、そのようにエウテュキアを母とし、アイタレスが後援するエウテュキアノスもまた、冷たくなりますように。訳注7

4. アペカ〔またフィク〕、シリア。一二三×一二九cmの鉛板。左右両端に書かれた文字は腐食のため読めない。オドラン訳注8は三世紀のものと推定している。文章はところどころ判読不能で、当初オドランは、競走場《キルクス》の戦車競走の党派に関わっているものと解釈していた。しかしその後ガンシニエッとルイ・ロベールにより、黙劇役者の党派との関係が確認された。別の呪詛板（DT十六番）の内容も非常に似通い、俳優のヒュペレキオスを呪詛対象とし、その人物の上手な演技に必要な、体の様々な部分の動きを呪縛しようとしている。黙劇俳優同士のライバル関係に関わる呪詛板がもう一枚、ガリアから発見されている〔本章No.16を参照〕。この呪文がどれほど早く効くよう期待されているのかには驚かされる。挙げられているイベントは、「明日」開催なのだ。文言は混乱しており、筆記者が式文集から写し取るやり方のつたなさを表している。公刊時には写真も、挿絵も付されていなかった。現在ルーブル美術館蔵だが非公開だ。そのため、提示されている文字の読みの多くを不確実と考える理由には事欠かない。

文献　*DT* 15; R. Ganszyniec, Magica, *Byzantinische-Neugriechische Jahrbücher* 3（1922）, p. 164; L. Robert, *Études épigraphiques et philologiques*, Paris, 1938, pp. 99–102; R.A.Maricq, Notes philologiques, *Byzantion* 22（1952）, pp. 360–8.

・・・それらの者たちの舌を・・・その声を・・・もし誰かが彼を天の前に、あるいは全地の前に連れて行った[18]のであれば、あるいはもしその者がすでに彼のために、呪詛返しや呪詛ほどきの儀式を行っているのであれば[19]、青（党）の、カツラをかぶった黙劇俳優[20]であるヒュペレキオス[21]〔のための〕全ての助力を破壊し、破砕し給え[22]。もしその党派のために・・・それが彼のために行われ、あるいはもし誰か彼を天の前に、あるいは全地の前に連れて行ったのであれば、あるいはもし誰かがすでに彼のために呪詛返しや呪詛ほどきの儀式を行っているのであれば、ヒュペレキオスへの全ての助力を破壊し、破砕し給え。・・・もし彼の党派のために・・・あるいは三六のデカン[23]のうちのいずれかが・・・〔墓の主である？〕ペククラテリトル[24]が、あるいは五惑星のうちのいずれかが、あるいは二つの発光体のうちのいずれかが[25]、彼の助力に就いているのであれば、彼への全ての助力を破壊し、破砕し給え・・・朝に仰ぎ見られる一つのそれの[26]・・・そしてもし誰か・・・あなた様・・・彼のために・・・破壊し給え・・・〔彼自身の仲間のうち〕カツラをかぶった黙劇俳優であるヒュペレキオス[27]のために実際の力となるべく・・・その者が同じ助力（？）を〔与え

訳注7　訳文中にアステリスク（＊）が付された神秘的文言《ウォケス・ミュスティカエ》については、巻末の用語説明で説明されている。

訳注8　A.Audollent 一九〇四年に編纂された『呪詛板集成 *Defixionum Tabellae*』（以下、解説本文ではDTと略記）の編者。同書にはギリシア・ローマ世界で発見された呪詛板二五〇点に関し、そのテキストと詳細なラテン語解説が掲載されている。

ようと〕試みたのであれば・・・その他の助力が彼にもたらされる〔ない？〕ようにと〔しようとする〕ならば、破壊し、破砕し給え・・・、緑党の人々の前で、柱へと・・・彼は静かに、動きを止め・・・カツラを被った黙劇俳優である精霊《ダイモン》（？）〔によって？〕、彼の敵と彼のもとにいる人々が動かされたりしないように・・・彼らはその場で・・・彼を称賛しつつ・・・カツラをかぶった黙劇俳優であるヒュペレキオス(28)・・・その舌を・・・のための苦悩を・・・彼の体の三六五箇所の部位を(29)。彼の首を、彼の両手を、彼の両脚を呪縛し給え。一緒に彼の・・・を、彼の腱を、彼の・・・を、彼の脈を、彼の両のかかとを、彼の両脚(30)の足取りを、呪縛し給え。彼に「もうたくさんだ！」と叫ばせ給え。・・・彼への〔配慮〕を・・・結び付けよ・・・彼に・・・我らに、彼の終わりを望ましめよ・・・彼の腹を、彼の心を、彼の横隔膜を・・・彼の喜びを与え〔ないようにせ？〕よ。しかし・・・彼の上に、そして彼の支持者の上に、合唱隊とそのリーダーの上に・・・失敗するように、踊り手のヒュペレキオスを攻撃し給え・・・全ての人々の腹を、彼らの〔観客の？〕・・・〔彼らの〕声を・・・彼らの舌を固定させよ・・・彼らの口の敷居(31)を遮断せよ・・・彼らのアゴを・・・彼らの呪われた・・・彼らの・・・彼らの合唱隊・・・しかしこの者、あるいは彼の合唱隊全体、あるいは彼の党派も・・・ない、しかし・・・〔残りの部分はさらに断片的〕。

5. ベイルート、レバノン。おそらく古代の競走場走路の近くで発見。九×十五・八cmの鉛板。二世紀末、あるいは三世紀初頭に製作。訴えかけられている神格、「聖なる天使たち」には、その神秘名で呼びかけられている。ずらりと列挙された青党の競走馬と騎手に対して呪文が向けられる。呪詛文冒頭、表題のすぐ下、左右二列に分けて記されている神秘名の間に、縛り上げられた人間の姿が現れている。それはまたもう一つの、頭と開かれた口のみで不完全に描かれた何か〔おそらくヘビ〕の姿によって攻撃されているように見える（図6）。ムテルドによれば、人間の体に描かれた小さな円、および頭からの出っ張りは共

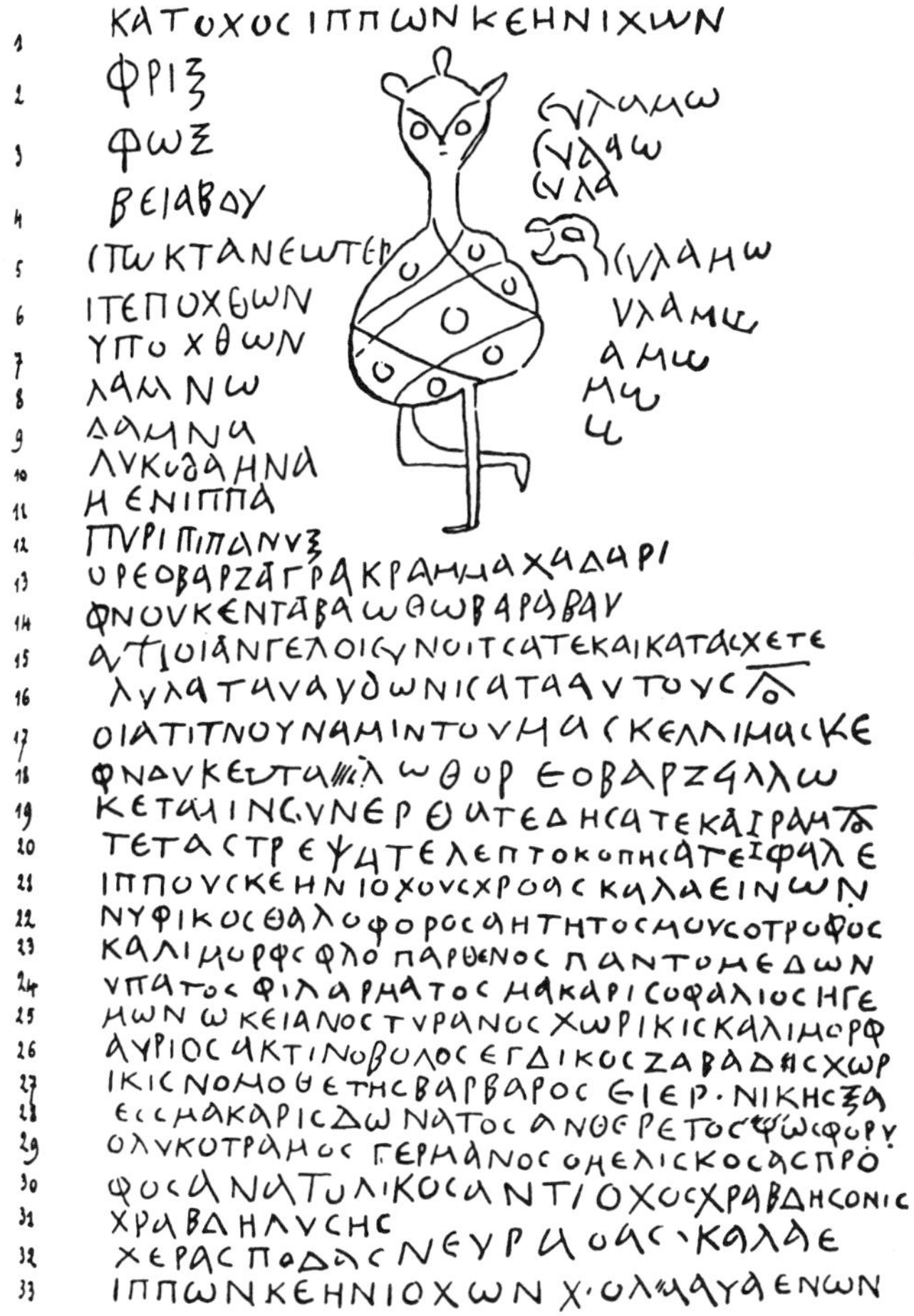

図6　ベイルートで発見された呪詛板上に表された、縛られた姿とヘビの頭の図。人の頭から飛び出た部分と、体にある円は釘を表している。釘は普通、呪詛の標的を「固定する」ために使われた。この例の場合、呪詛の標的となったのは、ライバルチームの馬と騎手である。釘は全部で12本ある。脚の間にもう1本あるとすれば、13本である。ヘビは、ローマから発見されている呪詛板のうちの何枚かに登場する、呪詛の標的を攻撃しているヘビを思わせる。人の体の上に描かれた線もまた、呪縛の過程を視覚的に物語っている（A. Maricq, Tablette de défixion de Beyrouth, *Byzantion*, Brussels : Fondation Byzantine et Néo-grecque, 1952, p. 368）。

に釘を表し、呪縛の過程を象徴している。[32]

文献　R. Mouterde, Le graive de Dardanos, *Mélanges de l'Université Saint Joseph* 15（1930–1931), pp. 106–23; *SEG* 7. 213; A. Maricq, Tablette de défixion de Beyrouth, *Byzantion* 22（1952), pp. 368–70; *SEG* 15, 847; *BE*（1954）no. 21, pp. 100–1; SGD 167.

競走馬と騎手たちを呪縛するためのもの。[33]

（第一列）フリクス[34]・フォークス[35]・ベイァブー[36]・ストークタ・ネオーテル、地上あるいは冥界の＊ダムノー・ダムナ・リュコナムナ・メニッパ[37]・＊ピュリピガニュクス

（第二列）＊エウラモー
エウラオー
エウラ
エウラモー
ウラモー
アモー
モー
オー[38]

＊オレオバルザグラ・＊アクランマカリ・フヌーケンタバオートゥ・オーバラバウ、あなた様方、聖なる天使たちよ、待ち伏せ、そして呪縛し給え、リュラタウ・アウドーニスタ、下記の者どもを。この呪文。オイアティトヌーナミントゥー・＊マスケッリ・マスケッロー・フヌーケンタバオートゥ・オレオバルザ、さあ攻撃せよ、縛りつけよ、ひっくり返せ、切り裂け、切り刻め。下記の青党の競走馬と騎手たちを。ヌ

ンフィコス、タロフォロス、アエトノス、ムソトロフォス、カリモルフォス、フィロパルテノス、パントメドン、ヒュパトス、フィラルマトス、マカリス、オンファリオス、ヘゲモン、オケイアノス、テュラノス、コリキス、カリモルフォス、アウリオス、アクティノボロス、エンディコス、ザバデス、コリキス、ノモテテス、バルバロス、エイエロニケス、クサエス、マカリス、デナトス、アンテレトス、フォスフォロス、ルコトラモス、ゲルマノス、オベリスコス、アストロフォロス、アナトリコス、アンティオコス(39)。クラブ(40)、縛りつけよ。そしてクラブ、害せよ（?）、青党の競走馬と騎手の腕と脚と腱を。

6.

アパメア、オロンテス川に面しているシリアの重要なギリシア人都市。堆積物（本来の位置にはない）の中で発見。同時にもう一枚の小さな呪詛板、およびその他雑多な残骸が発見されている。十一・八×五・二cmの鉛板。丸められた状態で発見された（図7）。見つかった二枚のうち、小さな方には中央に穴が開けられているが、おそらく釘の跡であろう。五世紀末、あるいは六世紀初頭のものと考えられる。呼びかけられている対象が大変興味深い。呪文は、他の呪詛板や資料からも知られる、象徴記号《カラクテレス》に対して訴えかけられているのだ。文章の最後には、二つの珍しい名前が登場する。一つが「場所《トポス》」で、他の呪詛文で至高の神の呼称として用いられているものだ。もう一つがサブラス／ザブラス。同時期のユダヤ教文書の中で天使や占星術と関わる、あまり一般的ではない名前だ。呪文の舞台は、アパメアにある競走《ヒッポドローム》場での戦車競走である。主要なチーム・党派の間に存在した激しいライバル意識については、六世紀の歴史家プロコピウスの一節から窺い知ることができる（『戦史』二巻十一章三一―五）。ペルシア帝国の将軍であったコスロエスはアパメア「訪問」への途上、その町の競走《ヒッポドローム》場で特別レースが開催されるようにと命令を発した。ローマ皇帝ユスティニアヌスが青党を贔屓にしていることを知ると、コスロエスは緑党を応援するこ

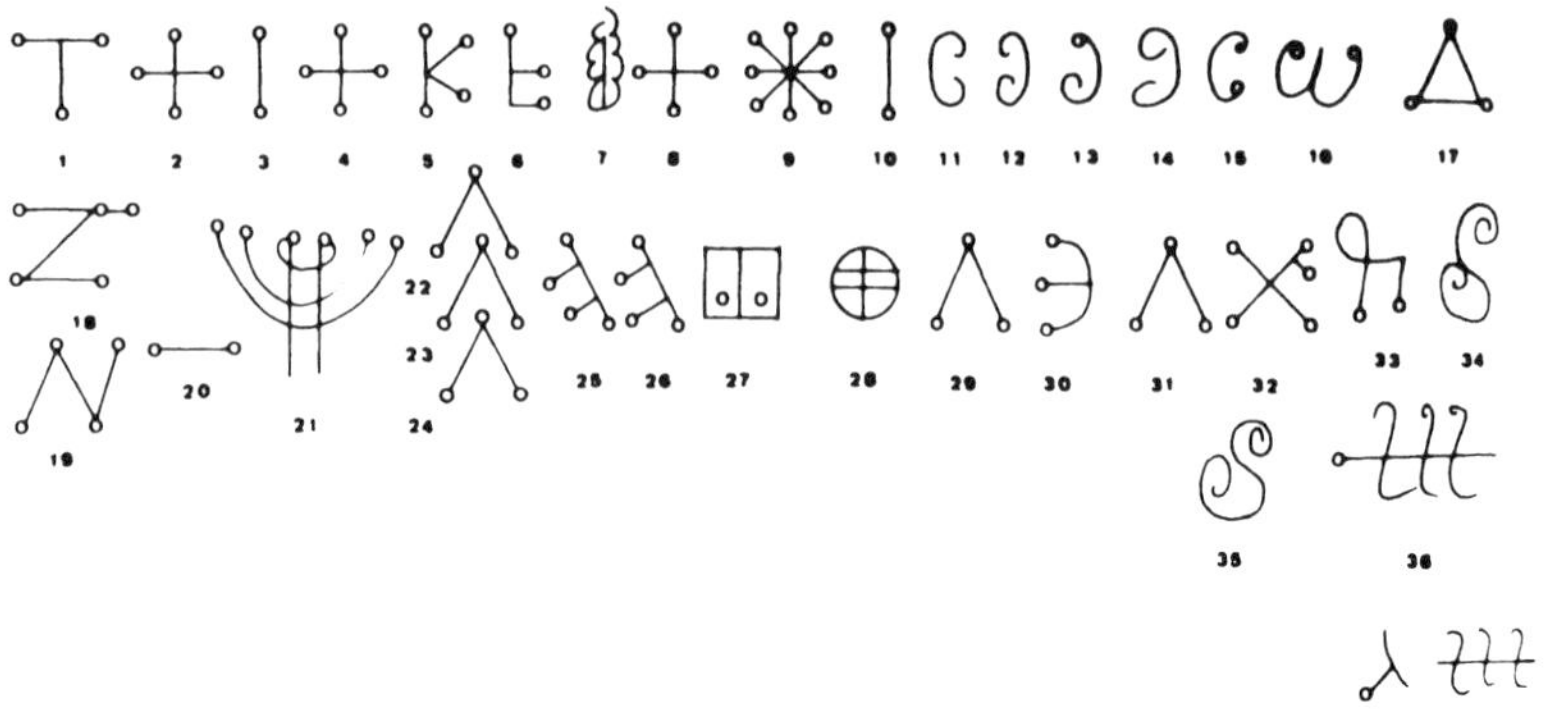

図7　図示したのはアパメア（シリア）発見の呪詛板上に表された、36種類の象徴記号《カラクテレス》である。地中海地方各地の遺跡から発見されている数多くの呪詛板上の文面には、類似の、一部同一の象徴記号への訴えかけが含まれている。（*Apamée de Syrie*, ed. Janine Balty, Brussels, 1984, p.216.）

とに決めた。だが青党がレースの序盤でリードを奪うと、コスロエスは自分の手先に命じて、緑党の勝利を確保するために青党を減速させたのだという。さてこの呪詛板では標的として、ポルフュラス、ハプシクラテス、そしてエウゲニウスという名前が挙げられている。全て青党に属していることから、名前の記されていない呪詛依頼者が、緑党を代表あるいは支持していることは間違いない。文面の一行目で象徴記号《カラクテレス》への訴えかけが行われるが、その上部には二行にわたって記号、あるいはもっと正確には象徴記号《カラクテレス》それ自体が現れている。これらの記号は、同時に見つかった他一枚の呪詛板と共通であり、他の場所で発見されている象徴記号《カラクテレス》の表現と類似している。文面そのものはほぼ完全だ。

文献　W. van Rengen, Deux défixiones contre les bleus à Apamée（VIe siècle apr. J.-C.）, *Apamée de Syrie*, Brussels, 1984, pp. 213-34; *SEG* 34. 1437; SGD, p. 192.

いとも聖なる主、象徴記号《カラクテレス》よ、[41] 中央左に位置するポルフュラス[42]とハプシクラテスの脚と手、腱、目、膝、戦意、跳躍、鞭（?）[43]、勝利、およびそれに伴う加冠を、また同様にエウゲニウス[44]の厩舎にいる青党の副騎手をも、結び上げ、縛りつけ給え。いまこの時から、今日から、彼らが食べたり、飲んだり、眠ったりできませんように。[45] また一方で、彼らが出走ゲートを出るやいなや、早死にした人々の霊を、暴力的に亡くなった（人々の）霊を、[46] またヘファイストスの火を、[47] 目にしますように。競走場《ヒッポドローム》で、彼らがまさに競おうとする瞬間、[48] 彼らがこちらの走路へと侵入してきませんように、[49] 彼らが衝突してきませんように、[50] 彼らのスピードが伸びませんように、[51] 彼らが（我々を）走路から追い出しませんように、彼らが追い越したりしませんように、彼らが（逆方向へと?）うまく折り返せませんように。[52] 終日、これからレースが始まろうとするときはいつでも！ 彼らがクラッシュしますように、彼らが（地面を）引きずられますように、彼らが破滅しますように。場所《トポス》にかけて。[53] そしてザブラスにかけて。[54] 今だ、今だ、早く、早く！

7.

エジプト。ユダヤの呪文と手引き書が集成されている『セペル・ハ・ラジム *Sepher ha-Razim*』（本書№.31を参照）の一節。[55] この箇所は正確には、他の競走相手に向けられる呪文ではない。自分の馬を疲れ切った後にもしっかり走らせて、自分に勝利を確保するための呪文の手引きだ。また他にも、戦車競走の結果を「固定する」ことを保証する、金属製呪詛板製作の手引きも存在している（PGM三番十五―三〇行）。そちらの事例ではさらに、夢を見せたり憎しみを起こさせるのにも効果的であることが請け合われている。

もしお前が、馬たちがたとえ疲弊していても全力で走るようにと、また馬たちが走っている途中につまずいたりしないようにと、また馬たちが風のように速くあるようにと、そしてまたどんな生きとし生けるもの脚といえどもその馬たちを追い越したりしないようにと望むのなら、銀の薄板《ラメッラ》を手に取り、その上に馬たちの名前と、天使たちの名前と、それらの者たちの上におわす主君の名前を書き、次のように唱えよ。

走りを司る天使よ、我は星々の間を駆け抜けるあなた様方に神助を請います。あなた様方が、誰々が走らせているこの馬たちに、また馬たちを御している騎手に、力と戦意を授けて下さいますように。これらの者たちを走らせ給え、しかも疲れたりつまずいたりしないように。これらの者たちを走らせ給え、しかもワシのように素早く。どんな動物も、これらの者たちの前に立ちはだかることがありませんように。そしてどんな魔術や魔法も、これらの者たちに効き目がありませんように。

薄板《ラメッラ》を手に取り、お前が勝利を望んでいる競走場の走行レーンの下に隠すべし。

8. エジプト、オクシュリュンコス。正確な発見地点は不詳。八×一三cmの鉛板。元は丸められていた。四世紀に製作されたもの。保存状態は良くない。冒頭で訴えかけられる精霊の名は、お馴染みの「エウラモー」だ。他にもう一つ読み取れるのが、これも類似の呪詛板から知られる名前、「キュク・バザキュク」である。呪詛の契機は運動競技者間の競争で、ここでは競走走者と関係している。この呪文では、他事例と共通して慣例的に挙げられる体の組織や能力に加え、さらに「体の三六五肢と腱」が呪縛されている。呪詛板の文面の雰囲気は、明らかにギリシア・エジプト的だ。

文献 Wortmann, no. 12, pp. 108–9；SGD 157；D.R. Jordan, Inscribed Lead Tablets from the Games on the Isthmus of Corinth（*Hesperia* 誌に掲載予定）[訳注9].

エウラモー　・・・我は命じる。〔これを〕我がために実現せよ・・・
ウラモーエ
ラモーエウ
アモーエウル
モーエウラ
オーエウラム[56]・・・＊キュク・バザキュク・・・。タエイアスから生まれたる〔名前は欠落[57]〕の下にあるこれら競走走者の、またタエイアスから生まれたるエフォウスの下にあるこれら競走走者の、腱を、心を、思考を、体の三六五肢[58]と腱を呪縛し、そして縛り上げよ。そうすることで、彼らが、力も強さも持たぬように。彼らが夜中眠れぬように、彼らが全く栄養分を摂れぬように、〔そうすることで、彼らが全く力を持たず〕落後していくように・・・そして全ての・・・を束縛せよ・・・タエイアス〔から生まれたる〕・・・タエイアスから生まれたる・・・彼らを押さえつけよ・・・そうすることで、彼らが全く強さを持たぬように・・・

9.　北アフリカ、カルタゴ。DT二三三番と一緒に発見。七・七×七・七㎝の鉛板。折りたたまれて発見。七五行にわたり、徐々に一行の長さが短くなるようにして記載されている。その結果文面は、頂点と左端の余白がそろった、直角三角形のような形になっている。呪詛の舞台は戦車競走である。赤党と青党の競走馬たちが、その騎手たちと一緒に呪縛されている。馬〔と騎手〕の名前のほとんどは、ギリシア語へと音写されたラテン語の名前である。この呪詛板を安置した人物が、自分がこれを誰の墓の中に置いたのか

訳注9　Inscribed Lead Tablets from the Games in the Sanctuary of Poseidon, *Hesperia* 64 (1994), pp. 111–26.

知っていないことは明らかだ。

文献　*DT* 237；*CIL* 8. 12508；R.P. Delattre, Inscriptions imprécatoires trouvées à Carthage, *BCH* 12 (1988), pp. 297–300.

我はそなたを呼び出す、そなたが誰であれ、時ならず死した方の霊を。力強い名、サルバトゥバル・アウトゥゲロータバル・バスュタテオー・アレオー・サマベートールの名により。
馬どもを呪縛せよ。その名前と、
この道具にある馬どもの姿を[59]、我はそなたに託す。
赤（党）の、シルウァヌス、セルウァトル、ルエス、ゼフュルス、ブランドゥス、
インブライウス、ディウェス、マリスクス、ラピドゥス、オリエンス、アルブストゥス。
青（党）の、イミネンス、ディグヌス、リノン、パエゾン、クリュサスピス、アルグトゥス、
ディリソル、フルギフェルス、エウフラテス、サンクトゥス、アエティオプス、
プラエクラルス。呪縛せよ、これらの馬どもの走りを、その力を、その
心を、その突進を、そのスピードを。その勝利を奪え。
その脚をもつれさせよ。邪魔せよ。びっこにせよ。
そうして明朝、競走場《ヒッポドローム》で、これらの馬どもが走れないように、
歩き回れないように、勝てないように、出走ゲートから出られないように、
競走路の上でもトラックの上でも、前進できないように、
しかし馬どもがその騎手たち、テレスフォロスの息子
エウプレペス、ゲニティウス、フェリクス、「噛み付き」ディオニュシウス、

そしてラミュロス(60)と共に倒れるように。アミュエーカルプティル・
エルコンソイ・ラザアブア・ドゥルエネフィスィ・ノイニステルガ・
ベーフュロールベートゥがそなたに命じているのですから。馬どもを呪縛せよ。
その名前とその姿を、この道具に書いて
そなたに託した。赤党の、シルウァヌス、
セルウァトル、ルエス、ゼフュルス、ブランドゥス、インブライウス、
ディウェス、マリスクス、ラピドゥス、オリエンス、アルブストゥス。
青の、イミネンス、ディグヌス、
リノン、パエゾン、クリュサスピス、アルグストゥス、
ディリソル、フルギフェルス、エウフラテス、サンクトゥス、
アエティオプス、プラエクラルス。呪縛せよ。これらの
馬どもの走りを、その力を、その心を、その突進を、
そのスピードを。その勝利を奪え。
その脚をもつれさせよ。邪魔せよ。
びっこにせよ。そうして明朝、
競走場《ヒッポドローム》で、これらの馬どもが
走れないように、歩き回れないように、
勝てないように、出走ゲート
から出られないように。
競走路の上でも前進できないように。

コーナーポストをうまく回れないように。
しかし馬どもがその騎手たち、
テレスフォロスの息子エウプレペス、ゲニティウス、
フェリクス、「噛み付き」ディオニュシウス、
そしてラミュロスと共に倒れてしまうように。
呪縛せよ、その手を。奪え、
その勝利を、退出路を、
その視力を。そうすることで
彼らが、競走相手の
騎手を見られなくなるように。
代わりに、彼らを
戦車から引ったくれ、
地面へともんどり
打たせよ。そうすることで
彼らだけが落車し、
競走場《ヒッポドローム》中を
ずっと引きずら
れるように。
とりわけ
コーナーポスト

のところで、
彼らが
駆る
馬たちと
共に、
体に
ダメージを
負って。
今だ、
早く！

10. 北アフリカ、カルタゴ近郊。十二・五×十五・一㎝。元は丸められていた。ギリシア語で記されるこの鉛板が製作されたのは、おそらく三世紀であろう。様々な神格への訴えかけが行われるが、そのうちのいくつかにはユダヤ教との関連が認められる。文面にある多くの神秘的文言《ウォケス・ミュスティカエ》はまた、ＰＧＭに集録された他の文書からも知られている。さてこの呪詛板は、ある年の十一月八日に開催される戦車競走で、ライバル党派である「赤党」が勝利しないのを確実とすべく安置された。騎手たちと競走馬たちの両方が、特にレースを行う際に必要とされる体の部位への言及に伴われつつ、この呪詛板の依頼者により呪われている。
文献　R.P. Molinier, Imprécation gravée sur plomb trouvée à Carthage, *Mémoires de la Société des Antiquaires de France* 58（1897）, pp. 212 以下；*DT* 242；Wünsch, *Antike Fluchtafeln*, no. 4；また Wünsch

(1900), pp. 248 以下。

我はそなたを呼び出す、そなたが誰であれ、死者の霊よ、天と地を造りし神イォーナ[61]。我はあなた様を誓いで縛ります。ネイカロプレークス、冥界の地の権力を持つ神よ。我はあなた様を誓いで縛ります、・・・神よ・・・霊魂の・・・。我はあなた様を誓いで縛ります、偉大なる＊アルーロバアルザグラン[62]、「必然」の神よ。我はあなた様を誓いで縛ります、ブラブレイスフテイバル、「その上に横たわるべき（?）」大地の初子たる神よ。我はあなた様を縛ります、＊ライラム、風と精霊の神よ[63]。我はあなた様を縛ります、・・・ラポークメーフ（?）[64]、生きとし生けるものへの罰を司る神よ。我はあなた様を縛ります、主なる＊アクラマカマレイ、天なる蒼穹の神よ。我はあなた様を縛ります、サルバラカオーブレー、全ての生きとし生けるものを支配する、冥界の神よ。我はあなた様を縛ります、冥界なるアルクフェーソン（?）、死者の霊魂を導く神よ、聖なるヘルメス様、天なるアオーンクレイフ、大地なる・・・よ。我はあなた様を誓いで縛ります、＊イァオー、全ての人間への魂の付与を司る神、ゲゲゲゲン。我はあなた様を縛ります、セメセイラム、世界を明るくし、そして暗くする神よ。我はあなた様を縛ります、＊サバオートゥ、魔術に関する全ての技術的知識〔をもたらす〕神よ。我はあなた様を縛ります、スーアルミモーウートゥ、ソロモン王の神よ。我はあなた様を縛ります、＊マルマラオートゥ、第二の蒼穹の神、自らのうちに力を持つ神よ。我はあなた様を縛ります、トーバルラバウ、再生の神よ。我はあなた様を縛ります、・・・、ワインを醸造する全ての大桶を・・・する神よ。我はあなた様を縛ります、アオーアバオートゥ[65]、我がいまあなた様を束縛している、今日この日の神よ。我はあなた様を縛ります、イソス（イェス?）、我がいまあなた様を束縛している、この時間の神よ。我はあなた様を縛ります、イァオー・イボエーア、天なる蒼穹を支配する神よ。我はあなた様を縛ります、イテュアオー、天なる世界の神よ。我はあなた様を縛ります、ネゲンプセンピュエニペー、恩恵として人間一人一人に思考力を与えし神よ。我はあなた様を縛ります、コーオイカレアモーン、人間の全ての種族を作り上げし神よ。我はあなた様を縛ります、エーケタロープスィエウ、恩恵として全ての人間に視力を与えし神よ。我はあなた様を縛ります、テステノトゥリル・・・ケアウンクシン、人間たちに恩恵として関節全てでの動きを与えし神よ。我はあなた様を縛ります、フヌーフォボエーン、父の父なる神よ。我はあなた様を縛ります、ネトゥモマオー、そなた（墓地の遺体）に眠りを与え、生の鎖から解放したる神よ。我はあなた様を縛ります、ナカル、全ての物語の主人たる神よ。我はあなた様を縛ります、ストンブロエーン、まどろみを支配する神よ。我はあなた様を縛ります、オーエー・イァオ・エエエーアフ、空気の、海の、冥界の、天の神よ、海の始まりを定めし神よ、自らのうちより現れ出た唯一のお方、火と水と大地と空気の力を持つ神よ。さらに我は、あなた様を縛ります、アクティ・・・フィ・＊エレスケイカル・ネブートスーアント(66)、地上あらゆるところで、三つの形態を持つヘカテ様の名（にかけて?）、戦慄をもたらし、鞭を手にし、たいまつを運び、黄金のサンダルを履いて血を飲む冥界なる、そして馬に乗りたる（?）お方よ。我はまたそなたに、地獄《タルタロス》を、地を、深淵を、天を震わせる真の名を発しよう。＊フォルバボルフォルバボルフォロル・バ・スュネティロー・モルティエーアイォー、守護者、ナリュフェライオー、「必然」、マスケッリ・マスケッロー・フヌーケンタバオートゥ・オレオバルザルグラ・エースタンクーケーンクーケオーク。そうしてそなたが、競走場《キルクス》において十一月八日に我がために働き、そして赤党の騎手、オリュンポス、オリュンピアノス、スコルテウス、およびユウェンクスの手足全てと、全ての腱や肩、手首、また足首を呪縛するように。彼らの思考に、心に、そして感覚に、激しい苦痛を与えよ。彼らが、自分が何をしているのか分からなくなるように。彼らの目をつまみ出せ。そうすることで彼らが、また彼らが駆ろうとしている次の馬どももまた、見ることができなくなるように。エジプト馬のカッリドロモス、ならびにこれらの馬どもと同じくびきにつながれる馬。ヴァレンティヌスとランパディオス・・・、ランパディオスに属するマウルス。クリュサスピス、ユバとインドス、パルマトゥスとスペルブス・・・ケンソラプスに属するブバルス。そしてエレイナ。もし騎手がこれら以外の馬を駆る場合には、あるいは何か他の馬がこれらの馬と同じくびきにつながれる場合には、それらの馬どもが〔競走者に〕先んじて勝利に向かって進むことが〔ない〕ように。

11. 北アフリカ、ハドゥルメトゥム。[訳注10] 五・八×八cmの鉛板。二言語併用文。呪文はラテン語で書かれるが、神秘的文言《ウォケス・ミュスティカエ》および馬の名の多くがギリシア語で綴られている。製作年代は不明だが、明らかにローマ時代後期の事例である。地下世界の多数の諸力に対して、訴えかけが行われている。最後の部分から、この呪詛板が早世、あるいは暴力によって世を去った人の墓に安置されたのが明らかだ。呪詛の目的は、競走馬を走行不能にすることである。馬の名前は挙げられているが、呪詛依頼者および馬の所有者の名前は示されていない。主要な呪縛の動詞は「**呪縛せよ！** *obligate*」。この呪文で特に興味を引くのが、その二言語的特徴だ。呪詛文の筆者がギリシア語を知っているのは明らかで、ギリシア・アルファベットは本源的に強力であると考えていたのだ。

文献　*DT* 295.

＊フエッセ〔ミ〕ガ〔ドー〕ン・イァ〔オー〕・アオー・バウボー・エエーアエーイェ・・・ソペサン・カンタラ・＊エレーシュキガル[67]・サンキステー・＊ドーデ〔カ〕ケーテー・＊アクルーロボレ・コデーレ・ドゥロピデー・タルタルーケ・＊アノク・アノク・カタブレイモー[68]。〔かの？〕エ・・・ンネー・カタネイカンドラ・ダマストレイ・・・サに対して恐ろしい事々よ、いとも名高い者、セルーアブオス。我はそなたに託す。なぜなら彼は、宿す者〔たる我〕を罵ったのだから。彼らを、彼のもとに走らせよ（?）。冥界なる

精霊《ダイモン》たちよ、これらの馬どもの脚を、走れなくなるよう呪縛せよ。これらの馬どもの名は、ここに刻み、託された通りである。インクレトゥス、ニティドゥス、パトリキウス、ナウタ、スィウーン・・アア、「素早い飛び出し[69]」。これらの馬どもを、走れぬよう呪縛せよ、明日、あるいは明後日、競走場《キルクス》で。パトリキウス、ニティドゥス、ナウタ、インクレトゥス、「素早い飛び出し」、ドミナ、カンパナ、ランブレラス、ニティドゥス、パトリキウス、ナ〔ウ〕タ、インクレトゥス、「素早い飛び出し」。これらの馬どもが走れなくなるように、明日も、明後日も。そして毎時間、これらの馬どもが、競走場《キルクス》で横転するように[70]。彼を死なせ、倒れさせよ。ちょうどそなたが（ここに）、早世した死者として横たわっているように。今だ、今だ、早く、早く。かの者どもが彼らをコースから追い出してしまうのだから。テュフォンなる[71]精霊《ダイモン》たちよ！

12. 北アフリカ、カルタゴ。ウィクトリクスと「青党」、および第二騎手のセクンディヌスに向けられたもので、また馬の名も数多く挙げられている。名前は全てラテン語だが、文面自体はギリシア語で書かれている。異教徒墓地の、あるローマの役人の墓の中で、他の六枚の呪詛板と一緒に丸められた状態で発見された。一世紀から三世紀の製作。文字は非常に小さい。四方の長さそれぞれ一一・五cmの鉛板。上下の余白には字母や象徴記号《カラクテレス》が書かれ、また左右の余白には象徴記号《カラクテレス》だけが書かれている（図8）。ときおり修正箇所があり、行の上に付記されている。

文献　*DT* 241; *CIL* VIII 12511; Wünsch, *Antike Fluchtafeln*, no. 3.

訳注10　現チュニジアのスース。

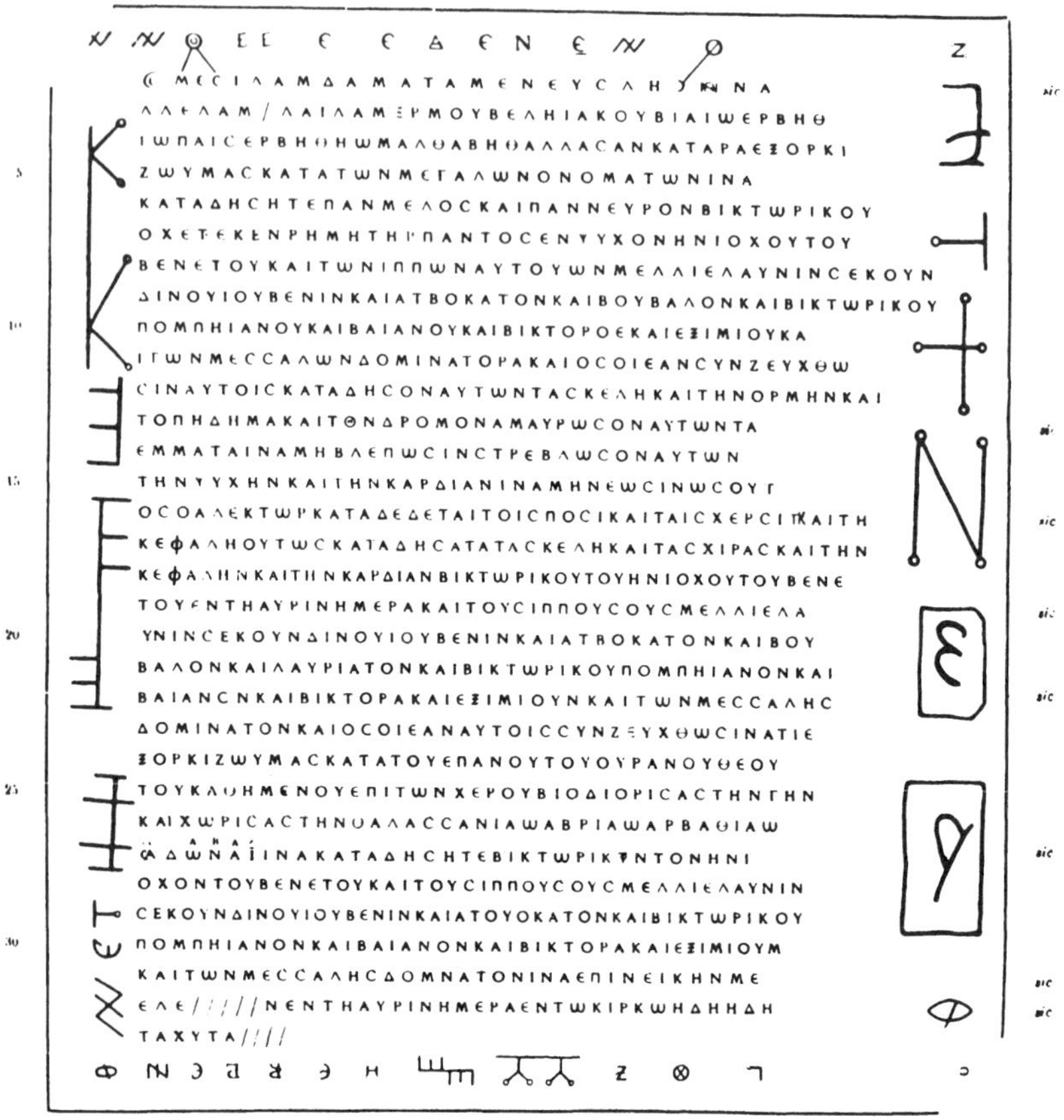

図８　カルタゴ（チュニジア）で発見された、象徴記号《カラクテレス》や多くの神秘的文言《ウォケス・ミュスティカエ》を含んだ呪詛板を描画したもの。この呪詛板では、象徴記号は呪詛本文の一行目としてではなく、余白に書かれている。呪詛の標的は、ここでもまた、敵チームの騎手たちである。

＊セメスィラム[72]・ダマタメネウス[73]・レースンナッレラム[74]・＊ライカム[75]・エルムーベレー・イァクーブ[76]・イァ[77]・イォーエルベートゥ・イォーパケルベートゥ[78]・エーオーマルタベートゥ・アッラサン。呪詛[79]。我はそなたらを、この偉大なる名により呼び出す。そなたらが、生きとし生けるもの全ての母たる大地が生を与えし、青党の騎手ウィクトリクスの、また彼がこれから駆ろうとする馬どもの、全ての手足と全ての腱を切断するように[80]。セクンディヌスの下に（あるのが）、ユウェニス、アドウォカトゥス、ブバルス。ウィクトリクスの下にあるのが、ポンペヤヌス、バイアヌス、ウィクトル、エクシミウス、そしてメッサラの所有するドミナトル。そしてその他、彼らのくびきにつながれる馬どもであればどれをも（呪縛せよ）。馬どもの足を、その突進を、その跳躍を、その走りを呪縛せよ。その目を盲目にせよ。馬どもの目が見えなくなり、そして心や心臓がねじれ、息ができなくなるように。この雄鶏[81]が足を、手を、頭を縛られているのと同じように、明日、青党の騎手ウィクトリクスの、足と手と頭と心臓を、呪縛せよ。そしてまた、彼がこれから駆ろうとする馬どもをも（呪縛せよ）。セクンディヌスの下の、ユウェニス、アドウォカトゥス、ブバルス、ラウリアトゥス。ウィクトリクスの下の、ポンペヤヌス、バイアヌス、ウィクトル、エクシミウス、そしてメッサラの所有するドミナトル。そしてその他、彼らのくびきにつながれる馬どもであればどれをも。また我は、[82]ケルビムの上に腰掛け、地を分け、海を分かつ天上なる神にかけて、そなたらに訴えかけます、イァオー・アブリアオー・＊アルバティアオー・＊アドーナイ・サバオー[83]。そしてそなたらは、青党の騎手ウィクトリクスと、彼がこれから駆ろうとする馬どもを呪縛するように。セクンディヌスの下の、ユウェニス、アドウォカトゥス。ウィクトリクスの下の、ポンペヤヌス、バイアヌス、ウィクトル、エクシミウス、そしてメッサラの所有するドミナトル。彼らが明日、競走場《キルクス》で、勝利を手にすることのないように。今だ、今だ、早く、早く。

13. イタリア、ローマ。アッピア街道沿い。サン・セバスティアノ門付近。十三×二一cmの鉛板。両面に記載がある。一行おきに、上下逆さまで逆向きの文字列が現れる。つまり単純に言えば、この呪詛板は刻まれた文字の進行に従い、一行ごとに上下がひっくり返る。おそらくここでは、呪詛の標的を「ねじり、ひっくり返す」という意図的な企みが、こうした象徴的な行為を通じて表明されているのだろう。この呪詛板は、全部で約五六点の鉛板の一枚として発見された。その大半が丸められ、釘を打たれていた。それらは小さな陶製の棺桶《サルコバグス》に納められ、そして墓に安置されていた。三十四点ほどはおおむね無傷で、残る二二点は非常に断片的だ。これらのうち、校訂者が文字を読み解くことができたのは四八点で、うち五点がラテン語、残りは全てギリシア語で記されていた。言葉遣いは非常に定式的で、洗練を欠く。校訂者は年代に関し、自信を持って四世紀末、キリスト教徒皇帝のテオドシウス一世およびホノリウスの治世としている。呪文は、典型的な折衷性を持つ存在に対して訴えかけている。その存在は、ローマの圧倒的なキリスト教的環境の中から引き出された聖書の影響（天使たちと大天使たち）、および明らかに残存・通用していた異教の伝統からの名前や称号とを、両方共に反映している。どれか一つの存在が他に優越することはない[84]。大事な点は、これらの呪詛板は全て墓や墓所に安置されており、つまり呪文の実際の執行者は、呪詛板が納められた墓に眠る死者の霊魂であるということだ。特に興味を引くのが、発見された呪詛板の大半に絵が描かれていたという事実である。たいていは人の姿で、鎖で縛られ、そして噛み付こうとするヘビに取り囲まれたり、また馬の頭をした姿で描かれたりしている[85]（図9、10）[86]。呪詛の背景は明らかに、ローマ市での競走者や騎手たちの間での争いだ。これら呪詛板やその購入者は、社会的には解放奴隷[87]、および奴隷階層の世界に属している。彼らの名前にはギリシア語とラテン語が混じりあい、普通は母方の血統によって個人が特定されている。また何点か、あだ名が記されているものもある。

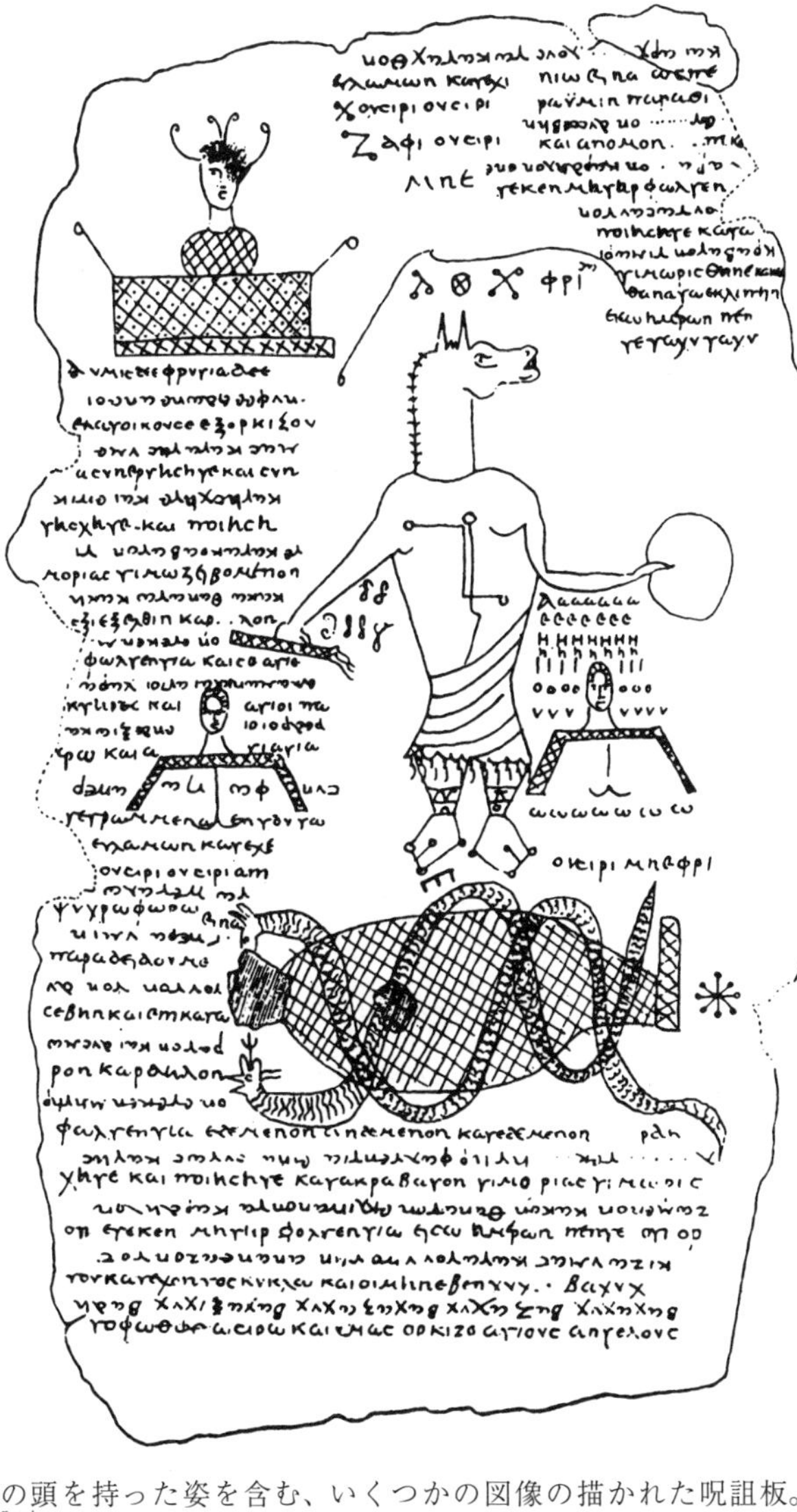

図9　馬の頭を持った姿を含む、いくつかの図像の描かれた呪詛板。象徴記号《カラクテレス》や神秘的文言《ウォケス・ミュスティカエ》も記されている。ローマで発見。下部には2匹のヘビに攻撃されているミイラのような姿が描かれているが、これはおそらく呪詛行為の標的、つまりここではライバル騎手を表しているのだろう。

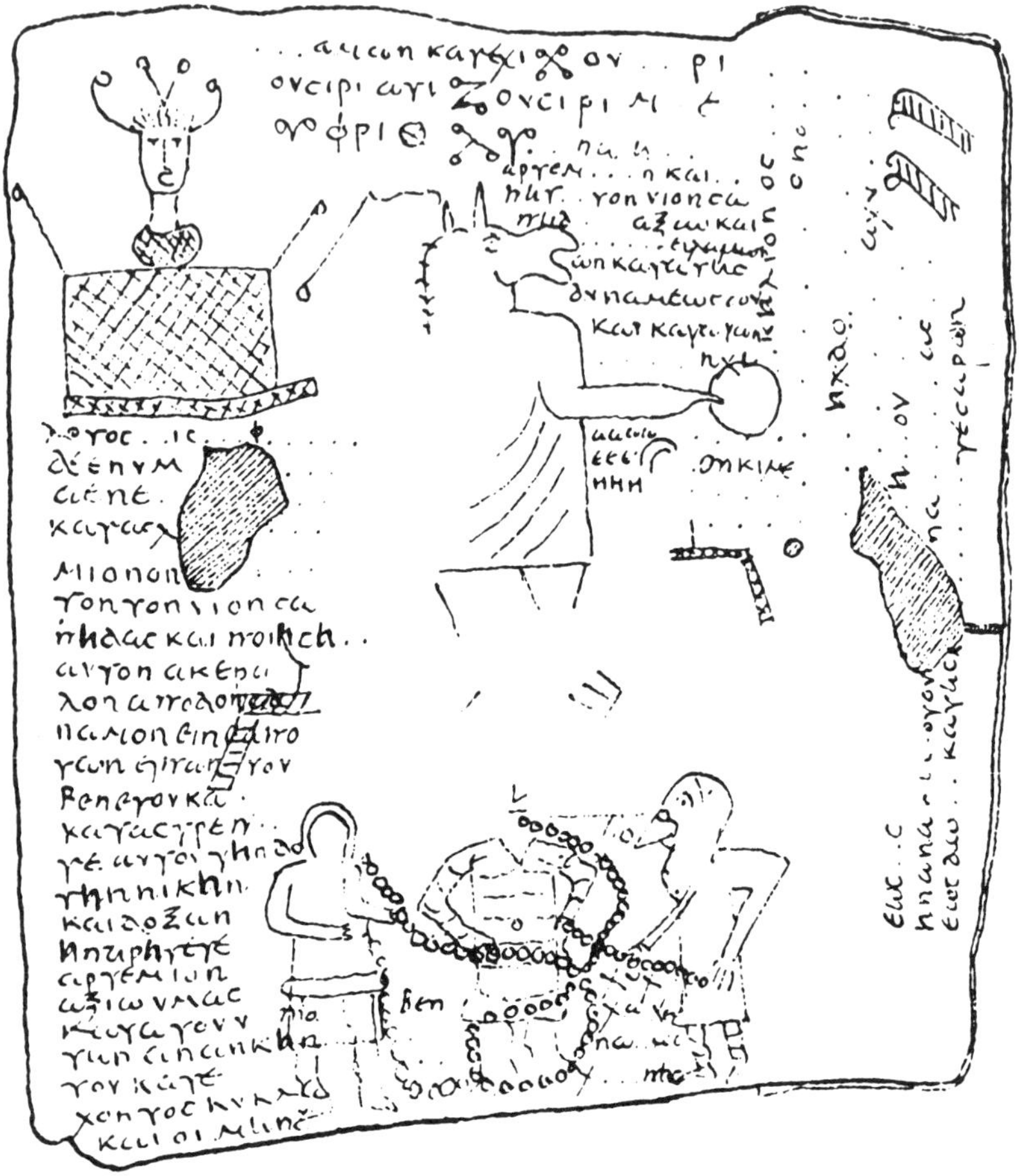

図10　いくつかの図像が描かれている。図９に表されているものとほぼ同じである。下部には、二つの姿がもう一つの姿を縛っているシーンが描かれている。これらが表しているのは、左から右へ、呪詛依頼者、呪詛の標的、そして呪文の中で訴えかけられている精霊であろう。

文献　R. Wünsch, *Sethianische Verfluchungstafeln aus Rom*, Leipzig, 1898, no. 16, pp. 14–19; *DT* 140–87; K. Preisendanz, *Akephalos.Der kopflose Gott*, Leipzig, 1926, pp. 22–41; idem, "Fluchtafel" cols. 17–18; Bonner, *Amulets*, p. 114.

（A面）＊エウラモーンよ、捕縛せよ。ウースィリ・ウースィリ・アフィ・ウースィリ・ムネ・フリ(88)。冥界(89)（なる者）の力で、〔我はそなたを呼び出す、天使様〕ならびに大天使様。かの不信心で非道でまた呪われた、ポルゲンティアから生まれたるカルデロスを(90)、我がそなたに引き渡した通りに、そのように拷問の寝床に据え、邪悪な死の罰を彼に味わわせ(91)、五日以内にこと切れさせよ。早く、早く！「呪文」(92)。あなた様方、フリュギアの女神様(93)、水辺のニュンフなる女神様(94)、そしてエイドネア(95)・ネオイエカトイクーセ(96)、我はそなたを、あなた様方〔の名〕により呼び出す・・・そうすることでそなたが手を貸し、そしてポルゲンティアから生まれたるカルデロスを、捕縛し邪魔するように。そして彼を寝たきりとし、（彼に）邪悪な死の罰を味わわせ、ひどい状態での死を迎えさせるように。そしてそなたら、聖なるエウラモーンと聖なる象徴記号《カラクテレス》、および右側と左側にいる聖なる介助者たち(97)、さらに〔水道管から取られたる〕この呪詛板に書かれている、聖なるシュンフォニアよ(98)――エウラモーンよ、捕縛せよ、ウースィリ・ウースィリ・アフィ・ウースィリ・ムネ・フリ――我がそなたらに、不信心で呪われ、そして哀れなる、ポルゲンティアから生まれたるあのカルデロスを縛り、十分に縛り、完全に縛って引き渡したように、全くそのようにそなたらは、ポルゲンティアから生まれたるカルデロスを捕縛し、寝たきりにさせ、そして（彼に）邪悪な死の罰を味わわせ、五日以内にこと切れさせるように―ポルゲンティアから生まれたるカルデロスを―。というも我はそなたらを、地の下で若いままに成長し、（黄道十二宮の）周回を制止させるお方(99)の力で呼び出したのだから、オイメーネベンキュク・＊バキュク・バカキュク・バザキュク・バカザキュク・バカクスィキュク・バデーゴフォートゥフトースィロー。そして我は、あなた様方、聖なる天使様を呼び出す・・・。[100]

14. ローマ（発見地点、発見状況は№13に同じ）。九×一〇cmの鉛板。両面に記載がある（図10）。この呪詛板の下部に描かれる情景が、とりわけ興味深い。二つの姿（一つは人間、一つは鳥のような姿）が、首と足を失った呪文の標的を縛り上げる様子が描かれている。他にもお馴染みの要素の一つが、標的の上半身と共に描かれた棺で、そこには針や釘が表現されている。また馬の頭を持つ姿の両側には、二人の「介助者（*paredoroi*）」、つまり補佐役の精霊の描かれた跡がある。さらに馬の頭をした姿の右上には、はしご状の図像が二つ描かれている。[101] 呪詛の対象は、「青党」に属している戦車競走出場者だ。

文献　R. Wünsch, *Sethianische Verfluchungstafeln aus Rom*, Leipzig, 1898, no. 29.

（A面）（一番左の列）これが呪文。[102] フリュギアの女神様、水辺のニュンフ様、エイドーネアよ、あなた様方にこの場所で（我は訴える）。そなたらがサペダの息子アルテミオス、別名ホスペスを捕縛し、そして青党の馬たち共々、頭を失わせ足を失わせ力を失わせ、そして彼の評判と勝利を転覆させるように。アルテミオスを引っさらえ。[103] 我は、必然の女神のもと（黄道十二宮の）周回を制止させる方にかけて、そなたらにお願いする、オイメネ・・・

（左から二列目上部）＊エウラモーン、捕縛せよ、ウースィリ・ウースィリ・アギ・ウースィリ・ムネ・フリ

（象徴記号《カラクテレス》が伴われている）

（左から二列目下部）ベンキュク・＊バキュク・キュク、そなたらが捕縛するように・・・

（左から三列目）・・・サペダの息子アルテミオス、別名をホスペスを。お願いです、聖なるエウラモーン、そなたの力と、聖なる象徴記号《カラクテレス》の力で・・・（月の？）一二番目と二四番目に／までに。

（B面）（捕縛せよ）・・・レストゥタの息子レストゥトスを[104]・・・（我はあなた様に訴える）聖なるニュンフ様、そなたが手を貸してくれるように、そして彼らを完全に捕縛するように。早く、早く！

15. ローマ。骨壺あるいは壺（アンフォラ）の中で発見。同時に死者の遺灰も発見されている。十一×十七cmの鉛板。何回か折りたたまれた状態で発見。[105] 呪詛板の上部四分の三は、絵と字母の配置で構成されている。[106] 呪詛文が現れるのは最下部である。訴えかけられている精霊は「聖なる天使および聖なる御名」と呼ばれており、板面にデザインされた様々な字母の配置は、明らかにこれらの存在を表現しようとしている。この事例の背後にもやはり、戦車競走において敵対者に呪文をかけようとの努力が存在している。

文献 R. Wünsch, *Sethianische Verfluchungstafeln*, no. 49; K.Preisendanz, *Akephalos. Der kopflose Gott*, Leipzig, 1926, pp. 38–41.

（左から①列目）・・・オーム・・・オーン（おそらく＊エウラモーンをもとにした字母の配置）

ブ
アイ
モ
イァ
スフ
スル
マ

・

・

・

レ

イル

スグ

エイズ

ズ

ゼー

ゼール

ゼーロー

ゼーロースィ

ゼーエル・・・スィ

ゼール・・・ティス

ゼーリュエースィ

・・・

・・エ

エーケ

リュモー

・・・

ソーマリュエ[107]、ならびにトゥ
ソーマウル
ソーム・・・アル
ソーマ
ソーム
ソー・・・（同様な文字列が、全部で四列にわたって展開される）

第二列目と第三列目には、「エウラモー *EULAMŌ*」の文字列を連ねた翼のような形が表現されている。

聖なる天使様および聖なる御名よ、我はあなた様方に訴えます。この捕縛の呪文[108]に力を与え、呪縛し、縛り上げ、邪魔し、撃ち[109]、横転させ、傷つけ、破壊し、殺害し、そして粉々にし給え。騎手のエウケリオスと、彼の馬全頭を、明日、ローマの競馬場で[110]。出走ゲートがうまく〔開かないように〕し給え、彼が素早く競えないように、追い越せないように、前へと押し分けて進めないように、勝利しないように、コーナーをうまく回れないように[111]、勝者の栄誉を得られないように、前に抜け出て他を圧倒したりしないように、彼が後方からやって来て、追い越したりしないようにし給え。その代わりあなた様方のお力により、早いレースでも遅いレースでも[112]、彼がクラッシュし、からまり、ばらばらになり、そして馬に引きずられるようにし給え。今だ、今だ！　早く、早く、早く！

16. ラウヌム、ガリア（現フランス）。サントとポワティエをつなぐローマ時代の街道沿いの泉近くで発見された、一〇数枚の鉛板のうちの一枚。元は丸められ、大きな釘が打たれていた。七×九㎝。三世紀末。文字の判読は困難で、草書体や大文字書体、そしてアンシャル書体などが混ざっている。言語は、博識なケルト学者で、この呪詛板の最初の公刊者、カミーユ・ジュリアンが考えていたケルト語ではなく、現地のラテン語方言だ。アペキウス、アクアンノ、そしてナナという三人の人物ないしは他の史料に現れていない神格が、訴えかけの対象となっている。呪詛の背景には、劇場の俳優間の職業的対抗心があるようだ。その推論のヒントが、呪詛の対象として挙がるエウモルプスとフォティウスという二人の人物を言い表すのに、「黙劇俳優（*mimus*）」という語が使われていることだ。劇場の黙劇俳優に対しての同様の呪詛については、DT十五番および十六番を参照のこと。

文献　R. Egger, Die Fluchtafeln von Rom（Deux Sèvres）: Ihre Entzifferung und ihre Sprache, *Abhandlungen der österreichischer Akademie der Wissenschaften, Phil.-hist.Klasse*, 240（1962）, pp. 348–69；最初の公刊はC.Jullian, *Revue celtique* 29（1898）, pp. 168以下で；*DT* 110；Wünsch（1900）, p. 268, no. 20；H. S. Versnel, 〈May he not be able to sacrifice...〉 Concerning a Curious Formula in Greek and Latin Curses, *ZPE* 58（1985）, pp. 247–69, 特に247–8, 269.

アペキウス様[113]、あなたがトリネメトス〔ならびに〕カティクノス[114]を呪縛して下さいますように。あなたがセネキオルス、アセディス[115]、トリティオス、ネオカリノス、ディドを丸裸にして下さいますように。ソシオが狂乱状態となりますように。ソシオが熱に苦しみますように。ソシオが毎日痛みに苦しみますように。ソシオが口をきけなくなりますように。ソシオがマトゥルスとエリドゥンナに勝利を収めませんように[116]。ソシオが神々に犠牲を捧げられなくなりますように[117]。アクアンノ様が[118]、お前を苦しめますように。ナナ様が[119]、お前を痛めつけますように。ソシオが黙劇俳優のエウモルプスを凌いだりしませんように。彼が若駒の背に乗り、酔っぱらいの狂態で既婚女性〔の役〕を演じられなくなりますように[120]。彼が神々に犠牲を捧げられなくなりますように。ソシオが黙劇俳優のフォティウスから、勝利の栄冠を奪い去ることができませんように。

17. シチリア島。発見地点は不詳（おそらくゲラ近郊）だが、ただしいくつか、墓地での発見を示唆する痕跡が残されている。一七×六cmの鉛板。元は折りたたまれていた。もう一面には、個人的・経済的問題を扱う文章が記されている。使われるギリシア語は、シチリアのギリシア人植民市に典型的なドリス方言。セリヌス発見の「大呪詛」（本書No.50を見よ）の言葉に酷似している。年代は前四五〇年頃と推定され、残存するギリシア語呪詛板のうちで最古期に属する事例の一つだ。テキストは全一四行、わずか数文字のみ欠けている。精霊や神格の名は挙げられていない。呪詛板が用意されてから埋められる過程のどこかで、口頭で訴えかけられたのだろう。この呪詛板の製作を依頼、あるいは刻んだ人物は一人称で語るが（「我は呪う！」）、それによる呪縛は友人のエウニコスのためだ。呪詛の背景は明らかに、劇場での合唱における当地の監督《コレゴス》同士の競争とライバル関係である。この呪文の目的は、競争者やその支援者、さらにその家族を呪縛することで、エウニコスの勝利を確実にすることだ。[121] この呪詛文には、既存のひな形から写されたと信ずべき理由が見当たらない。これは後のローマ時代の呪詛板の状況とは対照的である。

文献　Anne Pauline Miller, *Studies in Early Sicilian Epigraphy: An Opisthographical Lead Tablet*（博士論文 University of North Carolina at Chapel Hill, 1973), pp. 65–108; SGD 91; また Jordan は個人的に、この呪詛板の再調査に基づくテキストの修正と翻訳を教示してくれた。[122]訳注11

訳注11　訳文中では、修正後と前がスラッシュ（／）で併記される。

幸運／呪詛。[123]（我）アペッレス（が記す）。エウニコス[124]への（我が）愛／友情[125]ゆえに。誰もエウニコスより成功を収め／熱心であることのないように。あるいは、より愛情あふれる／友情あふれることのないように。代わりに彼が自発的であれ不本意であれ、（アペッレスを？）称賛し、（彼を）愛するように。エウニコスへの（我が）愛情／友情のゆえに、我は監督《コレゴス》たち[126]を全員、ならびにその子供や父親も[127]、また我を出し抜こうとする者[128]（全員）を競技会でも競技会以外でも打ち破るために[129]、言葉と行為の失敗へと[130]書き込む[131]。我はカレディアスを、またそのそれら・・・を呪って、アペッレスから引き離す。我はソシアスを、その者のクサンティオスへの愛／友情ゆえに呪って、アルキアダスの店から引き離す。我はピュッリアスを、ムッスケロスを、ダマファントスを、そして（・・・名前欠）を、またここに来る他の全ての者たち[132]をも呪って、その子供や父親から引き離す。誰もエウニコス以上に、男相手にせよ女相手にせよ、成功することがないように。この鉛板（に刻まれていること）の如くに[133]、あらゆる場所でエウニコスのために・・・が勝利を確保するように。エウニコスへの（我が）愛情／友情のゆえに、我は（これを）記す。

第2章　性愛の呪詛板——セックス、愛、そして結婚

性的な情熱と空想との争い合いの中から、古代世界での呪詛板使用へとつながる二つの基本的条件が生み出された。それは、恋人の地位をめぐる争いと、結果の不確かさの二つだ。だがこれは何も、フロイト心理学に造詣深くなくとも得心がいくことだろう。だから特に驚くにはあたらないと思うが、現存する呪詛板全てのうち、約四分の一は「心の問題」に関係している[1]。なるほど残されている性愛呪詛の実例は、専門の呪術師《マゴス》が使用した手引き書中の文例としてであれ、呪詛板それ自体としてであれ、呪詛の歴史の上では比較的遅くに現れる（最古の性愛呪詛板は、前四世紀のものだ）。しかし性愛と呪文使用との間の密接な関係は、すでにギリシア世界最古の文学作品、『イリアス』と『オデュッセイア』の中に姿を現しているのだ[2]。だからたとえ文字で書かれていても、呪文が基本的には口頭発話的性格を持ったことを考えあわせると、性愛と呪文との交接がホメロスの叙事詩よりずっと古い歴史を持つと想定しても、おそらく行き過ぎではないだろう。

『イリアス』の第十四歌（二一六行以下）には、ゼウスの妻ヘラが、アフロディテの持つ刺繍された紐を借りる場面がある。「この紐には恋のあらゆる魅惑が納めてある——愛欲あり、慕情あり、それにまた、思慮深い者の心をもたぶらかす綿々たる口説きもある（松平千秋訳）」。しかしヘラがたぶらかそうと望んでいる相手。何とそれは、誰あろう彼女の夫、人類と神々の父ゼウスだ！　後の数多くの護符と同様に、その紐はヘラのふところへとしまい

込まれ、そして効き目を発揮した。情熱ならびに眠気からの物忘れにやられ、ゼウスはヘラに並々ならぬ熱情で迫ったのだ。叙事詩そのものよりずっと古い歴史を持つに違いない、これと同様の手続きが、『オデュッセイア』の第一歌にも現れる。そこで護符と呪文を利用するのは、人間以上の存在であるカリュプソだ。彼女はオデュッセウスに、故郷のイタカ島および妻のペネロペを忘れ、自分とずっと一緒に暮らしたいと望ませる努力をするも、うまくはいかなかった。しかしこの場面にしても、どうにもその状況が奇妙だ。そもそも、どうして人間より力ある者が、自分の望みを実現させようと護符や呪文に頼る羽目におちいり、またさらに傷口に塩を塗るように、その骨折りを失敗に終わらせねばならないのだろう。おそらく神々もまた、人類に負けず劣らず、じりじりした欲望のもたらす苦痛にさいなまれるのかもしれない。また情熱的な性愛の内部に、全てを凌駕する巨大な力があることを知っているのかもしれない。あるいはもしかすると、男性の作者は、人間の女性だけでなく女神にさえ、いとわず自分の心中の空想やもどかしさを投影してしまうのかもしれない。

いずれにせよ、こうした初期の文学作品に現れる「愛の」呪文と後代の呪詛板との間には、確かに次の三点の継続性があることは見誤りようがない[3]。

（1）ホメロス、テオクリトス（『牧歌』第二巻。別れた恋人の愛情を取り戻そうとするシマイタの奮闘の場面[4]）、それからサモサタのルキアノス（本書No.152）の作品[訳注1]では、情熱の対象者を魅惑しようと儀式的方法を利用するのは、主として女性だ。確かに遅い時代の手引き書や呪詛板では、時にこうした事柄の主導権は男性に握られている。しかし注目すべきは、護符や呪文を自ら注文するという機会を、非常に多くの女性がその手につかんでいたという事実だ。するとここにあるのは、女性がその個人的生を主体的な参加者として形作り、一方で公的な領域でも女性自らが行動開始の主体となるような、古代人の生の舞台の一つなのである。

（2）口頭で呪文を唱えたり、色々な種類の儀式用器具を用いたりと、呪詛の方法が時代・地域に応じ異なっていたのは間違いない。しかし呪文と器具の両方が、通常は二つ一緒に、必ず存在していたことも確かだ。と言っても、口頭での呪詛文を書き記した金属板という呪詛板の起源が、ホメロス時代以前にさかのぼるとまで言いたいのではない。おそらく事の次第はこうなのだろう。呪詛板使用という特殊技術は、性愛以外の分野ではずっと早くから利用されていたことが確認される。そしてそれは、特に法律に関連する問題において、他人の行動を束縛する素晴らしい道具との評判を博した。そしてその評判をもとに、不安げな恋人たちによって採用されることになったのだ。確かに「各種」呪縛呪文に共通の要素の一つが、束縛することだ。他人の行動・感情を自分の欲望に沿ってねじ曲げようと、強力な呪文や名前、小像その他が配置される。だから性愛領域への呪詛板の導入は、もし歴史展開がこの推測通りだとすれば、全く自然なことだったに違いない。ファラオネの主張によると、法律問題に関連する呪詛は、主にギリシアでまず別離の呪文へと「移植」され、ようやくその後、誘引の呪文へと移行したのだという(5)。

（3）法廷に関わる呪詛においてと同様、ここでも記憶の喪失が大変重要な役割を果たしている。疑いなく記憶こそが、あらゆる種類の性的関係（現実でも空想でも）を阻害しようとする、社会的つながりや責任の中心地と考えられていたからだ(6)。カリュプソはオデュッセウスの記憶から、故郷のイタカ島、および妻のペネロペのことを消し去りたいと願っていた。それと全く同じように、性愛呪詛板はいつでも依頼者の情熱の対象者に、他の人たち全てを忘れるようにと迫っているのだ。

訳注1　ホメロスに帰せられる作品は前八世紀ごろに成立し、ルキアノスは二世紀中ごろに著作したと考えられるので、両者の間には九〇〇年程の開きがある。

さてこれらの呪詛板は伝統的に「愛の呪文」と括られるが、これはひどく誤った印象を与えている。というのも本章で紹介する限られた数の事例の中にさえ、様々な種類の呪詛が現れているからだ。そこでファラオネはまず、三角関係のような関係を含むのが通例の「別離呪文」と、他者を魅惑しようする「誘引呪文」の二種への区分を行った。(7) この分類はその後、さらに細分化される。ペトロプーロスは後者の分類の中に、「誘引の呪文(*agôgai*)」と「呪縛の性愛呪詛(*philtrokatadesmoi*)」との相違を見出した。(8) またウィンクラーが提案するのが、恋敵を呪う呪文、カップルを離婚・離縁させる呪文、ヒモ稼業の先細りを願う呪文、そして恋人の気を引こうとする呪文といった分類だ。(9) もちろん更なる下位区分も設定できよう。しかし本書の関心は分類するための区分を作り出すことにではなく、呪詛板の種類やその製作事情の複雑さを強調することにある。そしてその複雑さは、恋にのぼせて呪詛板を依頼した人物の感じていた、必要性や空想の興味深い多様性と対応しているのは間違いない。

前述の通り文学作品の中では、性愛呪文や器具の使用を開始する行為主体として、女性が大事な役を割り振られている。確かに性愛呪詛に関係する場面以外であれば、作品が女性を魔女・妖術師として描き出しているような場合、文学的な伝統が女性に対し規則的な歪曲イメージを投影しているのではと疑ってかかるのは当然だ。しかし女性による性愛呪詛利用と関わるここの場においては、文学作品の伝えるこうしたイメージのごく一部だけしか、呪詛板や手引き書の中で確認することができない。ウィンクラーはこれらの呪詛文が「主として女性を欲する男性により(あるいは男性のために)創作された」と主張するが、(10) それでも彼はまた、かなりの数が次のいささか異なるグループに分類されることを認めている。

1. 男性を追い求める女性のための呪文。PGM十五番、十六番、十九番b、三九番、DT一〇〇番、二三〇

番、および本章№18

2. 女性を追い求める女性のための呪文。ＰＧＭ三二番、ＳＧＤ一五一番（＝*SuppMag* 42）[11]
3. 男性を追い求める男性のための呪文。ＰＧＭ三二番ａ、および本章№25（？）[12]
4. 男性あるいは女性を誘い込むための手引き。ＰＧＭ一番九八行、四番二〇八九行、および本章№31

つまりは、性愛呪詛を処方する専門家は、あらゆる可能性の顧客・人間関係に対応できるよう準備を整えていたのだ。[13]

呪詛板と手引き書のそれぞれが儀式的定式文の中で確かに描き出す、古代の男女の性的嗜好や不安ならびに空想は、お互いに大変よく似ている。その意味でこれらの資料は、文学の伝統中に現れる、多分に男性的なゆがんだ視点を中和する作用を持っている歓迎すべき資料だ。ウィンクラーは、地中海文化全般についての近年の研究を概観した上で、恋する女性は「その男兄弟よりもずっとしっかり監視され、ガードされ、躾けられており、手引き書を手にする男性専門家にも、またそうした専門家を雇うためのお金にも、近づくのがおそらくずっと難しかった」と述べている。[14]だがどうやらウィンクラーが認めようとするレベルに比べると、呪詛板や、例えばルキアノスの作品中の人物の行動は、女性が男性と全く同じように儀式や呪文、器具などをよく活用する様子を例証している。だから次のように主張してみても、言い過ぎではなかろう。すなわち女性は呪詛板を通じて、疎外や受動性といった女性に典型的な状態を脱し、自分の性的夢想を積極的に追求する方向へと踏み出していたのだと。

さて性愛呪詛板の徹底的に攻撃的で、過激でさえある言葉遣いは見誤りようがない。様々な呪詛板には、はっきりとこう書かれてある。情熱の対象者が髪をつかまれ引きずられますように、あるいは記憶や眠りを奪われますように、情熱によってさいなまれますように、また狂い死にしますようにと。また他にも（本章№27）、十三本の針の突き刺さる、女性をかたどった小像が残されている[15]。ただしこうした遺物は、その形態や手段を問わず明らかに呪いではありえない。というのも、その明白な目的は標的に危害を加えることではなく、相手を束縛することであるからだ。ではこれらの呪文で用いられる生き生きとした表現が、攻撃的な文句の中のみならず、あからさまな性的含意を含む表現（「お腹とお腹を、太ももと太ももを、陰毛と陰毛を合わせ給え」「また彼女の太ももを彼の太ももの近くへ、彼女の生殖器を彼の生殖器の近くへもたらし給え。彼女の人生中の交合においてずっと」）の中でも同時に用いられていることは、どう解釈されるべきなのだろうか。

次の四つの見方が、妥当と思われる。

（1）呪詛板発展の歴史が、過激な言葉遣いを部分的に説明してくれる可能性がある。もし前述の通り、呪縛呪文の性愛事象への配備は、法律・法廷領域からの借用、つまり自分の敵を害し呪縛すべく、敵対的技術や式文を利用するのが極めて「適切」である領域からの借用であるなら、おそらくこうした攻撃的な言葉遣いは単に、その移行に伴われただけなのだろう。

（2）針の刺された小像のような「記録」を、読み誤らぬよう気をつけねばならない。というのも、針を差し込みながら発せられる言葉は、「お前を害す！」や「お前を傷つける！」ではなく、「君が我を覚えているように、君のあらゆる部分を刺し貫く！」といったものなのだ。つまりは、性愛呪詛を含め文書の種類を問わず、やはりここでも言葉は徹底的に象徴的であって、過度に字義通りな解釈を簡単に許してはくれない。だからこの針を現在の事象と対比して理解しようとするなら、その際の一番の好例は、ハイチなどでのいわゆる「ブードゥー人形」ではなく、中国の鍼療法に用いられる鍼なのだ。それに加え、女性像を針で刺し貫くことにより、おそらく性的な意味もまた表現されているのだろう。

（3）古代ギリシア文化における、治療を要する疾患として現れる激しい欲望を分析したウィンクラーは、愛の呪文にはもう一つ、治療機能という重要な特性があったことを指摘している[16]。すなわち呪文は「転移」と「投影」という二重の過程を通じ、二人の当事者の当初の心理状態を反転させ、以下の二つの目的を達成する。まず呪詛の標的への「転移」により、病気が呪詛依頼者から取り除かれる。そうすると標的は、依頼者の欲望にある意味で沿わされたことになる。「儀式では、実行者には落ち着いて鷹揚に支配する役が割り振られ、一方犠牲者の置かれた状況については、ある種の激しい内的責め苦が想像される。だが実際に起こっていることと言えば、犠牲者として狙われた人物は、恋にのぼせて正気を失った誰かが天井裏でしていることに気づくこともなく、まず間違いなく安らかに眠り、そして至福の時を過ごす[17]」。要するに呪文の「真の」目的は、呪詛依頼者の燃え上がる情熱という病気である一方で、呪文あるいは呪文入手までの一連の行動が果たす機能は、情熱を他者に投影することによって治療することなのだ[18]。

（4）ルートヴィヒ・ヴィトゲンシュタインは、フレイザーの『金枝篇』を痛烈に批判し、儀礼的な行為についてフレイザーの理解をくつがえした。儀礼を、外部にある自然の世界ではなく、儀礼実行者の内部世界に変化をもたらすことを目指すものとして解釈し直したのである。「肖像に火をかけたり、愛する人の絵にキスしたりする。この行為が、絵の表現する対象者にはっきりとした効果が及ぼされるであろう、との信念に依拠して行われていないのは明白だ。求められているのは何らかの満足であり、そしてその目的は達せられる。あるいはむしろ、そこでは何も求められていない。つまり我々はそのように行動して、そして満足するのである[19]」。別の言い方をすれば、性愛呪詛板を含む全ての呪詛板で第一に取り扱われているのは、依頼者の空想や想像力という内部世界なのだ。依頼者の目的はおおむね、呪詛板を製作依頼・安置するという行為そのものの中で実現している[20]。

繰り返すが、呪詛板上の文言を度を過ごして字義通りに読むのは、深刻な誤りだ。だから、こう提起するのも行き過ぎではないのかもしれない。呪詛板の捧げられた冥界の諸力は、自分の意のままにはならない心理的な力による支配という、呪詛依頼者自身の認識を表象している。また暴力的な言葉遣いは、荒れ狂う性的情熱を表現している。そして呪詛の標的を支配したいとの望みは、実は自分自身を統御する力を取り戻すための努力を表していると[21]。

するとここまでの考察は、従来の呪詛板解釈において、実質的に全ての伝統的見解により採用されてきた中心的想定の一つに、新たな光を投げかけている。つまり、呪詛は完全に個人的・閉鎖的な特徴を持っていたとの想定だ。「あらゆる〈魔術〉は、思い通りに自然秩序を制御しようとの無駄な努力へと至る、世界についての一連の誤った信念以外の何物でもないと切って捨ててよい」。これが、「魔術的」行為に関する従来の解釈を支配してきた、フレイザーや後継者たちの立場だ。それは確かに、あのような行為はいつでも孤立し、個人的で閉鎖的でもあったとの主張に大いに依拠している。しかし呪詛板を製作依頼・配備するという行為は恋愛戦略全体の一構成要素にすぎず、そのいくつかの局面は公然と行われていたことを、古代の記録がそこかしこで教えてくれている。つまり、呪文の向けられた先の人物はほぼ間違いなく、誰かが性愛呪詛板を製作依頼・安置したことを知っていたのだ。なぜなら彼／彼女はすでに前から、その誰かの好意の対象となっていたからだ。テオクリトスの『牧歌』第二巻（前二四〇年頃）に登場するシマイタという女性は、儀礼的な小道具（「アリスイ *iunx*」という鳥の名で呼ばれる、魔法の車輪）[訳注2]を手に、こう呪縛呪文を唱える。「**力あるアリスイよ、いとしい人を、私の家に引き寄せて！**」。だがそれで終わりではなく、こうも付け加えられている。「**そして明日、ティモゲトスの闘技学校まで足を運び、私をどんな風に扱ったか、あの人に文句を言ってやります**」。六〇〇年以上後の、エウナピオスの記録も同様だ。それは「神的な哲学者」ソシパトラと、彼女への恋に悩む親せきのフィロメトルを巻き込む、性愛呪詛と対抗呪文にまつわる事件だ。[22] 恋の神エロスに支配されたフィロメトルは、おそらく呪詛板の依頼を含む何らかの儀式を行い、そしてそれは効果を発揮する。ソシパトラは自分が苦しむ理由が分からず、親しい友人で、高名な神秘秘術師マクシモスにこの患いの原因を見つけ、直してくれるようにと依頼する。そしてフィロメトルの策略を発見したマクシモスは強力な対抗呪文を発動し、この問題を解決に持ち込むのだった。この物語の持つ価値は、遠目に見れば呪文と解毒呪文使用の証拠としての価値であるが、つぶさに見ればそれ以外の意味も分かる。つまり、もしソシパトラへのフィロメトルからの恋のアタックが完全に個人的事柄だったなら、神秘秘術者としての高名を誇るさしものマクシモスでも、おそらくフィロメトルの計画をあばけはしなかっただろう、ということだ。

最後に問われねばならないのが、こうした呪文や呪詛板が、愛（ロマンチックな意味での）とどう関係するかということだ。というのもこれらは伝統的に、「愛の呪文」と呼ばれているのだから。ウィンクラーの観察の通り、「愛」という語を使うのが適切でない事例がいくつかある。[23] また呪詛板の中には、情事や色事のカテゴリーに分類される事例もある。また空想以外の何物でもないものもある。しかしわずかではあるが、現代的な意味でのロマンチックな愛、結婚、夫婦の純潔、そして貞節といった観念のようなものの方を向いている例がある。ドミティアナ（本章№36）は、結婚と愛によって生涯ウルバヌスと結びあわされるよう願っている。[24] 一方別の事例では、事態を逆回転させることが願われているが、それはこういう意味だ。嫉妬心を抱く配偶者・恋人が、精霊たちの力を借りて情事を終わらせようと試み、浮気性の連れ合いが安定的・排他的な関係に戻るようにと誘導し

訳注2　この道具については、本書第八章史料の解説と翻訳注四七を参照。

ているのである。ところで多くの事例では、売春婦や愛人が何らかの役割を果たしていることを指摘しておかなければならない（本章No.18、No.21）。そこでは妻が、遊女《ヘタイラ》と夫との付き合いを終わらせようと、特別な手段に訴えているのである。[25] こうした人間関係は、古代を通じて極めて普通であり、時には遊女《ヘタイラ》が夫の家に移ってくる、という形をとることもあった。呪詛板からは、妻たちが必ずしもいつも、満足すべき結果を手にできなかったことが分かる。間違いなく愛人の方でも、既婚男性の愛を勝ち取ろうと愛の呪文を利用していた、あるいはそうしていたと想像されるのだ。[26]

〰〰〰〰〰〰〰

18. ギリシア、ボイオティア地方。発見地点は不詳。八×七cmの鉛板。両面に記載がある。公刊者は年代について言及していない。訴えかけられている存在は「大地」とヘルメス神だ。呪文の形態は単純で、適切な措置をとってもらうべく、呪詛の標的が神格へと引き渡されている。どのような措置か明確には述べられていないが、懲罰ではなく呪縛が前提とされているのは明らかである。呪詛の背景にあるのは、どうやら三角関係であるらしい。だとすると呪詛依頼者は「別の女」であり、カベイラという男性の愛をその妻から奪い取ろうとしているようだ。ゾイスという女性の人間性や性格に関し、その様々な側面が呪詛文中に列挙されるが、そこから判断するに、この女性は呪詛依頼者にとってなかなかの強敵であったようだ。

文献　Wünsch (1900), p. 71; *DT* 86; Ziebarth (1934), no. 22; Faraone, “Context”, p. 14.

（A面）**我は、カベイラの妻であるエレトリア人のゾイスを、大地とヘルメス様に委ねます。彼女の食べ物**

を、彼女の飲み物を、彼女の眠りを、彼女の笑いを、彼女の交わりを、[1] 彼女の琴《キタラ》の演奏を、[2] 彼女の入室を、[3] 彼女の喜びを、彼女の小振りのお尻を、[4] 彼女の思考を、彼女の目を・・・
（B面）[5] そしてヘルメス様に（我は委ねる）、彼女のひどい歩みを、彼女の言葉を、行いを、そしてよこしまな語りを・・・

19. ギリシア、エウボイア島のカリュストス。正確な発見地点は不詳。五×九㎝の、鉛製の平らな人形。厚さは五㎜（図11）。人形が男性か女性かを示す性的特徴は見あたらない。腕の部分と足の部分は、単なる切れ端だ。両面に記載がある。ただしB面にはかすかな文字の痕跡しか見えない。A面には二篇の文章が刻まれており、上部のもの（右手のところからスタートし、人形の上の部分を覆っている）、およびそれと直角に配置された下部のもの（左足のところからスタートし、胴体の下の部分を覆っている）がある。[6] 文字はとても小さく、文字高は三㎜だ。グアルドゥッチは前四世紀に製作されたものと推定している。二つの文章とも、呪縛呪文ではお馴染みの「呪縛者ヘルメス神」に対して訴えかけられている。呪文の標的はイシアスという女性で、その母親の名で特定されている。呪詛の背景は記されていない。しかし法手続と性愛の問題では、小像が頻繁に利用されていた。するとこの人形はおそらく呪詛の対象、すなわちイシアスその人を表現しているのだろう。

文献　Robert, *Froehner*, pp. 17–18（翻訳の元テキスト）; M. Guarducci, *Epigrafia greca IV: Epigrafi sacre pagane e cristiane*, Rome, 1978, pp. 248–9; SGD 64; Faraone, "Context", p. 3.

我はアウトクレアの娘イシアスを、呪縛者ヘルメス様と共に記録します。[7] あなた様のおそばに、彼女を束

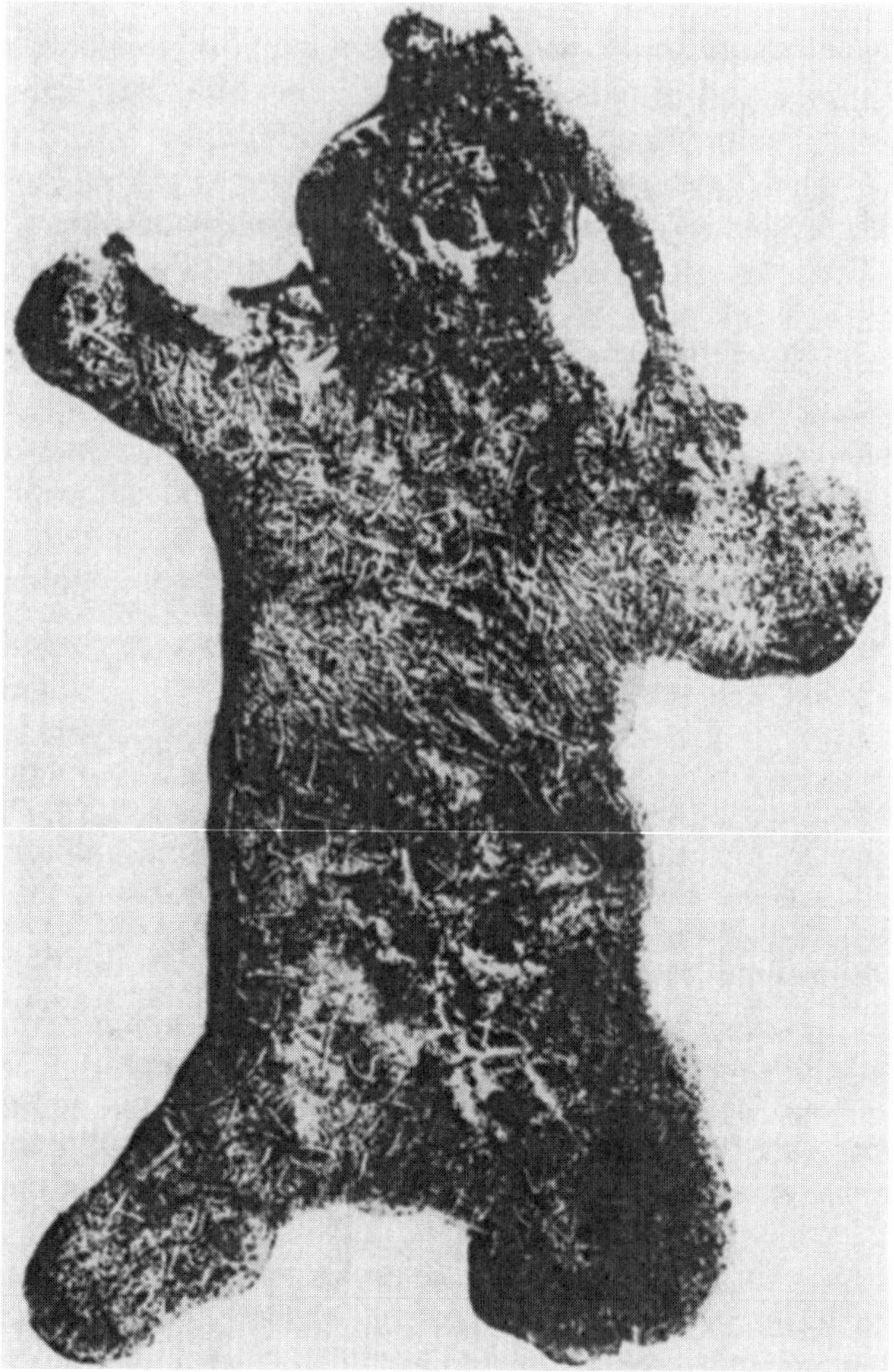

図11　文字の刻まれている鉛製の平らな人形。エウボイア島（ギリシア）で発見された。この人形には性別を示す特徴がないが、この時期のギリシアでの呪文において、三次元の道具が使われていたことを示す典型的な例である。

縛し給え。

我はイシアスを、呪縛者ヘルメス様の御前で呪縛します。[8] イシアスの両手、両脚を、体全体を。[9]

20. ギリシア、ボイオティア地方。直径九・五cmの円形の鉛板。両面に記載がある。A面には十一行にわたり、らせん状に徐々に円の中心へと至る文字列が刻まれる。B面では二四行、文字列が平行して連なる。書かれているのはボイオティア方言のギリシア語だが、文法構造は乱れている。ギリシア語ではなさそうな単語や、またおそらく意味をなさない単語さえも含まれており、刻文自体の保存状況の悪さとあいまって（特にB面）、文章全ての完全な翻訳は困難である。解釈不能な単語のいくつかは、神秘的文言《ウォケス・ミュスティカエ》である可能性もある。製作年代は、おそらく二世紀か三世紀。この呪縛の呪文（あるいは呪詛板の作者自身の言い方に従えば「妨害呪文」）は、死んでいるテオンナストス、[訳注3] および同じように生気なく埋められた、呪文の刻まれている鉛、さらに呪文の対象であるゾイロスに望まれている効果、という三要素の間の相似性の上で実行されている。呪文の目的については、ゾイロスとその愛するアンテイラという女性がずっと離れたままでいることと述べられている。ゾイロスが呪文の主標的と記されている事実から、アンテイラという女性の好意をめぐって争う恋敵が、この呪文を依頼したと推測できよう。

文献　Wünsch（1900）, no. 70, p. 55；*DT* 85；Ziebarth（1934）, no. 23（翻訳の元テキスト）；Faraone, “Context”, pp. 13–4.

訳注3　呪詛板が安置された墓の主。

（A面）テオンナストスよ、[10]そなたが（そなたの）手や足や体を動かして何かしようとしても無力であるのと同じように・・・そして愛すること、また少女を見ること（?）・・・それと同じように、ゾイロスがアンテイラにねじ込む時に、[11]無力であるように。そしてまた同じように、アンテイラもゾイロスに対して（無力のままでいるように）。愛されしヘルメス様の（?）・・・アンテイラとゾイロスのしとねを、睦言を、恋情を[12]・・・。またこの鉛が、人から離れた場所にあるのと同じように、そのようにまたゾイロスも、アンテイラの体や感触や接吻から離れているように。そしてゾイロスとアンテイラとの情交を・・・ゾイロスの恐れを（?）

我はこの妨害[13]（の呪文）をも、記して封印する。

（B面）・・・神よ、あなた様が今夜アンテイラとゾイロス〔が一緒にいるところ〕を見出したりしませんように。また彼らが決して・・・お互い、また・・・ティモクレス・・・呪縛の呪文・・・だからまたゾイロスを・・・この呪縛の呪文・・・ちょうどこの鉛（の板）が完全に埋められ、深く埋められ、そして・・・だからまたゾイロスのために埋めよ・・・彼の商売を、家政を、友情を、そしてその他の全てを。

21. ギリシア、アテネ。アゴラにある井戸跡で発見。十・一×六・七cmの鉛板。この事例では、呪詛板製作者は運動競技ではなく性愛呪文に、これらの式文を適用している。[訳注4]具体的にはある女性と、一人または二人の男性との間の仲を壊そうとする目的のためだ。他にも同種の三枚の呪詛板が一緒に発見されている。では呪詛依頼者は誰なのだろう。嫉妬に駆られた別のひいきの客だろうか。あるいは親類であろうか。いずれにせよこうした人間関係のはざまには、怒りや嫉妬の可能性が常に存在することだけは理解できる。アテネの別の場所から発見された、同一の書き手による類似の呪詛板では、匿名の呪詛依頼者と、ソフィアの娘テュケという女性との間の激しい反目が綴られている。[14]ここで取りあげる呪詛板上の神秘的文言《ウォケス・ミュスティカエ》の語句は、同じ安置場所から発見された他の呪詛板と同じか、あるいは極めて似通っており、同じ定式文例集の手引き書から写し取られたものであることを示唆している。

文献　Jordan, "Agora", no. 8, pp. 225–7; SGD 31.

＊ボールフォールババルフォルバルバルフォルババルフォルババイエー、ああ強大なペプトゥ[15]、我はあなた様に、レオステネスとペイオスを引き渡します。彼らは、マルキアから生まれたるユリアナに[16]、足しげく訪れていたのです[17]。彼らとその心を、凍えさせ給え。彼らが互いに語りあったり、共に歩いたりできなくなるように、ユリアナの稼ぎの場[18]に座る[19]ことができなくなるように、レオステネスとペイオスがユリアナにことづけることができなくなるように。そしてまた彼女たちを一つにしようとする者どもをも[20]、あなた様の陰鬱な空気の中で（凍えさせ給え）。忘却の暗い空気の中に（彼女らを）呪縛し給え、そして凍えさせ給え、そしてプロクロス（？）[21]とレオステネスとペイオスが（彼女と）関係を結ぶことを許し給わぬよう。モンズーネー・アルケイネー・ペルペルタローナ・イァイァ、我はあなた様に、レオステネスとペイオスを引き渡します。強大なテュフォンコルクロ・ポントノン・セト・サカオーク・エア、溶解と凍結を司る主なるアポムクス・フリウーリグクス、コルコイケイロープス[22]、ユリアナと話すことができなくなるよう、レオステネスとペイオスが冷たくなりますように。これらの名が冷え切っていくのと同様に[23]、レオステネスとペイオスの名がユリアナにとって冷めていきますように。そしてまた彼らの魂も、その激情も[24]、その知識も、その激情も、その護符も[25]、その心も、その知識も、その思考も。彼らが耳も聞こえず声も出ず、意識もなく無邪気に立ちすくみ、そしてユリアナはレオステネスとペイオスについて何も聞くことなく、

訳注4　この事例は、本書第一章№3を含む多くの競技呪詛板と共に発見された。№3での解説を参照のこと。

また彼らはユリアナに激情を感じることもなく、ユリアナと話すこともないようにし給え。

22. ギリシア、アッティカ地方。発見地点は不詳。厚みのある板の両面に浅く文字が刻まれており、左端は破損している。十二×八㎝。前四世紀に製作された。墓に安置されていたことは間違いない。使われているギリシア語には多くの省略形が含まれる。呪文の筆者は、テオドラという女性がその恋人カリアスとの関係を絶つことを願っている。訴えかけられるのは、まずヘカテ女神。次いで「未婚者」または「未達成者」という、定義の不明確な存在。[26] そして最後にヘルメス神とテテュス女神（海の神オケアノスの妻）だ。

文献　*DT* 68 : J.C.B. Petropoulos, The Erotic Magical Papyri, in : *Proceedings of the XVIII International Congress of Papyrology*, vol. 2（Athens, 1988）, pp. 219–20.

（A面）ペルセフォネ様のかたわらにいる女性の御前で、[27] そして未婚者たちの面前で、我はテオドラを呪縛する。彼女が結ばれないままでいますように。彼女がカッリアスと、またカリアスと喋ろうとする時にはいつでも、また彼女が行いや言葉や商売について論じようとする時にはいつでも・・・言葉を、また彼女が実際に言うことは何でも。カリアスとずっと結ばれないままでいるよう、テオドラを我は呪縛する。そしてテオドラを忘れるよう、カリアスを（我は呪縛する）。そして・・・テオドラおよびテオドラとの房事を[28]忘れるよう、カリアスを（我は呪縛する）。

（B面）この死体が無為なものとして横たわっている〔のと同じように、〕テオドラの全ての言葉や行いも、カリアスやその他の人々に関して無為でありますように。冥界のヘルメス様の御前で、また未婚者たちの面前で、そしてテテュス女神様の御前で、我はテオドラを呪縛する。何もかも、カリアスや他の人々に対する（彼女の）言葉や行いも、またカリアスとの（彼女の）房事をも（我は呪縛する）。そしてカリアスが、房事のことを忘れますように。カリアスがあの少女[29]、すなわち彼の愛するテオドラその人のことを忘れますように。

23. ギリシア、アッティカ地方。発見地点は不詳。鉛板。二七×三㎝。元は折りたたまれていた。製作年代に関し、ヴィンシュおよびヴィルヘルムとも前四世紀で一致している。同時期の他の呪詛板と同様、この事例には動詞が記されていないが、含意される呪縛行為の直接対象として、呪詛の標的は対格形で名指しされている。また文中に精霊や神格なども明示されていない。呪詛の契機は、アリストクデスという男性と他の女性たちとの関係に関わる、「ロマンチックな」嫉妬心である。だとすると呪詛依頼者は間違いなく女性であり、おそらくこの男性の妻ないし婚約者なのであろう。
文献　DTA 78; Wilhelm, p. 113; Faraone, "Context", p. 14.

アリストクデスを、そして彼と一緒に見出される女性たちを（我は呪縛する？）。彼が他のどんな女とも、若い娘とも結ばれませんように。

24. ギリシア、アッティカ地方。発見地点は不詳。十七×八㎝の薄板で、元は折りたたまれていたように見える。両面に記載がある。呪詛の背景にはどうやら、性愛問題にからむ競争と嫉妬心があるようだ[30]。訳文中の丸括弧は、その人名の綴りが、呪詛板を用意した人物の手でわざとばらばらにされていたことを示している。興味深いことにそうした人名は、別に正しいスペルでも記されている。この異例の処置を見るに、綴りをばらばらにするという行為は、おそらく誰かに読まれる用心に名前を隠そうとしたのではなく、その人物たち自体をばらばらにしようとの試みの象徴的表現であったことが窺われる。　文献　DTA 77.

（A面）

我々は呪縛する、（テオフェモス）[31]の
妻である（カッリストラテ）を、
またカッリストラテの息子であるテオフィロスを、
また（カッリ）ストラテの子供／奴隷たちである
テオフェモスとその兄弟（エウストラトス）の両者をも・・・我は呪縛する、
彼らの魂を、彼らの行為を、
彼らの全存在を、また彼らの
所有物全てを、

（B面）

また彼らの男性器を、また彼女らの女性器を、
またカンタリスと、（カンタリス）の息子であるディオニュシオスの、
その両者ともを、また彼らの魂を、行いを、また
彼らの全存在を、また（彼らの）男性器を[32]、また
不浄な女性器を。（トレシア）は
呪われた[33]。（テオフェモス、エウエルゴス、
カンタリス、ディオニュシオス）。

25. ギリシア、ネメア。コリントスから南西へ約十二km。大きな建物中の窪みの中で発見[34]。窪み自体の年代は前四世紀末と推定される。この呪詛板を含め、同じ窪みで発見された他の様々な遺物がそれより多少古

いものであるのは間違いない。すると、前四世紀後半頃の製作。同一人物によると思しきさらに五枚の呪詛板が、同じ場所で発見されている。SGD一六七頁を参照。この呪詛板では、一人の男性を別の男性と別れさせることが求められている。訴えかけられる精霊や神格の名前は挙げられていない。特筆すべきが体の各部位の列挙だ。そこには象徴的な意味での、人間の正しい解剖学的構造が描写されている。

文献 S. Miller, "Excavations at Nemea, 1979", *Hesperia* 49 (1980), pp. 196–7; *SEG* 30, 353; SGD 57.

我はエウボレスを[35]、アイネアスから
目をそむけさせます。アイネアスの
顔から、その両目から、
その口から、
その胸から、
その魂から、
そのお尻から、その
男性器から、その
肛門から、
その全身から。我は
エウボレスを、アイネアスから
目をそむけさせます。

26. パレスチナ、ホルバート・リモン。イスラエルのベエル・シェバ市の北十三km。古代のユダヤ教会堂《シナゴーグ》跡

の発掘時に発見。粘土板の破片。現在は数断片に分解。焼成前に故意に切り取られ、そして文字が記された。黒化した部分はおそらく、文字を書き込んで火にくべた際に炎により作られた跡であろう。[36] 元の大きさはおおよそ九×九㎝。上部の幅が少し狭い〔図12〕。アラム語で九行にわたって文章が続くが、最初の二行には全部で単語が六つ、それぞれがはっきりとした線で「囲まれて」記されている。最終行には何らかの記号の痕跡が残されるが、この文章の公刊者はそれを「魔術的記号」と呼んでいる。公刊されたテキストには非常に多くの補いが含まれている。年代は四世紀、あるいは五世紀と推定されるが、もっと古い可能性もある。この呪詛は明らかにユダヤ教的なもので、またその契機は恋慕の情だ。仲介者たる「天使たち」への訴えかけが行われている。

文献　Naveh and Shaked, amulet no. 10, pp. 84–9.

HR'WT 'TB'WT QWLHWM SPTWN SWSGR・・・[37] 神〔聖なる、また力強い〕天使たちよ。あなた様方に〔我は懇願します〕、ちょうど〔この陶片が焼けるのと同じように、[38] そのように〕ル〔・・・マリ〕アンの心臓が、我を慕って焼けますように。我は・・・〔・・・また向けさせます、彼／彼女の心臓とここ〕ろを、そして腎臓を。そうすることで、この・・・の中で、我が望みを〔彼／彼女がしてくれるように〕・・・〔象徴記号《カラクテレス》が続く〕。

27. エジプト。ＰＧＭには定式文例と呼ばれる様々な手引き書が集録されている。そこに保存されるのは、各種目的のための護符や呪文、呪詛板を作る際に手本とされ、写し取られたひな形だ。最近までは我々の手元にあるのはひな形だけで、そこから作成された写しはごくわずかしか発見されていなかった。[39] しかし今では、ＰＧＭ四番の二九六―四六六行に集録された手引き[訳注5]ないしはその派生版に基づく、実に複雑な性愛呪詛の記載された実例数点を、我々は手に入れることができている。その内訳は、エジプトのオクシュリュンコスから発見された鉛板が二点。次いでエジプトのアンティノーポリスのある地方で発見の鉛板

訳注5　ここに紹介される事例である。

図12　粘土製の壺。誘引呪文と「囲まれた」神秘的文言《ウォケス・ミュスティカエ》が刻まれている。ホルバート・リモン（パレスチナ）で発見。箱形に囲まれている名前は、その力強い秘密の名を用いた天使たちへの呼びかけである。(J. Naveh and S. Shaked, *Amulets and Magic Bowls: Aramaic Incantations of Late Antiquity*, Jerusalem, Magnes Press, Hebrew University, 1985, p. 86, fig. 12)

（次例を参照）が一点。また一点、同じくエジプトのハワラから発見された鉛板がある。そしてさらにもう一点が、ミシガン大学に保管されている鉛板（ミシガン・パピルス六九二五番）だ。[40] ＰＧＭ四番にはそれ以外にも、四世紀に作成された五三種にものぼる様々な手引き書が集録されている。この膨大な手引き書には、一つ特別な価値がある。すなわち、呪詛板使用時の儀礼的な行為が、たいそう複雑であったと教えてくれていることだ。つまりは単に文字の刻まれた鉛片を購入し、墓を開けて中に放り込むだけでは済まなかったのだ。以下に掲げた訳文はおおむね、オニールがＧＭＰの四四―四七ページで提示した解釈に従っている。

「素晴らしい呪縛の呪文」[41]。陶工のろくろからロウ（あるいは粘土）を取りなさい。そして人形を、男と女の二体作りなさい。男の人形は軍神アレスのようになさい。完全武装させて、左手には剣を持たせ、それを女の人形の右の肩甲骨に打ち下ろすような恰好で。女の方は腕を後ろ手にし、ひざまずくようになさい。そして彼女の頭と首に、「付属物」[42]を付けなさい。誘引したい女性をかたどるこの人の姿に、（次のように）書きなさい。その頭にはイセエー・イァオー・イティ・ウーネ・ブリドー・ローティオーン・ネブートスーアレートゥと。その右耳にはウーエル・メーカンと。その左耳にはリババ・オーイマトトと。その額にはアムーナブレオーと。その右目にはオーロルモティオ・アエートゥと。もう片方にはコブーエと。その右肩にはアデタ・メルーと。その右腕にはエネ・プサ・エネスガフと。もう片方にはメルキウー・メルキエディアと。その手にはメルカメルクー・アエールと。その胸には、母方の血統を付記し、誘引したい女性の名前を。その心臓の上にはバラミン・トーウートゥと。その腹の下にはアオベース・アオーバルと。その性器にはブリキアネオイ・ウーエーイァと。そのお尻にはピッサダラと。その右の足の裏にはエローと。もう片方にはエローアイアオエと。十三本の銅の釘を手に取りなさい。うち一本を頭に差し込み、こう唱えなさい。「我はお前、誰々、の頭を刺し貫く」。それから二本をその耳へ、二本をその目へ、一本をその口へ、二本をそのお腹へ、一本をその手へ、一本をその性器へ、二本をその足の裏へ差し込み、そのたびこう唱えなさい。「我はこれこれの部分を刺し貫く。彼女、誰々、が他の誰でもなく、ただ我、誰々、一人を覚えていてくれるように」。そうしたら鉛の板を手に取り、同じ呪文を書き入れ、それを唱えなさい。そしてその板を、織機から取った一片の糸と一緒に人形に結び付けなさい。そして学んだ通り「＊アブラサクスよ、彼女を呪縛するのはあなた様です」と唱えながら、三六五の結び目を結びなさい。太陽が沈む間にそれを、早世、あるいは暴力によってこの世を去った人の墓近くに安置しなさい。そのかたわらに何本か季節の花を手向けて。（以下が）書かれ、唱えられるべき呪文。「冥界の神々よ、我はこの呪文をあなた様方に託す・・・（ここから、文章は次のNo.28と並行しながら進み、三八四行目に至る）・・・我は直ちに、そなたに休息を与えるであろう。かく言う我はバルバル・アドーナイ、星々を隠し、輝く天を統べる者。我は全宇宙の王なり。アトゥトゥーイン・イァトゥーイン・セルビウーオートゥ・アオートゥ・サルバティウートゥ・イァトゥティエラトゥ・アドーナイ・イァ・ルーラ・ビア・ビ・ビオテー・アトートゥ・＊サバオートゥ・エーア・ニアファ・アマラクティ・サタマ・ザウァトゥテイエー・セルフォー・イァラダ・イァレー・スベースィ・イァトゥタ・マラドゥタ・アキルトゥテエ・コオーオー・オエー・エーアコー・カンサオサ・アルクムーリ・テュル・タオーオス・スィエケー、我はトートゥ・オコーマイなり。誰々を連れ来たり、呪縛せよ。誰々（いつも通りに補うこと）を愛し、望み、そして欲している状態でいるその人を。かく言うは、死者の霊魂よ、我はそなたを、この恐ろしくも偉大な名、イァエオー・バフレネムーン・オティ・ラリクリフィア・エウエアイ・フィルキラリトン・ウォメン・エル・ファボーエアイ、を唱えて呼び出すのだから。そうしてそなたが我のもとに誰々を連れ来たるように、そして頭と頭を合わせてくれるように、唇を唇と触れさせてくれるように、お腹とお腹を合わせてくれるように、太ももと太ももを思いきり近づけてくれるように、陰毛と陰毛をぴったりくっつけてくれるように[43]。そうして誰々が我、誰々、と共に、これからずっとその愛の悦びを味わい尽くしますように」。次いでに板の別の場所に、このように「心臓」ならびに象徴記号《カラクテレス》を書きなさい。

イ[44]ァエオーバフレネムーノティラリクリフィアエウエアイフィルキラリトヌオメネルファボーエアイ
アエオーバフレネムーノティラリクリフィアエウエアイフィルキラリトヌオメネルファボーエア
エオーバフレネムーノティラリクリフィアエウエアイフィルキラリトヌオメネルファボーエ
オーバフレネムーノティラリクリフィアエウエアイフィルキラリトヌオメネルファボー
バフレネムーノティラリクリフィアエウエアイフィルキラリトヌオメネルファブ
アフレネムーノティラリクリフィアエウエアイフィルキラリトヌオメネルファ
フレネムーノティラリクリフィアエウエアイフィルキラリトヌオメネルフ

儀式と共に唱える祈りの言葉。日没時、墓から取った「付属物」を手に、次のように唱えなさい[45]。

そよさまようて吹きわたる　風のそよぎに運ばるる[46]
黄金の髪のヘリオスは　炎のなかに燃えさかる
たゆまぬ火をその意のままに　空の高みの通い路の
大いなる柱　折り返す　はたまた自身万物の
創造主たる御方は　全てを無へと復さしむ
この御方よりまさしくも　あらゆる物の素　整然と

君律のままに出で並ぶ　その君律は万象を
ひととせごとに四つなる　極点ともども養えり。
お聞きを　幸いなるお方　我いま君を呼び出せり
天　地　混沌　ハデスなる　黄泉の国をも統べる君
かつて陽光《ひかり》に映えて見し　御霊の住まうかの国を。
さていま　我はこいねがう　幸に恵まれしお方よ[47]
過つことを知らぬ方　世界の主たるお方
地の深みへとおもむいて　鬼籍の者の住まう地に
求むることがあるならば　御霊を送り届けてよ
我が手の中にその形見　残せしむくろの持ち主の[48]
彼女、誰々、のもとへと　夜更けの刻に
君が威のもと下されし　命にしたがい　夜のうち
この者　動き　果たすべし　我が胸中を　ことごとく
送らるこの者　優しく優雅　我に害意はありませぬ
また君　立腹されますな　強き力の我が歌に
かく申すのも　君の意が　これらのことを取り決めし
人の世にある者どもが　みなしっかりと知るように
「定め」[50]の紡ぐ糸のこと　またこは神意にかなうこと[49]。
ホルスよ　我は君の名を　君の名を呼ぶ　その文字を
もし数により　表さば　「定め」の数に等しけり。

アカイフォー・＊トートー・フィアカ・アイエー・エーイア・イアエー・エーイア・トートー・フィアカ
我に厚情下さり給え　父祖なるお方　万象の裔《すえ》なるお方
ひとりでに生まれしお方　炎を担うお方
黄金のごとく　死すべき者どもを照らす方
万象の主　たゆまぬ炎の精髄　あやまたぬお方
黄金の円盤もて　地に穢れなき光線をもたらすお方よ

28.　エジプト。おそらくアンティノーポリス。ナイル川沿い、オクシュリュンコスの上流。発見地点は不詳。この発見物が墓地に安置されていたことは確かだ。公刊者は三世紀、あるいは四世紀と推測している。十一×十一cmの鉛板。焼成されていない粘土製の女性小像と、鉛板およびこの小像を収容した陶製の壺が一緒に発見された。小像には針が突き刺され、現在でもその位置にある（図13）。発見時、鉛板は丸められていた。二八行にわたる文面の文字は、熟練者の筆跡だ。内容はPGM四番三三五―八四行（前項、№27）、「素晴らしい呪縛の呪文」が、ほぼそのままに再現される。PGM四番の手引き書に含まれている呪文、またそれと密に関連する呪文が、エジプトで発見の何例かの金属板上に実際に記されて発見されている。一枚は、ここで紹介するこのアンティノーポリス発見の事例。次いでオクシュリュンコスから発見された二枚の鉛板（Wortmann 一―二番として公刊）[51]。またもう一枚、ファイユーム地方のハワラで発見された鉛板があり、一九二五年にC・C・エドガーにより公刊されている。[52]そしてさらにもう一枚、ミシガン大学に保管されている鉛板（ミシガン・パピルス六九二五番）がある。さてこの事例の小像は、上記PGM四番二九六―三二九行に記される小像の作り方手引きに忠実に従っているが、ただしここで紹介する小像の実物に文字の痕跡はない。手引き書での指示通り、小像の腕は後ろ手にされており、ひざまずいた姿となっている（三〇一―二行）。また一三本の釘で貫かれているが、これも指示の通りだ（三二〇行以下）。PGMのひな形の方では、当事者の名前は「誰々 *deina*」とあとでの記入が求められているが、この鉛板では実際に、呪詛板依頼者がアレアの息子サラパンモン、思いを寄せられた女性はアイアスとオリゲネスの娘プトレマイスと、それぞれ具体的に名前が挙げられている。この呪文は、数多くの神格（あるいは一連の長大な名前で表される一柱の神格か？）に対して訴えかけられている。しかし実際の呪文執行者は、アンティノ

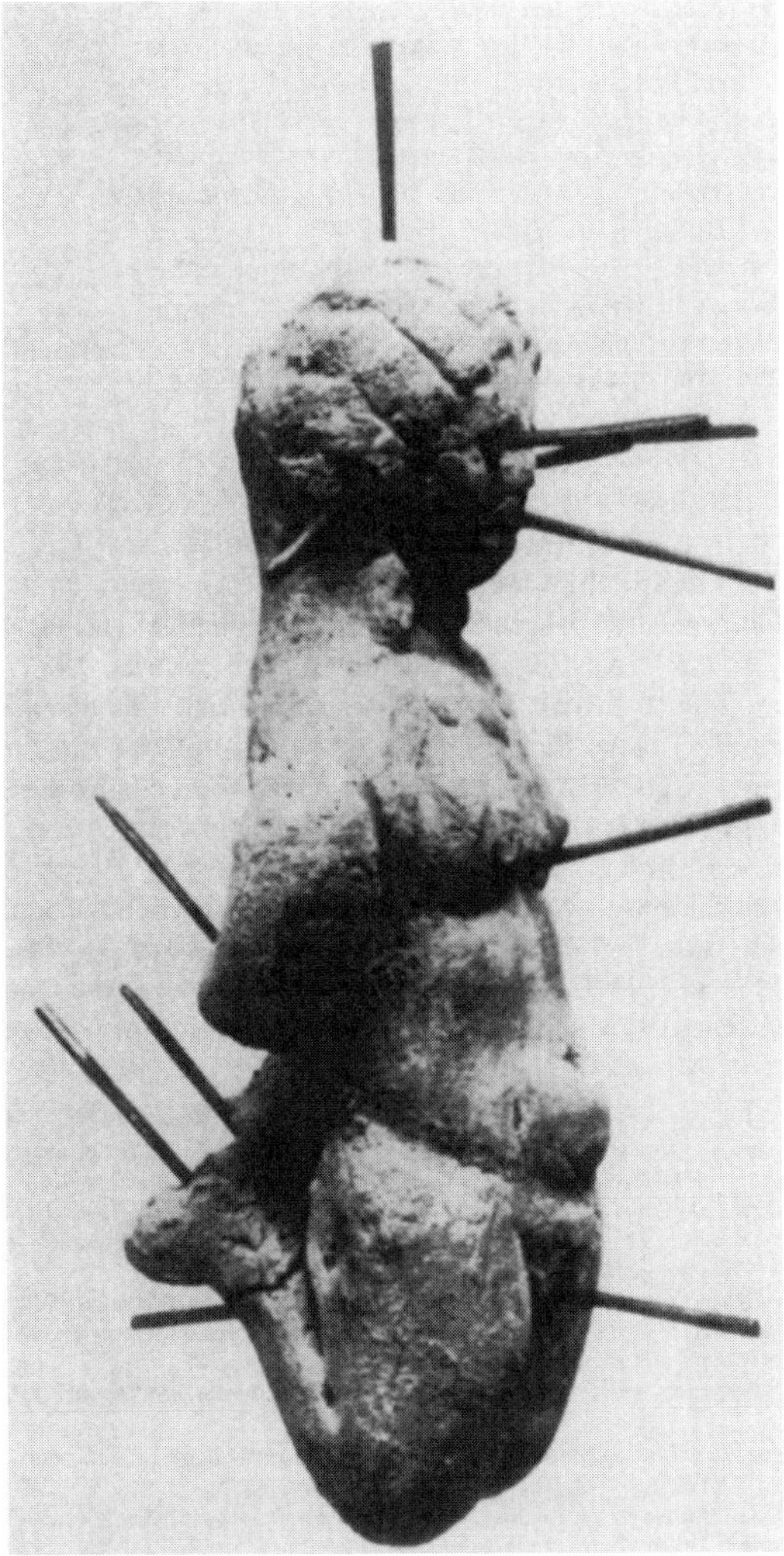

図13　女性をかたどった優雅な小像。13本の針が突き刺さっている。呪詛板とともに陶製の壺に入れられ、エジプトで発見。この小像は、*PGM* IV, 296-329 行に集録された手引き書の指示に従って作られている。（ルーブル美術館）

ウス（ハドリアヌス帝のあの友人のことか？）という名の死者の霊であり、命令を実行する任務が与えられている。そして依頼者は、命令が成功裏に行われた暁には、アンティノウスの霊魂をその鎮まらない状態から解放すると約束している。呪詛の背景にあるのは愛慕の念だ。依頼者のサラパンモンは、プトレマイスとの長期的な関係構築を心に描いているが、その最終目標が結婚なのかは判然としない。訳文中で傍点を打ってある部分は、ＰＧＭの手引き[訳注6]の表現と相違する箇所である。翻訳はおおむね、ＧＭＰ四四―四五頁での解釈に従っている。

文献　Sophie Kambitsis, Une nouvelle tablette magique d'Égypte, *Bulletin de l'Institut Français d'Archéologie Orientale* 76 (Cairo, 1976), pp. 213–23 (plate); *SEG* 26. 1717; G.H.R. Horsley, *New Documents Illustrating Early Christianity*, vol. 1 (North Ryde, New South Wales, 1981), no. 8; SGD 152; *SuppMag* 47（翻訳の元テキスト）。

　我はこの呪縛の呪文を[53]、あなた様方に託します、冥界の神々、プルト様、また＊コレ様、＊ペルセフォネ様、＊エレシュキガル様、またアドニス様[54]、また＊バルバリタ、また冥界のヘルメス様、また＊トーオトゥ・フォーケンセプセウ・エレクタトゥー・ミソンクタイク、また冥界《ハデス》（の門）の鍵を持つ、力強いアヌービス[55]・プセーリフタに[56]、冥界の神々に、時ならず死した男や女に、若者や少女に、毎年毎年、毎月毎月、毎日毎日、毎時毎時、毎夜毎夜。我は全ての精霊をこの場所に呼び出し、ここなる霊、アンティノウスの補佐をお願いします。そうして我のために目覚め、あらゆる場所、あらゆる地区、あらゆる家におもむき、オリゲネスの娘アイアスから生まれたるプトレマイスを呪縛せよ。彼女が、誰かれかまわず抱かれたりしないようにせよ。彼女が肛門に受け入れたりしないようにせよ。彼女が悦楽のための何かを、他の男とではなくただ我、アレアから生まれたるサラパンモン、とのみするようにせよ。彼女が飲み物や食べ物を口にしたりしないようにせよ。彼女が愛情を示したりしないように、外出したりしないように、我、アレアから生まれたるサラパンモン、なしで眠りを見出したりしないように。我は恐怖とおののきを引き起こす名を唱え、そなたを呼び出す、死者アンティノウスの霊よ。その名の響きに大地は開き、その名の恐ろしい響きに精霊は恐怖し、その名の響きに川や岩は真っ二つに裂ける。死者アンティノウスの霊よ、我はこの名を唱え、そなたを呼び出す。＊バルバラタム・ケルーンブラ・＊バルーク・＊アドーナイ、そして＊アブラサクス、また＊イァオー・＊パケプトートゥ・パケブラオートゥ[57]・サバルバファエイ、また＊マルマラウーオートゥ、また＊マルマラクタ[58]・ママザガル。過つことなかれ、死者アンティノウスの霊よ、我のために目覚め、あらゆる場所、あらゆる地区、あらゆる家におもむき、オリゲネスの娘アイアスから生まれたるプトレマイスを、我に引き寄せよ。そして呪文の力で、彼女が我、アレアから生まれたるサラパンモン、のもとに来るまで、彼女がものを食べたり飲んだりできないようにせよ。そして彼女が、悦楽のためにどんな男の誘惑をも受け入れることなく、ただ我、サラパンモン、の誘惑のみを受け入れるようにせよ。彼女が我、アレアから生まれたるサラパンモン、からもう離れることがなくなるまで、彼女の髪を、彼女の心臓を、つかんで引き寄せよ。そして我は、オリゲネスの娘アイアスから生まれたるプトレマイスその人を得て、彼女は我の生ある限り従順に、我への愛情に満ちあふれ、我に欲情し、彼女の胸の内にある事々を、全て我に話すことだろう。そなたがこれを我のために成し遂げた暁には、我はそなたを解放しよう。

訳注6　前項No.27。

29.　エジプト、オクシュリュンコス。発見地点は不詳。小さな粘土製の壺で、発見後に多くの断片から復元された。十一×十一㎝。公刊者はその年代を、三世紀あるいは四世紀としている。同じくオクシュリュンコスで発見された二枚の鉛板（Wortmann、一―二番、五七―八〇頁）と、この壺はセットになっている。壺に記された文字の筆跡は、これら二枚の鉛板の人物のものと同じだ。また書かれている文章の文言は、おおむね（かなりの省略はあるが）鉛板に記された文章から派生している。これら三点の遺物は、全部同じ「懸案」と関係している。つまりテオドロスという人物が、様々な手段によりある女性の愛情を勝ち取ろうとしているのだ。ただしこの壺の事例で訴えかけられる精霊の内には、鉛板の方で記される多神教的存在（コレ、ペルセフォネ、アドニス、トト、アヌビス、ヘカテ、等々）が一柱も含まれていない。代わりに、通常はユダヤ教の文書と結びついて現れる名前（アドナイオス、バルク、サバオトゥ、アブラサクス、イァオ等々）のみが、秘密で神秘的な名前に呼び換えられて登場する。ＰＧＭ四番（二九六行以下）[訳注7]に由来する全ての呪文と同様、実際の執行者は、ここでは名前の挙がっていない死者の霊である。その人物の墓の中に、これらの呪詛板と壺が安置されたのだ。呪縛呪文を記すのに壺を使うのは、変わったやり方ではあるが類例はある（Wortmann 八一頁：本章№26も参照）。

文献　Wortmann, no. 3, pp. 80–4; cf. SGD 155–6; *SuppMag* 51（翻訳の元テキスト）.

タゲネから生まれたるマトロナの、その頭髪を含む「付属物」[59]をそなたはいま持っているが、その彼女が、テコシスから生まれたるテオドロスを愛するようにせよ。死者の霊よ、この名を唱え、我はそなたを呼び出す、＊バルバラタム・＊バルーク・バルーカ・＊アドーナイオス・神、また・・・セセンゲン・ファランゲース・イァオー・イァオー[60]、また・・・。そなたが誰であれ、我をないがしろにすることなく、我のため目を覚まし、マトロナのもとに向かえ。彼女が快く、彼女のものを全て我に差し出すように。[61] そしてこの呪縛呪文を実行せよ。[62] 今だ、今だ、早く。かく言うは、死者の霊よ、我はそなたを・・・ノーフリス・サクサ・バファルの名を唱え呼び出したのだから。さあやれ、早く、早く。イシスがオシリスを愛する如くに、[63] そのようにマトロナがテオドロスを、彼女の生ある限りずっと愛するように。今だ、今だ、早く、早く。今日・・・イァオー・サバオートゥ・アドーナイ・バルバラタム・バルーカ・バルー［バク・・・（以下は、壺の底部に記載）我はそなたを、アブラサクスの名を唱え呼び出す。

30. 上エジプト、アシュートの北。発見地点は不詳。文章の内容から、以下に紹介する壺ならびにその内容物が元は、墓地に安置されていたことが明らかである。発見された遺物は、全部で次の四種だ。（1）二体のロウ製の小像。抱擁の様子を表現しており、折りたたまれた二枚のパピルス紙にくるまれていた（図14）。（2）二二・五×五五cmの大きなパピルス紙片。五三行にわたって文章が記載されていた。（3）何も書かれていないパピルス紙片。文章の記された紙片の保護に用いられていた。（4）陶製の壺の破片。その中に折りたたまれた紙片とロウ製の小像が詰められ、そして壺は石灰ないし漆喰で封印された。公刊者は五世紀のものとしている。この小像の二人は、こうした抱擁場面を表現しているギリシア・ローマ時代唯一の実例だ。ただし『ピカトリクス』と呼ばれるアラビア語の書に、非常に似た例が紹介されている。それによると、もし目的が結合なら向かい合わせに、別離なら背中合わせに、二体の人形は配置されるべきなのだという。[64] 訴えかけの対象として、幅広い種類の名前が文中では挙げられている。ただしこの事例

訳注7　本章No.27。

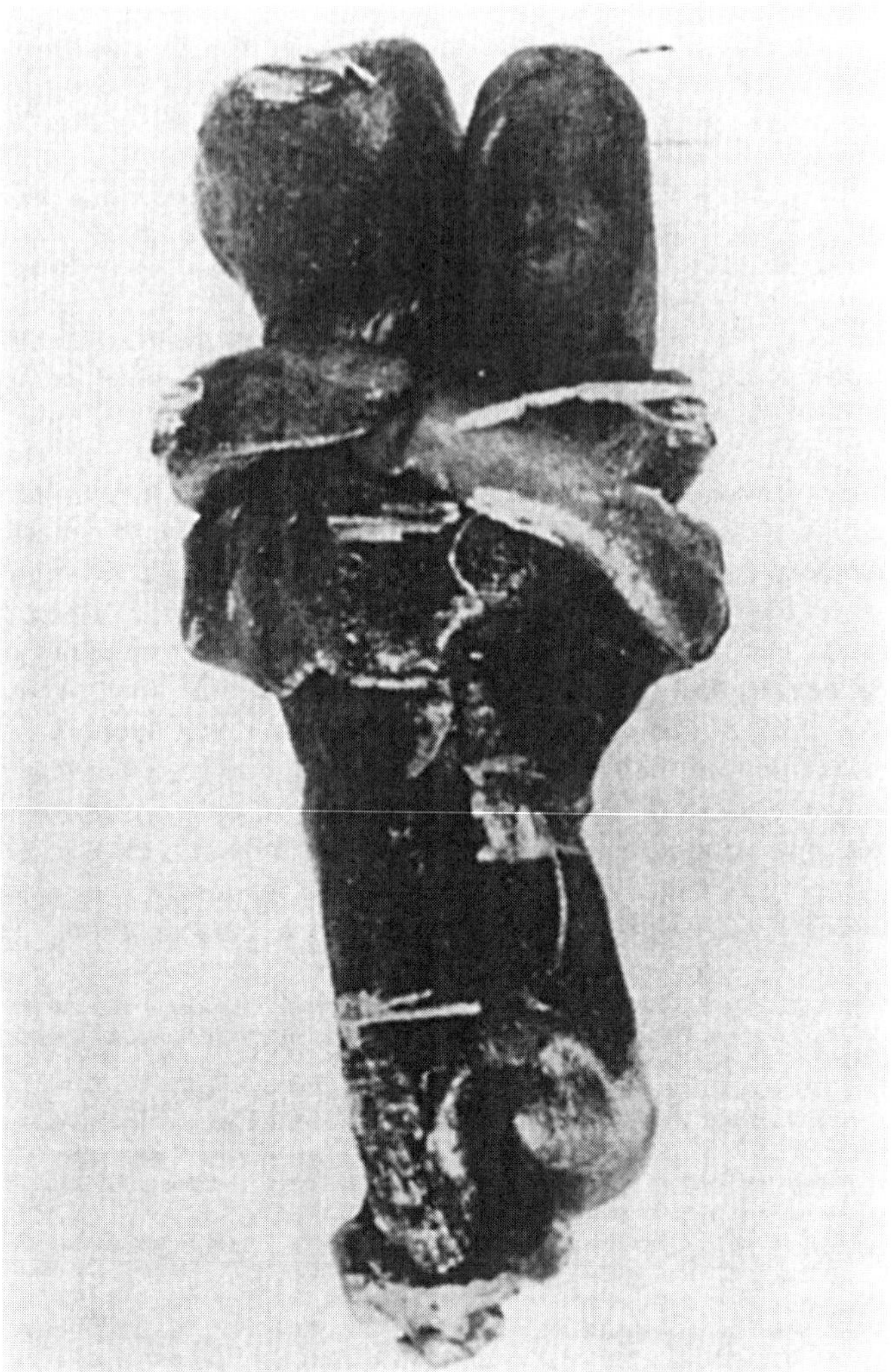

図14　誘引の呪文の記されたパピルス紙片に丁寧にくるまれて発見された、抱擁している姿のロウ製の二人。この二人はさらにもう一枚のパピルス紙片にくるまれ、陶製の壺の中に納められた。そうしてから、全部が墓地に安置された。(D.Wortmann, Neue magische Texts, *Bonner Jahrbücher* 168 (Bonn, Rheinisches Landesmuseum, 1968), p. 87, 図版 9 。

でも主たる実際の呪文執行者は、墓の中および周辺にいる精霊《ダイモン》や死者たちの霊だ。またそれ以外にも、こうした「下等な」存在に命令を下す神格として以下が登場する。不敗神イァオ、神秘名を持つ種々の霊的存在、アドナイ、ギリシア語アルファベットを順に語頭に持つ二三の神秘的名前一覧、必然《アナンケ》あるいは運命、クヌム・ホルス、アブラサクス、天の七つの玉座。全てまとめて、文中では集合的に「これら聖なる御名と力」と称されている。呪詛の背景は比較的単純だ。テオンという男性がエウフェミアという女性を求め、彼女が愛と情熱を抱きながら、自分に十ヶ月間魅かれることを願っている。(65) この呪文の長大さ、およびその訴えかけの複雑さは際立っている。起源をギリシア、エジプト、ユダヤに持つ多数の要素が包含されており、中でも明らかに優勢なのがエジプト的要素だ。年代的には比較的遅い時代のものだが、キリスト教の影響を示す兆候は見られない。他事例との類似表現が数多く見られることからも、この呪文のほぼ全ての字句が、PGMに多数集録された文書に大変よく似た、古代の参考資料書の手引きから写し取られたことが分かる。この呪文の概略は次の通り。五回にわたる精霊や神格への訴えかけ（「我は呼び出す・・・」）、墓地の死者の霊に向けた一連の脅迫や約束、そして何度か繰り返される懇願。

文献　Wortmann, no. 4, pp. 85–102; *GMP* CI; *SuppMag* 45（翻訳の元テキスト）.

我は君を、[訳注8] 冥界における「運命」および力ある「必然」の破却不能な束縛により縛る。(66) かく言う我は、ここに横たわり、ここで絶えず養われ、ここに住まうそなたら精霊《ダイモン》たちを、また時ならず死した若きそなたらを、呼び出すものなり。(67) 我は不敗神イァオー・＊バルバティアオー・ブリミアオー・ケルマリの名を唱え、そなたらを呼び出す。目覚めよ、ここに横たわるそなたら精霊《ダイモン》たちよ、ドロテアから生まれたるエウ

訳注8　おそらく、呪詛対象者であるエウフェミアという女性のこと。

フェミアを、プロエキアから生まれたるテオンのために探し出せ。彼女が夜中ずっと眠れないようにせよ。狂おしいまでの彼への愛と、愛情や性交と共に、彼女が彼の足元にやって来るまで彼女を導け。かく言う我はもう彼女の脳を、両手を、はらわたを、性器を、心臓を、我、テオン、への愛のために呪縛しているのだ[68]。もしそなたらが我をないがしろにし、我が言のすみやかな実行を怠るなら、もはや太陽が大地の下に沈むことはないであろう。もはや冥界《ハデス》も大地も存在しなくなるであろう[69]。しかしもしそなたらが、ドロテアから生まれたるエウフェミアを、我、プロエキアから生まれたるテオン、のところに連れ来たるなら、我はそなたらに、オシリス・ノフリオートゥ[70]・イシスの兄弟、を授け、そしてそれは渇きを癒す冷たい水をそなたらにもたらし[71]、またそなたらの霊魂に安息を与えることだろう。しかしもし、そなたらが我が言の実行を怠るなら、エオーネビュオートゥがそなたらを燃え上がらせることだろう[72]。ここに留まる精霊《ダイモン》たちよ、我はそなたらを呼び出す。イェオー・イイイァイァ・エーイァ・イァオー・イァエー・イァオー・アリランプス[73]。我は（この呪文を）犬の国なるそなたらに委ねる[74]。エウフェミアを、我、テオン、への愛のために呪縛せよ。精霊《ダイモン》たちよ、我はそなたらへの誓いを、神の社の石碑に／で立てる[75]。我はそなたらへの誓願を、内陣におわす方々（神々）により立てる。我はそなたらへの誓願を、全てを見そなわす神の名により立てる。イァ・イァ・イァ・イォー・イォー・イォー・イェ・イェ・イェ・ウーオーア・アドーナイ。神殿で安らぐ方々を、そして偉大な神イォータトゥにより奪われし／飲み干されし血を（神殿で）堪能する方々を、我は呼び出す[76]。我はそなたらを、風の四つの出所に座すお方の御名を唱えて呼び出す[77]。我をないがしろにするなかれ。直ちに行動せよ。かく言う我は、そなたらに命じるものなり。*アクラムマカマリ、ブーロメントレブ、ゲニオムーティグ、デーモゲネードゥ、エンキュクリエ[78]、ゼーノビオーティズ、エースコートーレー、*トートゥートートゥ、イァエウーオーイ、コルクーノオーク、ルーロエネール、モロトエープナム、ネルクスィアルクスィン、クソノフォエーナクス、オルネオファオ、ピュロボリュプ[79]、レルートエール、セセンメヌーレス、タウロポリト[80]、ウペルフェヌーピュ、フィメマメフ、ケンネオフェオク、プシュコポンポイアプス[81]、真理なるオーリオーン！[82]同じことを、繰り返しまた我に言わせることなかれ、イォエー・イォエー。ドロテアから生まれたるエウフェミアが、我、プロエキアから生まれたるテオン、のもとへ、愛や欲望、愛情、性交、そして狂おしいまでの愛と共にやって来るようにせよ。彼女の四肢を、彼女の肝を、そして彼女の性器を、彼女が我をないがしろにしたりせず、我を愛し我のもとにやって来るまで燃え立たせよ。かく言う我は、強力な「必然」によりそなたらを呼び出すものなり――＊マスケッリ・マスケッロー・フヌーケンタバオートゥ・オレオバザグラ・レークスィトーン・ヒッポクトーン・ピュリクトーン・ピュリペーガニュクス・レペタン・レペタン・マントゥーノボエールー。そなたらが今日、この十五年期《インディクティオ》の第二年目、ハトホル月二五日より向こう一〇ヶ月にわたり[83]、エウフェミアを我、テオン、に対し愛と愛慕と欲望を抱くよう呪縛するように。もう一度、そなたらを統べるお方により、我はそなたらを呼び出す。そなたらが我をないがしろにすることのなきよう。また大気を支配するお方により、我はそなたらを呼び出す。また七つの玉座――アクラル、ラロフェヌールフェン、バレオー、ボルベオー、ボルベオーク、ボルベスロー、ウーフトー、により[84]、また容赦なき神、クムーオール[85]・＊アブラサクス・イプセンタンクーカインクーケオーク[86]の名を唱え、我はそなたらを呼び出す。エウフェミアを引っ捕らえ、狂おしいまでの愛を抱いて我を愛するようにさせ、我、テオン、のもとに導け。そして彼女を、破却不能で強力で極めて堅固な束縛により呪縛せよ。彼女が我、テオン、を愛するように。彼女に食べること、飲むこと、眠ること、冗談を言うこと、笑うことを許すなかれ。彼女が我、テオン、のもとへと、神々しく絶えることなき、荒々しい愛（をもって）我を愛し、我を欲してやって来るまで、（彼女が）どんな場所や住み処からも飛び出し、父、母、兄弟、姉妹を見捨てるようにさせよ。またもし彼女がその胸に他の誰かを抱くようなことがあれば、彼女がその者を追い出し、その者を忘れ、その者を憎み、代わりに我を愛し、望み、そして欲するようにさせせよ。彼女が我に自由に身を任せ、我が望みに反することを決してせぬように。(87)聖なる御名と力よ、力強く、この呪文を完全に実行し給え。今だ、今だ、早く、早く！

31. おそらくエジプト由来だが、パレスチナの可能性もある。『セペル・ハ・ラジム *Sepher ha-Razim*』、あるいは『神秘の書』と名付けられたこのユダヤの文書は、M・マルガリオトにより複数の史料から復元され、マイケル・モーガンが英語へと翻訳した。多種多様な目的のための数多くの呪文や手引きが、この書には含まれている。そしてそれぞれの内容は、天にある六つの蒼穹についての詳細な描写の中に散りばめられている。また各蒼穹には天使の一団が割り当てられ、その秘密で強力な名が、それぞれの機能や特長と共に紹介されている。文書そのものの年代は、三世紀から四世紀というのが最も妥当であろう。ただし含まれる個々の呪文や手引きは、疑いなくさらにもっと古い時代のものだ。天の蒼穹、およびそこに住む天使の描写は極めてユダヤ的である一方で、呪文の様相は異なる。この書では銅、金、鉄、鉛、スズ、そして銀など、様々な金属から呪詛板を作るための手引きが数多く提供されている。ここに紹介する呪文は、特に愛と結婚に関わるものだ。(88)

文献　*Sepher ha-Razim*, pp. 45–6.

ある男の愛を、ある女の心に忍び込ませることを望むのなら、あるいはある貧しい男が、ある富裕な女と結婚できるよう手配することを望むのなら、銅の薄板《ラメッラ》を二枚手に取り、両面に、(89)これら天使たちの名前、さらに当の男と女の名を記し、こう唱えよ。「お願い申し上げます、アダムとイブの子孫の運命を司る天使たちよ、我が意思を実行し給え。またNの息子であるNの運星を、(90)Nの娘であるN（の運星）と結合させ給え[91]。彼女の目の中に、彼が好意と愛情を見出すようにし給え。また彼女が、彼以外の誰のものにもならないようにし給え」。そして二枚の薄板《ラメッラ》のうち、一枚を炎の燃え立つかまどの中に[92]、そしてもう一枚を彼女が沐浴する場所に投げ入れよ[93]。これを月の二九日、月が完全に欠けた日に実行せよ。性交や酒、およびあらゆる（種類の）肉を慎むよう、気を付けよ。

32. エジプト、カイロ。ベン・エズラ・シナゴーグの「ゲニザ」（非常に古い手写本を保管するための宝物蔵）で発見。「ゲニザ」に保管されていた多種多様な文書の中には、まじない文や呪文、護符が含まれていた。またPGMや『セペル・ハ・ラジム』、あるいは『モーセの剣』[訳注9]にとてもよく似た、手引き書を集録する大規模な集成本に由来する、膨大な数の文書断片も保存されていた。このような信念や慣習が、古代ユダヤ人コミュニティの中でどれほど広範な広がりを持っていたのか、またこうした素材が言語・年代・文化・宗教の垣根を越えてどれほど広く行き渡っていたのか。「ゲニザ」で発見の資料は、こうした点を明らかにしてくれている。ここで扱う呪文は、布の上に記されている（図15[94]）。使用言語はアラム語。公刊者は年代について特に言及していないが、「ゲニザ文書」の大半は中世のものである。ただし注意する必要があるのが、内容そのものはずっと以前にさかのぼるということだ。訴えかけられている存在は、他にも類例のある組み合わせ、つまり「聖なる象徴記号《カラクテレス》」および「全ての尊い字母」である。他には神格や精霊は挙げられていない。公刊者は護符と見ているが、これは不正確だ。この呪文は実際には、他の人の愛情を確保しようとする一般的な呪縛呪文である。この事例の場合、依頼者はどうやら女性らしい。

訳注9　中世後期に編纂された、魔術に関するヘブライ語の聖書外典。

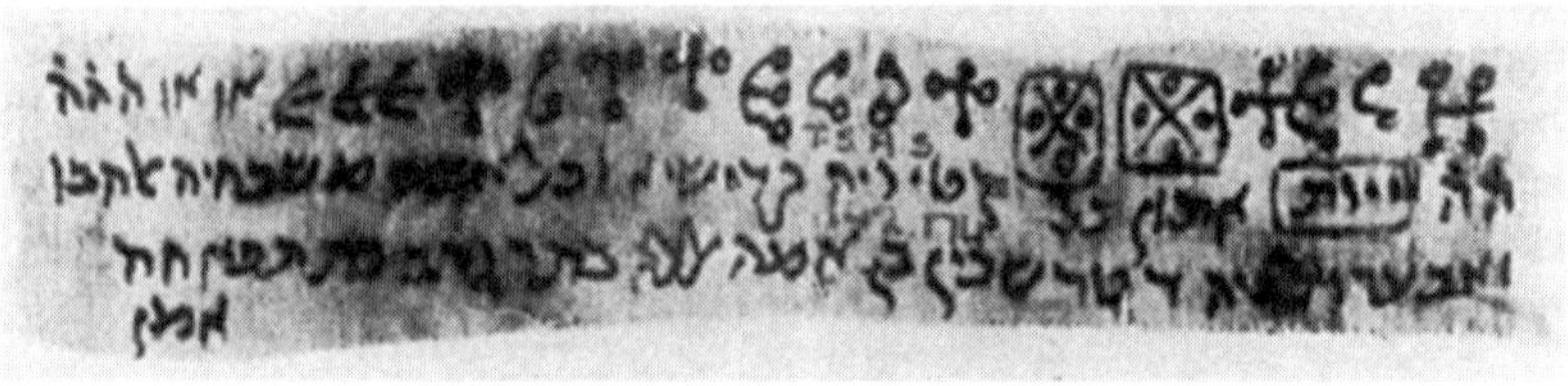

図15　カイロの「ゲニザ」で発見されたユダヤ教的護符上の象徴記号《カラクテレス》。素材は布だ。この護符にはまた、象徴記号《カラクテレス》および箱形に囲まれた力強い名を配置するというテクニックが使われているのが見られる。（J.Naveh and S.Shaked, *Amulets and Magic Bowls : Aramaic Incantations of Late Antiquity*, Jerusalem, Magness Press, Hebrew University, 1985, p.216）

文献　Neveh and Shaked, p. 216（Geniza 1）.

（〈象徴記号《カラクテレス》〉と字母）聖なる象徴記号《カラクテレス》と全ての尊い字母[95]よ、テュファハの娘であるGDBのため、アマト・アッラーの息子であるTRŠKYNの心に火を付け、燃え上がらせよ。アーメン。

33.

エジプト。カイロの「ゲニザ」（詳細は前項の解説を見よ）で発見。ゲニザでの発見品の中には、手引き書や呪文の集録されたばらばらの紙葉があった。PGMに集録の類似の手引き書などには、複雑で詳細な指示が付随しているが、それと比べてここには祈祷、断食、性的な禁欲等々に関し、明確な指示が全く記されていないことは注目に値する。

文献　Naveh and Shaked, pp. 230–6（Geniza 6）.

（第一葉）もう一つ（の呪文）。焼成前の陶片に記され、火に投げ入れられるべし。書かれるべきは、こうである。「述べかつ行う、かの御方の御名において。ここに記されしは、Yの息子／娘であるXのためのもの。この者が、Bの息子／娘であるAを愛するように、またこの者の心が燃え上がるように。この陶片が燃え上がる如くに、そのようにYの息子／娘であるXの心が、B

の息子／娘であるAを思って燃え上がるように。魅力と美しさを司る、大天使ヌリエルの名において。あなた様の光から光を、あなた様の火から火を持ち来たり、Yの息子／娘であるXの心に火を付け給え。ソドムとゴモラ[96]を転覆させし大天使アブラサクスの名において。そのようにYの息子／娘であるXの心を、精神を、腎臓を、大いなる愛情と共に、Bの息子／娘であるAの方へと転じさせ給え。A（アーメン）A（アーメン）S（セラフ）H（ハレルヤ）・・」。

もう一つ（の呪文）。鹿の毛皮に、SUKKとサフランで次のように記し、そなた自身にぶら下げよ。「神の御名において、我々はこれを行い成果を挙げん。この秘法は、Yの息子／娘であるXの恋情のためのもの。彼が、Bの息子／娘であるAを愛するように。あなた様方、称賛すべき字母KLBW BDW BLHW RYSWDWS DZ HWWH WZH B' GTYT の名において、Yの息子／娘であるXの心を、Bの息子／娘であるAへの大いなる愛情により火を付け、燃え上がらせ給え。A（アーメン）A（アーメン）S（セラフ）H（ハレルヤ）」。

34.

エジプト。発見地点は不詳。公刊者によると「比較的ていねいに記されている」その文字から、年代はどうやら二世紀あるいは三世紀のようだ。十九・四×十一cmの呪詛板。板面には図像が描かれているが、その姿はエジプト伝統宗教の動物神に由来する可能性がある。それ以外にも、この呪詛板には呪文やまじない文で目にする技術が、さらにもう二つ用いられている。一つ目が、ただイシス女神のみがこの呪文を使ったことがあると語ることで、女神の権威を主張している点。二つ目が、神秘的な名前の列挙を通じ、呪詛依頼者は自分自身と、呪文が訴えかける詳細不明の精霊や神格とを一体化させている点である。呪詛板の最下部には、「そしてここには絵姿」という一節に引き続き、象徴記号《カラクテレス》と図像が何点か描かれている（図16）。これらの姿はおそらく、文中で挙げられる一連の動物を描写しているのだろう。ワニが描かれて

図16　呪詛板の下部に描かれた凝ったデザイン画。男性の呪詛依頼者へとある女性を引き寄せることが意図されている。画中にはまだ意味が明らかでない部分がいくつかある。描かれているのは象徴記号《カラクテレス》、少なくとも二人の人物（キスをしている？）、一頭のワニ、そしておそらく一柱の神格（左）。

いると思しき部分がある。別の部分には、キスをする二人の人物が示される。またさらに別の部分は、女性器に挿入しようとする男性器を概略的に描き出そうとの試みなのかもしれない。呪詛の契機はお馴染みのものだ。男性の呪詛依頼者が求めるのは、ある女性の愛を勝ち取ること、そして彼女が自分以外の誰かと性的な関係を持つのを妨げることだ。その関係に結婚を含めることが意図されているのかは、明記されていない。用いられる言語はギリシア語だが、全体的にはギリシア・エジプト的な雰囲気が漂っている。性愛呪詛の他の類例と同様、この呪文にもまた、主に性の悦楽や女性の従属に関する男性的な空想が一通り表現されている。

文献　V. Martin, Une tablette magique de la Bibliothèque de Genèva, *Geneva* 6 (1928), pp. 56–64; SGD 161; *SuppMag* 38.

> エウスの娘テオドティスよ、我はお前を呪縛する、ヘビの尾にて[97]、ワニの口にて、雄羊の角にて、コブラの毒にて、猫の毛にて、神の男根にて[98]。そうしてお前がただ我、ヘルミタリスの息子アンモニオン、を除き、他の誰とも寝ず、性交せず、肛門性交せず、口唇性交せず[99]、他の誰とも悦楽を味わうことのないように。かく言う我こそ[100]、ランプスーレー[101]・オティカラク・アイフノーサバ

オー・ステーセオーン・ウェッラフォンタ・サンキステー[102]・クフュリス[103]・オーン[104]なり。イシス女神に使用されしこの呪縛呪文[105]を使用せよ。そうしてエウスの娘テオドティスが、ただ我、アンモニオン、のみを除き、もはや他の誰とも何事かを試みないように。また彼女がヘルミタリスの息子アンモニオンに隷属し、従順で、熱く欲し、彼を求めて空を飛ぶように。また彼女の人生中に繰り返される性交において常に、彼女の太ももを彼の太ももの近くへ、また彼女の生殖器を彼の生殖器の近くへと持ち来たれ。そしてここには絵姿[106]。（図像が後に続く[107]）

35. エジプト、オクシュリュンコス。発見地点は不詳。十二・五×八cmの陶片。「大きなお椀の上部と縁」の一部。両面に記載がある。二世紀に製作されたもの。この呪文はギリシア語アルファベットの母音と神秘的文言《ウォケス・ミュスティカエ》の力を借り、想像上の熱およびいさかいを利用することで、ある夫婦を離縁させようとしている。核心部分にはギリシア語の動詞「取り去る／解き放つ *apallassō*」が使われているが、これはこの単語が法廷で「離婚」のために用いられることに由来している。一方で熱のイメージには、依頼者の側にある性的な欲求が含意されている。呪詛依頼者（名前は示されていない）の望みは、婚姻関係の崩壊だ。そしてさらに（おそらく）妻を自分のものにと考えているようだが、その望みの方は明確に述べられてはいない。

文献　L. Amundsen, Magical Text on an Oslo Ostracon, *Symbolae Osloensis* 7 (1928), pp. 36–7；S. Eitrem and L. Amundsen, *Papyri Osloensis* 2, Oslo, 1931, pp. 29–33（*Papyrus Oslo* 15）；*PGM*, vol. 2, pp. 209–10（Ostrakon 2).

（外側面）

オオオオオオアオエーエーエーエーエーアオーオオーオーオーエーイェー

・イェイェエエエーエーエーエローエイォータオーオー

・・ウェーエーエ　アアア　エーイェーオーアイァア　オーオオーオー

・・ウェオーオーオーオオエ　ラトゥ　アルマトローアエア

・オキュソイォイォ　ニュキエ　ナラエエアエアア

・・・　オス　バル　＊サバイオートゥ　オー　マオーサイォ(108)

ウェオーアオーウォーウェオーアエオーアエオーア

アリトサアアアア　スキルベウ　ミトゥレウ

ミトゥラオー(109)　アリュビバオー　テュモー　エーオアウ

エアアウウェエアウェアエ　ムーラ　ア　・・・

・・・・イムスィウ　ウーラトスィラ　ムーラ

・・アアイェエーイイイ　アイ　エオー　エオー　イェエ　オーアイェー

アアアエー・エエー　イェー　オアオアオア

アア　アロ　アラロー　アロー　アロー　ウウウ　イェーエーエー

エーエーエーエーエーエー　イイイイイイ　アエーアエーアエーエーイァ

アイェー　オーウオオーウオオオーウオウー　イェオウーイェイェイェ

イェイェ　オアオーアオーオー　バアアアアアアアアア

アアアアア　オオオオオオ　ウウウウウウウ

エエエエエ　オーオーオーオーオーオーオーオーオーオーオーオー

オーオーオエー　オーオオーオ　アエエーイゥーオー　アエエーイゥーオー
アエエーイゥーオー　スーマルタ　マクス　アカルバ[110]
ミウクタン　サラアム　アティアスキルト
ダバタア　ザアス　ウーアク　コル　モル
フレー　ゾークライェ　ザネクメト　サトラ
ペイン[111]　エブララタ　アルナイァウサイア
エアエ　アエエーイゥーオー　エーイエーエーイエー　オ　アオアオア
オーオアオアオーエーアオー　燃え上がる熱よ、
アッルスの大事な部分を[112]、（彼女の）陰門を、
（彼女の）肢体を、燃やし尽くせ、
彼女がアポッロニオスの
家を去る時まで。
アッルスを、熱で、
絶え間ない病で、
飢えで、アッルスを、
（そして）狂気で、
臥さしめよ！
アッルスを。

（内側面）

アッルスを、彼女の夫
アポッロニオスから解き放て。
アッルスに横柄な態度を、憎悪を、
無神経さを与えよ。彼女がアポッロニオスの
家を去る時まで。今だ、早く。

36. 北アフリカ、ハドゥルメトゥム。丸められた状態で発見。おそらく釘で開けられた穴の跡がある。各辺二五cmの鉛板。ハドゥルメトゥムにあるローマ時代の墓地に安置されていた。言葉遣いと字体は、三世紀の製作であることを示している。この事例でのギリシア語とラテン語の混交状態は、同じくハドゥルメトゥムで発見の他の呪詛板上にも見られる。DT二六七番、二六九番、二七〇番では、長大なラテン語文が、ギリシア・アルファベットで記されている。DT二九五番[訳注10]では、ギリシア語とラテン語が混ざり合っている。ガリアのアウグストドゥヌム[訳注11]で発見の二世紀の呪詛板では、ラテン語の名前リストと一連の神秘的文言《ウォケス・ミュスティカエ》が、ギリシア・アルファベットで記されている（SGD一三二番）。この事例の呪文は、これまでも頻繁にそうであったように、墓地の死者に訴えかけられている。呪文に記された任務の執行が死者の使命だ。一方で現場の精霊に対し命令する機能を果たす、より強大な力も呼び出されており、それが「イスラエルの神」である。それ以外に訴えかけられている精霊や神格はない。訴えかけの言葉遣いは、『七十人訳聖書《セプトゥアギンタ》』[訳注12]や、ギリシア語で書かれた他のユダヤ教文書を強く想起させる。[113] ドミティアナという女性が呪詛の依頼主であり、彼女はウルバヌスという男性を誘引し、自分を妻にしてもらおうと目論んでいる。おそらく依頼主とその「標的」の双方ともが解放奴隷だ。ギリシア語訳聖書の用語・表現の影響を多

く感じ取れるものの、必ずしも依頼主と専門家のどちらかがユダヤ人だったと想定する必要はない。ただし、二人ともそうだった可能性はある。この呪文の用語法の起源がユダヤにあることは間違いない。だが三世紀、ハドゥルメトゥムで手引き集から写し取られる時には、こうした用語法はもうすでに、職業的呪術師《マゴス》たちが共有する文化の一部となっていたのだろう。

文献 G. Maspero, Sur deux *tabellae devotionis* de la nécropole romaine d'Hadrumète, *Bibliothèque égyptologique* 2 (1893), pp. 303–11; *DT* 271; Wünsch, *Antike Fluchtafeln*, no. 5; 詳細な議論と解説は A. Deissmann, An Epigraphic Memorial of the Septuagint, in: *Bible Studies*, Edinburgh, 1901, pp. 269–300 を参照。

我はそなた、ここに横たわる精霊《ダイモン》なる魂を[114]、聖なる御名[115]アオートゥ、アバオートゥ[116]、アブラハムの神[117]、＊イァオー、ヤコブの神[118]、イァオー・アオートゥ、アバオートゥ、イスラマの神[119]により呼び出す。聞け、尊き、恐るべき、偉大なる御名を[120]。そしてウルバナから生まれたるウルバヌスのもとへと向かえ。そして彼を、カンディダから生まれたるドミティアナのもとへと連れ来たれ。そうして彼が、彼女を愛し、狂乱し、彼女への愛と欲望に悩んで眠れず、また彼が、一緒に家に戻って自分の妻[121]となるようにと、彼女に懇願するように。我はあなた様に訴えかけます、偉大な神よ、とこしえにして[122]、とこしえよりさらにとこしえなるお方よ、全能にして[123]、高遠な方々よりもさらに高遠なるお方よ。我はあなた様に訴えかけます、天と海

訳注10　本書第一章№11。
訳注11　現フランスのオータン。
訳注12　ヘブライ語を理解できないユダヤ人のため、前三世紀からギリシア語へと翻訳された『旧約聖書』のこと。

を創りしお方よ。[124] 我はあなた様に訴えかけます、正しき者を分け隔てしお方よ。[125] 我はあなた様に訴えかけます、海にて杖を分けしお方よ。[126] ウルバナから生まれたるウルバヌスを連れ来たり給え。そして彼を、カンディダから生まれたるドミティアナと結び付け給え。彼が彼女を愛し、苦悶し、彼女への欲望や愛に悩んで眠れなくなり、そうして彼が彼女を、家に自分の妻として連れ帰るように。我はあなた様に訴えかけます、ラバが子を宿さぬようにせしお方よ。[127] 我はあなた様に訴えかけます、闇から光を分けしお方よ。[128] 我はあなた様に訴えかけます、岩をも打ち砕くお方よ。[129] 我はあなた様に訴えかけます、山々を割りしお方よ。[130] 我はあなた様に訴えかけます、地の基を固めしお方よ。[131] 我はあなた様に、口にしてはならぬ聖なる御名で[132] 訴えかけます・・・我はその名を[133]、同じ数的価値[134]を持つ言葉によって唱えましょう。すると精霊《ダイモン》たちは目覚め、驚き、おののき、ウルバナから生まれたるウルバヌスを連れ来たり、カンディダから生まれたるドミティアナを愛し請い求める彼を、彼女と結び付けるでしょう。今だ、早く！ 我はあなた様に訴えかけます、その声でお命じになり[135]、天なる光と星々を創り[136]、あらゆる人間の上に輝かせしお方よ。[137] 我はあなた様に訴えかけます、全世界を震わせしお方よ、山々の峰を崩落せしめ、山々を水の中から投げ上げるお方よ、地の一切を震わせ、そこに住まう者全てを一新なさるお方よ。[138] 我はあなた様に訴えかけます、天に、地に、そして海にしるしを作りしお方よ。ウルバナから生まれたるウルバヌスを、カンディダから生まれたるドミティアナのもとへと連れ来たり給え。そしてカンディダから生まれたるドミティアナを愛し、彼女への欲望に悩んで眠れず、彼女を請い求め、一緒に家に戻って自分の妻となるようと彼女に懇願する彼を、彼女に夫として結び付け給え。我はあなた様に訴えかけます、偉大にして、永遠、そして全能の神よ、天も谷もが地のすみずみで恐れるお方よ[139]、その力で、ライオンに獲物を諦めさせ[140]、山々を地と海ともども震わせるお方よ、また（その力で）皆人を、永遠にして不死、慧眼にして悪を憎む主[141]への恐れを抱くほどに[142]、賢くならせ給うたお方よ、良きことであれ悪しきことであれ、海でも川でも、地上でも山中でも、起こりしこと全てをご存じのお方よ、アオートゥ、アバオートゥ、アブラハムの神、ヤコブのイァオー、イァオー・アオートゥ、アバオートゥ、イスラマの神よ。ウルバナから生まれたるウルバヌスを連れ来たり給え。そしてカンディダから生まれたるドミティアナを愛し、狂乱し、カンディダから生まれたるドミティアナへの愛、情熱、欲望に悩んで苦悶する彼を、彼女に夫として結び付け給え。この二人を、生ある限りずっと愛し合う婚姻の絆で、配偶者として結び付け給え。彼を彼女に隷従する奴隷とならせ給え。そうして彼が、他のどんな女も少女をも欲したりせず、ただカンディダから生まれたるドミティアナのみを欲しますように。また彼が彼女を、生ある限りずっと配偶者としてとどめ置きますように。今だ、今だ！　早く、早く！

第3章　訴訟・政争呪詛板――「法廷で舌が麻痺しますように！」

訴訟や法廷。それはギリシア・ローマ世界での生における、基本的構成要素の一つである。古代の歴史家や弁論家が書き残す内容をもとに、このことはずっと前から認識され続けてきた。近現代アメリカをありうる唯一の例外とすれば、古典期アテネほどに訴訟社会として悪名高い社会はなかった。アリストファネスの『平和』では、ある登場人物がこう論評している。「アテネ人は裁判以外に何にもしてやしない」[訳注1]。

さて古代の法文化の形式面については、多くが知られている。告訴はどのように行われたか。証拠や証人はどう提示されたか。陪審員の選任はどうしたか。そして評決はどのように下されたか[(1)]。確かにギリシアやローマ、また他地域の古代の法的システムそれぞれの間には、重要な相違が数多くある。しかしそれを含めてこうした形式的事柄は、本書の目指すところからすると無視して差し支えないように思う。代わりに、法的手続きのうちのある特定の側面に焦点を当てたい。すなわち、これから裁判で被告になろうとしている人は、告発者に対抗して自身を守るためどのような準備をしたのだろうか。標準的な手法でこの問題を検討しようとする場合、「準備」

訳注1　アリストファネスは前五世紀のアテネの喜劇作家。『平和』の上演は前四二一年。その五〇五行でこう論評する登場人物は、ヘルメス神である。

に含まれるのは次の三要素だ。まずは担当官の面前での予備的なさや当て。そこでは告発の合法性、および法廷の権限について話し合われる。次いで主張を補強するための証拠や証人集め。そして、裁判開始が避けがたいとなれば、弁論家や弁論作家のような専門家から援助を求めることが決意される。[2] それでも、もう一度繰り返すが、厳密にはこれらはあくまで形式の問題だ。一方で我々は日々の経験から、法的手続きに巻き込まれたりすれば、恐怖、羞恥心、罪悪感、パニックといった強烈な感情が喚起され、それと渡り合うことになるのを知っている。そこで必要とされるのは、全く別種の準備・処置なのだ。では古代においてこういった感情はどう認識され、またどう処理されたのだろう。有り体に言って、これまでの研究者たちの議論では、この点に関しいかなる注意も払われてはこなかった。だから訴訟や法廷の法的以外の側面、すなわち感情面に取り組むことが、明言されないにせよその正確な機能である資料がかなりの分量残っているのに、研究者たちがそれをも無視してきたことは、許容されてしまうのかもしれない。[3]

そしてそうした資料を構成するのが、呪詛板である。法廷での敵対者や告発者に向けられたもので、年代的には古典期アテネからローマ帝国時代末期にまで及んでいる。公刊されているギリシア語での事例は、全部で約六七例。ラテン語の事例は、少し少ないおよそ四六例。またヘブライ語の呪文・呪詛の集成『セペル・ハ・ラジム』には、裁判での劣勢をはね返す呪詛板準備のための手引き書が集録されている。[4] 実際、公刊されているギリシア語呪詛板の中で、司法や法に関わるタイプは第二位の分量を占めている。その上このグループには、古代の呪詛板全体の中でも最も古く、かつ最も保存状態の良い事例が何例か含まれる。例えばまさに最古の事例、シチリア島のギリシア人植民都市セリヌスから発見されている呪詛板は、前五〇〇年頃のものとされている（本章No.49）。一方で同じ遺跡から発見された別の事例は、その少し後のものだが（本章No.50）、「前五世紀の呪詛板のうちで、最も大きく完璧な事例」とコメントされている。[5] またギリシア本土でも、前五世紀から前四世紀にかけて製作された呪詛板が、良好な保存状態で何点か発見されている。一方でパレスチナからは後三世紀の、さらにエジプトでは五世紀のギリシア語呪詛板が発見されている。こうした比較的遅い時代の事例のうち最も興味を引くのが、キプロス島の井戸跡でまとめて発見された、二〇〇点以上にものぼる呪詛板だ。[6] 二世紀から三世紀のものと考えられ、今のところまだ十七枚しか公刊されていない。これらの呪詛板では全体を通じて同じ式文が使われているが、扱われているのは様々な裁判についてだ。またそれぞれの事例では原告だけでなく被告の名前も挙がるものの、公刊十七例中、事件の詳細について何らか語られているのはただ一例のみである（本章No.46）。

法的性格を持つ呪詛板の製作依頼・配備にまつわる過程や事情は、比較的直截で、そしてありふれている。そして我々は今や確実に、こういった可能性を考え始めねばならない。「法廷でこれから対峙する敵対者に向けた呪詛板を用意することは、ギリシア・ローマ世界での法的プロセスに見られる通常の特徴であった」。さて二つの事実が確実と思える。まず一点目。これまで訴訟呪詛板は、裁判「結審後」の、告発者への復讐を求める努力を表していると考えられてきた。[7] だが今や呪詛板の配備は、これから始まる裁判に向けた準備のうちの、予備的段階のものであることがはっきりした。そして二点目。それぞれの事件の性格を勘案すると、呪詛板を用意したのは被告の立場に立たされた人々であった。[8] だがこれら二つの見解に反する例外も、稀ながら存在する。その一つが、ユダヤの『セペル・ハ・ラジム』に用意されたある呪文だ。そこでは、不利な裁判結果にすでに苦しむ友人の救済が約束されている。二つ目が、相続や所有権をめぐる論争に関わる数多くの事例である。だがこれは必ずしも刑事訴訟（被告ｖｓ原告）ではなく、むしろ私法（民事）訴訟のカテゴリーに該当する。その力点はあくまで調停努力に置かれていて、「敗訴者」が何らかの罪に問われることはなかったのだ。実のところ、呪詛板上で刑事と民事の裁判を見分けるのがいつも簡単なわけではないが、どういった場合にも明確なことが一つある。呪詛板製作の依頼者は、法的手続きにより脅威にさらされていると感じており、そのため、好ましい結果を確実なものとすべく、法律外的な手段を取っていたのだ(9)。

さて全体として見ると、訴訟呪詛板に用いられる言語や構造は、呪詛板そのものの発展パターンに準拠している。最古の事例では、敵対者の名前が挙げられる。時には土地の神格が馴染みの名前で訴えかけられることもあり、あるいは呪縛の動詞や神格名が省かれることもある。また呪詛の標的が自らの言い分を主張できなくなるようにと、通常は舌と心で代表される心理的・精神的な能力が、呪縛され縛りつけられる対象として言及されることもある。一方対照的に後の時代の事例では、まず文章自体が長文となりがちで、秘密の名前や神秘的文言《ウォケス・ミュスティカエ》の利用、様々な文化的伝統の中で培われた精霊や神格への訴えかけ、さらには呪縛過程の各段階をいちいち詳細に説明したりする傾向が現れる(10)。

法的手続きの中で被告の立場に立たされることになった人は、呪詛板を依頼するため、一般的には土地の専門家、おそらく呪術師《マゴス》に頼ったものと思われる(11)。その取引時点のことについてはほとんど何も知られていない。しかし専門家が、次のような主導的役割を演じていたと推測して良さそうである。彼（たいてい男性であったようだ）が呪詛の文言や金属板を準備し、おそらく顧客には、料金に応じて各種オプションを提示していた。次いで呪術師《マゴス》は、自ら呪詛板に文字を刻んだか、あるいは前もって文字が刻まれたたくさんの薄板の中から一枚を選び取り、空欄部分に顧客の名前と敵対者の名前を書き込み、時には事の詳細をいくらか書き添えた。また呪詛板安置の手はずも彼が整えたのはほぼ間違いない。安置場所は井戸か、あるいはより頻繁なのが墓の中だ。そしてその場所で、まだ鎮まっていない死者の霊魂、「幽霊」に、呪縛の実行が託された(12)。少なくとも遅い時代の呪詛板では、神格や精霊《ダイモン》たちの役割は呪いそのものの執行ではなく、死者の霊による呪詛の命令通りの実行を監督することであった。

たいていの場合、書かれたり語られたりする言葉という象徴的手段を通じ、訴訟呪詛板の呪縛行為は実行された。そして言葉は、外界の状況を変えられる「もの」と理解されていた。そのうちの書かれた言葉については、金属板に刻まれる文面の中にこの目で見て取ることができる。一方で語られた言葉は明白さではひけを取るものの、重要性では優るとも劣らない。ギリシア語魔術パピルスの手引き書が明らかにしてくれている通り、語られた言葉は呪詛板の用意・安置という作業の中では、様々な段階で唱えられる口頭の祈祷、そして神々への呼びかけという形をとっていた。呪縛行為そのものについて言うと、時に具体的な表現が使用されることがある。例えば、敵対者が墓地にある死体と同様に口がきけなくなりますように、あるいは敵対者が呪詛板の鉛と同様に冷たく無為となりますようにといった表現だ。また他にも呪縛行為の象徴的性格が、ものとしての言葉から、人形・小像・動物の死体など、他の物的存在へと拡張されている事例もある。[13] そうした小像が何例か、ギリシアおよび他地域から発見されている。うち一点（本章No.41）は明らかに訴訟呪詛で、足の部分に標的の名が刻まれている。また他の小像の実例のうちには何点か、法的な内容を持つ事例が含まれるが、そこでは種々の暗示的な体勢が表現されている。例えばミニチュアの棺に納められていたり、後ろ手に縛られていたり、時には頭が脇へ向けられたり完全に取り去られていたり、等々。

アテネのケラメイコスの墓地で発見された、前四世紀のものとされる前述の小像（本章No.41）が、更なる多くの論点を提供してくれている。第一に、この呪詛板が法的性格を持つことは疑いないが、文面には一人ではなく九人の名前が告発者として列挙されている。また用心のために、「弁護人や証人としてこれらの者たちと共にある者は誰でも」とも付け加えられているのだ。つまり呪詛依頼者の心の中では敵はグループ、あるいは多分「党派」さえも形成しているのである。第二に、こうした複数名の告発人というのは、ギリシアでは特に異例でない。例えばプラトンの著した『ソクラテスの弁明』で、ソクラテスはいつも自分の告発者を複数形で言い表す。その意味するところはつまり、ソクラテスの場合に歴然の通り、複数の告発者（全部で七七人に及ぶ事例もある）が挙げられる呪詛板の多くは、我々を純粋な法律の領域から、政治的な争いや競争の世界へ連れ出すということ。換言すれば、自分の政治信条を推し進めたり、自分の政敵の信条を粉砕する戦いの隠れみのとして法廷が利用されたのは、ギリシア社会が最初でもないし最後でもないということだ。

訴訟呪詛板とは別に「政争呪詛板」というカテゴリーの設定を選択するかは、おおむね好みの問題だ(14)。本書ではその相違を認識しながらも、両者を同じ章の中で一緒に扱うことを選択している（訴訟、No.37—No.54／政争、No.55—No.59）。だがもっと大事な、認識すべきことがある。ペロポネソス戦争の終結時から[訳注2]、マケドニアのフィリッポス二世やアレクサンドロス大王による征服、さらには彼らの後継者たちの時代まで[訳注3]、ギリシアの政治は苦難の歴史を経験するが、その時代は他に類を見ない政争の時代であり、そしてその闘争の主舞台は法廷だったのだ(15)。呪詛板の証言からは、政治的・法律的状況の混乱の中で、多くの人々が自分の主義主張を通すため、より高次な存在の助力を求める必要に迫られていたことが明らかとなる。さらに上記の小像の事例からは第三の、最後の論点が浮かび上がる。ギリシア語やラテン語の呪詛板がはっきり示すのは、呪詛板の利用が社会の下層に属する「無学で迷信深い」構成員のみに限定される、などということは全くないということだ。古代のアテネでも帝政期のローマでも、呪詛板の持つ力は同じように皆に認められ、そして利用されてもいた。数多くのギリシア語呪詛板の中に挙がる、富裕で力あるアテネ人貴族たちも例外ではなかった[16]。また呪詛板の利用が社会階層全体にまたがっているのと同じく、そこには性の区別もなかった。ギリシアで発見の数枚の呪詛板、およびシチリア出土の少なくとも一枚の呪詛板の中では、証人となる可能性のある人の中に女性が挙げられている。これまでギリシアの法廷で女性は、何の法的地位もなかったと伝統的に考えられてきた。しかしこの見解は、女性がこのように登場していることと矛盾してしまう。そして呪詛板の証言に他の考察を加味すると、いまやこの見解にははっきりと異議を唱えざるを得ない[17]。また性愛および正義の嘆願に関する呪詛板でさらにずっと鮮明になる通り、訴訟呪詛板の依頼人の中にも女性が含まれていたに違いない。

訴訟呪詛板の呪縛能力は、広い地域で長年にわたり信じられていた。文学史料の証言が、このことをより一層明確にしてくれるかもしれない。総じて古代ギリシアのアテネ人は、言葉は、あるいは巧みに配列された正しい言葉は、人間の行為を形作ることができると深く信じていた。修辞学・哲学的談義の中では、言葉はしきりとまじないや呪文になぞらえられる。『カルミデス』[訳注4]の中でソクラテスは、頭痛を癒す呪文を求める若い男をからかっている。ソクラテスの答えは「この男が本当に必要としているのは、魂を癒す呪文だ」。もちろん、最終的な癒しをもたらせるのは、哲学的な訓練のみという意味だ。ほぼ同じ時代、アテネの喜劇作家アリストファネスは

訳注2　前四三一—四〇四年にかけ、ギリシア世界全域が、アテネとスパルタを中心とする二陣営に分かれて戦った戦争。

訳注3　ギリシア諸都市は、前三三八年にマケドニアのフィリッポス二世に敗れ、跡を継いだ息子のアレクサンドロス大王、およびその前三二三年の死後に権力を引き継いだ後継者の支配下に入った。

訳注4　プラトンが前四世紀前半に著した対話篇。

『蜂』の中で、ある著名な弁論家の事件に触れている。その人物のあごが、陪審員団の前で自身を弁護している時、急に訳もなく凍り付いたのだった。この窮地について、相反する二つの説明が当時出回ったという。一つは、敵対者が流布させたのに違いない、その弁論家は単純に修辞の才豊かな論敵に論破されたと見なす説明。一方もう一つが、きっと弁論家自身に好まれたであろう、その舌は間違いなく訴訟呪詛板によって呪縛されたと強調する説明だった。[18] さらにはそのずっと後の前一世紀、ローマでキケロが似たような状況について語っている。ある法律家が弁論の途中、自分が弁護している事件のことを忘れてしまったのだという。後にその人物はこの失態を、呪文と呪詛（*veneficiis et cantionibus*）のせいにしたのだそうだ。[19] またさらに後の二世紀半ば頃、医師で哲学者のガレノスは、呪文やまじないの力を信じる全ての人に対する軽蔑を表明する。そしてガレノスによると、そうした人々はこう主張するという。「**我は我が敵対者を、裁判の間、何も言えなくなるように呪縛しよう**」[20]。だがもちろん、ガレノスが軽蔑しているという事実それ自体が、ひとえにこうした信念や慣習が彼の時代、どれほど広く流通していたのかを裏付けている。

さていまや呪詛板の効果への信頼は議論の余地なしと思うが、では我々は、ここからさらに一歩を踏み出せるだろうか。つまり、これらの呪いは現実に効果を発揮したのだろうかと無謀にも問うのだ。そしてその問いへの答えは、発揮した、あるいは少なくとも発揮すると広く信じられていた、という以外にはありえない。ただし発揮のされ方はおそらく、呪術師《マゴス》やその顧客が信じたそのままの、精霊《ダイモン》や神格ならびに亡霊の助けを借りてではなかった。そうではなく、文学作品の登場人物が論じていたように、修辞や哲学の実践者たちによっても大いに活用された、言葉の持つ強制力が効果を発揮したのだろう。[21] では訴訟呪詛は、どのように効果を発揮したのだろうか。まずは言葉の持つ力への全般的な信頼。次いでそれと関連する、呪詛板を媒介とすれば、言葉の持つ力は人間的な限界を越え、不可視だが実質的でもある人格へと届いて強要できるとの信頼。先の問いを解明するための基本的要素がこれら二つの信頼感から構成されていたとすれば、きっと三つ目の要素は、裁判中の弁論家であれ被告であれ、公の場で発言する全ての人が経験した緊張・不安の中に存している。とりわけ、自分が呪縛呪文の標的となっているようだと「分かっている」とき。こうした状況下に、呪文が効果を発揮したとしても何ら不思議はない。

自分の名声を、さらには自分の命をも賭けて多数の公衆の前で語るのは、いったいどのような気持ちがするのだろう。麻痺で言葉の出ない発作を経験した、上述の有名な弁論家二人には、この点についてのエウリピデスの描写がそのまま反映されている。まず、エウリピデスはこう述べている。「**誰でも、討論で敵対者の側に立ったり、また人殺しの裁判でまさにこれから喋り出そうとする時にはいつだって、恐怖で口は麻痺し、また恐怖は、心が語ろうと思っていることを語るのを妨げるものなのです**[22]」。また二世紀、当時の最も有名な弁論家アエリウス・アリスティデスも、疑いなく心身症的な呼吸不全のせいでしばしば演説できなくなることに気づいていた。ただし症状が慢性的だったせいか、アリスティデスはこの困難を呪文や呪詛のせいにする素振りを全く見せていない。一方で四世紀の主要な弁論家の一人、リバニオスの場合には事情が全く異なる。その自叙伝的な弁論(『第一弁論』)での数多くの言及は、弁論家たちが敵対者に向かってどれほど頻繁に、呪縛呪文を使用したとの非難に訴えていたのかを証言してくれている。中でも特にある一つの事件には、呪文がどれほど効果的であったに違いないかが生き生きと描き出されている[23]。リバニオスは晩年に様々な疾患に苦しんだが、とりわけ偏頭痛がひどく、生徒の前での講義ができないほどだった。医者たちの治療も効果なし。だが夢の中で彼は、自分がある敵対的な儀式の標的となっていることを告げられた。しばらくしてその夢の正しかったことが明らかとなる。ずたずたにされたカメレオンが講義室で見つかったのだ。その頭部は後ろ足のところに詰め込まれ、そして前足の一本が口をふさいでいた。発見されたカメレオンは建物の外に出され、こうして病気の明らかな原因が取り除かれると、リバニオスはじきに健康を取り戻す。後に彼はある一節で、呪詛板によってやられたという確信を示しつつ、自分の苦しみに生徒が無関心であったと文句を言っている。「もし君らが、騎手や競走馬がふらふらになってしまったのはこんな風に（呪詛板によって）だ、と信じるような時には、全ては喧噪に包まれ、それはまるで町自体が破壊されたかのごとくなのに、私の身に同じことが起こった時には、私は無関心をもって遇されるのだ！」。

一般に、このリバニオスの件にありありと表現される呪詛板や呪縛呪文への信頼は、ひとえに「彼が生きた迷信的な時代」に特有のものと考えられてきた[24]。かつてギルバート・マレイにより、その「精神薄弱」ぶりが戯画化された時代だ[25]。こうした見解に対して最後に一言述べておきたい。呪詛板そのものの証拠が前六世紀から後六世紀までにわたるという事実からは、ピーター・ブラウンが論じた通り、このように言うことができる。「ローマ帝国末期になってから魔術への恐怖が絶対的に高まったのか、あるいは魔術の実行件数が絶対的に増加したのかに関しては、確かなことは分からない[26]」。それでもブラウンが述べる通り、呪詛板への信頼感はエックス線のように働き、「隅っこにひっそり隠れた不安や争い[27]」を露わにする。こうした「隅っこ」が、あらゆる時代や地域にもあると信じるのはもっともなことだろう。

～～～～～～～～～～

37. ギリシア、ペイライエウス。発見地点は不詳。十三×九㎝の鉛板。墓地で発見。丸められ、釘が打たれていた。公刊者は記された人名や文字の形状から、前四世紀初頭のものとしている。この呪詛板は、これから被告となる人々が正式な法手続に先立って告発者を呪縛しようとする、ギリシアのアッティカ地方で発見の多くの訴訟呪詛の典型例である。呪縛を表す動詞や、神格への言及などはない。人名は全て、主語であることを示す「主格」で現れている。

文献　DTA 38；Wilhelm, p. 120（翻訳の元テキスト）.

フィリッピデス
エウテュクリトス
クレアゴロス
メネティモス(1)その他、この者どもの弁護人(2)がどれほど多くとも、その全ての者ども。

38. ギリシア、ペイライエウス。発見地点は不詳。十三×六cmの鉛板。折りたたまれ、釘で留められていた。前四世紀中頃。ヴィルヘルムによれば、前三二三年に近い頃に製作されたもの。この事例は、名の挙がる人物絡みの訴訟が差し迫るのが予期される中で安置された訴訟呪詛だ。出てくる人名の大半は、当該時期の他の碑文の中にも登場する、良く知られる名前である。全員アテネ海軍と関わりの深い富裕市民で、大半が軍艦（三段櫂船）の維持、および指揮のために選ばれた三段櫂船長《トリエラルコス》であった。前三二三年、アテネはマケドニア支配に対する反乱を起こすが、失敗に終わる。アテネ海軍のお粗末な状態がその一因であった。この時期のアテネでは、三段櫂船長や海軍問題をめぐる訴訟が猛威をふるっていた。神々に手紙を届けるにあたり、この呪詛板の安置された墓に眠る死者がおそらく利用されたのだろう。死者は密使となり、注意を喚起すべく、この呪詛板を手にヘルメス神とペルセフォネのもとへと至ったのだ。

文献　DTA 103；Wilhelm, pp. 122–5（翻訳の元テキスト）.

我はこの手紙を、ヘルメス様とペルセフォネ様のもとに送ろうとしています。というのも我は、邪悪な者どもを、この方々のもとに差し出そうとしているからです。なぜなら彼らは、最終的な罰を受けるのが相応しいからです。おお、正義《ディケ》よ！ アナクシクラテスの息子カッリクラテス、(3)エウディダクトス、(4)オリュンピオドロス(5)・・・テオフィロス・・・ゾピュロス、パシオン、(6)カリノス、カッレニコス、(7)キネイアス(8)・・・アポッロドロス、(9)リュシマコス、フィロクレス、(10)デモフィロス、(11)そしてその共同告発者たち、(12)また彼らの友人全て。訴訟のため法廷に赴く者たるデモクラテス。(13)ムネシマコス、(14)アンティフィロス。

39.

ギリシア、アッティカ地方。発見地点は不詳。七×一二三cmの鉛板。両面に記載がある。発見時には折りたたまれ、釘が打たれていた。登場する人名から、前四世紀末頃と考えられる。神格は明示されないものの、使用される式文は、訴えかけられているのがおそらくヘルメス神であることを示している。呪詛対象者には女性も含まれる。何人かの名前の綴りは、故意にばらばらにされているようだ。呪詛の背景は記されていないが、法廷での訴訟である可能性が最も高い。

文献　DTA 95: Wilhelm, pp. 119–20（翻訳の元テキスト）.

（A面）我は呪縛する・・・アリスティアスを、またエウァリステスを、またカッリアデスを・・・その友人を・・・また我は、次の者たちを呪縛する・・・我に・・・（以下欠）。

（B面）またアリストクレスの息子メノンについて、この者自身およびメノンの行為を、またこの者の舌と言葉と行為を。またこの者が結局、当局に対して無為となりますように。またピティオスを、またエウコリネおよび彼女の生（?）を・・・またアナフリュスティオス(15)（名前欠）を、またクセノクリトスを、またソシノモス（?）を。またアリス〔・・・〕を、ニキアス（?）を、カリシオス（?）を、ディオファン（テス?）の息子たちを・・・またピュレ区所属の（リュシ）マコスを、ペイライエウス区所属でフィリノスの息子であるリュシマキデスを。(16) 呪縛者たる神が、(17) ニキオスおよびティモクラテスの娘であるヘデュレと共にある弁護人たち(18)を束縛する。

40.

ギリシア、アッティカ地方。発見地点は不詳。十七×六cmの鉛板。元は折りたたまれていた。ヴィンシュは前四世紀と考えている一方で、この呪詛板の文面作成者に関し、アッティカ地方の人なのかについて懐疑的である。というのも、ドリス方言[訳注5]と考えると最もうまく説明できる綴りが、この人物により使用されているからだ。ヘルメス神とヘカテ女神の名前が表の面に記載されるが、これはあたかも、呪詛板を手紙として冥界の神々に宛てていたかのようだ。呪詛の背景は、どうやら法的問題らしい。登場するガレネという女性は、DTA一〇二番にも言及のある遊女《ヘタイラ》として知られる。指導的な市民たちと、娼婦や売春婦たちとの間の社会的関わりは、特に異例なことではなかった。　文献　DTA 107; Wihhelm, p. 112.

（A面）冥界のヘルメス様、および冥界のヘカテ様。(19)

（B面）フェレニコスが、冥界のヘルメス様ならびに冥界のヘカテ様の御前で縛られますように。我はフェレニコスの（情婦である）ガレネを、冥界のヘルメス様に対して縛ります。また我は冥界のヘカテ様に対して（彼女を）縛ります。そしてこの鉛が無価値で、(20) 冷たいのと同じように、そのようにこの男とこの男の財産もが、無価値で冷たくなりますように。また我に関して語り、はかりごとを巡らしたこの男と、共に

訳注5　スパルタ人などを含むギリシア人によって使用されていた古典ギリシア語の一方言。

ある者どもも。

テルシロコス、オイノフィロス、フィロティオス、そしてフェレニコスを支持する他の者どもも、冥界のヘルメス様ならびに冥界のヘカテ様の御前で縛られますように。またフェレニコスの魂も心も舌も企みも、彼の為している事々も、彼が我に関し企んでいる事々も。あらゆることが彼の、また共にはかりごとを巡らし行動する者どもの意に反しますように・・・

41. ギリシア、アテネ。ケラメイコスの墓地で、市壁のすぐ向こう側で発見。鉛製の遺物三点（二枚の金属板および一体の小像。図17）。（1）人間をかたどる高さ六cm、男根の付いた粗野な人形。両腕は背中の後ろで組まれており、縛り上げないしは呪縛が表現されている。足には、縛られることを示すしるしはない。小像の右足には、ムネシマコスという名前が記されている。[21]（2）二枚の楕円形の金属板のうちの一枚で、受け皿のような形状をしている。約十一×六cm。深さ二cm。二枚の金属板が組み合わさり、それぞれが蓋と容器として、小像用ミニチュア棺を構成していた。こちらには文字の痕跡は見られない。（3）呪詛の本文が記されている、金属板のもう一枚。ここにムネシマコスという名前が再び登場する。銘文の下部および右側には、おそらく釘により開けられたと思しき穴が二つある。この事例は、呪詛板が最初に安置された、まさにその場所で発見されているという点で特に興味深い。発見場所は墓地で、その傍らには、一部に乱れと切断箇所のある白骨化した遺体と、赤絵の壺（*lekythos*）があった。小像は骸骨の骨盤のところに安置され、文字の刻まれた金属板はその上で発見された。墓地自体の造営の年代は、前四〇〇年近辺頃である。記される人物の名前は、前五世紀末頃に活躍した良く知られる公人たちのものだ。[22]文面の内容から、公の裁判と関わる呪詛の分類中に含めることができよう。動詞は使われておらず、神格や精霊への言

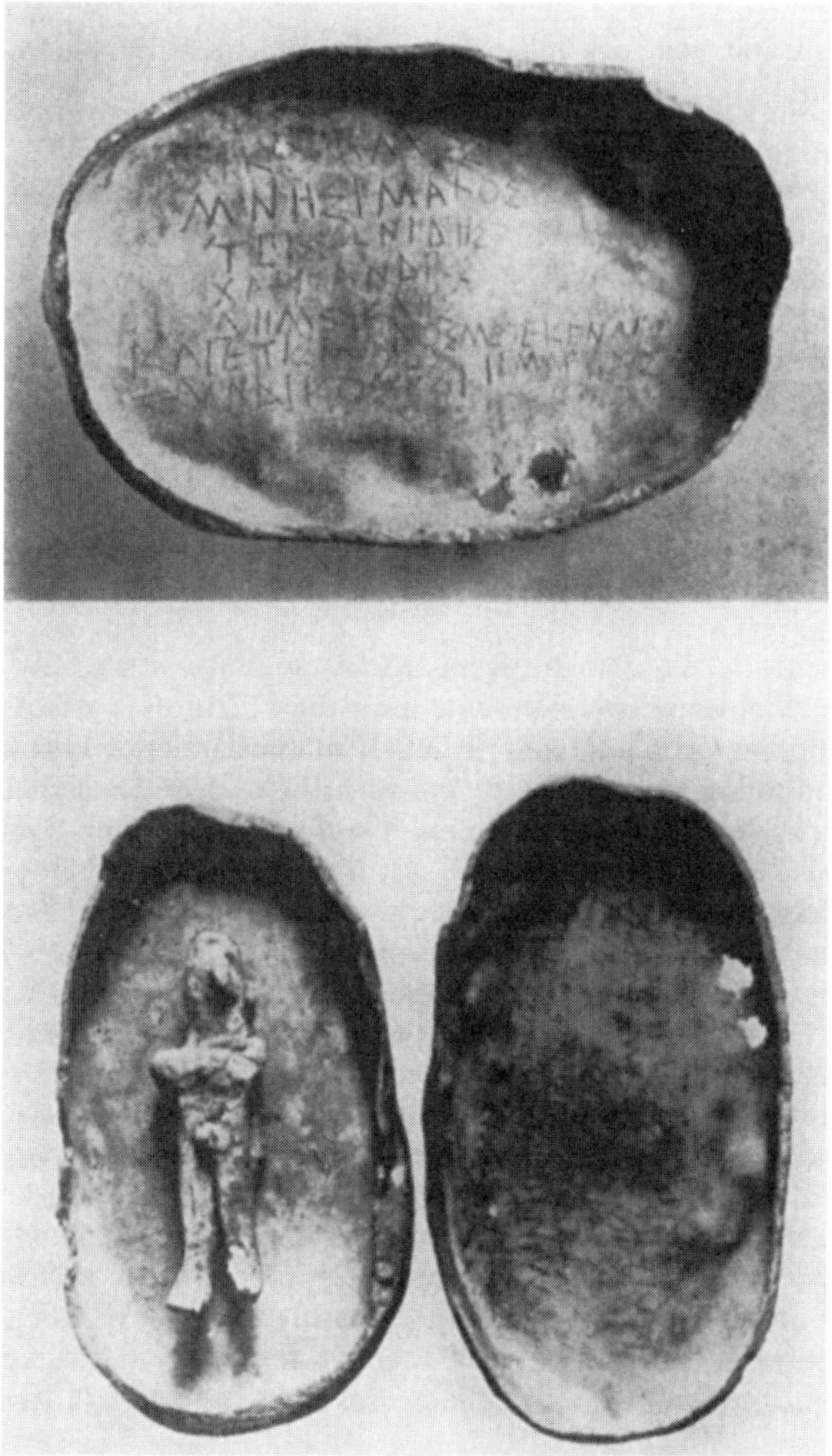

図17　ケラメイコス（アテネ）から発見された、鉛製の小像とミニチュアの棺。図3のものとよく似ており、発見地点は大変近い。これら全部で4体の小像は、デザイン的には大変粗野である。呪文が特に向けられている対象は、おそらくムネシマコスという人物である。その名前はこちらでも、小像の右足の部分にも記載されている。（J. Trumpf, Fluchtafel und Rachpuppe, *Athenische Mitteilungen*, Berlin, Verlag Gebr. Mann, 1958, Beilage 72, 1 and 2）

及もない。

文献　J. Trumpf, Fluchtafel und Rachpuppe, *AM* 73 (1958), pp. 94-102; *BE* (1963), no. 32, p. 125; SGD 9; Jordan, New Archaeological Evidence for the Practice of Magic in Classical Times, In *Praktika tou XII diethnous synedriou klasikês archaiologias* (Athens, 1988), pp. 275–6.

バルビュルティデス、クソフュゴス
ニコマコス(23)、オイノクレス、
ムネシマコス(24)、
カマイオス、テイソニデス、
カリサンドロス(25)、
デモクレス(26)。
そして弁護人としてであれ、証人としてであれ(27)、
もし他にもこれらの者たちと共にいる者があれば(28)。

42.　ギリシア、アッティカ地方。発見地点は不詳。最終行の文面が、この呪詛板が訴訟呪詛に属していることを示している。著名な何人かの人物の名前が引かれるが、とりわけデモステネスとリュクルゴスは、前四世紀後半アテネの二人の重要政治家と、おそらく同一人物であろう。挙げられている人名全て、および最後に付け足されている文章[訳注6]のうちの最初の一行の文字は、右から左へと逆向きに進行する。つまり左から右へ記されるのは、最終二行のみだ(29)。この呪詛板の依頼者は、差し迫る裁判の標的とされた人物であったに違いない。するとこのリストに挙がるのは、告発者たちであろう。そしてその多くが、どうやらデモ

ステネスの党派に属していたようだ。　文献　Wünsch (1900), p. 63; *DT* 60; Faraone "Context", no. 76.

ネレイデス
デモステネス[30]
ソクレス
リュクルゴス[31]
エウテュクラテス
エピクレス[32]
カリシオス[33]
ボエトス
ポリュオコス
そしてネレイデスと共に告発を行う、他の全ての者たち。

43. ギリシア。おそらくメガラ。おそらく墓地で発見。七×三cmの二枚の鉛板。片面にのみ記載がある。一部折りたたまれている部分がある。ドリス方言のギリシア語で記される。どちらもが、パシアナクスという名の死者（おそらくこの人物の墓に呪詛板が埋められた）を仲介者として、訴訟となるのを未然に防ごうとしている。一枚目（A）は、アリスタンドロスをネオファネスの告発から防ごうと、二枚目（B）は、エラトファネスをアケストルとティマンドリダスの両者から防ごうとしている。さて遺体に向けられた言葉

訳注6　訳文では一行にまとまっているが、原典の文面は三行にわたっている。

の背後に、三段階の奇妙な思考がある。まず、遺体がこの手紙を読んだらすぐ、呪詛は効力を発揮するという考え方（「そなたがいつ読むのであれ・・・」）。次いで二つ目の思考に反映されるのが、遺体は何も読むことができない、という突然の気づきだ[34]（「しかしそなたが読むことはないであろうし・・・」）。だから最後、三番目の思考で、この呪文は全く新たな方向に連れていかれる。その時点ではもはや、死者が呪文を読んで実行するといった想定に基づいていない。代わりに、墓の遺体が無為であるのと同様に、呪詛の標的がその行為において無為となるようにと願われるのだ。

文献　Ziebarth（1899）, pp. 120–5; Wünsch（1900）, pp. 67–8（no. 21–22）; *DT* 43–44.

（鉛板A）ああ、パシアナクスよ[35]、そなたがいつこの手紙を読むのであれ[36]。しかし、ああ、パシアナクスよ、そなたがこの手紙を読むことは決してないであろうし、またネオファネスがアリスタンドロス（?）に対し、告発を行うことも決してないであろう。しかし、ああ、パシアナクスよ、そなたがここに無為に横たわるのと同様に、ネオファネスもまた無為と、そして無とならせ給え。

（鉛板B）ああ、パシアナクスよ、そなたがいつこの手紙を読むのであれ。しかし、ああ、パシアナクスよ、そなたがこれ（手紙）を読むことは決してないであろうし、またアケストルにしても、あるいはティマンドリダスにしても[37]、エラトファネスに対し、告発を行うことも決してないであろう。しかし、ああ、パシアナクスよ、そなたがここに無為に横たわるのと同様に、アケストルとティマンドリダスもまた無為とならせ給え。

44.　ギリシア、アテネ。発見地点は不詳。二〇×十六㎝の鉛板で、釘穴が五カ所開けられている。前三〇〇年頃に製作された。神格は明記されないが、同時期アテネの他の呪詛板（特にDT五〇番）が、可能性としてヘルメス神かペルセフォネ、ないしはこの両者であることを示唆している。呪文の標的として挙がる人物の中には、何名か他史料からも知られる人物が含まれている。事件の正確な背景は明らかではないが、問題となっている訴訟事件が、料理人あるいは肉屋（ギリシア語の*mageiros*は両方を意味する）の間でのもめ事と関係していたのは間違いない。うち何人かは、市井で有名な人物だったようだ。全員でないにせよ、ここに関わる人物の多くはおそらく奴隷だ。

文献　Ziebarth (1899), no. 10 ; Wünsch (1900), no. 10 (pp. 63–4) ; *DT* 49.

我は、肉屋／料理人のテアゲネスを[38]、その舌と、心と、あやつる言葉とを呪縛する。また我は、ピュッリアス[39]の両腕と、両脚と、舌と、心と、あやつる言葉とを呪縛する。また我は、ピュリアスの妻を、その舌と、心とを呪縛する、。また我は、肉屋／料理人のケルキオンを呪縛する。また肉屋／料理人のドキモスを、その舌と、心と、あやつる言葉をも。また我は、キネアスを、その舌と、心と、テアゲネスと共にあやつる言葉とを呪縛する。また我は、フェレクレスの舌と、心と、テアゲネスのために提供する証言とを呪縛する。また我は、セウテスの[40]舌と、心と、あやつる言葉と、両手と、両目と、口とを呪縛する。また我は、ランプリアスの[41]舌と、心と、あやつる言葉と、両手と、両脚と、両目と、口とを呪縛する。これら全ての者たちを、我は呪縛し、隠し、埋め、釘で打ち留める[42]。もしこれらの者たちが調停人の、あるいは法廷の前で[43]、何らかの抗弁を行うのなら、それが言葉としても行為としても、意味のないものと思われますように。

45. キプロス島、パフォス近郊のアマトゥス[44]。「使われていない立坑の底で、たくさんの人骨の下に」作業員が発見した[45]。発見された呪詛板の文言からは、どうやらこの立坑が共同墓地として使われていたことが推測される。D・R・ジョーダンによると、最初に発見されたのは二〇〇枚以上の鉛の呪詛板と、さらに六〇枚の透明石膏の呪詛板。そのうち十七点が、一八九一年、L・マクドナルドにより公刊された。残りはロンドンの大英博物館、およびパリの国立図書館に所蔵されている。ジョーダンによれば、「テキスト解読が進んでいる、これら（未公刊の呪詛板）は、DT二二番―三七番の文書形式を踏襲し、同じ工房由来であるのは明らかだ」[46]。全点が丸められた状態で発見されており、また文字は内側面に記されていた。今回ここで翻訳に選んだ鉛板の大きさは、十四・七×二五・九㎝。左右の端は破損し、底部では一行か二行ほどの部分が失われている。元は全部で六〇行ほどからなっていた。字形、ならびに古典期以降のギリシア語が使われている点などから、年代としては二世紀末、または三世紀半ばと考えられる。ミットフォードの編纂になる碑文集の一四一番（＝DT 三六番）には、「雑に描かれた鳥の姿」（雄鶏？）が現れるが、それを除くと他に図像はない。呪文・呪詛の行為は次の二段階で、それぞれ何度か繰り返されるものの、いつも同じようにではない。まずは神格や精霊への呼びかけ、次いでそうした存在に対し、名指された標的の乗っ取りが命じられる。見つかったこの膨大な史料群は、訴訟における敵対者、つまり告発者に対する簡潔な呪文から構成される。そしてその目的は、敵対者の殺害や危害を加えることではなく、裁判で口をきけなくすることにある。すると呪詛依頼者は、これから被告の立場に立たされる人物であった。これらアマトゥス発見の呪詛板群の中で、具体的争点に触れる事例は、ミットフォードの編纂になる碑文集の一三一番の一例しかない。他の同時発見の事例全てで、単に「どんな事においても、彼が（我に対し）反対できなくなるように！」とだけ書かれてある箇所で、その一三一番の十八行目だけには「*thremmata*（若い動物？ 奴隷？）に関して」と付け加えられている。訴訟当事者の名前については、弁護側／呪詛依頼者、および原告側／呪詛の標的の両陣営とも、全ての文書中に記載がある[47]。訴えかけられる神格や精霊には、種々の文化（ギリシア、ユダヤ、エジプト）に源流を持つ、様々なタイプの名前が含まれている。またその中には他の呪文や呪詛板からも知られる、字母の神秘的組み合わせで表現される存在がいくつか入っている。ごくわずかの例外を除き、キプロス島で発見の呪詛板の定式表現部分は、一言一句同じである。また神秘的な名前に関しても、一文字一文字同じである。これらが同一のひな形から写し取られ、また同一の専門家の手で製作されたのは明らかだ。ジョーダンとオペルによれば、現在のところ「この書記の手で作成された文書群は、古代の他のどんな魔術師の手によるものより数が多い」[48]。ここで翻訳するのはDT二二番。これはマクドナルドの編纂になる史料集の一番、ミットフォードの一二七番（翻訳の元テキスト）にあたる。

文献　L. MacDonald, Inscriptions Relating to Sorcery in Cyprus, *Proceedings of the Society of Biblical Archaeology* 13 (1891), pp. 160–90 ; DTA, pp. xviii-xix ; *DT* 22–27 ; Robert, *Froehner*, pp. 106–7 ; T.B. Mitford, *The Inscriptions of Kourion*, Philadelphia, 1971, pp. 246–83 ; T. Drew-Bear, Imprecations from Kourion, *Bulletin of the American Society of Papyrologisits* 9 (1972), pp. 85–107 ; P. Aupert and D.R. Jordan, Magical Inscriptions of Talc Tablets from Amatous, *AJA* 85 (1981), p. 184 ; SGD, p. 193 ; C. Harrauer, *Meliouchos.Studien zur Entwicklung religiöser Vorstellungen in griechischen synkretistischen Zaubertexten*, Vienna, 1987, pp. 58–63.

地下の精霊《ダイモン》たちよ、また誰であれ、精霊《ダイモン》たちよ。父たちの父たちよ、（男たちの）好敵手（である）母たちよ、ここに横たわるそなたらよ、ここに坐すそなたらよ。そなたらはその心から、人間の憂うる感情を取り去るのだから[49]、アリストンが我ソテリアノス、別名リンバロスに対して抱く感情を、またその怒りを取り去れ(50)。そして彼から、その力強さと力を奪い去り、また彼を冷たく(51)、また口をきけず、また息をできず、我ソテリアノス、別名リンバロスに対して冷静にさせよ。この偉大なる神々の名を唱え、我はそなたらを呼び出す(52)。マソーマスィマブラボイオー・ママクソー・エウマゾー・エンデネコプトゥーラ・メロフテーマラル・アクー・ラスローエエカマドール・マクトゥードゥーラス・キトーラサ・ケーフォゾーン・女神・アトゥカモドイララル・アクー・ラエント・アクー・ララル、聞けよ、アラル・ウーエケアルマラル・カラメフテー・スィソコール・大地のアドーネイア・クークマテルフェス・テルモーマスマル・アスマクーキマヌー・フィラエソースィ・冥界の神々。アリストンと彼の息子から、我ソテリアノス、別名リンバロスに対し抱く、感情と怒りを取り去れ。そして彼を、冥界《ハデス》の門番・マテュレウフラメノスへと引き渡せ。また冥界《ハデス》への門(53)の監督に任命されしお方、そして天の入り口のかんぬきたるお方、ステルクセルクス・エーレール〔クサ〕・大地をふるわすお方(54)・アルダマクトゥール・プリステウ・ランパデウ(55)（の？へと引き渡せ？）。そして、この嘆きの場所（墓）に、沈黙を作り出す(56)この呪詛板(57)に名前の記される者を埋めよ。我はそなたら、耳の聞こえぬ／口のきけぬ精霊《ダイモン》たちの王を呼び出す。偉大な名前を聞け。かく言うは、冥界《ハデス》への門を支配する、偉大なスィソコールが、そなたらを支配しているのだから。我が敵、アリストンの舌を、また彼が、我ソテリアノス、別名リンバロスに対し抱く感情を、また怒りを、呪縛し、眠らせよ。どんな（法廷での）事(58)においても、彼が、我に反対することができなくなるように。一つの墓にまとめて埋葬された、暴力により殺害された、時ならず死した、葬儀の行われなかった精霊《ダイモン》たちよ、我はそなたらを、大地から飛び出し、＊メリウーコスの肢体、ならびにメリウーコスその人を（墓へと）運び降ろすお方の名により呼び出す(59)。我はそなたらを、唯一の大地の神・＊オスース・オイソールノフリス・ウースラピオー(60)である、アカレモルフォートゥの名により呼び出す。ここに書かれてある、全てを実行せよ。ああ、大いに嘆かれている墓よ、冥界の神々よ、冥界のヘカテ様、冥界のヘルメス様、プルト様、地界の復讐の女神《エリニュス》たちよ(61)、またこの下に横たわる、時ならず死した、名もなきそなたらよ、エウマゾーン、我ソテリアノス、別名リンバロスに敵対する、アリストンの声を取りあげよ、マソーマコー。我は、アリストンを沈黙させるべく、そなたらに、この命令／呪詛板(62)を託す。そして（そなたらは）彼の名前を、冥界の神々・アッラ・アルケー・ケ・アルケオー・ララタナトー・三つの名を持つコレ様に届けよ。これらの者たちが、いつも、（我が望みを）我がために実行し、そして我ソテリアノス、別名リンバロスの法廷での敵対者(63)である、アリストンを黙らせるように。我がために目覚めよ、あらゆる復讐の女神《エリニュス》たちの住まう、地界の王国を保持する（？）そなたらよ。我はそなたらを、冥界《ハデス》なる神々、ウーキトゥー、墓地の与え主、天にあり天空なる王国を統べるお方たる、アオートゥ・イォーモス・ティオーイェ・イォーエゴオーエオイフリ、天上なるミオーティランプス、イァオー、また地界（の王国）なる、サブレーニァ・イァオー・サブレーフダウベーン・タナトルートーエールの名を唱え呼び出す。我は、そなたらを呼び出す、バテュミア・クタオローオコルブラ・アデアナコー・カキアバネー・テンナンクラ。我は、クロノスによって遺棄された神々、アブラナイアナブラ(64)・スィスィペトロンなるそなたらを呼び出す。我ソテリアノス、別名リンバロスの敵対者であるアリストンを乗っ取れ、オーエーアンティケレケル・ベバッロサラカメーテー。また大地を震わすお方、冥界《ハデス》への鍵を持つお方よ。我がために実行せよ・・・用意せよ・・・(65)。

46. 発見地、発見状況については、№45に同じ。こちらの呪詛板（DT二五番。マクドナルドの編纂になる史料集の四番、ミットフォードの編纂になる碑文集の一三〇番にあたる）は、部分的にしか残存していない。文面には、同時に発見された他の呪詛板にある定式表現のいくつかが現れるものの、全ては現れていない。ここで書記は何箇所か、ひな形の文章の表現を省略（あるいは改悪？）しているようにも見え、また別の箇所では、異なった定式文が使用されている。これは簡素な廉価版だったのだろうか。アレクサンドロス、別名マケドニオスという名の呪詛依頼者は、おそらくミットフォードの一三一番、および一三二番に登場する呪詛依頼者と同一人物であろう。訳注7 呪詛の標的はティモンおよびテオドロスという人物で、後者はキプロスの総督と特記されている。(66)

文献 No.45に同じ。

地下の精霊《ダイモン》たちよ、また誰であれ、精霊《ダイモン》たちよ。父たちの父たちよ、(男たちの)好敵手(である)母たちよ、男性(67)でも女性でも、悲しむべき生を後にして、ここに横たわるそなたらが誰であれ、(68)精霊《ダイモン》たちよ、暴力により殺害されたのであれ、客死であれ、当地で亡くなったのであれ、埋葬されなかったのであれ、市域の境界内から運び出されたのであれ、(69)空中を漂うのであれ、(70)またこの下に横たわるそなたよ、(71)(我)、マティディアから生まれたるアレクサンドロス、別名マケドニオスの法廷での敵対者たち、すなわち総督のテオドロスおよびマルキアから生まれたるティモンから、(72)その声を取りあげよ。ネーティマズ・・・マソーラベオー・ママクソーマクソー・エンコプトーディト・・・エヌーウーマル・アクネウ・メロフテーラル・アクン・・・地下の精霊《ダイモン》たちの支配者・・・。そしてキプロスの・・・総督テオドロスおよびティモンに、猿ぐつわさせよ。これらの者どもが、我アレクサンドロス、マゾー・・・、別名マケドニオスに対し、何もできなくなるように。しかしてそなたらが・・・言葉もなく無言で・・・のと同様に、そのようにまた我が敵対者たちが、無言で声がなくなるように。総督のテオドロスおよびティモンが・・・

47. 小アジア北部、ローマ時代ビテュニア属州の町クラウディオポリス。発見地点は不詳。四片に分離した、三五×十五cmの鉛板。その裂け目の様子から、この呪詛板が元は四つ折りされていたことが示唆される。三世紀ないし四世紀に製作された。主に「神々」と「天使たち」に訴えかけるため、呪文には、よく現れる神秘的文言《ウォケス・ミュスティカエ》が取り入れられている。呪詛の背景にあるのは、おそらく法的問題だ。カペトリノスという名の男が、非常に多くの男女を呪縛（*katadein*）し、これらの人々による、自分についての情報提供を妨げようとしている。その名前から、呪詛依頼者および敵対者とも、奴隷階層に属していると推測できる。この呪詛文では、ハドルメトゥムで発見された戦車競走に関する呪詛（第一章№11）や、ギリシア・エジプト的な呪文（例えばヴォルトマン編纂の史料集第一番）[訳注8]に見られるのと同じ、一連の神秘的文言《ウォケス・ミュスティカエ》が使われている。

文献　R.Cormack, A Tabella Defixionis in the Museum of the University of Reading, England, *HTR* 44 (1951), pp. 25–34；SGD 169.

グラニッラ、カピトン、グラニッラ、ルファス、フィロニノス、スタリアノス、アガテメロス、エウテュケス、メルクリオス、エウヌス、バッソス、プリモス、タラモス、ヘレノス、カピトリノス、デメトラス、アポッリナリス、デ［メ］トラス、デメトラス（?）、パルトゥ・・・、ヒラロス、アウクシオコス、アリアラテス、カストル、ヘルメス、エウテュケス、フィロニ［ノ］ス、バッソス、エウァグロス、ペガソス、ニゲッロス、ウァレリア、マ、ラミュラ、プロキオン、ルキア、デメトラス、［ア］テナイス、［アン］トニア、［アテ］ナイス、［ヒラ］ロス、ヒュアキントス。これらすべて（の者たち）が、中傷するのをやめさせ給え、口をつぐませ給え、うわさ話をやめさせ給え、密かに探るのをやめさせ給え。代わりに、彼らを黙らせ給え、ダナエ、別名美女から生まれたるカペトリノスに対する、告発をやめさせ給え。以下の名前の力により、

訳注7　前項№45の注47を参照。
訳注8　この事例に関しては、本書第二章№28および29を参照。

主なる神々よ、（ここに）記された者ども全員を呪縛し給え！　＊フエセンミガドーン・オルトー・バウボー・ノエール・オデーレ・ソイレ・サン・カンタラ・＊エレシュキガル・サンキステー・＊ドーデカトキステー・＊アクルーロボレ・＊コデーレ・イォー・イォー・イォー・アルベテ・イォー・アペルベテ・イォー・アルバトゥ・イァオー・イォー・イォー・アルベテ・イォー・アペルベテ・イォー・アブラトゥ・イァオー・イォー・アブラトゥ・イァオー・イォー・＊アブラサクス、主なる神々よ、天使たちよ、（ここに）記された者どもを全員を呪縛し給え。ダナエ、別名美女から生まれたるカペトリノスに対する、これらの者どもの（使うかもしれない）力のかけらに至るまで。

48.

オルビア・ポンティカ。ドニエプル河口近く。黒海北岸の交易都市。三基並んだ墓の中で、別の二片の鉛板と共に発見。十三×八cm。ほぼ真ん中に、垂直の裂け目がある。イオニア方言ギリシア語が使用されているが、洗練されてはいない。構文・言葉には省略が多いものの、呪縛呪文の全体的な意味はかなり確実に確定できる。年代は、前三世紀から前一世紀にかけて[73]。呪詛の背景が法的問題である可能性は非常に高い。呪詛依頼者が求めるのは、名前の挙がっている、法廷での証言が予定される人たちに対して先制攻撃を開始することだ。興味深いのが、文中、主体が「我々が」から「我が／を」へと切り替わる点だ。これはおそらく、呪文をかける行為に付随して行われた、儀式の状況に沿っているのかもしれない。さてこの呪文は、呪詛板に関する全般的な議論にとっての重要な事例である。というのも、ここでは墓中の死者に対して直接訴えかけがなされ、またその報賞としての供物が約束されている。つまりは、この死者は、冥界の神格への単なる伝令ではないのだ。

文献　Benedetto Bravo, Une tablette magique d'Olbia pontique, les morts, les héros et les démons, in:

Poikilia. Études offertes à Jean-Pierre Vernant, Paris, 1987, pp. 185–218；SGD 173.

（実際問題として）我々はそなたのことを知らない［のと同様に］(74)、それと同じように（同じく事実として）エウポリスおよびデオニュシオス、マカレオス、アリストクラテスおよびデモポリス、［コ］マイオス、ヘラゴレスが、そしてまたレプティナス、エピクラテス、ヘスティアイオスが、恐ろしい事を為すべく(75)（法廷へと）やって来る。どんな事を行うために、これらの者たちが（法廷へと）やって来るのか（我々は知らない）、どんな証言をすることに、これらの者たちが同意したのか（我々は知らない）、それはちょうど、我々がそなたのことを知らないのと同様だ。もしそなたが我がため、これらの者たちを束縛し(76)、呪縛するなら、我はそなたを称えよう、そして最高の贈り物を(77)、そなたに用意しよう。

49.

シチリア島、セリヌス（現セリヌンテ）。四・〇×三・七cmの鉛板。両面に記載がある。三片に分離。ここで取りあげる呪詛板は、ブッファの墓地近くで発見された、全五点の呪詛板のうちの一点である。使われているギリシア語は、シチリア島で用いられたアルカイック期ドリス方言。文字は小さく、さらに腐食のせいで解読は困難だ。文面の再構成については、A・ブルニョーネによる詳細な議論がある。彼はこの呪詛板の年代を、前六世紀末としている。ただしこの年代は、確実でないと考えておく必要がある。呪詛の背景にあるのが裁判だ。文中で「シュンディコス *sundikos*」という語が使われているが、これはアテネでは、告発側の弁護人を意味する。呪詛文の筆者が呪縛しようとするのは、少なくとも七名の男性の舌だ。おそらく自分を告発した人々、およびその証人たちであろう。

文献　*SEG* 26.1113；A.Brugnone, *Studi di storia antica offerti dagli allievi a Eugenio Manni*, Rome, 1976, pp. 73–9（no. 2）；SGD 95；Dubois, no. 31.

（A面）エウクレスの舌、またアリストファニスの舌、またアンゲイリスの舌、またアルキフロンの舌、またハゲストラトスの舌。告発弁護人たちの、エウクレスとアリストファニスの、[78]これらの者たちの舌。また・・・の舌・・・

（B面）またオイノテオスの舌、また・・・の舌。

50.

発見地は№49に同じ。土地の女神マロフォロスの神域近辺で、全部で八枚一緒に発見されたうちの一枚。十七・二×九・九cmの鉛板。元は真ん中付近で二つ折りにされていたにもかかわらず、珍しく良く保存されている。シチリア島で同時に発見された他の呪詛板と並び、確かにこれは現存する呪詛板最古の事例の一枚だ。使われている言語は、シチリア島の通常のギリシア語ドリス方言である。年代に関してL・ジェフリーは、試みに前四七五―四五〇年頃と推定している。文面には「綴り間違い、修正のあと、窮屈な文字間隔、そして文字の形状・大きさの揺れ」などが見られる[79]。十六行目には線が書き付けられ、鉛板上の文面が二分割される。一つの部分（A）が十六行[80]、もう一つの部分（B）はただ三行のみだ[81]。訴えかけられている神格の名は明示されず、単に「聖なる女神」とのみ呼ばれている。呪縛の動詞として使われる単語は、「書く *graphō*」の複合語だ。接頭辞 *para-* を付けた形で三回、*enkata-* を付けた形で一回使われている[訳注9]。呪詛文には、呪詛の契機になった状況は明記されていない。しかし確かなのは、呪いをかけられた十七人が全員男性であり、そこには家族集団のまとまりが反映されていること（カルダーは七家族を特定している）[82]。および原文八行目に「舌」という語が記されることから、呪詛の背景に係争中の訴訟があったとの想定が当然に導き出されることである。すると依頼者はこの呪詛板によって、告発者側の人々と証人たちを呪おうと試みているのだ。さらにカルダーが指摘しているが、この呪詛板が家族集団を標的としているという事実から、懸案となっているのが遺言や相続の問題だったとの解釈の方向性が暗示される。文中の人物たちは、その名前から多様な人種・民族的属性を帯びていたことが読み取れる。そこからはまた、セリヌスという町自体の社会的多様性もが示される(83)。ここで示す翻訳は、ジェフリーとマッソンのテキスト解読と解釈におおむね従っている。文面全般の問題に関し、カルダーがこの両者と異なった解釈を示している場合には、注として示すことにする。

文献　Jeffery, p. 73, no. 10; W.M. Calder, The Great Defixio from Selinus, *Philologus* 107 (1963), pp. 163-72; O. Masson, La grande imprécation de Sélinote (*SEG* XVI, 573), *BCH* 96 (1972), pp. 375-88; L.H. Jeffery, The Great Defixio from Selinus: A Reply, *Philologus* 108, (1964), pp. 211-6; SGD 107; Dubois, no. 38.

(部分A) 我は、リュキノスの息子アペロスを、その生命(84)、および活力(85)と共に、またハロスの息子であるリュキノスを、またその兄弟を、神聖なる女神のもとに記録する(86)。またハロスの息子であるこの者、ナウエロトスを(87)、また・・タミラスの(息子である)・・・オテュロスを、またその息子たちを、神聖なる女神のもとに(我は記録する)。またカイリオスの(息子である)サリスとアペロスとロミスを、また彼/彼ら(?)の息子たちを、またピュリノスの息子であるサリスを、またピュロスを(も)、神聖なる女神のもとに(我は記録する)。神聖なる女神のもとに、ピュロスを、またピュロスの(息子である)ロテュロスの息子たちを、神聖なる女神のもとに、その活力および舌を(88)(我は記録する)。ナンネライオスの(息子である)プラキ

訳注9　「書く *graphō*」という語にこれら接頭辞を付けることで意味が広がり、それぞれ「書き加える」「書き入れる」といった語義が得られる。

タスを、またピュケレイオスの（息子である）ハロスを、その生命および活力を、我は神聖なる女神のもとに記録する。マテュライオスの（息子である）カドシスを、またマゴンの（息子である）エコティスを、その生命を、我は神聖なる女神のもとに記録する。またカイリオスの（息子である）フォイニクスの息子を、我は神聖なる女神のもとに記録する・・・

（部分B）リュキノスの（息子である）アペロス、ピュロスの（息子である）リュキノス、ナンネライオス、マゴンの（息子である）エコティス、ピュケレイオスの（息子である）ハロス、カイリオスの（息子である）ロミス、フォイニクスの（息子である）アペロス、フォイニクスの（息子である）ティテロス、ナウエライダスの（息子である）アトス、ナンネライオスの（息子である）ティテロス、ロミスの（息子である）サリス。

51.

発見地は№49に同じ。マロフォロス女神（土地の女神で、デメテル女神と同一視された）の神域で発見。直径約四・三cmの円形の鉛板（図18）。両面に記載がある。A面の文字は乱雑な行に並び、左右端で文字のいくつかが様々な角度に曲がる。一方でB面の文字は、中心に向かいらせん状に進行している。ジェフリーはこの呪詛板の年代を前五世紀初頭と考え、現存する呪詛板最古の事例の一つとしている。[89] 訴えかけられる神格名は明示されないが、呪詛板の安置される時点で、口頭でのマロフォロス女神への訴えかけが伴われていたのは間違いない。「証人たち」との語が出てくることから、呪詛の背景にあるのは法的問題である。文面には男性も女性も登場する。

文献　E. Schwyzer, Zur griechischen Inschriften, *RM* 73 (1924), pp. 426–9; *SEG* 4.37 and 38（翻訳の元テキスト）; Jeffery, no. 1, p. 72; Anne P. Miller, Studies in Early Sicilian Epigraphy: An Opisthographical Lead Tablet（博士論文、University of North Carolina, Chapel Hill, 1973), no. 36; J. Heurgon, *Kokalos* 18–19

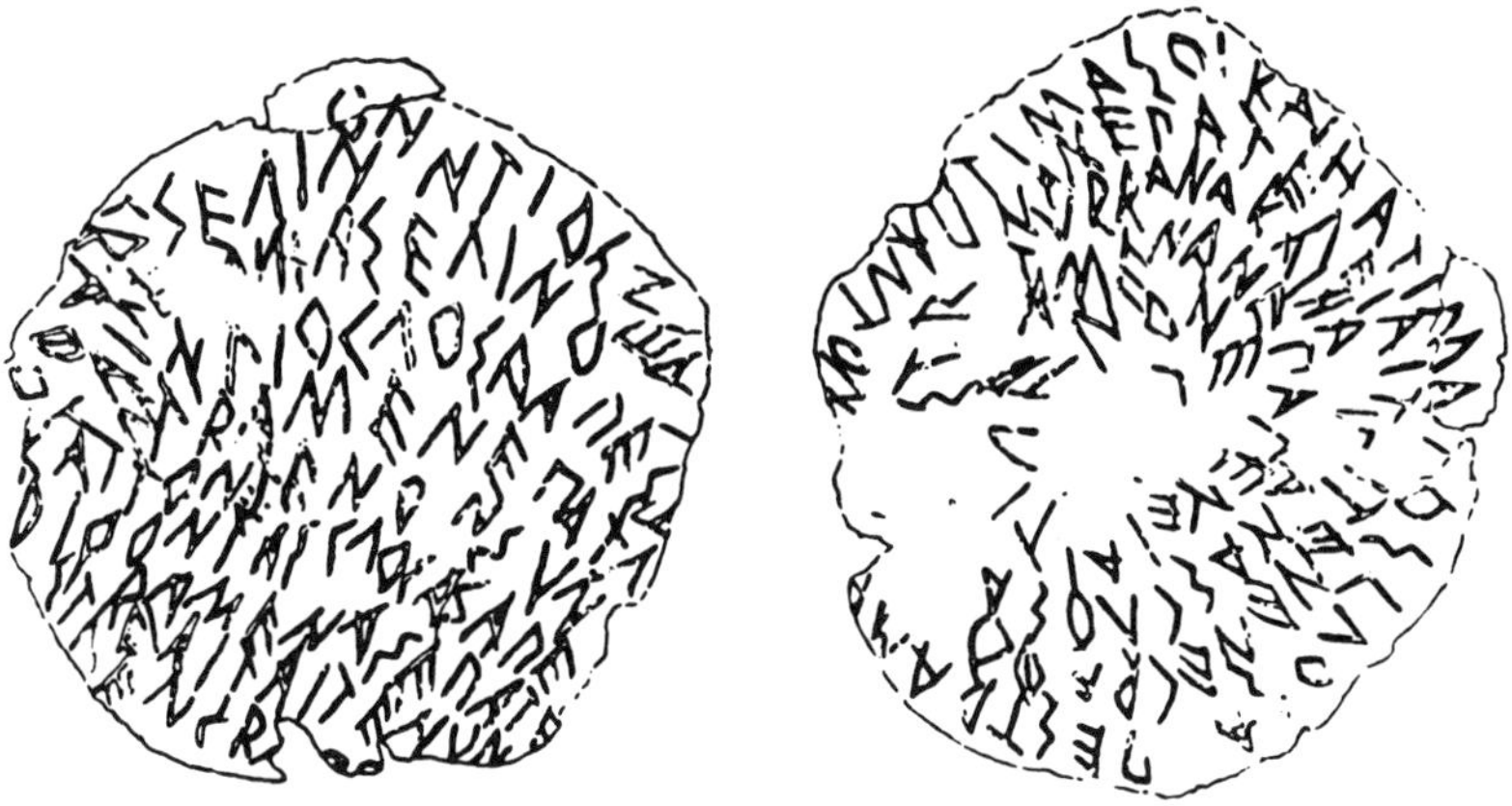

図18　セリヌス（シチリア島）で発見された円形の呪詛板。円形の板を呪詛につかうことはさほど一般的ではない。ただしギリシアのボイオティア地方から発見された円形の呪詛板（本書 no. 20）が現存している。ネメアでも円形の鉛板が発見されており（未公刊）、そこには様々な神秘的文言《ウォケス・ミュスティカエ》が記されており、おそらく呪詛板か、あるいは何かの護符として作られたのだろう。

(1972–1973), pp. 70–2; SGD 99; Dubois, no. 37.

（A面）セリノンティオスを[90]、またセリノンティオスの舌を、彼らにとって無用となるまでねじり、我は記入する。[91] また外人の証人たち[92]の舌を、無用となるまでねじり、我は記入する。

（B面）ティマソイを、またティマソイの舌を、無用となるまでねじり、我は記入する。テュッラナを、またテュッラナの舌を、彼ら全てにとって無用となるまでねじり、我は記入する。

52. エンポリア、ピュレネー山脈東側山麓のジローナ市近郊（現スペイン）。三枚の鉛板。全て両面にラテン語で記載されている。墓の副葬品であった三点の壺の中から、それぞれ発見された。ラテン語は文法的に乱れており、主格と属格以外の格変化は無視されている。年代は、外的な証拠から七八年と正確に特定できる。呪詛の状況には、現地氏族のうちの二つ、オロッシタニ族が原告、インディケタニ族が被告として起こされた裁判が関わっている。問題はどうやら、境界線をめぐる争いのようだ。文中に名前の挙がる中には、当該地域におけるローマ中央政府の有力な名代が三名含まれている。（1）皇帝属吏（*procurator Augusti*）マリウス・マトゥルス。この人物は、タキトゥス『同時代史』（二巻十二章五―六節、三巻四二章二―四節および三巻四三章二節）からも知られており、そこでは属州アルペス・マリティマエ[訳注10]の属吏（*procurator*）と呼ばれている。六九年の春、彼は南仏のナルボ市周辺の地域を、オト[訳注11]に従う軍勢の侵攻から防衛することに失敗している。（2）皇帝代官（*legatus Augusti*）との称号を持つ人物。プフロムはこの人物について、タラゴナを中心とする属州ヒスパニア（スペイン）・タッラコネンシス総督に違いないとしている。（3）（2）の補吏の一人で、法務官格の皇帝代官（*legatus Augusti*）とされている人物。プフロムは、タラゴナの司法区《ディオイケシス》を管轄した代官と推測している。ランボーリャの解釈によると、オロッシタニ族のためにこの呪詛板を安置したのが、文中に登場するセンプロニウス・カンパヌス・フィデンティヌス。また呪詛の対象が、属州の高官たち、およびインディケタニ族への司法権を持っていた属州司法評議会（*consilium legati*）に対してであったという。文中に名の挙がるティトゥス・アウレリウス・フルウスは、インディケタニ族の弁護人を務めていたに違いない。文面には精霊や神格への言及はなく、また呪詛や呪縛を意味する動詞も使われていない。

文献　M. Amagro, Plomos con inscripción del Museo de Ampurias, *Memorias de los Museos Arqueologicos Provinciales* 8 (1947), p. 123; *Anneé épigraphique* (1952), no. 122（翻訳の元テキスト）; Nino Lamboglia, "Una nuova popolazione pirenaica: gli Olossitani", *Rivista i Studi Liguri* 25 (1959), pp. 147–61; H.-G. Pflaum, *Les carrières procuratoriennes équestres*, vol. 1, Paris, 1960, pp. 95–8; Solin, no. 26–28.

1．（A面）皇帝属吏マルトゥルス。司法評議会員、（すなわち）インディケタニ族の司法評議会員。インディケタニ族のため（の弁護人？）。
（B面）オロッシタニ族。皇帝代官ティトゥス・アウレリウス・フルウス。皇帝代官ルフス。

2．（A面）マルクス・フルウスの評議会員。オロッシタニ族。カンパヌス・フィデンティヌス・・・
（B面）皇帝代官フルウス。皇帝代官ルフス。皇帝属吏マトゥルス。司法評議会員。インディケタニ族の弁護人たち。

3．（A面）オロッシタニ族のセンプロニウス・カンパヌス・フィデンティヌス・・・我に対し不正に敵対・・・
（B面）皇帝代官フルウス。皇帝代官ルフス。皇帝属吏マトゥルス。司法評議会員。インディケタニ族の弁護人たち。

53．ガリア、アキテーヌ地方（フランス西南部）。現在のヴィルプージュとシャニョンの間（現フランス、シャラント・マリティーム県）で発見。八・五×一〇cmの二枚の鉛板。ガリア—ローマ風墓地の、粗雑な記念碑近くで発見。マルクス・アウレリウス帝の治世にあたる、一七二年に発行された貨幣も一緒に発見されて

訳注10　アルプス山脈の地中海側に設置されたローマ帝国の行政単位。
訳注11　六八年、ネロ帝に反旗を翻したガルバを支持してローマへ進軍し、ガルバの皇帝即位に協力。翌年ガルバを殺害し自ら帝位に就くも、三ヶ月後にウィテリウスに敗れ自害。

いる。呪詛手順に子犬の死体への言及があるが、それがこの機会にわざわざ犠牲とされたのかは今のところ分からない。二枚の呪詛板が一本の釘で貫かれており、またオドランによると、二つ折り書字板のように結合していたという。ヴィンシュの議論によれば、文章はいま見られるような順番では書かれなかった。ここで示す翻訳は、ヴィンシュによるテキストの本来の順番への再構成に基づく。使われるラテン語から、年代は二世紀末。訴えかけは、プルトおよびペルセフォネに対してなされている。呪詛の背景にあったのは裁判だ。

文献 *DT* 111–112; Wünsch (1900), no. 9.

（一枚目）我は下記の者たちを告発します、レンティヌスならびにタスギッルスを。彼らがここから出立し、プルト様とペルセフォネ様のもとに至るように。この子犬が誰をも傷つけることがなかったように、それと同様に（彼らも誰も傷つけることがないように）、また彼らがこの訴訟に勝利することがないように。この子犬の母親が守ることができなかったように、それと同様に彼らの弁護人もまた、彼らを守れないように。（また）そのようにこれら（法廷での）敵対者たちが、

（二枚目）訴訟からそっぽを向かれる（ように）。この子犬が（ひっくり返って）背を地面につけ、起き上がることができないように、それと同様に彼らもまたできない（ように）。彼らもまた、これと同様に刺し貫かれる。この墓では動物／魂が(93)、姿形を変えられ／沈黙させられ、また立ち上がることができず、また（もでき）ず・・・（以下解読不能）

54. 発見場所、地点とも不詳。八・三×十一㎝の鉛板。元は丸められていたが、他事例でよく見られる釘穴の跡はない。片面には一行一行短いギリシア語文が十八行。もう片面は一行のみ記されている。下部両端は破損しているものの、その箇所の文面も再現可能である。板面で使われる文字の形状・語彙は、三―四

世紀を示している。良く知られる様々な名前で訴えかけられている神的存在は、エジプトの神セトだ。文中では財産をめぐる争いの中での、二人の敵対者が名指しされており、法手続に先立って呪詛板が用意されたと考えられる。呪詛依頼者の名前は示されていない。原文の冒頭三行は神格への呼びかけで占められており、残る十六行に祈願が記される。呪文の狙いは、敵対者から思考、記憶、さらには「熱い」感情といった、裁判で論陣を張るのに必要な心的能力を奪うことだ。この呪詛板の特異な特徴の一つに、係争物件が特定されていることがある。具体的には、奴隷、個人資産、そして法的文書である。

文献　P. Moroux, *Défixion judiciaire*, Brussels, 1960, pp. 3-61; SGD 179.

イァクーブ・イァ・イァ・アイ(94)・ボルコーセートゥ・イオールベートゥ・ネウティ(95)・イァオー・イァエー・イォー・スフェー(96)・イォー・イォー・＊アブラオートゥ。アキリオス・ファウスティノス(97)、およびステファノスを、奴隷たちに関しての、また個人資産に関しての、また文書類に関しての、また彼らが我を告訴しそうな事々に関しての(98)、我が敵対者とせよ。そしてこれらの事々に関し、彼らが（その件を）**考えませんように、**（その件を）**覚えられませんように。また彼らの心を、魂を、またその情熱を冷ませ(99)。今日より、まさにこの時間より、**（彼らの）**生の続く限りずっと。**

55. ギリシア、アテネ（パティシア地区）。ヴィンシュはこの呪詛板の年代を前五世紀としている。発見地点は不詳だ。元は折りたたまれて釘で打たれていた。この呪詛文は文字・語の向きが左右反対で、右から左へと逆方向に書かれるタイプの事例のうちの一つである。記されているのは、呪いのかけられた人物の名前のみだ。

文献　DTA 26; Wilhelm, p. 105.

ク［ロ］ニオス
ソクラテス(100)
ク］ラ［テ］ィノス
テオ］ドトス
アル］カイオス
・・・・・エス

56. ギリシア、アテネ。発見地点は不詳。七・五×八㎝の分厚い鉛板。両面に記載がある。B面最後の十四行は斜めに書かれていて、底部から上部へと文字が進行する。ツィーバルトは数多くの有名人の名前を根拠に、この呪詛板の年代を前三五〇―三二五年とした。しかし指摘しておかねばならないが、文中に登場する最も有名な人物のうち二人は、結局「まぼろし」であったことが判明している。というのもツィーバルトは、A面の三行目に有名な哲学者アリストテレスの名を、B面の一行目には、同じく名高い弁論家であるパイアニア区のデモステネスの名を見出していた。しかしD・R・ジョーダンは自ら呪詛板を検分した結果に基づき、両者の名前（および他の多く）は、アリストゲイトン、および別のデモステネスと、違う読み方をすべきと教示してくれているのだ。さて呪詛文の冒頭には動詞が三つ記され、続いて全部で七七名、二集団からなる名前のリストが記載されている。うち最初の三四名の名前は対格形に格変化させられるが、残りは奇妙なことに主格形のままだ。また人名の多くには、全アテネ市民が世襲的に振り分けられた行政単位である、所属区《デーモス》表示が付随している。するとここに挙がる人物は、主としてアテネ市民ということになる。B面には男性も女性も登場しており、またB面原文十一―十二行目には、あらためて呪縛の式文が記されていることから、両面の内容が全て同一の状況と関わってはいない可能性がある。神格や精霊への訴えかけは全くなされていない。呪詛の正確な背景は明記されないものの、呪詛対象者たちが、少なくとも呪詛依頼者の目から見て、何らかの党派（政治的？）を形成していることを想定せねばならない。当該時期の主な政治的懸案といえば、マケドニアによるギリシア支配であり、それへの支持あるいは反対をめぐり、政治的合従連衡が繰り返されていた。文中では親マケドニア的立場を取る人物も、反マケドニア的立場をとる人物も、共に数多く言及されており、この呪詛板がこうした状況に対応している可能性を想定するのが妥当のようだ。原文A面五二行に「書記」との語が現れていることも、組織的党派の存在を示しているのかもしれない。その他、当該時代の数多くの著名人が列挙されている。ここでは記載されている人名全ての再現はしていない。

文献　Ziebarth (1934), no. 1 A–B, pp. 1023–7; Robert, *Froehner*, pp. 13–14; SGD 48; J. Ober, *Mass and Elite in Democratic Athens*, Princeton, 1989, p. 149.

（A面）我は呪縛する、我は深く埋める、我は人間の中から消滅させる。ピトス区所属のエウノモスを、アリスト（・・・）[101]を、アカルナイ区所属のリュシクレスを[102]、アイクソネ区所属のデモクラテスを（五行目）[103]・・・、トリコス区所属のアルキアデスを（十五行目）[104]、スフェットス区所属のクセノクレスを（二四行目）[105]、カッリアスを（四一行目）、アリスタルコスの息子で在留外人のアリスタルコスを（四四—四五行目）[106]、エウオニュモン区所属のストロンビコス（五三行目）[107]、エウオニュモン区所属のストロンビキデス（五四行目）[108]、スフェットス区所属のポリュエウクトス（五六行目）、キュダンテイダイ区所属のカッリファネス（六八行目）、キュダンテイダイ区所属のニコクレス（七〇行目）[109]・・・

〔B面〕デモフィロス（一行目）[110]、プ（・・・）区所属のデモステネス（二行目）、メネストラトス（十五行目）[111]、売春婦[112]クレイニス（十六行目）、売春婦スキュッラ（十七行目）、売春婦ソフロニス（十八行目）、売春婦アクリス（十九行目）、ペイライエウス区所属のオネサンドロス（二四行目）[113]・・・

57.

ギリシア、アテネ。ケラメイコスのディピュロン門内側にある穴で発見された鉛板。同時に五七四片の鉛片も発見されたが、そちらにはアテネ騎兵の年次評価が記録されている。ジョーダンによればこの穴はゴミ捨て場で、内容物は全て、本来は別の場所のものだという。またジョーダンはここで取りあげる呪詛板について、元はディピュロン門付近の、前四世紀の墓に収められていたものと論じている。大きさは約十二×七cm。三つ折りにされていた。同じ時期の類例と同様に、精霊や神格への言及はなく、動詞も使われていない。人名は対格形に活用されている。文面は二つの部分からなっている。一つの部分は、他の単語に対して上下逆さまの部分であり、一単語のみから構成されている。もう一つが五つの単語と、残り二語の不完全な語彙からなる部分だ。文中に現れる名前は、前四世紀の終わり頃、多大な困難に直面していたアテネ政界での著名人だ。その時期はアレクサンドロス大王の友人にして後継者、冷酷なカッサンドロスの時代であった[114]。前三一九年以降二九七年の死まで、カッサンドロスはギリシアの大半をマケドニアの支配下に置いていた。

文献　K. Braun, Der Dipylon-Brunnen B_1 -Die Funde, *AM* 85（1970）, pp. 129–290 : Jordan, TILT ; C. Habicht, *Pausanias' Guide to Ancient Greece*, Berkeley, 1985, pp. 81–2 ; SGD 14.

（第一部分。上下逆さま）

プレイス〔テ〕ア[115]
（第二部分）
プレイスタルコス[116]
エウポレモス[117]
カッサ〔ン〕ドロス[118]
フ〔ア〕レ〔ロンの〕
デメト〔リオス〕[119]
・・クネ・・・ペイ〈ラ〉イエア[120]

58. ギリシア、アッティカ地方のハライ。十四×二cmの鉛片。元は折りたたまれていたらしい。両面に記載があり、さらにその以前の文字跡も残されている。神格や精霊への言及はなく、動詞も使われていない。この呪詛文は右から左へ、単語が逆方向に進行するタイプの事例の一つだが、各文字はそれぞれ「正しく」、正対で記されている。ヴィルヘルムはこの呪詛板の年代を、文中に登場する名前を当該時期の歴史的著名人と同定することで、前四世紀初頭と考えている。この呪詛板には、当時の多難な政治状況が反映されている。アテネ―スパルタ間の戦争終結、アテネ権力への新たな脅威となるテーベの台頭、およびアテネの第二海上同盟結成といった状況だ。その渦中の中心的な人物が、カッリストラトスである。この人物は頻繁に訴訟と関わり、またこの時期に書かれたいくつかの喜劇の中でも恰好の標的となっていた。[121]ここで取りあげる呪詛板には、カッリストラトスの二人の兄弟、エウフェロスとアリストクラテスの名も挙がっている。

文献　DTA 24; Wilhelm, pp. 115–22.

（A面）
フォキオン[122] エルゴクラテス[123]
エウフェロス[124] アリストクラテス[125]
（B面）
メデイア ピス〔ト〕クレエエス
ニコメネス[126] エウテモン[127] 〔ス〕ラ

59. ギリシア、同じくアッティカ地方のハライ。四枚の呪詛板から構成。約九×二㎝。全て同じ筆跡で、両面に記載がある。全体が一本の釘で貫かれていた。この事例は、呪詛の動詞が用いられるタイプに属し、ここでは「呪縛する *katadō*」という動詞が使われている。ヴィルヘルムは、これらの呪詛板が前四世紀、DTA二四番および五七番と同じ時、同じ状況下に作製されたと論じている。

文献 DTA 47–50（a-d）; Wilhelm, pp. 114–5.

1.（A面）
我はフ［ィロ］ナウテスを呪縛する。[128]
（B面）
この男はメニュッロスの仲間です。[129]
2.（A面）
我はケフィソクレスを呪縛する。

（B面）
メニュッロスの姻戚です。(130)

3．（A面）
我は呪縛する、我は呪縛する、
ハライの
アステュフィロスとファ［三］アスを、
その舌を
（B面）
そしてその魂を。

4．（A面）
ハライの
メニュッロスを、我は呪縛する。
（B面）
その舌を
そしてその魂を。

第4章　ビジネス、商店、酒場での呪詛板

古代世界についての研究は全体として、注意が貴族やエリートに傾斜してしまっている。この事実がどこより明白なのが、仕事や労働者についての研究だ。今の時代以上と言えるほどに、大半の人は起きて活動する時間の大半を仕事に費やしていた。有無も言えずにたいていは無給で働く奴隷たちも(1)、あるいは自営の雇用主に雇われたり、あるいは職人、商店主、また何らかの専門家として自ら働く自由民労働者もみなそうだ。それなのに、仕事や労働者に関する研究の量は、その古代社会における重要度に比べると全く不釣り合いなほどに少ない(2)。そのうえ、貴族や教養ある観察者たちのゆがんだレンズを通すことなく、古代の労働者の姿を視界にとらえるのも難しい(3)。時には考古学的知見により、古代都市における仕事の中心性（字義通りの意味でも、比喩的な意味でも）が示され、こうした状況が修正されることはある。ウィチャリーは、アテネ人の生活について次のように評する。「構成要素のそれぞれを抽出分離することがほぼ不可能な、魅惑的な混合物。・・・商店と法廷は、アゴラの南端で軒を連ねる。靴屋のシモンの店が位置するのは、都市の名祖《なおや》たる英雄の記念建造物からすぐ南のところだ。またアッタロスの列柱廊は市場として使われていたが、その下には、見紛うことなき法廷の痕跡が残されている(4)」。ただし古代の町の通り・街区の名称が示すように、お店が多数を占める地区があったのはもちろんのことだ。本章で取りあげる一枚の呪詛板（№71）は、青銅職人が占拠していた「産業地区」の、密集する建物の中から発見されている。

労働を主題とする数少ない古代の史料の一つ、『仕事と日』を、作者ヘシオドスは適切にも、様々な仕事従事者間の争い《エリス》の持つ、正の側面についての議論から語り起こす。「こちら（の争い《エリス》）は手に技もたぬ男をも仕事に向かわせる。仕事をせぬ者も、他所の金持ちが営々として耕し、植え、家を見事に整えるのを見ては、富貴を求めて励む隣人には隣人が悋気する理屈で、これは人類にとって善き争い《エリス》だ。大工は大工に、焼き物師は焼き物師に焼き餅を焼き、歌人は歌人を、乞食は乞食を小突き回すわけだ[訳注1]」。ヘシオドスが掲げる職業のリストは、まるで呪詛文中に現れる職業の簡易目録のようだ。さらにヘシオドスは、呪詛板の発見される古代の仕事場が、いったいどのような状況下にあったのかについて正確に描き出してくれている。すなわち、競争とライバル関係だ。また呪詛板上に言及される職業は、その存続・成功がいつも不確かであるような、周縁的な小規模ビジネスに分類される。さらにそれをも考慮すれば、身近な競合他者の状況を呪い呪縛することで、何とか自分のために好都合要因を得たいと考えた人がいることとは、特に驚くにはあたらないだろう。

職業名と個人名が共に記される呪詛板のうちには、仕事以外の問題が、その緊張関係の背後にあった原因かもしれない事例がある。つまり、ある人物の名前に職業が付記されたのは、単にその人物をしっかり特定するためという可能性があるということだ。ただし職業があたかも、個人を特定するための父称（「～の息子」）、あるいは所属区表示（「～区所属」）のように機能するという事実そのものは、仕事の社会的重要性を雄弁に物語る指標となっている。では、本章のためにどの呪詛板を選ぶのか。そこに不確実性が残るのは避けがたい。一例として、アテネのケラメイコス地区発見の呪詛板では、文中の人物たちの何人かについて、職業が併記されて特定されている。居酒屋の店主が二名、厩番が一名、家内奴隷が一名、および売春宿経営者が一名だ（SGD十一番）。しかしこれらの職業が呪詛の背景にある状況と何か関係するのか、どうも判然としない。また他にも、盾製造者[5]、絵描き、小麦売り、書記(6)、お針子(7)、船長(8)といった職業に言及する事例が存在している。

また他にも、職業に加え、呪詛の標的の労働、製品、収入および職場が呪詛・呪縛される事例があるが、その根本にある問題が、小規模商店主や事業主の間の競争であったのは間違いなかろう。本章で取りあげる呪詛板は全て、ギリシアならびにシチリア島のギリシア人植民都市で発見されており、年代的には例外なく、古典期からヘレニズム期にかけての時期に限定されていることを指摘する必要があろう(9)。ではこの地域・時代的偏りは、この区分に属する呪詛板が、当該の時代・地域のみで作られたことを示唆する重要な証拠であるのか、はたまた単なる偶然なのか、容易には決しがたい。さて最古の事例の年代は、前四五〇年頃とすることができる。シチリア島での発見であり、どうやら利益の下落に対して、名前の挙げられた人たちが非難されているようだ(10)。またアテネで発見された事例（本章No.72）では、呪詛の標的についてアテネの鉱山で働くふいご操作者と特定されている。繰り返すが、登場する人物たちの大半は、周縁的な労働者たちの世界の住人である。一部は自由人で、一部は奴隷。例えば居酒屋店主、大工、金属加工業者、陶工、売春婦、等々。ここに選び出した呪詛板の中では、この原則に反する可能性のある事例が二例あり、どちらもが医師と関係している（No.79および81）。しかしそのいずれでも呪詛の標的は医師で、少なくともそのうち一例（No.79）の呪詛依頼者の地位は、奴隷あるいは解放奴隷と考えられる。

呪詛板に引かれる様々な職業の中で、戦車競走の騎手および剣闘士を別とすると、一番多く登場するのが居酒屋（ギリシア語で「カペレイオン *kapēleion*」、ラテン語では「タベルナエ *tabernae*」あるいは「ポピナエ *popinae*」）の所有

訳注1　中務哲郎訳『ヘシオドス全作品』京都大学学術出版会、二〇一三年、一五九頁を参照。

者である。ここでとりわけ注目すべきが、所有者として男性と女性の両方が現れ、また居酒屋店主としては、女性がことのほか積極的と見えることだ。貴族の視点から描かれる文学史料の観点からは、常に居酒屋やその店主は軽蔑的な扱いをされていた。まさに無秩序で不誠実な、都市の低レベル生活を具現化した存在として。[11]正確か否かはさておき、居酒屋が売春宿と表現されることもしばしばだ。とにかく土地の酒場の常連客であった労働者には、今に至るまでずっとそうあったように、あらゆる領域にわたる社会的・個人的機能が、そのシステムからは提供されていたに違いない。そして外部の観察者には、その果たしていた機能を認識するのは単純に不可能なのである。こう考えると、居酒屋の内部および近辺で頻繁に呪詛板が使用されていたことは、そこで重要な問題が処理されていたことを証明しているように思えないだろうか。

さらにもう一つ、ある種の熟練職が直面していた切迫性と、呪詛とのつながりについても述べておきたい。呪詛は、競争や不確かさを伴う社会的・個人的状況下に配備されていたことはすでに論じた。もしその通りだとすると、間違いや失敗の可能性が高いという特徴を持つ職業が、呪詛板と強く結び付いていたと予想できそうだ。そうした条件に該当する職業が、高い温度で陶器を製造する製陶業だ。[12]古典期（前六世紀から前四世紀にかけて）に著された興味深い文章の中に、壺の焼成作業の危険性に加え、事故の頻発を説明する際の習慣的なやり方が描写されている。[13]このいわゆる「陶工の賛歌」には、おそらくきっとライバル陶工の窯に向けて唱えられた、過去に存在した呪詛の定式文に基づく一節が含まれている。

おぬしらが、陶工たちよ、本当に歌の謝礼を呉れるのであれば、アテナイエよ、ここに天降りまして、かまに手をかざして護り給え、盃も皿もすべてこんがりと、ほどよく焼けて、良い商いができますよう、市場にても路上にても飛ぶ如く売れ、彼等は大利を得・・・されど、もしおぬし（陶工）らが恥を忘れてわしをたばかるならばその時は、かまをそこなう悪霊どもを呼び集めるぞ、「さらわり」に「はちつぶし」、「くろこげ」に「つぼこわし」、それにこの稼業には何より厄介な「なまやけ」をな。(14) 炉も仕事部屋も叩きつぶせ、陶工どもの大声で泣き叫ぶ中で、かま全体がガタガタになり、馬の顎がガツガツと噛み砕く如く、かまも、また中の焼き物も残らず粉々に噛み潰せ(15)・・・しゃがみ込んでそれを見ようとする奴は、顔が丸焦げになるがよい、さすれば誰しもが、人間は正直でなければならぬと悟るであろう。訳注2

この文章に即して考えれば、約五〇〇年後の『博物誌』（第二八巻十九節）の中で、大プリニウスが「呪詛板を恐れない人は誰もいない」と述べた直後、次の叙述を連ねることに何の不思議もない。「多くの人々（おそらく陶工たち）は、陶工の工房で製造された製品が、この手段（呪詛板）によって破壊されうると信じている」。同じように二世紀の学者ポッルクスによれば、嫉妬（間違いなく同業競合者たちの）から自分の身を守るため、青銅職人には鋳造所の正面に魔除けの品を配する習慣があったのだという。その行為の意味は、嫉妬心を抱くライバルからの危険な呪詛をかわすべく、職人たちは定式的な対抗呪文を利用したということだったに違いない。また反対に、もし工房経営に失敗した場合には、敵対的なライバルの依頼した呪詛板が成功したのだと、その理由が説明されることも普通にあったのだろう。

では最後に、呪詛は古代の職場のあたりまえの特徴だったのか、あるいは時折用いられるだけだったのか。この点の分析は難しい。しかし、次のような主張が拒絶されねばならないことだけは確かと思える。「仕事場

訳注2　松平千秋訳「伝ヘロドトス作　ホメロス伝」『イリアス』下巻、岩波文庫、に所収、四七九―八〇頁。

や・・・窯で発生した困難な状況への本当に意味ある対応は、呪文を唱えることでは決してなく、訓練や経験の成果を適用することだった」[16]。そこに当時としては正しくない「いま」の区分が押しつけられている以上、この二者択一は間違いなく誤りだ。というのも呪詛の利用もまた、訓練や経験に大きく左右されていたのだから。もっと優れた、また少ないながらも存在する史料の証言にもっと合致する結論はこのようなものとなる。呪詛板、および自らへの攻撃に対する魔除け的な防御は、効果の証明された技術の一つと見なされており、自分の成功可能性を高めるため、あるいは時折こうむる失敗を説明するため、労働者たちにより活用されていたのだ。

〜〜〜〜〜〜〜〜〜〜

60. ギリシア、アテネ。発見地点は不詳。六×六cmの鉛板。字体から、前三世紀の呪詛板と推測される。精霊や神格への言及はなく、また呪縛の動詞も見あたらないが、これは同時期の事例と共通している。ただしもっと古い時代に製作された可能性はある。呪詛文には呪詛対象者の名前と職業のみが記されている。また男女両方の名前が挙がっている。

文献　Ziebarth (1934), no. 5; SGD 52.

(我は呪縛する) 網職人[1]、烙印を押された奴隷[2]キットスを、また彼の仕事を、また彼の仕事場を。網職人エウフロシュネを、また彼女の仕事を、また彼女の仕事場を。フィロメロスの息子、メリテ区所属のフィロメロスを。メリテ区所属のフィル・・・(?)を。エウゲイトンの息子、アカルナイ区所属のエウゲイトンを[3]。

---

61. ギリシア、アッティカ地方。全て逆向きに、下部から上部へ、右から左へと文字が進行する。十一×五cm。「プラクシディカイ *praxidikai*」(正義を差配する女性存在の神格化) への訴えかけは、現存する呪詛板で

は異例だ。たいていペルセフォネやヘルメス神の占める位置を、この事例ではその女神が占めている。呪文の具体的目的が何かははっきりしない。それでも呪詛の標的として、マネスという人物の営む商売が特記されていることから、呪詛依頼者と呪詛の標的とされた犠牲者マネスとの間の、商売上の競合が背景にあると思われる。呪詛文の論理が依拠するのは、「もしあなた（神々）がいま与えるのなら、私（人）は後で与えるであろう」という交換の図式だ。この事例の場合、「エウァンゲリア *euangelia*」、つまりは吉報と引き替えの捧げものが、望む結果の実現後に神々に与えられると約束されている。　文献　DTA 109.

我はマネスを呪縛し、そして束縛する。そしてあなた様方、貴き復讐の女神《ブラクシディカイ》よ、[4] 彼を束縛し給え。呪縛者ヘルメス様、マネスを、またマネスの業務を呪縛し給え。そしてマネスが関与するあらゆる商売が、マネスに対して完全に反対向きに、また後ろ向き[5]になるようにし給え。復讐の女神《ブラクシディカイ》よ、呪縛者ヘルメス様よ、もしマネスの先行きが暗くなるなら、その良き知らせ[6]と引き替えに、我は感謝の捧げものをあなた様方に捧げましょう。

62. ギリシア、アッティカ地方。発見地点は不詳。ヴィンシュによれば、呪詛板の年代は前四世紀。四一×四cm。流麗な筆跡で書かれている。元は折りたたまれ、一本の釘で貫かれていた。裏面には一行のみ記載がある。この事例の背景にあるのは、主に居酒屋店主からなる、小規模店主同士の商売上の競争だ。呪縛の式文、および呪詛された人物の身体的・心理的特徴が具体的に説明されるのに加え、この呪詛板では、呪縛の実行者としてのヘルメス神に対する訴えかけが行われている（DTA七九番―九七番を参照）。
文献　DTA 87; F. Bömer, *Untersuchungen über die Religion der Sklaven in Griechenland und Rom*, Wiesbaden, 1963, pp. 984–5.

（A面）店舗／居酒屋店主である、我が隣人カッリアスを、また彼の妻トライッタを[7]、我は呪縛する。また禿頭の店舗／居酒屋を[8]、また近くの（?）アンテミオンの店舗／居酒屋を、また店舗／居酒屋店主のフィロンを。この者ども皆の魂を、仕事を、手を、そして足を、我は呪縛する。またこの者どもの店舗／居酒屋を。ソシメネスを、また彼の（?）兄弟を、我は呪縛する。また彼に仕える、生地売りカルポスを、そしてまたグリュカンティス、別名マルタケを、そしてまた店舗／居酒屋店主、ソシメネスに仕えるアガトンを。
これら全ての者どもの魂を、仕事を、手を、足を、我は呪縛する。

我が隣人、木枠職人[9]キットスを、
キットスの技術を、仕事を、魂を、そして心を、
またキットスの舌を、我は呪縛する。
泉の近く（にある）店舗／居酒屋店主
マニア（女性）を、またエレウシス出身の
アリスタンドロスの居酒屋を、
またこの者どもの仕事を、心を、我は呪縛する。
魂を、手を、舌を、足を、そして心を。これらの者ども全てを、
呪縛者ヘルメス様の御前に、封印されぬ[10]墓に[11]て我は呪縛する。
（B面）アリスタンドロスに仕えし者どもを。

63.

ギリシア、アテネ。発見地点は不詳。薄い鉛片で、三分の一が欠損。一本の釘で貫かれていた。年代は不明。ただし前二世紀以降の可能性は低く、その一五〇年ほど前であるかもしれない。神格への訴えかけ

がないこと、また「我は呪縛する」との簡素な式文の使用は、古い時代のギリシア語呪詛板に典型的である。かぶと職人、金細工を担当するその妻、二人の家屋、および二人の商売が呪詛されている。呪詛の背景には、おそらく個人的な動機と、商売上の動機が混在しているのだろう。

文献　H. Lechat, Inscriptions imprécatoire trouvée à Athènes, *BCH* 13 (1899), pp. 77–80; DTA 69.

かぶと職人[12]のディオニュシオスを、金細工職人である彼の妻を、これらの者どもの家屋を、これらの者どもの仕事を、これらの者どもの製品を、これらの者どもの生命を、我は呪縛する。またカッリッ［ポスを・・・］

64.

ギリシア、アッティカ地方。発見地点は不詳。ヴィルヘルムは、文章中の何人かの名前を歴史上の著名人と同定することにより、この呪詛板の年代を前四世紀末としている。文字は格別に優美で、同時代の公共建造物の文字デザインを思わせる。二三×十一㎝の鉛板。両面に記載がある。おそらく折りたたまれていた。どうやら呪詛は、三種の異なった問題・人間集団と関わっていたようだ。すなわち商売上の競合、婚姻に関する懸念、および兵士たちへの敵意だ。二回書かれる人名がいくつかあり、その場合、一度は名前の綴りがばらばらにされ、[訳注3]もう一度は普通の綴りで記されている。前五世紀のシチリア島の呪文に、同様の手法の現れる事例がある（SGD一〇五番）。

文献　DTA 55; Wilhelm, pp. 107–8.

（A面）

・・・の息子ディオクレスが[13]。

訳注3　訳文中、二重丸括弧に挟まれている名前。

我は呪縛する、管職人と大工（?）の息子（?）キ〔モノクレス〕を、また彼の壺を、また管を入れて運ぶ彼の箱を、そしてまたアテナゴラスを・・・（（オイノエ区所属のキモノクレスを））[14]クセナルコ〔スを、またパ〕タイキオン、つまりエパイネトスが自分の娘であると主張し、また彼がトロイゼンの人エクセステネスの妻にすると誓約している（?）（（トロイゼンの（?）パタイキオンを））。呪い[15]（がこれらの者どもに）。ペイライエウス区所属のデイシテイオスの息子、ペイライエウス区所属のデイノンを（（デイシテイオスの息子、ペイライエウス区所属のデイノンを））。ペイライエウスで兵士たちと共に勤務する、アポッロドロスの息子、エロイアダイ区所属の大工、オイニアデスを（（アポッロドロスの息子、エロイアダイ区所属のオイニアデスを））・・・の息子のカイレレイデスの息子、ペイライエウスで兵士たちと共に勤務する、アナフリュストス区所属のカイレレイデスを（（アナフリュストス区のカイレレイデスを））・・・アルカメネスの息子のアルカメネスの息子、ミュッリヌス区所属のデモストラ〔トス〕を（（ミュッリヌス区所属のデモストラトスを））・・・ペイライエウスで兵士たちと共に勤務するヘロストラトス（?）を・・・上記の者ども全員を、鉛に[16]（名を刻んで）、またロウ[17]に、また水に（?）、また失職に、また破滅に、また不評に、また（軍事的?）敗北に、また墓場に[18]、我は委ねる。これらの者どもを、またこれらの者どもの子供と妻の全員[19]を。

（B面）リュ〔シメ〕デスを・・・ペイライエウスで兵士たちと共に勤務する、ケイ〔・・・〕のフィロストラトスを・・・これらの者どもを、墓場へと[20]、苦痛へと、そして墓へと、我は呪縛する。

65. ギリシア、アテネ。鉄道駅近くで発見。十四×七cmの鉛板。両面に記載がある。元は折りたたまれていた。年代は不明だが、呪詛文に用いられる形式のいくつかが前四世紀の可能性を示している。書かれた文字ならびにギリシア語の質について、公刊者は「非常につたない」と述べ、書き手がギリシア人でない可能性を考慮している。同時期のアッティカ地方での他の呪詛板と同様、精霊や神格は明記されず、また呪文が標的に、具体的にどういった害を及ぼすのかについても、細かい説明はない。呪詛の背景には、小規模商店主、特に居酒屋店主同士の競合やライバル関係があるようだ。居酒屋の他にも、文中には工房や商店への言及がある。また標的として、男女両方の名前が挙がっている。

文献　DTA 75; Faraone, "Context", p. 11.

（A面）我は、アナカルシスを呪縛する。[21] また我は、彼の工房を呪縛する。我は・・・であるアルテミスを呪縛する。また我は、アルテミスの主人を呪縛する。我は、フムニスを呪縛する。我は、店舗／居酒屋店主ロディオンを呪縛する。ロド〈ィ?〉オンが、その工房と、（そこで?）働く・・・（?）と共に滅びますように。我は、店舗／居酒屋店主ロディオンを呪縛する。[22] 我は、店舗／居酒屋を呪縛する。また我は、商店を呪縛する。

（B面）我は、アルテミスを、また・・・を、また・・・を呪縛する。アルテミスを支配する力を手に入れる（ことができますように?）。我は、その仕事を・・・および舌を呪縛する。我は、テオドトスを、またその／この工房を呪縛する。我は呪縛する、アルタミスを、またフィロンを、彼の仕事を・・・姉妹を・・・友人を・・・

66. ギリシア、ペイライエウス。場所は不詳だが、墓の中で発見。年代は不明。右から左へ文字が進行。一行一行が短い四一の行から文章が構成されている。この事例は非常によく似た特徴を持つDTA九六番とセットになっていて、二枚とも筆跡は同じ、かつ用いられる式文も同じだ。呪詛は次々と、三つの標的に向かって発せられる。まずミキオン、次いでヒッポノイデスならびにソクラテス、そして最後にアリストという女性。またそれぞれで、多少の異同はあるものの、ほぼ同じ表現が使われている。呪詛の正確な背景は不明だが、どうやら緊張状態の常なる元凶、つまり商売上の競合であるようだ。神格名は挙げられていない。

文献　DTA 97.

我は、すでにミキオンを捕らえ、その手、および足、および舌、および心を縛りつけた[23]。そしてもし彼が、いかにせよフィロンに関し[24]、辛辣な言葉を発しようとするや・・・その舌は、鉛となりますように[25]。またその舌を突き刺せ。そしてもし彼が、いかにせよ商売をしようとするや、そこから彼に利益がもたらされませんように[26]、また全ては失われ、奪い去られ、破滅しますように[27]。我は、すでにヒッポノイデスならびにソクラテスを捕らえ、その手、および足、および舌、および心を縛りつけた。そしてもし彼らが、いかにせよフィロンに関し、辛辣な、あるいは悪意ある言葉を発しようとするや、または何か、悪しきことを行おうとするや、その舌は、また心は鉛となり、発言や行為ができなくなりますように。しかれども、その舌を突き刺せ。そしてもし彼らが、何かを持っているなら、あるいは何かを持とうとするや、所持品であれ資産であれ商売であれ、それは失われ、奪い去られ、破壊されますように。またそのゆえに、彼らが破滅しますように。｛我はアリスト[28]｝我は、すでにアリストを捕まえ、その手、および足、および舌、および心を縛りつけた。そして彼女がフィロンに関し、何か不吉な言葉を発することができませんように。しかれどもその舌は、鉛となりますように。そして彼女の舌を突き刺せ。

67. ギリシア、アッティカ地方。発見地点は不詳。十九×六㎝の鉛板。元は折りたたまれ、一本の釘で貫かれていた。公刊者は年代を推定していないが、前四世紀以降でないことは確かだ。呪縛された何人かの男たちが、ヘルメス神に差し出されている。原文全五行のうち、一行目と二行目の一部では個々の単語は右から左へ綴られながら、行全体としては左から右に文章が進行するよう記されている。古典期のアッティカ地方で製作された呪詛板に用いられる、「入れ替え」筆記法の一例である。文中、男性たちの名前に加え、この種の文章によく見られる五要素（足、手、心、舌、製品）、ならびに異例の一要素（彼らの利潤あるいは収入）が挙げられている。この最後の要素は、何らかの商売上の競合が呪詛の契機となったことを推測するに十分だ。

文献 DTA 86.

我は呪縛し、呪縛者ヘルメス様のもとへと差し出します。アンドロステネスを[29]**、また（?）イフェミュタネスを、また（?）シミアスを**[30]**、（またドロモンを）。足を、手を、心を、舌を、製品を、また収入を。**

68. ギリシア、アテネ（パティシア地区）。二六×九cmの鉛板。ギリシア語で（しばしば「綴りの誤り」を含み）記されている。また文字進行は逆方向（加えて、いくつかの文字は逆向き、裏返しの鏡文字）で、両面に記載されている。文中では定型表現が何度も繰り返し現れ、手、足、舌、店舗、および店舗での出来事（または取扱品）と列挙される。B面の最後の行になって、ようやく呪詛依頼主は「**我は呪縛する** *katadō*」と付け加えている。依頼主は明らかに、粉屋、拳闘家、ご婦人、それから少なくとも一人の売春婦をも含む、商店主らの集う市場全体をあやつることを目論んでいる。A面に列挙される「店主」の多くは女性だ。その意味するところは、彼女らは売春婦であったか（原文A面六行目に登場する女性は、「**好意を売る女** *charitopōlis*」と呼ばれている）、あるいは市場の多くの店が女性に所有されていたかであろう。また名前の挙がる人物の多くには、アテネ市以外の出身地を示すあだ名が付されている。例えばリュキア地方出身であることを表すリュキオス、同じくリュディアを表すリュデス、リュカオニアを表すラカイナである。[訳注4]「店舗」

訳注4　それぞれ、小アジア（現トルコ）西南部および南部の地方名。

を所有する人物と、「商い人」とされる人物との間にどのような違いが含意されているのかは、明らかでない。

文献　DTA 68.

（B面）（我は呪縛する）ディフィレス、手も、足も、舌も、足〔も、店舗も、〕店舗[31]の中のあらゆるものも。ポシス、手も、〔足も、舌〕も、店舗も、店舗の中のあらゆるものも〔・・・手〕も、足も、舌も、〔店舗〕も、〔店舗〕の中のあらゆるものも。リュサンドロス、手も、足も、店〔舗〕も、店舗の〔中〕のあらゆるものも。〔商〕い〔人〕のアニュタス、手も、〔足〕も、〔店舗〕も、店舗の中のあらゆるものも〔・・・〕手も、足も、舌も、店舗も、〔店舗〕の中の〔あらゆるもの〕も。リュキオス、手も、足も、舌も、店〔舗も〕、店舗の中のものも。リュデス、手も、足も、舌も、店舗も、店舗の中のあらゆるものも。〔・・・である〕キッリクス、〔手も、足〕も、店舗も、店舗の〔中の〕あらゆるものも。メラス、〔手も、足〕も、足も、〔舌〕も、店舗も、〔店舗〕の中のあらゆるものも。メラノスの妾[32]であるラカイナ、手も、足も・・・。我は、メラスの奴隷〔男〕を呪縛する・・・手も、足も、店〔舗も・・・

69.

ギリシア、アッティカ地方。発見地点は不詳。墓の中で発見された鉛板。両面に記載がある。文章は韻文（つたないエレゲイア調）で記され、イオニア方言の語形もいくつか見られる。前三世紀。B面は復讐の女神たちに向けて「宛てられて」いる。呪詛の本文には、ヘカテ女神と地獄《タルタロス》への言及がある。明らかに呪詛の契機は、ある女性（名前はビットスか?）が抱く、別の女性の資産や社会的地位への嫉妬心だ。文中、後者の社会・経済的地位の目印が語られるが、加えてその「心 *nous*」もまた、呪縛される資産の一つとして挙げられている。呪文の内容から、ビットスが呪詛を依頼した動機は復讐であったことが示唆される。

文献　S.A. Koumanoudes, *Ephêmeris Archaiologikê*（1869）, p. 333（no. 405, fig. 49-gamma）; G. Kaibel, *Epi-*

grammata Graeca, Berlin, 1878, no. 1136 ; DTA 108.

（A面）ソシクレイアを、ま〔た（その）財〕産を、また大きな評判を、また良き運命を、またその心を、我は呪縛いたしましょう、彼女が（彼女の）友人たちから、憎まれますように。我は呪縛いたしましょう、あの女を、暗々たる地獄《タルタロス》へと、(33)
（B面）(34)苦難をもたらす束縛へと、冥界のヘカテ様と。
　ビットー(35)　アイエルキソース
　目も眩むような、復讐の女神様方へ

70.

ギリシア。アテネの美術品市での購入品。十一×七・五cmの分厚い鉛板。四つ折りにされ、釘穴が三カ所。公刊者であるペークは、前三五〇年頃と推測している。呪詛の契機が、アテネ市ケラメイコス地区の陶工同士の商売上の競合だ。ただしこの推測の根拠は、呪詛の標的とされている人物のうち、重要性で劣る二名に関してその生業への言及があることだけだ。背景には、訴訟が予期される状況があったのかもしれない。というのもニキアスという人物が、アレオパゴスの司法評議会と何らか関わると記されているからだ。またリティアスという人物は、証人、あるいは被告であった可能性がある。

文献　Peek, no. 9, pp. 97–100 ; SGD 44.

呪縛者ヘルメス様と、ペルセフォネ様の御前で、我はリティアスを呪縛します。(36)リティアスの舌も、リティアスの手も、リティアスの心も、リティアスの足も、リティアスの体も、リティアスの頭も。呪縛者ヘルメス様の御前で、我はアレオパゴスの(37)ニキアスを呪縛します。ニキアスの手も、足も、舌も、体も。

呪縛者ヘルメス様の御前で、我はデメトリオスを呪縛します。その体も、陶器職人デメトリオスの商売も、手も、足も、心も。呪縛者ヘルメス様の御前で、我はエピカリノスを呪縛します。呪縛者ヘルメス様の御前で、我は陶器職人デマデスを呪縛します。その体も、商売も、心も。・・・呪縛者ヘルメス様の御前で、我はダフニスを呪縛します。呪縛者ヘルメス様の御前で、我はフィロニデスを呪縛します。呪縛者ヘルメス様の御前で、我は呪縛します、我はシマレ・ピステを呪縛します。我はリティアスを呪縛します、リティアスの足も、手も、心も、リティアスの舌も、リティアスの意思も。それは呪縛者ヘルメス様、およびペルセフォネ様、およびハデス様の御前へと運ばれる。

71. ギリシア、アテネ。アゴラの産業地区にある「建物D」で発見。その建物からは、炉や鉄・青銅のかけらといった遺物が発見されることから、そこでは主として、金属加工業が営まれていたことが推測される。公刊者はこの呪詛板に関し、元は「基礎部分の中、あるいは床下」に安置されていた可能性を示唆している。十四・五×六・五cmの鉛板。元は丸められ、一本の釘で貫かれていた。文字の形状および考古学的層位は、前四世紀中の製作であることを表している。使われるギリシア語は、ごく単純で洗練を欠いている。訴えかけられる精霊は、「下界の方々」と呼ばれている。呪縛の式文は、当該時期に典型的な簡素な形式だ。呪詛の背景は、この呪詛板の発見場所に相応しく、鍛冶屋同士の何らかの競争と関わっている。その競争はどうやら商売上の問題に由来する可能性が高く思えるが、あるいは個人的な、おそらく女性絡みの問題の可能性もあり、どちらなのかは判然としない。男性が何人か、および少なくとも女性一人の名前が挙げられている。その綴りはひどく乱れているが、おそらく意図的であろう。ところでジョーダンが、公刊者により「青銅職人（*chalkea*）」と訳されている語が、「カルキス出身の」という、民族的出自を表す形容辞である可能性を伝えてくれた。これが正しい場合、文中に青銅職人という職業への言及が存在しないことになる。

文献　R.S. Young, An Industrial District of Ancient Athens, *Hesperia* 20 (1951), pp. 222–3; Alison Burford, *Craftsmen in Greek and Roman Society*, Ithaca, 1972, p. 163; SGD 20.

72.

下界の方々へと、我は呪縛する、青銅職人のアリスタイクモスを、また青銅職人のピュッリアスを、またその仕事を、またこの者らの心を、またラミア出身のソシアス[38]を、またその仕事を、またその心を、またアレゴシ（?）[39]を、そして強く〔そして強く〕、またボイオティア出身の女性アゲシオン[40]を。

ギリシア、アテネ。ケラメイコス地区で発見。ただし発見地点は、元の安置場所そのものではない。九×五cmの鉛板。右上隅が一部折りたたまれている。前五世紀の製作と推測される。ギリシア本土からの呪詛板の事例中、おそらくこれが最古の事例であろう。各行の文字列は通常とは逆に右から左へと進行しているが、これは折りたたまれていない呪詛板上でしばしば見られる書かれ方だ。また呪縛の動詞が記されないという特徴は、古い時代という推定と合致する。名前の挙げられている神格は、唯一「聖なる大地」だけだ。別にもう一枚、大きく破損しているものの、同じ人物に向けられた呪詛板が存在する。[41] 呪詛の標的であるリュサニアスは「吹き手」とされている。これはおそらく、銀を扱うお店でふいごを使い働く人間を表す。するとこの人物は、私人の銀鍛冶に雇われていたか、あるいはアテネ市の貨幣鋳造所で働く人であった。呪詛の背景は記されていない。ただしリュサニアスの職業、所有物および製品への言及からは、経済的な問題の存在が窺われる。

文献　Peek, no. 1, pp. 88–90; M.Guarducci, *Epigrafia greca*, IV: *Epigrafi sacre pagane e cristiane*, Rome,

1978, pp. 247–8 ; Jeffery, p. 75 ; SGD 3.

（我は呪縛する）銀鋳造所の吹き手リュサニアス。彼を、またその妻を、また（その）所有物を、また彼が作るあらゆる製品を、また（その）所有物を、またその手を、また足を、また心を、また頭を、また鼻を・・・呪詛・・・聖なる大地の。

73. ギリシア、アッティカ。正確な発見地点は不詳。十二×九㎝の鉛板。元は折りたたまれ、一本の釘で貫かれていた。公刊者は前三世紀から前二世紀のものと考えている。呼びかけられる存在は、ヘルメス神、ならびに結婚前に亡くなった若き人々の霊だ。呪詛の契機は、主たる標的であるケルキスという人物の商売に関連する、何らかの緊張関係である。用いられている言葉から察するに、その商売は売春と関係したかもしれない。

文献　*DT* 52 ; E. Kagarow, *Griechische Fluchtafeln*, Leipzig, 1929, p. 52.

ケルキス
ブラストス
ニカンドロス
グリュケラ
ケルキスを、またケルキスの言葉および行為を、そしてまた舌を、我は、婚姻前に死した者たちのもとに呪縛する。そしていつであろうと、その者らがこれを読むなら[42]・・・ケルキスに・・・話すべく・・・。彼を、またその若き女どもを[43]、またその職業を[44]、またその資本を、またその商売を[45]、またその言葉を、またその行為を、我は呪縛する。冥界のヘルメス様、これらの者どもを、感覚がなくなるまで[46]、あらゆるやり方で束縛し給え。

74. ギリシア、アッティカ地方。発見状況についての詳細は不明。前三世紀（前四世紀の可能性もある）。同じ地点に由来する全五枚の呪詛板の一点。うち四枚では、呪詛の標的とされた犠牲者の名前に関し、その多くが共有されている。[47] 文面ではそれぞれの人物の商売についてはっきり述べられていることから、ここで取りあげる呪詛板の背景には、おそらく経済的な競合があった。

文献 *DT* 72; A. Abt, Bleitafeln aus Münchner Sammlungen, *ARW* 14 (1911), pp. 143-58; Robert, *Froehner*, no. 12.

我は呪縛する、オペリオンを、またオペリメを、またオリュンポスを、またピスティアを、またマガディスを、またプロトスを、またカドスを、トゥクレイデスを、またメラスを、またコモスを、またバッキスを、またキットスを、[48] そしてまた（我は呪縛する）これらの男どもならびに女どもの、あらゆる神々および英霊たちからの希望を、[49] またこれらの者どものあらゆる商売を、呪縛者ヘルメス様の御前へ、またヘカテ様の御前へ、また大地母神の御前へ、また｛大地母神の｝あらゆる神々の御前へ、また神々の母の御前へ。[50]

75. ギリシアのアモルゴス島。アルケシーニの近郊。もう一枚の呪詛板と共に耕地で発見。[51] 五×一一cmの鉛板。二カ所に穴が開いていることから、呪詛板を刺し貫く釘が用いられていたこと、また他の多くの事例と同様、元は丸められていたことが窺われる。両面に記載がある。使われるギリシア語は簡素で、何箇所かで「正しくない」。年代については、前二世紀から後二世紀まで、複数の説が提起されている。呪文は「女主人」および「女王」と挨拶されるデメテル女神に宛てられている。デメテルに訴えかけるギリシア語呪詛板は他に何例もあるが、特に小アジアのクニドスで発見されている、この事例と数多くの共通点を持つ事例（次章№89）を参照のこと。呪詛依頼者は自分自身、およびエピクテシスという名の妻のために語っている。夫婦の感じた憤りと不公正感は、エパフロディトスなる人物へと向けられている。この人物は呪詛依頼者所有の女奴隷を一人、自分の妻とすべく連れ去り、さらに残りの奴隷を逃亡へとそそのかしたというのだ。呪詛文の大半を占めるのが、悲壮感あふれる語調で物語られる、その事件の内容や依頼者のこうむった恥辱である。それに対しての懲罰と正義を求め、呪詛依頼者はデメテル女神に訴えかけているのだ。形式上、この事例を次章の「正義と復讐を求める嘆願呪詛板」に分類することも可能であろう（次章の冒頭解説を参照）。ただし呪詛の直接の契機は、奴隷の喪失による社会的・経済的な損害である。ビヨーク（下記文献一三〇頁）はこの損害を、「古代世界の日常生活の、取るに足らない悲劇のうちの一つ」と論評している。しかし呪詛文の言葉遣い・語調から判断するに、この筆者は自分の窮状を取るに足らないなどと感じてはいなかった。呪詛についての言及が、文中で展開される語りの随所に姿を現す。まずは標的のエパフロディトスが、女奴隷を手に入れるために呪文を使ったと述べられる。次いで呪詛依頼者が、エパフロディトスの家屋への呪縛呪文という手段に訴える。そしてこの呪詛板がデメテル女神に対して訴えかけると同時に女神を束縛し、エパフロディトスおよび依頼者の他の敵対者たち全員に呪いをかけるよう、女神に対して求めているのだ。

文献　T. Homolle, Inscriptions d'Amorgos, *BCH* 25（1901）, pp. 412–56；G. Björck, *Der Fluch des Christen Sabinus*, Leipzig, 1938, pp. 120–31；Bömer, *Religion der Sklaven*, pp. 992–4；SGD 60；H. Versnel, "Beyond Cursing", in：*Magika*, pp. 69–70.

（A面）女主人デメテル様、我が女王よ、我はあなた様の奴隷にして嘆願者として、あなた様の御前に臥してお願いいたします[52]。エパフロディトスなる者が[53]、我が奴隷たちをたぶらかし、彼らに邪悪な事々を吹き込みました。この者は、彼らに助言を授けました。この者は、彼らと共に計画を巡らせました。この者は、彼らを堕落させました。この者は、（我が窮状を見て）彼らと共に喜び合いました。この者は、彼らをアゴラにて走り回るよう焚きつけました。この者は、彼らに逃亡するよう助言しました。この者は自ら、我が女奴隷に呪文をかけ[54]、我が意に反し[55]、彼女を自分の妻とすべく奪おうとしました。これがため、彼女は、他の者たちと共に逃亡いたしました。女主人デメテル様、我は上記の事々をこうむり、そして奪われ、あなた様のもとに駆け込んだのです。あなた様が慈悲深く、公正たらんことを。こうした状態に我を置いた張本人が、休息のときも活動のときも、体でも心でも、満足を見出しませんよう、お取り計らい下さいませ。彼が、男の奴隷からも女の奴隷からも、小さな者からも大きな者からも、かしずかれることのありませんように[56]。もし彼が、何かに取りかかっても、それを完遂することができませんように。呪縛呪文が[57]、彼の家をとらえますように。子供が、（彼のために）泣くことのありませんように。彼が、幸せな食卓を用意することのありませんように[58]。犬が吠えませんように、雄鶏が鳴きませんように。もし彼が、種をまいても、刈り取ることがありませんように。・・・大地も海も、彼に実りをもたらしませんように。彼が、彼および彼に属するあらゆるものが、彼が死ぬその時まで、いかなる祝福も喜びも、一切得ることがありませんように。

（B面）女主人デメテル様、不正をこうむった者として、我はあなた様に嘆願いたします。女神よ、我が言をお聞き下さい。そして正義をお示し下さい。そうして、我々に関して上記のような事々を心に抱く者どもに、また我々に敵対して共に喜び合い、また我に、また我が妻エピクテシスに、苦しみをもたらし、また我々を軽んずる者どもに、最も恐ろしく、最も悲惨なことを、もたらして下さいますように。ああ、女王様、苦しむ我々の言葉に耳をお貸し下さい。そして、こうした状態の我々を喜んで眺めている者どもを、お罰し下さい[59]。

76. ケルソネソス・タウリカ（黒海北岸のクリミア半島。前七世紀頃にイオニア系ギリシア人植民が送られた地域）。墓地で発見。十九・五×七・五㎝の鉛板。元は折りたたまれていた。ヴィンシュによれば、年代は前三世紀。精霊・神格への訴えかけはない。この呪詛板の外観には、標準的な形式から逸脱する点がいくつかある。まず呪詛の標的の名前が別に、板面左側の列にまとめて記されている。そして呪文本文が右の列を占めているのだ。呪文の文面には、文学作品に依拠した可能性のある言葉遣いが見られる。呪詛の背景は商売上の競合だ。この事例ではその現状に関し、競争相手の方がいくぶん優位の位置を享受していると、呪詛依頼者が感じている様子が表現されている。そうしてこの呪詛板がさらに、正義と復讐への望みを表現するのだ。

文献　Wünsch (1900), no. 1, pp. 233-5 ; *DT* 92.

（列A）
ビッタロス
バキオン
ゾゲネス・・・（イスティラケ）[60]
・・・
バキオン

（列B）彼らの仕事が、反対の結果となる（ように）。また彼らの生計と生が、実りなきものとなるように。[61] 悪しき事々が、（彼らを？）破壊し、害するように。[62]・・・彼らが、愚かとなるように。[63] 彼らには、いかなる形であれ、これ以上の利益が生まれないように。そして彼らが、自分の奴隷／子供たちをも失うように。[64]

77. パレスチナ、ガリラヤ地方のベト・シェアン。ヨルダン川付近。井戸底で、ビザンツ帝国時代の層位から発見。約八・五×四cmから一〇・八×八cmの鉛板。二断片から構成される。ギリシア語の草書体で記されている。文中で目立つのが神秘的文言《ウォケス・ミュスティカエ》、またギリシア文字のタウ（T）とロー（P）が組み合わされた記号、および箱形のシンボルが連なる一行である。四世紀のものと考えられる。主な神格の名前は、「イァオー」の異形である「イォー」、ならびに「エウラモーン」だ。ただし「主なる天使」たちにも訴えかけられており、文中にはその他、セム系・エジプト系の名前がふんだんに現れる。呪文が求めるのは、男性一人、女性二人の精神的・肉体的能力を呪縛することだ。呪詛文中では、効果を高めようと様々な動詞が用いられていて、単純な「縛る（*deō*）」から、もっとはっきりした「縛り上げる（*katadesmeuō*）」などに及ぶ。呪詛の背景には、どうやら商売があるようだ。呪詛依頼者は女性で、三人の人物が彼女の帳簿を検査するのを恐れていたらしい。この呪文は、女性が経済的事象について持つ管理力を示している点においても意義深い。

文献　H.C. Youtie and Campbell Bonner, Two Curse Tablets from Beisan, *TAPA* 68 (1937), pp. 43–72; SGD 164.

（おもて面、第一断片）＊キュク・バキュク・バカキュク・バカクスィキュク・バザバキュク・ベンネベキュク・バデートフォートゥ・＊バイン〔コー〕オーオーク・・・アブラザヌー・サルバナカンブレー、主なる天使様方よ、ウルサの息子たるサルマティオンの、またエウァの娘たるウァレンティアの、またエウセビスの娘たるサラマンナスの、腱を、四肢を、思考を、心を、そして意志を縛り給え、縛りつけ給え。この者らに口輪をはめ、この者らを盲目にし、この者らを黙らせ、この者らを口のきけぬようにし・・・盲目にして、テクラの娘たるパ〔ンカリア〕の面前で。[65]・・・イォーセトゥ・＊イォーセーフ・イォーパケルベ〔ートゥ〕・イォーボルコセートゥ・イォーオ〔セ〕スロー・イォー・パ〔タトゥナクス・イォー〕アポンプス・イォートントリプスコントリプス・イォーブ〔・・〕ローブロー・イォーアリサクサ・イォー・・・イォトリ・イォードーリュキュンクスィスィティオー・イォーボルコセートゥ・モーキオー・イォーアロ・オーソルノフリクス＊、我がもとに来たれ、＊〔エ〕ウラモーン、我がもとに〔来たれ〕、エウラモーン・ウラモーン・ラモーン・アモーン・モーン・オーン・ン・イォー、我がもとに来たれ、エウカレー・イォーレウ・・・ススキュフィエウ・イォーラコーイゥアトゥ・イォーマテュトール・イォーマンドゥーオール・イォーカカクーオー〔ル・イォー〕ダルデウブ・イォーフィビタクス・イォーデドゥークサトゥ・イォーサラトゥ・イォーサリレー・バウィ・イォーカム・イォーバケオーク・イォーブ・・・ク・エオーウー・バウゾーカイオーオースドゥートゥ・イォー・＊マスケッリ・マスケッロー・フヌーケンタバオートゥ・オレオバルザグラ・〔レ〕ークスィクトーン・ヒッポクトーン・ピュリクトーン・ピュリペーガニュクス・レペタン・レペタン・イォーベゼビュトゥ・イォートゥーラクリニ・ブリア〔バデー〕トフォートゥ・イォードラクス・イォーフェドラ・イォーアラバザ・オー・イォーイァルバタグラ・ムネーフィ・ブロー・クネ〔ーメ〕オ・アルポンクヌーフィ・ブリンタタオーフリ・ブリンスキュルマ・ア・・・カル〔・〕トゥ・メソンクリフィ・ニクトゥー・クヌ〔ーマオーフィ・オレオバ〕ルザグラ・クネーメオーフィ・イォーアルバタ・イォークテク・・・イァ・ミュケオー・イオーピプ・・・ク・・・オーア・・・カントゥーノボーエトゥ・ダルダノー・キタコーケンコーケオーキ・＊アブラサクス・イォー・・・エウティン・エウティン、我はあなた様を呼び出す、セーメア・カン〔テウ〕・ケンテウ・コンテウ・ケーリデウ・ダリ〔ユンコ〕ー・キュキュンクス・カプキュムレー・＊セメスィランプス、主なる天様方よ、ウルサの息子たるサルマティオンを、またエウァの娘たるウァ〔レンティア〕を、またエウセビスの娘たるサラマナスを、テクラの娘たるパンカリアの面前で、口輪をはめ、屈服させ、従順にさせ、縛り、奴隷とし、束縛し、また縛りあげ給え。[66] この者らを窒息させ、この者らの思考を、心を、意気を、意志を束縛し、この者らがこれ以上パンカリアから、勘定に関し、計算に関し、[67] あるいはその他に関し何をも、聞き出そうとしたりしないように。その代わりにパンカリアのもとには、（彼女の）生の続く限りずっと、慈悲深い運命が〔訪れるように〕。〔イォー・〕＊アブラナタナルバ・イォー・＊アクラマカマリ・イォー・＊セセンゲン・イォー・バルファルン〔ゲース・・・〕オートゥ・イォー・ネブートスーアレートゥ・アクティオーフィ・＊エレシュキガル・イォー・ベルビタ・イォー・トーバグラ・バウィ・・・アベラメントーウーレルテクサナクセトゥレリュアオートゥネマレバ、[68] 偉大なるお方よ！、アエミナエバルローテル〔レトール〕ラバエアニメア[69]・イォー・サルカカタリア・イォー・イァエオーバフレネムーノテイラリクリフィアエウェアイフィルキラリ〔トニュオメネルファ〕ボーエアイ[70]、またいとも偉大なる御名、プシ・プシ・プシ・プシ・プシ・ク・ク・ク・キ・キ・キ・プ・プ・プ・プ・ク・ク・ク・キ・キ・・・イ・ク・ク・ク・ク〈ここに象徴記号《カラクテレス》が挿入される。T（タウ）とP（ロー）の組み合わさった記号が四つ[71]、箱形の記号が二つ、上辺と左辺のみの箱の中に円が記された記号が一つだ[72]〉ププイイウウウドドドククククアカ・・・イォーセートゥ・イォー・・・ベートゥ・イォーボルコ〔セートゥ・〕イォ〔パ〕タタナクス・ブ・・・エウラモ〔ー・ウラモ〕ーエ・ラモーエウ・アモ〔ーエウル・モー〕エウラ・オーエウラ〔ム・・・〕アザザ・・・偉大なる神の〔御名〕イォウ・・・イイイウーイ・・・偉大なる〔・・・我はあなた様を呼〕び出す・・・〔以下二

行はほぼ解読不能）

78. イタリア、ローマ。約一〇×五cmの鉛板。元は丸められ、一本の釘で貫かれていた。両面に記載がある（図19）。記された内容は四世紀の製作であることを示している。使われるギリシア語は、単純で通り一遍だ。訴えかけられる精霊は、「主なる天使様方」「主なる神々」と呼ばれる。呪縛の式文は、「～を束縛し給え」という非常に簡素な表現だ。呪詛の標的は一人の女性で、その名前は両面に記載されている。記されている名前に呪詛の背景も加味して考えると、関係している人々は奴隷や解放奴隷であるようだ。呪詛の契機となった状況は、おおよそ明らかと思える。呪詛依頼者である奴隷のポリトリアという女性が、クロディア・ウァレリア・ソフロネにより、「仕置き部屋」送りにされそうだと危惧している。そこで呪縛呪文に訴え、この不幸な運命を何とか逃れようとの絶望的な努力を試みている。そして慣例に従い、彼女はこの呪詛板を墓に安置したのだ。

文献　R. Wünsch, Deisidaimoniaka, *ARW* 12 (1909), pp. 37–41.

（A面）ファノイビキュクス・ペトリアデー・クラタルナデー[73]、主なる天使様方よ[74]、クロディア・ウァレリア・ソフロネを束縛し給え。そして彼女が、ポリトリアを買い取ることに成功しませんように。

（B面）アルテュ・＊ライラム・＊セミスィラム・＊バキュク・バカクスィキュク・メネバイキュク・＊アブラサクス[75]、主なる神々よ、仕置き部屋の女主人[76]、クロディア・ウァレリア・ソフロネを束縛し給え。そして彼女が、（その場所で）無生命の運命を（こうむるべく？）[77]、（仕置き部屋の労働者として）ポリトリアを引っ張っていかないようにし給え。

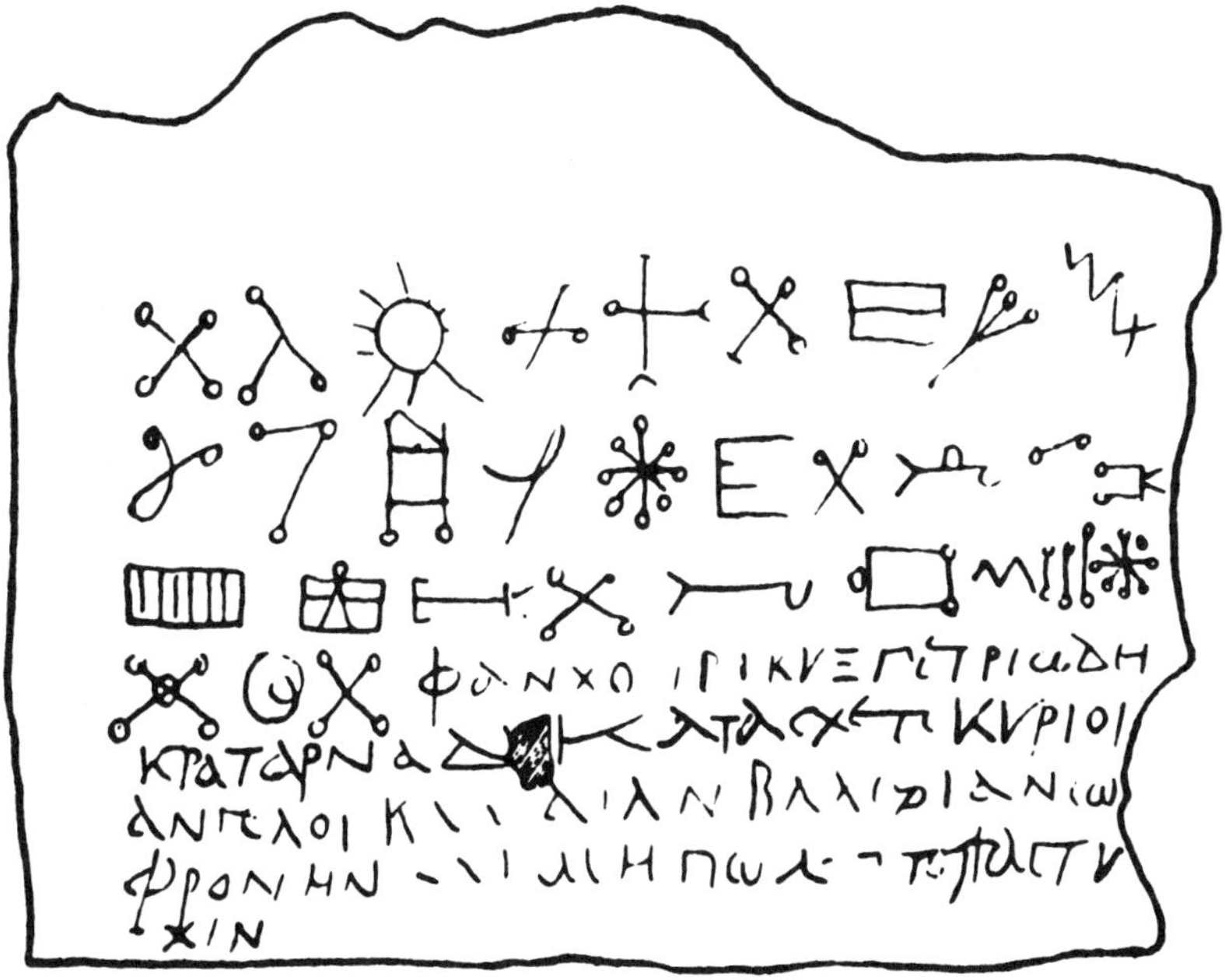

図19　ローマで発見された鉛の呪詛板。32個もの象徴記号《カラクテレス》が記載されている。象徴記号のうちには、他の呪詛板に記されているものと同じ種類のものがいくつかある。他の事例と同様、ここでも象徴記号は呪文の一番上の行に登場している。

79. イタリア、ローマ。アルデアティーナ門近くの墓地で発見。一〇・四×三・五㎝の鉛板。ギリシア語で二列に分けて記されている。公刊者のグアルドゥッチは、文面にある言及から、三世紀、おそらく二七〇年から二八五年頃のものと考えている。呪詛文の最後にようやく訴えかけられる精霊が登場し、そこで神秘的で秘密の、聖なる名前で呼びかけられる。一部は馴染み深い名前だが、類例のないものもある。この呪いに含まれるのは次の要素だ。まずローマ軍に勤務するギリシア人医師。次いでその医師の助手として働く兄弟二人。うち一人はすでに亡くなっており、もう一人が、おそらくこの呪詛板を依頼した人物である。そして怒りや失望から発した、イタリアの大地、およびローマ市の市門に対しての呪いが表現される。

文献　M. Guarducci, L'Italia e Roma in una *tabella defixionis* greca recentemente scoperta, *Bulletino della commissione archeologica communale di Roma* 74（1951–1952), pp. 57–70；*BE*（1955), no. 292；*SEG* 14. 615；Guarducci, *Epigrafia greca*, pp. 251–4；SGD 129（翻訳の元テキスト）.

> 第三近衛大隊の医師、アルテミドロスを呪縛せよ。彼の助手として働いた、故デメトリオスの兄弟がいま、故郷に向けて旅立とうと願っている。[78] 彼に許すなかれ。[79] また、イタリアの大地を呪縛せよ。[80] また、ローマの市門を打て。[81] そしてまた、アルテミドロスの息子、医師アルテミドロスを呪縛せよ。＊エウラモーン、ラメイラ・・・オーン、〔・〕レイオケルソフリクス、オメーリエウス、アクセーイェウス・アレーイェウス、またラトスおよびタンボス、呪縛せよ。

80.

イタリア、ノメントゥム（ローマ市の東、現在のメンターナ）。九・二×五・二cmの鉛板。ラテン語で両面に記載されている。年代は不明。呪詛板上の二カ所の穴は、釘で開けられたようだ。この文章の興味深い点の一つが、体の部位の完全な列挙である。時に一部位を二回以上繰り返す箇所もある。両面の呪文とも、標的の人物についてはその母親が付記され特定されている。おもて面に「利益（*quaestus*）」という語が記されていることから、呪詛の背景に何らかの商売上の競合があったことが窺われる。

文献　*DT* 135；L. Borsari, Mentana - Tombe Romane scoperte presso l'abitato, *Notizie degli scavi di antichità*（March 1901), pp. 205–10；R. Cagnat, Revue des publications épigraphique relatives à l'antiquité romaine, *Revue archéologique* 39（1901), pp. 468–9.

（A面）ニコナの（息子、または奴隷である）マルキウス。（彼の）目を、手を、指を、腕を、爪を、髪を、頭を、脚を、腿を、腹を、尻を、臍を、胸を、乳首を、首を、口を、頬を、歯を、唇を、顎を、目を、額を、眉を、肩甲骨を、肩を[82]、腱を、骨を、*merila*（?）を[83]、腹を、男性器を、すねを。これらの呪詛板において、商売上の利益[84]、および健康を、我は呪縛する[85]。

（B面）プ〔ブ〕リカの（娘、あるいは奴隷である）ルファ。手を、歯を、目を、腕を、腹を、乳首を、胸を、骨を、*merila*（?）を、腹を・・・、すねを、口を、脚を、額を、爪を、指を、腹を、臍を、女性器を、子宮を、股間を。プ〔ブ〕リカの（娘、あるいは奴隷である）の〔上記の部位を〕、これらの呪詛板において、我は呪縛する。

81. イタリア半島東南部、メタポントゥム。墓地から発掘。五×六・七㎝の鉛板。元は折りたたまれていたが、釘穴の痕跡はない。用いられているギリシア語から、前四世紀末、あるいは前三世紀初頭という年代が示唆される。神格や精霊への訴えかけはない。呪縛を示す動詞は、同時期の類例で馴染み深い「呪縛する *katadidēmi*」である。呪詛依頼者の名は示されていない。しかし同じ診療所で働いている、あるいは共同で診療所を営んでいる、医師たち十七名程度の標的の名が、呪詛文の末尾に列挙されている。その名前は、他の文学・碑文史料、特に近隣のタレントゥム市発見の史料からも良く知られている。この呪詛板の公刊者ロ・ポルトは、これらの人物たちの多くについて、前六世紀、ピュタゴラスによりクロトン市に創設された、ピュタゴラス派の医療部門と関わりがあった可能性について論じている[86]。ピュタゴラス自身、この呪詛板の発見地メタポントゥムで死去したことが知られている。呪詛の具体的な背景は記されていない。しかし使われる表現から、呪詛依頼者と標的たちとの間に、何らかの競合関係のあったことが窺われる。呪文は全体として、二つの段階から構成される。まず仕事場が呪縛され、次いでそこで働く医師たちに焦点が移る。

文献　F.G. Lo Porto, Medici pitagorici in una *defixio* greca da Metaponto, *La Parola del Passato* 35 (1980), pp. 282-8; M. Gigante, Sulla *defixio* Metapontina, *La Parola del Passato* 35 (1980), pp. 381-2; *SEG* 34. 1175; SGD 124（翻訳の元テキスト）[訳注5].

> 我はまず、これらの者どもの仕事場[87]を呪縛する。その場所が（何をも）生み出さぬように、しかるに仕事がなくなるように、また不運をこうむるように、我はそれを呪縛する。次いでその（仕事場の）悪しき者どものうち、これら医師どもを（?）、（何をも）生み出さぬように、しかるに仕事がなくなるように、我は呪縛する、この[88]鉛に名前の記された者ども全てを――フィロン、ネアルコス、ディカイス、テオドロス、エウクレス（?）、シミュリオン、トレ・・・、レオン、アギアス、テオドリダス、バカッレス、フィロクレス、・・・、ゾイロス・・・

82.　北アフリカ、カルタゴ。二枚の鉛板上にラテン語で記載されている。カルタゴ近郊、「千の壺の泉」遺跡で、聖モニカの台地の下で発見（オドランが公刊したうちの、それぞれcとd）。二点とも六×五㎝。近くで発見されたローマ時代のランプの年代を基準にすると、二世紀あるいは三世紀の製作と推定できる[89]。最初の訴えかけはギリシア文字で、全てお馴染みの神秘的文言《ウォケス・ミュスティカエ》から構成されている。そして残りの文章は、ラテン語で記されている。さて神秘的文言《ウォケス・ミュスティカエ》は、連続した「入れ子」構造のような形で記されている。つまり呪詛板の各辺の終点で、直角に折れ曲がるようにして文言が進行するのだ。そうして呪詛板を二回りさせ、中央に残された部分に「普通の」文面が収まっている。公刊者であるオドランの推測によれば、この呪詛板は、発見地点の泉近くにあった浴場に対して・対抗して向けられており、おそらく商売上の競争者によるものである(90)。

文献　A. Audollent, Les inscriptions de la 'Fontaine aux mille amphores' à Carhtage, in : *5ème Congrès Internationale d'Archéologie, Alger* 1931, Algiers, 1933, pp. 129–38 ; J. Toutain, L'histoire des religions au Congrès d'Alger, *Revue de l'histoire des religions* 101（1931）, p. 114–5 ; Solin, p.31.

（c）　アルテュ・*ライラム・*セメセ〔イ〕ラム・アエエーイォウォー・*バキュク・バカクスィキュク・メネバイキュク・*アブラサクス・バザバキュク・メネバイキュク・アブラサクス、主なる神々よ、ファレルヌム浴場を(91)、誰もその場所に近づくことができぬように呪縛し、妨害し給え。今日この日から、ファレルヌム浴場(92)を縛り、縛り上げ、誰もその場所に近づくことができぬようにし給え。

（d）　アルテュ・ライラム・セメセイラム・アエ〔エーイォウォー・*バキ〕ュク・バカクスィキュク・メネバイキュク・アブラサクス・バザバキュク・〔メ〕ネバイキュク・アブラサクス、主なる神々よ、ファレルヌム浴場を、誰もその場所に湯浴み(93)に行けぬよう呪縛し、妨害し給え。今日この日から、ファレルヌム浴場を結び付け(94)、ファレルヌム浴場(95)を縛り、縛り上げ、今日この日から、誰もその場所に行くことができぬようにし給え。

訳注5　この元テキストに忠実となるよう、以下の訳文には修正を加えた。

第5章　正義と復讐を求める嘆願呪詛板

本書のここまでの記述は、呪詛板や呪縛呪文に関する、狭義の定義に沿って進んできた。その定義とは、「文字の刻まれた金属、あるいは他の素材からなる薄片で、少なくともローマ時代には、一般個人（顧客）により使用、また通常は製作依頼され、個人的な敵や競合者（標的）の行為や安全に対し、その相手の意志に反して、また精霊《ダイモン》や神格の力を借りることで、影響を与えようとするもの」[1]。またそれ以外にも、呪詛板の形態や機能は、どこに、どのように安置されたか、具体的な用途は何か（商売上の競合、性愛の呪文）、さらには式文および神秘的文言《ウォケス・ミュスティカエ》の使用の有無などに応じ、多岐にわたっている。

さて現存する呪詛板のうちには、他からは明確に区別される分類を形成する諸事例がある。おそらく、正義と復讐を求める嘆願、と名付けることができるだろう。H・フェルスネルは最近の研究で、これを神々からの助力を求める法的祈願と呼んで、金属板に記された他の呪いとは一線を画す分類に属すると論じている[2]。その製作契機に関して言うと、この分類の事例には次の非常に独特な特徴が見られる。つまり標的あるいは敵対者が、呪詛依頼者に対し何らかの危害を加えたという主張が、文中で明確に展開されている点だ。時にその主張は極めて曖昧だが（例えば「**我は不当に扱われた！**」）、たいていは罪状が事細かに述べ立てられる。とりわけ、頻繁に見られる盗難品に関する事件においてそのように言える（本章№88、94―100を参照）。また呪詛の目的に関しては、この分類の呪詛板が求めるのは正義と復讐、すなわち盗難品の取り戻しや、盗難を働いたと目される人物への処罰などである。しかしフェルスネルや他の研究者たちが明らかにした通り、中でも最も特異な特徴が、呪詛依頼者と訴えかけられる神格との間で交わされる、次のような擬似法的なやりとりだ(3)。盗難と関連するほぼ全ての事例において、依頼者はくだんの物品の所有権を、また時に下手人その人を、一時的に神へと譲渡する。こうして取り戻しは、ただの人間の関心事ではなく神の問題となる。というのもこの手続きにより、奪われ、害され、名誉を毀損されたのは、もはやその物品を所有するただの人間ではなく、神々自身となったからだ。この譲渡手続きは、通常は地元の神殿で行われていたらしく、またその神殿は疑いなく、盗人捜索を特に得意とするとして知られる神格と結びついていた。盗難品の所有権は、仮にではあるが儀礼的に、神へと譲渡された。そして盗人には、物品を神殿へと返還することが求められた。その後、おそらく本来の所有者が神に、つまりは神殿の金庫に手数料を支払い、神殿から品物を請け出したのだ。R・トムリンによって適切にも「警察力の弱い世界」と名付けられた世界においては、大小様々の不正に対する補償が切実に求められていた。こうした事情が、この法的擬制の背後に垣間見える(4)。その世界では、人々を保護してくれるのはもはや、ブリテン島からずっと遠く離れた場所にいるローマ皇帝でもなく、土地の公職者でもない。そうではなく保護者は、いつも油断なく目を光らせてくれている神々自身なのだ。

この奇妙な手続きを劇的な形で確認させてくれているのが、一世紀から三世紀にかけ、リュディア地方やフリュギア地方（共に小アジア）で製作されて残された「告白碑文」である(5)。これらの素晴らしい事例は、自分が正義を求める嘆願の標的となったと考え、そして数多くの呪詛板上で列挙されるような病気、ないしは不運をこうむった人物たちの手で奉納された石板である。ある人はそうした石板に刻まれた文章の中で、自分の無実を訴えている。もちろん全ての被疑者が犯罪者ではないし、全ての紛失物が盗難されたわけではないというのは確かであろう。一方で別の人は文中で自分の罪を認め、物品の返還を記し、さらにまた自分を追い詰めた神の力を称賛している。そうした事例の一つに、土地の浴場から盗まれた外套に関するものがある。どうやらその犯罪の犠牲者は、呪詛板という手段を通じ自分の不満を表明したようだ。「**神はその男に苛立ち、しばらく後、その男をして外套を神のもとに持参させた。そして彼は公に自分の罪を告白した。それから神は天使を通じてその者に命じ、衣服を売ってその**（神の）**偉業を石板に刻み、公にするよう命じた**」(6)。また別の碑文に記録されるのが、虚偽告発に関わる事件だ。この事件では最終的に被疑者は免罪され、メン神は、誹謗中傷を行った人々に対しての罰を課す。「**メン・アクシオッテノス神のために。というのも、グリュコンの息子ヘルモゲネスと、フィロクセノスの息子ニトニスが、ワイン**（の盗難／盗み飲み？）**に関してアルテミドロスを中傷し、アルテミドロスが呪詛板を奉納したのだった。神はヘルモゲネスをお罰しになり、この者は神を宥め、これから後、**（メン神を）**褒め称えて過ごすことだろう**」(7)。

これらの事例には、正義を求める嘆願に特有の、また呪詛板全般にも関わる重要な二点の特徴が表現されている。まず一点目。その文中には、呪詛の有効性に関する信頼が、どれほど深くに根ざしているかが示されている。そして二点目。この事例は、呪詛板の製作依頼という行為が完全な個人的出来事ではなかったし、そもそもそうはありえなかったことを教えてくれている。別な言い方をすれば、この手続きの有効性は、「狙い」がある被疑者の上に定められたとの事実が公に知られることに、ある程度まで依存していたということだ。一方で被疑者が示す反応は、無実を主張するにせよ、罪を告白するにせよ、次のような結局は同じであることを想定したときにのみ意味をなす。すなわち、呪詛板は効果があると信じられており、そして実際の事件に関連して製作されたのだと。

正義を求める嘆願の公的・私的側面のバランスの問題はまた、それがどこに、どのように安置・展示されたのかという問いを提起する。何例か、明らかに神殿域に公に掲示されていた事例が存在する。その一方で、誰も読むことができない、墓地や井戸の底で発見された事例もある。しかしフェルスネルが述べる、その手続きには私的側面と公的側面が混在しているとの見解が正しいようだ。「必ずとまでは言えないが、最も人目についたのはおそらく、被害者集団が、危害を加えたと疑われる人々から自白を引き出そうと努める手続きであったろう。次いで被疑者に対しはっきりと、自分がさらに高次の存在である神へと訴え出たと伝えたのだろう(8)」。

近年まで、正義や復讐を求める嘆願が呪詛板の全資料中に占める割合は、ほんのささやかなものだった。おおむね、ギリシア語の事例が十九点、ラテン語の事例はおそらく十二点。それが一九七〇年代以降、劇的な増加へと転じた。そしてとうとう今では、この分類の事例があらゆる呪詛板・呪縛呪文のうちで、単一分類として最大勢力を構成するに至っている。イギリスの重要な二カ所の遺跡、バースとユーリーでの発見は、イギリス一国のみからの事例数を約三〇〇点へと押し上げた。そしてそのほぼ全てが盗難品に関係している。この事実から、古代末期の時期を生きたブリテン人は、ことのほか盗品の取り戻しに執心していたと考える研究者もいるが、それが正しいのかは今後の検討課題とするのが良かろう。またイギリスでの発見により生じた資料数・類別の不均衡は、おそらく単に保存と発見の偶然性を反映しているに過ぎないのだろう。それでもトムリンとフェルスネルが強調するように、確かなことが一つある。イギリス、スペイン、イタリア、そしてエーゲ海東部。正義を求める嘆願は、これらギリシア・ローマ世界全体の様々な地域で発見されているが、その文面の雰囲気、および定式的な表現には、驚くほどの類似性が見られるのだ。ここでもまた、呪詛・呪文の使用の場で観察される、二点の特徴に出会う。つまり、その見紛うことなき多文化性と、例えば主だったものとしてはPGMなどの、手引き書や式文集の果たした役割である。こうした書物から呪文が写し取られ、さらにはこうした書物に記されて、呪文はある地域から別の地域へと運ばれていったのだ。

他のタイプの呪詛板と同様、正義と復讐を求める嘆願は過去と未来を同時にその視界に収める。まずそれは害悪をすでにこうむった、また時にはそうなりそうだとの認識に始まり、一方で同時に未来における補償もが期待されるのだ。しかし呪詛板の下位区分の中には、ただ未来のみに目を向ける種類の事例も存在する。すなわち、墓石に記された呪いだ。墓地を乱したり破壊した人に対し、悲惨な結果がもたらされるようにと訴えかけられる。しかしここにあるのは何と印象的な皮肉だろう。というのも、もうすでに我々にはよく分かっているのだから。墓地が乱される最大の理由の一つが、まさに墓の中に呪詛板を安置するという行為であることを。しかしその論理、というより心理は、平明そのものである。「彼らの」よりも「私の」の方が強力に違いない、という信念に従い、効力の認められたある種の呪詛の力が、別の種の呪詛に対抗して配備されるのだ。

墓石上の呪詛のような事例は、私的・公的側面の境界線を明らかにまたぎ越している。墓地や墓を守ることは、単に個人的な関心事であるばかりでなく、公的な政策の対象ともなったからだ。(9) それ以外の相違点としては、金属製の薄板にではなく、石や木に記される点。また当然、罪人を特定して名指ししない点がある。さらにそれは、前十一世紀のフェニキア人の時代から現代のヨーロッパに至るまで、その利用の歴史がたいそうしっかりと跡づけられる、呪詛の一形態を代表する存在でもある。(10)

総じて言えば、ここで取りあげるほんの数例は、呪詛板や呪縛呪文という定義によってカバーされる範囲の一方の極に位置する存在である。さらに、この点は何度でも繰り返す価値があると思うが、全く混じり気なく定義できる分類は存在しないのだ。古代の墓石に記されて公にされた呪詛は、個人的な呪詛板と共通の特徴を示すのみならず[11]、もっと全般的な問題に関して言えば、「魔術」と「宗教」との間に設けられた伝統的な区分が、もはや維持不可能であることを指し示している。そこで最後に、R・ラティモアによる総合的な研究、『ギリシア語・ラテン語墓碑銘の主題』で紹介された墓碑銘の中から、いくつか示唆的な事例を引用しておこう。呪詛板での言葉遣いや関心とどれほど似ているかは、一見して明らかだろう[12]。

ここに住み着く者たちよ、我はそなたらに、この場所を適切な敬意を持って扱うよう誓わせる[13]。

私、イダメネウスが、この墓を（私自身の）評判のために建立した。これを乱す者を、ゼウス様が完全にお滅ぼし下さいますように[14]。

・・・その者が全ての神々、およびレト様、および彼女の子供たちの目の前で、有罪となりますように[15]。

・・・我は、セレネ様に訴えかけます[16]。

・・・その者が、冥界の精霊たちの面前で、不敬の罪で有罪となりますように[17]。

もし誰でも、彫像に何か害を加えるならば、親を亡くした孤児と、持ち主を失った農地と、荒れ果てた家を後に残し、その者が去ることとなりますように。その者が、全ての所有物を火により失い、邪悪な者たちの手にかかって死ぬこととなりますように[18]。

もし誰でも、この子の死に姿を消去するならば、その者は、時ならぬ死者の呪いに巻き込まれますように[19]。

誰でも、上記の禁止命令に抵触する何かを行うなら、当局の裁きに服するように。それに加え、その者は、子供たちからも財産からも、何の利益も受けることがありませんように。その者が地を歩くことも、海を航海することもありませんように。子供なしに、一文無しで、死の前に破滅し、全ての種子と共に死にますように。そして死後、憤怒の復讐者となった冥界の神々と出会いますように。(20)

83. ギリシア、アテネ（パティシア地区）。発見地点は不詳。十六×四cmの鉛板。元は折りたたまれ、一本の釘で貫かれていた。前四世紀、あるいは前三世紀に製作されたもの。大地に向けて訴えかけられている、数枚の呪詛板（DTA九九番―一〇〇番、あるいはDT七二番を参照）のうちの一点である。呪詛の正確な背景は不明だ。ただし主な目的は、名指しされている二人の人物の手で加えられた危害に対する復讐である。

文献　DTA 98.

アグリュレ区所属のエウリュプトレモス(1)、エウリュプトレモスを、またエウリュプトレモスと共にいるクセノフォンを〔クセノフォンを〕、また彼らの舌を、また言葉を、また行為を、我は呪縛する。たとえもし彼らが、何かを計画し、何かを行っても、それが無為となりますように。最愛の大地よ、エウリュプトレモスならびにクセノフォンを束縛し給え。そして彼らを力なく、また無為とならせ給え。またエウリュプトレモスならびにクセノフォンが、消耗しますように。最愛の大地よ、我を助け給え。エウリュプトレモスならびにクセノフォンによって害されたがゆえに、我はこの者らを呪縛するのです。

図20　アテネのアゴラで発見された鉛の呪詛板に描かれた、三組の翼（腕？）を持つヘカテの姿と象徴記号《カラクテレス》。（*Gods and Heroes in the Ancient Mediterranean*, Princeton, American School of Classical Studies at Athens, 1980, p. 37, 図 37）

84. ギリシア、アテネのアゴラ。一世紀の井戸跡の堆積物の中で発見。二三×十一・七㎝の鉛板。丸められていたが、釘の痕跡はない。公刊者は文字について、「丁寧に書かれている」と解説している。板面の記載内容のうちには、いくつかの図像が含まれる。原文十六行から最終二九行にかけ、「翼を広げたコウモリの姿」が荒っぽくスケッチされている。ジョーダンはこの姿を、「手が六本のヘカテ女神」と再解釈している。また他にも、二つないしは三つの「魔術的シンボル」が現れている（図20）。複数の神格に対して訴えかけられているが、全てがギリシアの神話、宗教、儀式で良く知られる存在であり、また全てが「冥界」との関わりを持っている。プルト、「運命」、ペルセフォネ、復讐《エリニュス》の女神たち、名前の明示されない神々（邪悪な存在、冥界の女神たちと神々）、ヘルメス、そしてヘカテ。中でも、中心的な力がヘカテ女神であることは、彼女のみが文中に何度も登場することから明らかだ。呪縛の動詞としては、「登録する（*katagraphein*）」「委ねる・引き渡す・委譲する（*katatithenai*）」といった語が使われるが、これらはこの種の文章でお馴染みの用語である。さて文中では望みの結果が招来されるようにと、呪詛の標的にまつわる事々が、訴えかけられた神格の一時的管理下に置かれている。この事例の場合、懸案となっているのは盗難品だ。しかし呪詛依頼者にとっての難題が、盗人が誰なのか分からず、また下手人を特定するための情報を誰も寄せてくれなかったことだ。品物の返還を神々に願う、といった内容は述べられていない。また、公式に下手人を公権力の裁きの場に引き出すことも問題となっていない。というより実際は全くの逆だったようだ。つまり公権力による裁きの可能性がほとんどないように見えるこの状況下。不明の盗人を冥界の神々のもとに登録・引き渡す行為は、刑罰を割り当てるのが、人間の裁判官よりむしろ神々であるということを意味していたに違いない。このことは、原文十九—二〇行目、ヘカテ女神が「**盗人の心臓を切る**（切り裂く）」よう切に求められている部分からも明らかだ。さて呪文の口調は、大変に異例なものとなっている。呪詛依頼者は、どうやら呪詛板の製作依頼をためらっていたらしい。

文献　G.W. Elderkin, Two Curse Inscriptions, *Hesperia* 6 (1937), pp. 382–95; D.R. Jordan, Hekatika, *Glotta* 83 (1980), pp. 62–5; *SEG* 30. 326; H.S. Versnel, Religious Mentality in Ancient Prayer, in: H.S. Versnel ed., *Faith, Hope and Worship*, Leiden, 1981, pp. 22–3; SGD 21; H.S. Versnel, "Beyond Cursing", in: *Magika*, p. 66.

我は、この呪詛板の書き手を、[2]およびそうして破滅をもたらす者を例外とします。なぜなら、この者は盗人どもにより強いられ、この行為をやむを得ず、せざるを得なくなったのですから。プルト様に、また運命《モイラ》に、またペルセフォネ様に、また復讐の女神《エリニュス》たちに、またあらゆる有害な存在に、[3]我は登録し、引き渡します。[4]ヘカテ様、[5]神々により求められたもの[6]（?）を喰らうお方に、我は（彼らを）引き渡します。冥界の女神たちおよび神々に、そして介助者ヘルメス様に、我は引き渡します。とある、アケロウーと呼ばれる貧しい地区／通り（?）の、小さな家から盗みを働いた盗人どもを、[7]我は委譲します。（彼らが盗んだのは）鎖、[8]白く新しい羊毛の織り物の敷物三枚、アラビアゴムの・・・器具、[9]白い盛り土、[10]亜麻仁油、そして三点の白い（物品）、マスチック樹脂と胡椒と苦いアーモンド。我は、盗難を承知しながら、それを否定している者どもを、引き渡します。我は、ここに並べ立てたものを受け取った者ども全員を、引き渡します。天なる女主人ヘカテ様、冥界のヘカテ様、四辻のヘカテ様、三相のヘカテ様、一相のヘカテ様、[11]ここに並べ立てた物品を奪い取った盗人どもの、あるいは盗人の、心臓を切り（裂き）給え。また大地が歩行不能となりますように、海が航海不能となりますように。生の楽しみが無くなりますように、子供が増えませんように。しかるに彼らに、あるいは彼に、完全な破滅が訪れますように。監視者として、あなた様は彼らの頭上に、青銅の鎌を振り下ろすことでしょう。またあなた様は、その者どもを切り裂く（?）ことでしょう。ただし我は、この書き手を、およびそうして破壊をもたらす者を免責します。

85. ギリシア、メガラ。コリントス地峡の北側。エレウシスから約二〇キロ西方。発見地についてそれ以上は分からない。一〇×十五cmの鉛板。数個の断片に分解。両面に記載がある。公刊者のヴィンシュは一世紀、あるいは二世紀のものと考えている。両面に呪文が記され、互いに類似するが相違点もある。人名が記されていないため、呪詛の標的やその契機が両面とも同一なのか判断するのが難しい。訴えかけられる存在に対しては、秘密の神秘名で呼びかけられている。A面文中から読み取れる神格は、アルタイア、コレ、ヘカテ、そしてセレネ（月）。またB面では、セレネ（月）とヘカテだ。ヴィンシュによると、ヘカテ女神こそがこの呪文の主要な存在であり、他の名は彼女と同一視されているに過ぎないという。A面に明らかに現れるギリシア的な主題に加え、ユダヤ的要素を示す表現も登場する。

文献　Wünsch, DTA, pp. xiii–xiv; *DT* 41; Wünsch, *Antike Fluchtafeln*, no. 1, pp. 4–7; H.S. Versnel, "Beyond Cursing", in: *Magika*, p. 65.

（A面）ゾーアフェル・トン・タッラッソセーモン・セクンテーアパフォノカイ[12]、愛されし息子パナイティオスが（ここに?）記した[13]エカイペン・・・あれらエパイペーン、我々は・・・彼らを呪う、また我々は、彼らを誓いを立てて呪う[14]。アルタイア様[15]、コレ様、＊オレオバザグラ、ヘカテ様、自分の尻尾を喰らう「月」よ[16]・・・イティビ・・・我々は、彼らを誓いを立てて呪う――体を、精神を、魂を、心を、思考を、感情を、生を、心臓を――ヘカテ様の言葉により、またヘブライ人の誓いにより[17]・・・大地なるヘカテ様・・・聖なる名ならびにヘブライ人の誓いに命ぜられ――髪を、頭を、脳を、顔を、耳を、眉を、鼻を・・・顎を、歯を・・・彼らの魂がため息をつくように、彼らの健康が・・・となるように、彼らの血（および）肉が燃えてしまうように[18]、また彼／彼女が、自分の苦しみを思いため息をつく（ようにし給え）・・・

（B面）我は呼び出す[19]・・・また「月」を、三つの名を持ち、真夜中に（周回し?）どこであろうと・・・歩き回り[20]、強力な手とともに天を巡り、群青色の外套と共に見られるお方・・・地でも海でも、エイノディア（?）・・・、我々は、彼らを誓いを立てて呪う（?）・・・また彼らを処罰、苦痛、および復讐[21]へと登録する・・・体を。誓いによる呪い[22]。

86. ギリシア、カルキス。この碑文の書き手の名はアンフィクレス[23]。有名な弁論家ヘロデス・アッティクス[訳注1]の弟子である可能性がある[24]。二世紀の製作と考えられる。よく似るヘロデス・アッティクスの記念建造物と同様、この事例も墓碑銘ではなく、私有財産（この場合は浴場設備）を守るための警告である。ただしアンフィクレスは、自分が手本とした文章を極めて特異なやり方で改変している。つまり『七十人訳聖書《セプトゥアギンタ》』への多くの言及を付け加え、異教的痕跡を全て消去したのだ[25]。するとこの碑文の書き手は、重要なギリシア都市の貴族で、当時の最も著名な名士の弟子、そしてある意味「ユダヤ化された」非ユダヤ人ということになる。そしてこの人物がユダヤ教との接触から学んだことの一つが、聖書は強力な呪詛の種本として使えるという知識であった。『旧約聖書』の『申命記』に記される呪詛への言及は、アクモニアで発見されたユダヤ人の墓石を想起させる（本章№91を参照）。そちらの事例では、墓地を侵害しようとする全ての人々に対し、「『申命記』に書かれた呪い」がふりかかるようにと念じられている。

文献　R. Lattimore, *Themes in Greek and Latin Epitaphs Urbana*, Illinois, 1962, pp. 116–7; L. Robert, Malédictions funéraires grecques, AIBL, *Computes Rendus* (1978), pp. 241–89.

> 我は、この資産を所有することになる者たちに宣する。この資産の持ち主が、この場所を、またこれまでに建てられた彫像を保全せず、しかるに辱めたり、あるいは境界線を動かしたり、あるいは恐ろしい言葉で罵ったり、あるいは損害を加えたり、あるいは一部であれ全体であれ破壊したり、あるいは地面にひっくり返したり、あるいは撒き散らしたり、あるいはそれを抹消したりするなら、その者の上に呪いがある

ように。神がその者を、苦難と熱病と寒気とかゆみと干ばつと、狂気と盲目と精神的な錯乱をもって、お打ち下さるように。(26) そしてその者の所有物が消失するように。その者が地面を歩くことも、海を航海することもできぬように。その者が子孫を（残すことが）できぬように。その者の家が栄えることのないように。その者が収穫を、家を、光を、（何かの）利用と所有を、享受することのないように。復讐の女神《エリニュス》たちが、その者の監督者となりますように。(27) 一方で、もし誰でも（この資産を）気にかけ、配慮し、そして保護するのであれば、その者の物事が首尾よく進行しますように、そして皆から褒め称えられますように。その者の家が、子供たちの誕生と収穫物の享受により栄えますように。そして「恵み」と「健康」がその者を見守りますように。(28)

87. ギリシア、レネイア島（デロス島に面した小島）。当地は、古代には主にデロスの墓地として使用されていた。三一×四二cmの大理石の石板。(29) 両面に同内容の文面が刻まれている。板面の上部には、天に訴えかける様子を表す、上へと伸ばされた両の手が浮き彫りにされている(30)（図21）。本書集録の他の呪詛とは異なり、この石板に記されているのは公の文書だ。あくまで通行人に見られ、読まれるようにと意図されているのである。墓泥棒が乱すのを防ぐ呪詛や、時ならず、あるいは暴力的に亡くなった人のために正義を求める呪詛に関しては、こうした形態は通例であった。字形から、前二世紀という年代が示される。(31) 随所に『七十人訳聖書《セプトゥアギンタ》』の章句への明確な言及があることから、研究者たちはおおむね、この石板をユダヤ人関

訳注1　ローマの元老院議員も務めた、二世紀の著名なギリシア哲学者。アテネ市に建設された数多くの公共建築物に資金援助したことでも知られる。

図21　ギリシアのデロス島近く、レネイア島から発見された、挙げられた両手の彫られた記念碑。あるユダヤ人女性の死にあたっての、復讐への祈願が刻まれている。彼女の死因は分からない。ただ文面で述べられることからは、呪文や毒薬の使用を彼女の親類たちが疑っていたことは明らかだ。

連の事例と考えてきた。その可能性が高いのは明らかだが、さらにもう一つの教典の民コミュニティ、「サマリア人」が、デロス島に居住していたことを認識しておく必要がある[32]。そしてこの石板が、「サマリア人」起源である可能性もまた考慮に入れねばならない[33]。さて文面は、ヘラクレアという若い女性の不慮の死に関し、復讐と正義を求めて嘆願する内容だ。訴えかけは、「至高なる神、精霊と全ての肉を司る主、そして天使たち」に対して行われる。その他の存在には訴えかけられていない。

文献　A. Wilhelm, "Zwei Fluchinschriften" *JOAI* 4 (1901):

Beiblatt, cols. 9–18; A. Deissmann, *Light from the Ancient East*, London, 1911, pp. 423–5; J. Bergmann, Die Rachgebete von Rheneia, *Philologus* 70 (1911), pp. 503–7; P. Russel and M. Launey, *Inscriptions de Délos*, Paris, 1937, no. 2532.

　我は[34]、至高なる神、精霊と全ての肉の主に対し[35]、時ならず死した哀れなヘラクレアを[36]、騙して殺害し、あるいは呪文をかけ／毒を盛り[37]、不当なやり方で彼女の罪なき血を流させた者どもの不当を[38]、訴え[39]、そして懇願します[40]。彼女を殺害した、あるいは彼女に呪文をかけた／毒を盛った者どもに、またその者どもの子供たちに[41]、全く同じことが起こりますように[42]。全てを見通す主よ[43]、そして神の天使たちよ、その御前で、今日この日、あらゆる霊魂が平身低頭しておりますが[44]、あなた様が罪なき者の血の報復をして下さいますように、そして素早く（正義を）追求下さいますように[45]。

88.　ギリシア、デロス島。個人宅の地面のくぼみから発見。各辺十四cmの鉛板。両面に記載がある。使用されているギリシア語には、綴りや文法に関して数多くの誤りが含まれている。そこから、筆者はギリシア人ではなく、おそらくシリア人であったと推測される。年代としては、どうやら前一世紀から後一世紀頃のようだ。呪文はもっぱらシリアの神々に対し訴えかけられている。呪詛板製作の契機は財産の盗難で、この場合の品目は首飾りだ。盗人が誰なのか持ち主には分かっていなかった。フェルスネルの理解の通り、この呪詛板は伝統的な呪詛と、正義を求める嘆願との混合物である。両面の文章とも同一の基本的定式表現に従って記されるが、B面にはさらに、呪詛される人体の各部位が列挙されて付け加えられている。

文献　P. Bruneau, *Recherches sur les cultes de Délos à l'époque hellénistique et à l'époque impériale*, Paris, 1970, pp. 649–55; SGD 58; H. Versnel, Beyond Cursing, in: *Magika*, pp. 66–8.

(A面) 主なるシュコナイオイの神々よ、[46] カ・・・よ、女主人なる女神シリア[47]・シュコナよ、・・・、罰し給え、あなた様方の力を示し給え、また誰であれ、首飾りを取り(そして)盗んだ者に対し、その件について何か知っている者に対し、その件に荷担した者に対し、男であれ女であれ、あなた様方の怒りを向け給え。

(B面) 主なるシュコナイオイの神々よ、・・・よ、女主人なる女神シリア・・・シュコナよ、罰し給え、あなた様方の力を示し給え。誰であれ、首飾りを取り(そして)盗んだ者を、我は(神々のもとに)登録する。その件について何か知っている者を、またその件に荷担した者を、我は登録する。彼を、彼の頭を、彼の魂を、また首飾り/腕輪を盗んだ者の、またその件について何か知っている者の、またその件に荷担した者の腱を、我は登録する。(それを)盗んだ者の性器を、また秘部を、我は登録する。また首飾りを取り(そして)盗んだ者、手を・・・頭から足まで・・・足の爪を・・・首飾りを取った者の・・・その件について何か知っている者の・・・男であれ女であれ。

89. クニドス、小アジア南西部。コス島近く。デメテル女神の神域にいくつかある彫像の台座付近で、鉛板が全十四点、まとまって発見された[48]。大半は二つ折りにされており、公刊者によると全点で隅に穴が開いていたという(ただし公刊者の示すイラストからは、穴の跡は必ずしも判別できない)。おそらく神殿の壁に掲げるのに用いた穴なのだろう。何点かでは両面に記載されている。使われている言語は、洗練を欠くギリシア語ドリス方言。年代は前一世紀の可能性が高そうだ。呪詛の式文は、デメテル女神に加え他の神格にも訴えかけられているが、そうした神格は全て、デメテルと関連づけられるのが通例の神々だ。すなわち、女神の娘であるコレまたはペルセフォネ、プルト、および「女神と共にある神々」である。各事例の呪詛依頼者は儀礼的な移譲手続きを通じ、名前の挙がるこれら神々の権威のもとへと、自分の個人的敵対者を奉献（*anhieroi* または *anatithēmi*）している。その目的は、神の懲罰（*kolasis* あるいは *timōria*）、苦悶（*basa-noi*）、また熱や病気という形を取る苦痛（*peprēmenos*）に敵が服することだ。これら一連の呪文のうちには、それが予備的な呪詛であると明言される例が何点かある。つまり懲罰は、呪詛の標的とされた人物が契機となった状況を改善しさえすれば沙汰やみとなるだろうと。さてこれらの呪詛板で取り扱われるのが、次の四種の状況だ。（1）呪詛依頼者に対する虚偽告発（ニュートンによる研究書に集録された文書№81、85）。（2）所持品の盗難（浴場から？）、および／あるいは神に託された品物の返却不履行（同№82、83、84、86、88、89、93a、94）。（3）呪詛依頼者の夫をたぶらかした第三者への呪詛（同№87）。（4）呪詛依頼者を害そうと、あるいは殺害しようとの試みが疑われる個人的敵対者への呪詛（同№91、95）。ところで呪詛依頼者が全員女性であることは注目に値する。また呪詛依頼者の名の明示が普通な一方、呪詛の標的の名は記されないままだ。こうしてクニドス発見のこれら呪詛板の大半は、小アジアで発見され我々にも馴染み深い、正義と復讐を求める嘆願という種別に分類される。

文献　C.T. Newton, *A History of Discoveries at Halicarnassus, Cnidus and Branchidae*, London, 1863, vol. 2, pp. 719–45（その№81についての、イラスト・解説・部分訳）；*DT* 1–13；E. Kagarow, *Griechische Fluchtafeln*, Leopoli, 1929, p. 52；Björk, *Der Fluch des Christen Sabinus*, Uppsala, 1938, pp. 121–5；H. Versnel, "Beyond Cursing", in *Magika*, pp. 72–3（ニュートンの№82＝DT二番の翻訳あり）.

（ニュートン№81＝DT一番、おもて面）デメテル様に、コレ様に、プルト様に、およびデメテル様と共にあるあらゆる神々と女神様方に、我、アンティゴネは捧げます。もし我が本当に、アスクレピアダスに毒を盛ったり／呪いをかけたり[49]、あるいは彼に対し、心の中で何かよこしまなことをしようと考えていたのなら。あるいはもし我が本当に、ある女を神殿に呼び、彼女に一ミナ半の金を払い、彼を生者の世界から亡き者にしようとしたのなら[50]、（もしその通りならば）アンティゴネは熱に打たれ[51]、デメテル様のもとに至り、自白することになりましょう。そして彼女はデメテル様の慈悲深さに恵まれることなく、大いなる苦痛に苦しむことになりましょう。誰であれ、もしアスクレピアダスに向け、我への誹謗を語ったなら、あるいはあの女を、銅貨を支払って出廷させたのなら[52]・・・

（裏面）我自身には、（おそらく知らず知らず呪文の標的と共に）同じ浴場に行ったり、同じ屋根の下に入ったり、同じテーブルについたとしても[53]、赦免があるようにし給え[54]。

（ニュートン№85＝DT四番）デメテル様に、およびコレ様に、夫への毒／呪文を用意したと我を告発した者を、我は引き渡します。熱に打たれた彼を、その家族ともどもデメテル様のもとに参上させ給え、そして（彼の罪を）告白させ給え。また彼が、デメテル様の、コレ様の、あるいはデメテル様と共にある神々の、慈悲深さに恵まれることのないようにし給え。我自身に関しては、彼と同じ屋根の下に入ったり、彼と何らかの形で関わったとしても、赦免と許容があるようにし給え。そして我はまた、我に対し（告発文を）書き上げたり、他の人にそう命じた者を引き渡します。そして彼がデメテル様、コレ様、あるいはデメテル様と共にある神々から、慈悲の恩恵を受けることがないようにし給え。しかるに、彼がその家族全員と共に苦痛をこうむるようにし給え[55]。

（ニュートン№95＝DT十三番）デメテル様に、またコレ様に、またデメテル様と共にある神々に、我を攻撃して鞭打ち、そして我を拘禁し、そして我を告発した者どもを、我は引き渡します・・・しかるに我自身

に関しては、罰が下されることのないようにし給え・・・[56]

90. 小アジア。発見地点・状況については不詳。八・一×五・五cmの青銅板。上部中央に穴が一カ所。おそらく、この呪詛板を公共の場所に掲示したときの穴であろう。[57] 公刊者は年代に関し、前一世紀から後二世紀の間としている。訴えかけられる神格は、「神々の母」と呼ばれている。小アジアにその宗教祭儀の中心が存在した、キュベレ女神のことである可能性が最も高い。この呪詛板は、所持品の紛失あるいは盗難に関わる、正義を求めての嘆願という一般的分類に属している。さて持ち主・依頼者は、取り戻しと盗人への懲罰が神的裁きの問題となるようにと、くだんの物品を一時的に神に譲渡している。またそれが神の名声に関わる問題であるとも述べられている。こうして奉献された、あるいは所有権の移転された財産の少なくとも一部は、おそらく神の、つまりは神殿の所有物であり続けたのだろう。

文献　Christiane Dunant, Sus aux voleurs !, *Museum Helveticum* 35 (1978), pp. 241–4 ; H. Versnel, "Beyond Cursing", in : *Magika*, p. 74.

我は、我が失いし金製品の全てを、神々の母に奉献する。[58] 女神がそれらを探し出して、全てを白日の下へと持ち来たりますように。[59] また（それらを）持っていた者どもが、女神の力に相応しいやり方で罰せられますように。[60] またそれにより、女神が愚弄されたりしませんように。[61]

91. アクモニア、小アジア中部のフリュギア地方。おそらくユダヤ人に由来する墓碑銘で、年代は二四八／二四九年と明記されている。この墓石は、同じ町から数多く発見されているうちの一例である。全体として墓荒らしへの呪いが記されており、おそらく全てユダヤ人のものだ。この呪詛の書き手であるアウレリオスは墓石の反対面で、自らが歴任した都市の重要役職を列挙している。「市場と穀物購入の管理委員、公秩序の保護委員。（私は）都市のあらゆる役職を占め、区長（*stratēgos*）を務めた」。ここで取りあげる墓石、および同じ場所・時代に製作された別のもう一点の類例は、[62] メソポタミアで発見の「呪詛の鉢」（本書No. 109）を連想させる。後者にはこのような表現が使われている。「以下の章句（その箇所に続く聖書の引用）が彼（呪詛の標的）に降りかかるように」。フリュギア地方は、墓石に呪詛を記すことで良く知られていた。[63]

文献　W.M. Ramsey, *The Bearing of Recent Discovery on the Trustworthiness of the New Testament*, London, 1915, pp. 358–61; *MAMA* VI, 335a.

メノクリトスの息子、アウレ（リオス）・フルギアノスと、（彼の）妻アウレ（リア）・ユリアネが、（彼の）母マカリアと、（彼らの）最愛の娘アレクサンドリアに／のために、生前、（これを）墓として建立した。もし誰でも、購入（をしたと）の口実を用い、彼らの安置／埋葬後に、{もし}他の遺体を埋めたりするなら、あるいは害を加えたりするなら、その者に『申命記』に書かれた呪い[64]が降りかかることだろう。

92.　イタリア南端、古代のブルッティウム（現アブルッツィ）付近。一〇×十四cmの青銅板。前三世紀の可能性が最も高い。文字は通常のように尖筆で書かれたのではなく、のみで刻み込まれている。この呪詛板では盗難品の返還が求められ、その訴えは、名前の明示されない女神に向けられている。一方で盗人および呪詛依頼者の名前は、両方とも明記されている。呪詛依頼者は、自分に代わって女神が盗難品（衣服ならびに三点の金製品）を取り戻してくれれば、返礼として一部を奉献すると約束している。盗人が盗品を返却する先は女神の神殿で、女神は盗人に、改心するまで苦しみを与えるとされている。こうしたよく見られる特徴に加え、この呪詛板には一つ、目新しい要素がある。盗人は奪ったものの返還のみならず、その十二倍額の罰金の支払い、さらには香の奉納も義務付けられているのだ。

文献　*DT* 212；*SEG* 4. 70；*IG* 14. 644；V. Arangio-Ruiz and A. Olivieri, *Inscriptiones Graecae et Infimae Italiae ad Ius Pertinentes*, Milan, 1925, pp. 165–70（写真と解説付）；H. Versnel, "Beyond Cursing", in：*Magika*, p. 73.

コッリュラは、女神様の神官の方々に・・・メッリタが受け取り、いまだに返却しない暗い色の外套（?）を奉納します。しかるに彼女はそれを用い、またそれがどこにあるのかを知っているのです（?）。彼女が女神様のもとに、町の取り決めに従い[65]、一定量の香と共に[66]、その十二倍額を納めるようにさせ給え。彼女がそれを女神様のもとに納めるときまで、その衣服をいま所持する者が快復せぬようにし給え。コッリュラは、女神様の神官の方々に、メッリタが取り、いまだに返却しない三点の金製品を奉納します。彼女が女神様のもとに、町の取り決めに従い、一定量の香と共に、その十二倍額を納めるようにさせ給え。彼女が（それを）女神様のもとに納めるまで、彼女が自由に呼吸できないようにさせ給え。そしてもし彼女（コッリュラ）が、彼女（メッリタ）と、覚えず飲食を共にしてしまった場合、たとえもし彼女が同じ屋根の下にいるのだとしても、彼女には害が及ばないようにし給え[67]。

93.

シチリア島、古代のケントゥリパエ。墓地で発見。製作年代について、ジョーダンは一世紀を提案している。呪詛の契機となった原因は具体的に述べられないが、この呪詛板は明らかに、正義と復讐を求める嘆願の分類に属している。神格名は示されておらず、単に「女主人様」と呼びかけられている。

文献　D. Comparetti, Varietà epigraphiche siceliote, *Archivo Storico per la Sicilia Orientale* 16–17（1919–1920）, pp. 197–200；*SEG* 4. 61；SGD 115；H. Versnel, "Beyond Cursing", in：*Magika*, pp. 64–5.

女主人様[68]、エレウテロス[69]をお滅ぼし下さい。もしあなた様が、我が恨みをお晴らし下さるなら、我は銀でシュロ[70]の枝をお作りします、もしあなた様が彼を、人間の種族から完全に根絶やしにして下さるなら。[71]

94.　イギリス、バース。スリス・ミネルウァ女神の聖なる泉で発見。九・九×五・二cmの、鉛を含む合金の薄板。ラテン語のキャピタル（大文字）書体で記されている。同じ場所で発見された呪詛板の多くに関し、公刊者はその年代を二世紀ないし三世紀と推測している。全部でおよそ一三〇点の呪詛板が発掘・公刊され、まだ多数が未発掘のまま残されている。[72]大半での主題となっているのが、当地の浴場で紛失、あるいは盗まれた個人的所有物だ。おそらく、脱衣場泥棒によって奪われたのであろう。[73]失った品目には、宝飾品、貨幣、日用品、宝石などが含まれる。そして大半で言及されるのが衣類だ。呪詛依頼者のほとんどは、どうやら比較的低い社会階層の出身者であるようだ（トムリン、九七―八頁）。文面は非常に定式的であり、入手した手引き書から写し取られたことが明らかだ。この種の呪詛板の購入・安置にまつわる手続きの大まかな流れは、古代末期ギリシア・ローマ世界全体を通じ、驚くほどに共通している。まずは盗難品が、適切な神格の所有へと儀礼的に移され、神を紛失の直接の利害関係者とする。次いで、通常は容疑者が名指しされ、時に呪詛依頼者の名前も明示される（バースでは、二一例で依頼者の名が挙がる）。そして依頼者は、死を含む様々な苦痛を盗人の上に加えるようにと神に促す。ただしそれは、処罰のためというよりもむしろ、盗品を神殿へと返還するようにと仕向けるためだ。それから、おそらく本来の持ち主は、神殿でいくらかの手数料を支払ってそれを請け出すことになるのだろう。こうしてバース発見の事例は、正義と復讐を求める嘆願に分類される。

文献　Tomlin, pp. 118-9 (no. 8).

我はスリス様に、失った六枚の銀貨を奉献しました。[74] 下記の者どもから（それらを）女神様がお取り立てになることでしょう。セニキアヌス、およびサトゥルニヌス、およびアンニオラ。文字の記された帳面より写し取られた。[75]

アン〔二〕オラ

セニキアヌス

サトゥルニヌス。

95. イギリス、バース（No.94を参照）。七・五×五・八cmの、鉛を含む合金の薄板。両面に記載がある。四つ折りにされていた。公刊者は年代を二世紀と考えている。この事例では、「神秘的な」文字の記し方が採用されている。つまり右から左に読まれるようにと、各行の文章は通常とは逆から始まり逆で終わるのだ。こうした記載法は、バース発見事例にもいくつかの類例がある（トムリンNo.4、61、62、98、99）。

文献　Tomlin, pp. 164-5 (no. 44).

（A面）我の青銅の器をくすねた者は、完全に呪われた。[76] 我は（その者を）スリス様の神殿に奉納する。女であれ男であれ、奴隷であれ自由人であれ、少年であれ少女であれ。[77] そしてこの罪を犯した者が、自分の血を、まさにその器に撒き散らしますように。[78]

（B面）女であれ男であれ、奴隷であれ自由人であれ、少年であれ少女であれ、我はまさにその物を盗んだ盗人を差し上げます。神様が（その者を）見つけて下さるように。

96. イギリス、バース（No.94を参照）。一〇・五×六cmの、鉛を含む合金の薄板。両面に記載がある。折りたたまれた形跡はない。この呪詛板は、いくつかの理由から注目に値する。一点目。この事例の文面（A面）は、バース発見事例のうちで唯一、文章が完璧に逆向きに記されている。つまり、次の訳文で一行目冒頭に書かれている文字は、本当は文面の最後の文字であり、逆に、最終行の末尾の文字は、実は文面の最初の文字である。二点目。盗人と疑われる人物の特定のための標準的な定型表現（「男であれ女であれ・・・」）が、ここではさらに、独特な「異教徒であれキリスト教徒であれ」という表現で補われている。年代は、おそらく四世紀であろう。　文献　Tomlin, pp. 232-4 (no. 98).

（A面）異教徒であれキリスト教徒であれ[79]、男であれ女であれ、少年であれ少女であれ、奴隷であれ自由人であれ、我、マトゥティナ（?）の（息子である）アンニアヌスから、我が財布より六枚の銀貨を盗んだ者が誰であれ、女主人なる女神様、あなた様が、その者から（それらを）お取り立てになることでしょう。もしその者が、何らかの欺瞞により我に与え・・・そしてその者には、そのように与えることなく、代わりに、このことを我に引き起こした者の血として見なし給え[80]（?）。

（B面[81]）ポストゥミアヌス、ピッソ、ロキンナ、アラウナ、マテルナ、グンスラ、カンディディナ、エウティキウス、ペレグリヌス、ラティヌス、セニキアヌス、アウィティアヌス、ウィクトル、スコティウス、アエッシクニア、パルトゥッカ、カッリオピス、ケレリアヌス[82]。

97. イギリス、ケルブドン、エセックス州。折りたたまれた状態で、三世紀から四世紀の釜の中で発見。ローマ人居留地の一画。一〇・五×五cmの鉛板。鉛の薄板、および神と神殿への慣例通りの寄進手続きを利用した、紛失品ないし盗難品の回復を目的とする呪詛板の一点である。呪詛依頼者の名はウァレヌスだ。訴えかけられているのは、メルクリウス神（ギリシア神話のヘルメス神と同一視されていた[83]）、ならびに擬人化された「徳」である。

文献　R.P. Wright, in "Roman Britain in 1957", *JRS* 48 (1958), p. 150; R. Egger, *Nordtirols älteste Handschrift*, vol. 244, Vienna, 1964, pp. 16–7; H. Versnel, "Beyond Cursing", in: *Magika*, pp. 84–5.

女であれ男であれ、ウァレヌスの所有物を盗んだ者は誰であろうと、その者に自身の血をもってあがなわさせ給え(84)。その者が返却するであろう金銭のうち、メルクリウス神と「徳」にその半分が捧げられる。

98. イギリス、レッドヒル、ノッティンガムシャー州。耕地で他のローマ時代の遺物と共に掘り出された。五・七×八・四㎝の鉛板。両面に記載され、八つ折りされていた。年代について公刊者は二〇〇年頃としている。呪詛の契機は金銭の盗難だが、その額は一一二デナリウスとかなりの額に上っている。同種の他の多くの類例と同様、呪詛依頼者は財産の一部を神に寄進しており、この事例では紛失額の一〇分の一である。至高最善のユピテル神への訴えかけが行われているが、これは異例だ。こうした呪詛板では冥界の神々への呼びかけが通例であるが、ユピテル神はギリシアのゼウス神と同一視される、天界および地上の神であるからだ。

文献　E.G. Turner, A Curse Tablet from Nottinghamshire, *JRS* 53 (1963), pp. 122–4; R. Egger, *Nordtirols älteste Handschrift*, vol. 244, Vienna, 1964, pp. 17–9; H. Versnel, "Beyond Cursing", in: *Magika*, p. 84, n. 104.

至高最善のユピテル様に捧げられた。そうすることで神が、心を通じ、記憶を通じ、内臓を通じ、腸を通じ、心臓を通じ、髄を通じ、血管を通じ、・・・を通じ、（人名は欠損）を追跡して下さるように。男であ

れ女であれ、ディグヌス（?）の一二デナリウスを盗んだのが誰であれ、その者（盗人）は自ら、[85]完済することになろう。上記の神には、その者が返還するときのため、その額の一〇分の一が捧げられている。[86]

99. イギリス、リドニー・パーク、グロースターシャー州。ノデンス神の神殿跡で発見。七・五×六cmのスズ製の薄板。原文は全部で十一行、口語ラテン語で記されている。この事例でもまた、紛失した所有物が問題とされている。具体的には金の指輪で、かなり価値のある品目だ。名前の明示されない本来の持ち主は、ノデンス神がセニキアヌスという名の不法所有者を捜索し、神殿への返却を強制してくれるようにと、指輪の価値の半分の額をノデンス神に奉献している。だが実はこの呪詛板には、それ以上に興味深い点がある。発見地リドニー・パークの南東約五〇キロ、シルチェスターで金の指輪が発見されたのだ。その指輪の印章あるいは石受けの部分には「ウェヌスVENUS」と刻まれており、異教の女神に捧げられた品であることを表している。そしてさらにもう一つ、この指輪の輪の部分にも刻文がある。ほぼ間違いなく第一の刻文より後の時代のもので、文面は「セニキアヌスよ、そなたが神（と共）に生きんことをSENICIANE VIVAS IN DE[O]」。これは一般的なキリスト教徒の詠嘆表現だ。こうして刻文が二つ連なり、この指輪には続けて二人の持ち主・所有者がいたことが分かる。一人目は非キリスト教徒、二人目はセニキアヌスという名のキリスト教徒だ。この指輪も、ここで取り上げている呪詛板も、共に三五〇年から四〇〇年頃のものである。すると、次のような可能性（ただし可能性以上の何物でもない）が少し現実味を帯びる。つまり我々はいま、この呪詛板に記されている、紛失した／盗まれた指輪についての報告を手に入れたのみならず、そこに記されるのと同じ名前の刻まれた、その指輪そのものをも手にしているという可能性である。[87]想定される事件の流れは、一部は板上に通例通り記されているが、次の通りだ。まず、非キリスト教徒のシルウィアヌスが、ウェヌス女神の名が刻まれた金の指輪を紛失。次いで、キリスト教徒のセニキアヌスがそれを発見し、自分の名前とキリスト教的詠嘆表現を刻ませる。それからシルウィアヌスは、紛失した・盗難された指輪を、セニキアヌスという名の人物が所有するに至ったことを知る。そこでシルウィアヌスは、呪詛板製作を依頼し、土地のノデンス神の神殿に安置。そして指輪は、約一四〇〇年後、農地を耕す農夫によって発見された。

文献　*DT* 106（*CIL* VII. 140）；R.G. Goodchild, The Ring and the Curse, *Antiquity* 27（1953）, pp. 100–2；H. Versnel, "Beyond Cursing", in：*Magika*, p. 84；J. Toynbee, Christianity in Roman Britain, *Journal of the British Archaeological Association* 27（1953）, pp. 100–2.

神ノデンス様に。シルウィアヌスが指輪を紛失しました。彼はノデンス様に、（その価値の）半分を差し上げました。セニキアヌスという名前を持つ者どものうちの誰にも、その者がノデンス様の神殿へとそれを持ち来たるまで、健康をお許しになりませんよう。[88]

100.　ウェールズ、カーリーオン。円形闘技場跡で発見。第二軍団アウグスタとして知られるローマ軍団の駐屯地近く。七×七cmの鉛板。折りたたまれた痕跡はない。闘技場の付近、あるいは近隣のネメシス神殿に安置されていたものに違いない。おそらく一世紀ないし二世紀に製作されたもの。元は二つの「取っ手 *ansae*」が付いていたが、うち一方は失われている。原文は口語ラテン語が八行、草書体で記されている。訴えかけられる神格はネメシス女神で、「女主人様」と呼びかけられている。[89]この事例でも、イギリスのバース、および他の場所で発見の何例かの呪詛板に現れる、「その者の血と生をもって」という定式表現が記されている。それゆえこの呪詛板もまた、所有品の紛失を契機として、盗難容疑者に対し向けられたものであることが示唆される。呪詛依頼者はネメシス女神の力に訴えることで、その喪失への復讐を図っているのだ。

文献　R.G. Collingwood, Inscriptions on Stone and Lead, *Archaeologia* 78（1928）, pp. 157–8；A. Oxé, Ein römisches Fluchtäfeln aus Caerleon（England）, *Germania* 15（1931）, pp. 16–9；R. Egger, Aus der Unterwelt der Festlandkelten, *Wiener Jahreshefte* 35（1943）, pp. 108–10；Jordan, "Agora", p. 214；H. Versnel, "Beyond Cursing", in：*Magika*, pp. 86–7.

女主人たるネメシス様！　我はあなた様に、この外套とこれらの靴を差し上げます。これらを着た（奪った？）者が、自分の血と生以外で、それをあがなうことのありませんように。(90)

101.　オーストリア、インスブルック近郊（古代のウェルディデナ、現ヴィルテン）。ローマ時代の墓地遺跡で発見。五・七×二・六cmの鉛板。原文の文面は全部で十五行、洗練を欠いたラテン語で記されている。エッガーは一〇〇年頃との年代を提示している。訴えかけられる神格は、まずはお馴染みのメルクリウス。次いで珍しいモルティヌスで、これは他の碑文一点のみから知られるケルトの神格だ。さらには古いローマの神、あるいは怪物であるカクス。呪詛の契機は所有品の盗難で、持ち主はその額を十四デナリウスと見積もっている。元の持ち主・呪詛依頼者は、セクンディナという名の女性だ。用いられている定式表現は、イギリスで発見のラテン語呪詛板（本章№94―100を参照）、および何例かのギリシア語呪詛板での表現と非常によく似ている。

文献　L. Franz, Ein Fluchtäfelchen aus Veldidena, *JOAI* 44（1959）, Beiblatt, cols. 69–76；R. Egger, *Nordtirols älteste Handschrift*, vol. 244, Vienna, 1964, pp. 3–23；H. Versnel, "Beyond Cursing", in：*Magika*, pp.

83-4（翻訳の参考にしている）．

メルクリウス様に(91)、またモルティヌス様に(92)、セクンディナが命じます。誰であれ、十四デナリウスの価値の首飾り二点を盗んだ者に関し、ちょうど彼女がそれらを奪われたごとくに(93)、人を欺くカクスが(94)、その者から、またその者の資産から、それらの品を奪い去りますように(95)。そして彼女は、あなた様が追跡するようにと、あなた様にそれらの品を委ねました(96)。あなた様がその者を追跡し、その者を、その資産から、またその家族から、またその愛する者たちから引き離して下さるようにと、彼女はそれらの物品を、あなた様方に委ねました(97)。彼女はこの件を、あなた様方に命じます。この者を、罰しなければなりません(98)。

第6章　その他の呪詛板

呪詛板にいくつかある種別の中でも、本章に集められた種々の事例ほどに、恣意的に集められているものがないのは確かだ。おそらく「個人的」という分類名の方が良かったかもしれない。もちろん全ての呪詛板や呪縛呪文が個人的であるのは当然だ。つまりそれらは全て、個々人が他者に対して補償や便宜を求めようとする際に用いられる、儀礼的な媒介物の一例であるという意味である。端的に言えば、どういった分類であれ呪詛板は全て、本章に集録された事例と同列に扱われうるのだ。

実のところ、本章に配されているのは、単純かつ消極的とも言える一つの基準を満たす事例である。すなわち、呪詛の元々の契機や状況に関して情報が十分には明らかにされておらず、特定の分類への帰属を正確に判断することができないのだ。しかし見方を変えれば、前章までの他の分類（競技場での競争、セックスと愛、訴訟・政争、商売上の競合、そして正義と復讐を求める嘆願）にしても、強烈な情動的感覚、および古代の呪詛板で表現される多種多様な個人的争いの持つ可能性を、完全に汲み取り尽せてはいない。本章の折衷的な諸事例は、我々にそのことを思い起こさせてくれている。本章で論じられる呪詛板の多くは、あともう少しの情報があれば別の章に配置できたのかもしれない。それでもやはり、登場する男女の個々の人生においての詳しくは知り得ない瞬間に、怒り、嫉妬、欲望、そして復讐心が生起したことに間違いはない。だからこの章の呪詛板のいくつかは、たとえその契機に関し追加情報を知り得たのだとしても、おそらくこの章に残されることになるだろう。

102. ギリシア、アッティカ地方。発見地点は不詳。前四世紀の製作と考えられる鉛板。おそらく元は折りたたまれていたか、丸められていた。十八・五×六cm。呪詛の契機は記されていない。文面の人物のうち幾人かは、前四世紀の他の碑文からも知られている。特に興味を引くのが、「そして我は解放しません」との珍しい式文である。呪詛や呪縛呪文の力をかわすことが明確な目標の護符が、多数存在していたのだ。

文献　Wilhelm, pp. 120–2; A. Deissmann, *Light from the Ancient East*, London, 1911, p. 307; SGD 18.

神々。幸運あれ。[1] アンティファネスの息子アンティクレスを、[2] またパトロクレスの息子アンティファネスを、またクレオカレスを、またフィロクレスを、またフィロクレスを、またスミクロニデスを、またティマンテスを、そしてティマンテスを、[3] 我は呪縛します、そして我は解放しません。我はこれら全ての者どもを、冥界の、人を欺く、呪縛者たる、悪辣な、[4] ヘルメス様の御前で呪縛します。そして我は（彼らを）解放しません。[5]

103. ギリシア、アッティカ地方。発見地点は不詳。おそらく前四世紀ないしは前三世紀に製作されたもの。呪われる人（々）の名前のみから構成され、神格や精霊への言及もなく、呪詛の背景も、また何の動詞も記されないタイプの典型事例だ。九×五cmの鉛製の薄板。元は折りたたまれ、一本の釘で貫かれていた。

文献　DTA 4.

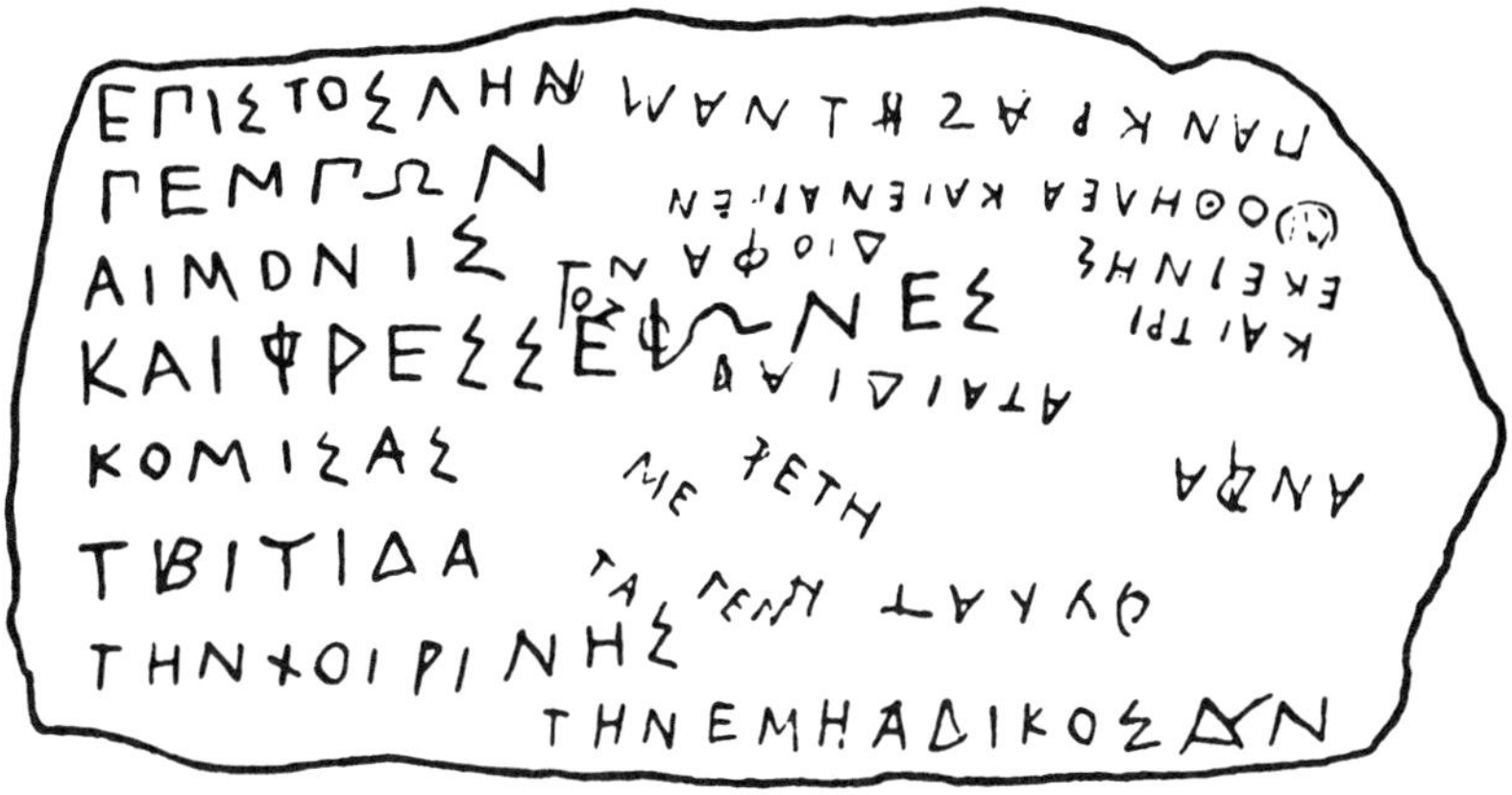

図22　アッティカ地方（ギリシア）で発見された、手紙形式の呪詛板。右側の名前や単語のいくつかは、綴りが滅茶苦茶に入れ替えられている。こうした普通でない記し方には、呪詛の標的の運命を象徴的に表現しようとの思いがこめられていた。つまり、彼らの人生が滅茶苦茶になりますように、と。

エウクシテオスの解放奴隷、(6)ニカンドロスを。

104.　ギリシア、アテネ。発見地点は不詳。ヴィルヘルムは前四世紀と考えている。十三×六cmの鉛板。両面に記載がある（図22）。A面は各行非常に短く、全十六行。B面の各行はそれよりいくぶん長く、全部で十九行が記される。いくつかの箇所では、行の順番、および単語を構成する字母の順番が、故意に入れ替えられている。この呪詛板は、他に類例のある多目的用呪詛である。取り扱われるのは、失われた家族構成員（ないしは奴隷）、プロの拳闘家、ならびに複数の女性の絡む情事についてだ。その女性の何人かは、娼婦あるいは遊女《ヘタイラ》であった可能性がある。

文献　DTA 102; Wilhelm, pp. 112–3（翻訳の元テキスト）; H. Versnel, "Beyond Cursing", in: *Magika*, p. 65.

（A面）我は精霊《ダイモン》たちに、またペルセフォネ様に、手紙を送ります(7)。そして（彼女らに）届けます。我に不正を働いた、コイリネの（娘である）トリビティスを、その娘を、その夫を、また女二人、男一人の計三人の子供たちを。パグクラテス、マンテ［ィアス］、ディオファントス、メタゲネス。

（B面）呪縛されたのは・・・拳闘家のアリストマコスとアリストニュモス(8)。彼らの力を全て、呪縛し給え。カリクレイデスの娘であるエウァンドリア・・・(9)、アリストクラテスの娘である人を欺くドリス。ペルセフォネ様が、彼女の全てを呪縛して下さるように。ヘルメス様、ハデス様(10)、あなた様方がこれら全員を呪縛して下さるように。精霊《ダイモン》たちよ、ポリュクレイアの娘であるガレネを(11)、そなたらのかたわらで（呪縛するように(12)）。

105.

ギリシア、アテネのケラメイコス地区。前五世紀の墓地で発見。非常に長細い薄板で、切り口は不揃いである。元は折りたたまれていたが、現在は八つに分離している。七×三七・五㎝。公刊者であるペークは、同時に発見された、ここに紹介したのとは別の呪詛板に訳されているペイタンドロスという人物について、著名な政治家であった、パイオニダイ区所属のブレピュロスの父であると考えている(13)。そこには、多くの同家系の構成員、その従者たち、さらには愛人や遊女《ヘタイラ》までもが列挙されている。呪詛の背景には、政治的な訴訟よりもむしろ個人的な論争があったと見るのがよさそうだ。

文献　Peek, no. 3, pp. 91–3; Jeffery, p. 75; SGD 1.

（A面）・・・我は呪縛する・・・我はポリュアラトスの息子であるステファノスを、ペルセフォネ様ならびにヘルメス様のもとに呪縛する。我はテオテミスを呪縛する。我はファノストラトスの息子であるヘゲマコスを呪縛する。我はデモクラテスの娘であるエウクレイアを・・・呪縛する。我はエウクレイアの魂および舌を、ペルセフォネ様とヘルメス様のもとに呪縛する。我はデモクラテスの娘であるエウクレイアを、その魂と・・・言葉を呪縛する。我はフィロストラテを呪縛する。我は妾のアリストブレを、またアリストブレの魂を呪縛する。我はフェイディアスの息子であるカリアスを、カリアスの魂を、またカリアスの舌を呪縛する。我はカリアスの娼婦であるアメイノニケを呪縛する。我はアメイノニケを、ペルセフォネ様のもとに呪縛する。我はまた、アメイノニケの魂および舌を、またアメイノニケの言葉と行為を呪縛する。我は呪縛する・・・我はカリアスを呪縛する。我はアメイノニケを呪縛する。我はパイオンの息子であるティモテオスを、またティモテオスの舌を呪縛する。我はムネシッポスを、またムネシッポスの魂を呪縛する。我はパイオンの息子であるムネシアスを呪縛する。我はデモニコス（？）を呪縛する・・・我はムネシアスの姉妹であるプラゴンを呪縛する。我はプラゴンの兄弟であるカッリッポスを呪縛する。我はカッリッポスの魂および両手を呪縛する。我は彼の召使いであるエルガシオンおよびピュティオスを、またエルガシオンの魂と、またエルガシオンの妻を呪縛する。我は呪縛する・・・

106. パレスチナ。エルサレムの南、ヘブロン近郊。正確な発見地点は不詳。年代も不明だが、おそらく三世紀から五世紀。七×四・五cmの鉛板。元は丸められていた。訴えかけられている諸力は、文面の上部に四行にわたって書かれた記号で表現される、お馴染みの象徴記号《カラクテレス》だ。呪詛の契機は判然としない。

文献　B. Lifshitz, Notes d'épigraphie grecque, *RB* 70 (1970), pp. 81–3（図版 IX）; SGD 163.

我は象徴記号《カラクテレス》に訴えかける。敬虔(14)なメガレから生まれたるエウセビオスを、苦痛と傷害と共に、寝床に伏させ給え(15)。彼を熱の中に投げ込み給え。彼を苦痛と死と頭痛と共に、寝床に伏させ給え。早く、早く、今だ、今だ！

107. パレスチナ、テル・サンダハンナー。エルサレムの南西約六〇キロにあるその地に、かつておそらく古代のマリッサ市があった。全部で五一点発見された石灰石片のうちの一点。大半が非常に小さい（四×六cm）。他にも同時に十六体、鉛の小像が発見されており、その多くの手や足は縛られていた（本章No.108を参照）。石片の多くには、一人ないし二人の個人名、あるいは散りばめられたギリシア文字が書かれているだけだが、ただ二点にのみ、まとまった文章が記されていた。そのうちの一点、ここに訳出した事例は、呪縛呪文か、あるいは対抗呪縛呪文である。この呪詛板の寸法は十四×十六cm。数文字、およびおそらく一〜二行程度が欠損している。ヴィンシュは文字の形状と綴りを根拠とし、年代を二世紀と推定している。名前の明示されない呪詛依頼者が、フィロニデスという人物への懲罰を求めている。どうやらフィロニデスは、呪詛依頼者に対して呪文をかけて仕事を失わせようとしていたようだ。神格や精霊への言及はない。呪詛の背景には個人的怨恨があり、文中、経済的な問題として説明されている。ここでの当事者たちはユダヤ人であった可能性がある。発見地は当時、ユダヤ人都市であったからだ。

文献　F.J. Bliss, Report on the Excavations at Tell Sandahannah, *Palestine Exploration Fund. Quarterly Statement*（London, 1900）, pp. 319–34；C.S. Clermont-Ganneau, Royal Ptolemaic Inscriptions and Magic Figures from Tell Sandahannah, *Palestine Exploration Fund. Quarterly Statement*（1901）, pp. 54–8；R. Wünsch, The Limestone Inscriptions of Tell Sandahannah, in：F.J. Bliss and R.A.S. Macalister ed., *Excavations in Palestine during the Years* 1898–1900, London, 1902, pp. 173–6（no. 34）；R. Ganszyniec, Sur deux tablettes de Tell Sandahannah, *BCH* 48（1924）, pp. 516–21.

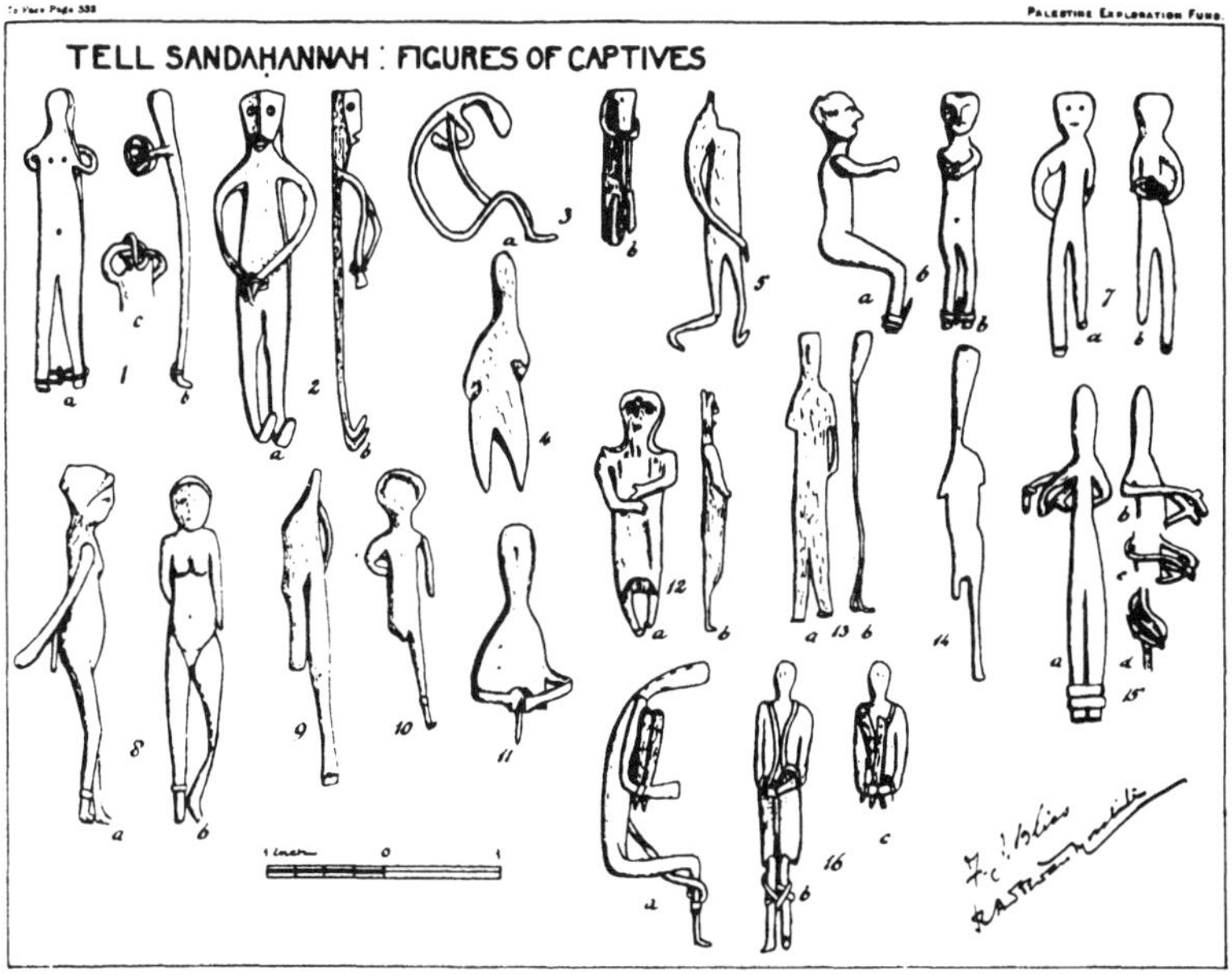

図23　テル・サンダハンナー（パレスチナ）で発見された、手足の縛られている小像。うち何点かでは、性差も表現されている。これら遺物全体は、土地の呪術師《マゴス》の所持していた、未使用の在庫であった可能性がある。どうやら職業的な呪術師《マゴス》たちは、未来の顧客のため、出来合いの呪詛板や小像を最初から手元に用意していたようだ。

我は、クセノディコスの息子であるフィロニデスを呪縛する（?）。彼の処罰を、また頭痛および他の痛みのゆえに、デメトリオスの家から我が追い出されるよう仕向けたこの男への復讐を、[16] 我は要求する。そうして、彼が我に向けて発した呪縛呪文が、[17] 忘却により捕らえられますように。フィロニデスが、人畜無害の、誰にも害を与えられない存在となって、永遠に声を失い、困窮するようにし給え。今だ、早く。[18]

108.
発見地点、発見状況はNo.107と同じ。十六体の小像。高さはそれぞれ五cmから八cm（図23）。大半が手ないしは足を縛られており、両方とも縛られているものも何点かある。いくつか、わずかに造形の施された跡が見られ、神、頭、顔、臍、胸、そして四肢などが表現されている。こうした小像は、呪縛呪文に特徴的な備品だ。これら十六体の事例は、特にそれぞれの異なった形状を考えると、もしかするとマリッサ市に居住した、職業的な呪術師《マゴス》のところの在庫品なのかもしれない。

文献　No.107と同じ。

109.　メソポタミア。発見地点は不詳。訴えかけが「墓地に住まう霊」に対して行われていることを考えると、どうやらこの鉢は元は墓地に安置されていたらしい。同様の事例と同じく、この鉢は陶器であり、インクで記されている。寸法は、上部で約十二cm。呪文に用いられている言語は、バビロニア地方のヘブライ語およびアラム語だ。聖書からの数多い引用部分はヘブライ語で、それが時にアラム語で「翻訳」されていたり、置き換えられていたりしている。公刊者は年代について報告していない。鉢の底には円が描かれている。その円の内部には、図案一つといくつかの単語が記されているが、意味の分かる語は二つだけだ。円の外には文章が十三行、下部から上部へと螺旋を描くように続いている。同じ図案を持つ他の鉢（図24）から判断すると、描かれているのは文末に登場して訴えかけられている天使、あるいは精霊と考えられよう。しかしもしかすると、呪文の標的を表現しているのかもしれない。この鉢はいくつかの点で注目に値する。類例とは異なり独特なのが、この事例が個人的な敵対者を呪詛するためのものである点だ。具体的な呪詛の内容、つまり疾患や病気、またその他の災難は、聖書の詩句から引かれている。そうした詩句、あるいは詩句の連なりは必ず、次の文言に引き続いて引用される。「次の詩句が彼に降りかかりますように・・・」。これらの特徴は、この鉢と呪文がユダヤ的なものであることをはっきり示している。この鉢を用意した専門家、呪詛依頼を行った名前不明の人、ならびに呪詛の標的となった人物もまた、明らか

図24　文字などの記されている鉢[訳注1]。おそらくメソポタミアで発見。底のところに図像がいくつか描かれている。この鉢の機能は、鉢の持ち主を、害意ある呪文や呪詛から防御することであった。公刊者は中央の図案について、こう述べている：「おそらく昆虫の体を持った人の顔・・・この図案を数多くの図像が取り囲んでいるが、そこに描かれているのは一匹のヘビと、二匹の何らかの爬虫類、そして線の先端が全て丸で終わっている、一点の十字架である」。(Naveh and Shaked, *Amulets and Magic Bowls: Aramaic Incantations of Late Antiquity*, Jerusarem, Magnes Press, Hebrew University, 1985, Plate 18［Bowl 4, left side］)

にユダヤ人である。訴えかけられている天使（たち）と精霊（たち）の秘密の名は、他の事例には全く登場しない。

文献　Naveh and Shaked, pp. 174-9 (bowl no. 9).

（円の内部）'HYD PKR TSMR W' QYM GBYH WSRYH また星々よ、また惑星たちよ。

（円の外側）そしてナナイの息子であるユダの、全ての吐瀉物と唾が・・・そうして彼の舌が、彼の口の中で乾し上がりますように。彼の唾（？）が、彼の喉で溶け落ちますように。彼の両脚が、乾し上がりますように。硫黄と火が、彼の中で燃え上がりますように。彼の体が、火傷に襲われますように。彼が、彼を見る者たち全ての目の中で窒息させられ、疎外され、そして乱されますように。また彼が、閉め出され、絶たれ、消失し、終わりとなり、打ち負かされますように。また彼が、死にますように。また炎が、天より彼へと降りて来ますように。また戦慄が、彼を捕らえますように。また裂け目が、彼を捕まえますように。また叱責が、彼の中で燃え上がりますように。以下の詩句が彼に降りかかりますように。それらは天から降り、再び上ることはなく、またその苦痛が癒えることもないであろう。「彼らの目を暗くして、見ることができないようにし、腰は絶えず震えるようにして下さい」（『詩篇』六九・二四）。「彼らの宿営は荒れ果て、天幕には住む者もなくなりますように」（『詩篇』六九・二六）。次の詩句が彼に降りかかりますように。「そして、わたしの怒りは燃え上がり、あなたたちを剣で殺す。あなたたちの妻は寡婦となり、子供らは、孤児となる」（『出エジプト記』二二・二三）。また以下が、ナナイの息子であるユダに降りかかりますように。「主は、肺病、熱病、高熱病、悪性熱病、干ばつ、[黒穂病]、赤さび病をもってあなたを打ち、それらはあなたを追いあなたを滅ぼすであろう」（『申命記』二八・二二）。「主は悪いはれ物を両膝や腿に生じさせ、あなたはいやされることはない。それはあなたの足の裏から頭のてっぺんまで増え広がる」（『申命記』二八・三五）。「主はまた、あなたを打って、気を狂わせ、盲目にし、精神を錯乱させる」（『申命記』二八・二八）。「あなたたちは自分の息子や娘の肉を食べるようになる」（『レビ記』二六・二九）。ナナイの息子であるユダの喉は、呑み込むことができなくなるであろう。彼の食道は、ものを食すことができなくなるであろう。息詰まりが、彼の口蓋を襲うであろう。また麻痺が、彼の口と舌を襲うであろう・・・次の詩句が、彼に降りかかりますように。「諸国の民は、どんな力を持っていても、それを見て、恥じる。彼らは口に手を当てて黙し、耳は聞く力を失う。彼らは蛇のように、地を這うもののように塵をなめ、身を震わせながら砦を出る」（『ミカ書』七・十六―十七）。「主はその者を決して赦そうとはなされない。そのときこそ、主の怒りとねたみが燃え上がり、この書に記されている呪いの誓いがすべて［その者にのしかかり］、主はその名を天の下から消し去られる」（『申命記』二九・十九）。そのように、ナナイの息子であるユダの名が、［アマレク］の名が消し去られたごとくに消し去られ、[訳注2] そして［彼の記憶は］世界から根絶やしにされるであろう・・・彼の手足が、押しひしがれますように。またそこで彼に、為されますように（？）。審判が、燃え上がりながら速やかに凶兆と不運が、化膿が、疥癬が、害虫が、黒化が、戦慄が、害虫が・・・賊が、そしてサタンが、やって来るだろう。そして天使たるSHSHRB の名のもとに、またこの墓地に住まう精霊たるモトとヤロドとアナヒドとイスタル・トゥラと・・・の名のもとに、きっと全てが、ナナイの息子であるユダの上にのしかかることになろう・・・

110.

エジプト、アレクサンドリア。十三×十四cmの鉛板。三世紀。呪詛依頼者はイオニコスという名の人で、

訳注1　No.109そのものではない。

訳注2　『出エジプト記』十七・八―十四で、モーセの率いる民と戦ったアマレク人は敗れ、神はその記憶を消し去ることを宣している。

彼はヘカテとヘルメス、プルト、コレ（ここではバビロニアの女神エレシュキガルと同一視されている）、そして各種の神秘的文言《ウォケス・ミュスティカエ》に訴えかけを行うことで、アンニアノスという人物を呪縛しようとしている。呪文には「呪縛」の動詞がいくつか使われている。この呪文の正確な目的は不明だ。ただし何かの情事（ホモセクシャルの）と関係している可能性は高いと思われる。文中では訴えかけの「反復句《リフレーン》」が、四度にわたって繰り返されている。

文献　J. Zündel, Aegyptische Glossen, *RM* 19（1864）, pp. 483–96 ; C. Wessely, *Ephesia Grammata*, Vienna, 1886, pp. 23–4（no. 244）; E. Kuhnert, Feuerzauber, *RM* 49（1894）, pp. 37ff ; DTA, p. xv ; *DT* 38 ; C. Harrauer, *Meliouchos. Studien zur Entwicklung religiöser Vorstellungen in griechischen synkretistischen zaubertexten*, Vienna, 1987, pp. 53–8.

トゥ［レー］キスィトゥフェー・アムラカララ・エーフォイスケーレ・・・くらえ[19]、アンニアノス！　冥界のヘルメス様、アルケダマ・フォーケンセ・プセウサ・レルタ・トゥーミソン、またクト、またプルト様、*フエセムミガドーン・マアルカマ、そして*コレ・エレシュキガル様*、ザ［バル］バトゥーク、またペルセフォネ様、［ザ］ウダクトゥーマル。我はあなた様方を、大地、ケウエーモリ・モーリタルコートゥの名を唱え、また冥界のヘルメス様、アルケダマ・フォーケンセ・プセウサ・レルタ・トゥーミソンの名を唱え、またプルト様、フエセ［ムミ］ガドーン・マアルカマの名を唱え、またコレ・エレシュキガル様、ザバルバトゥークの名を唱え、またペルセフォネ様、ザウダクトゥーマルの名を唱え、呼び出します。アンニアノスが（その）記憶を失うように。そしてイオニコスのことのみを、記憶に留めているように！　我はあなた様を呼び出します。人類の支配者なる女主人たるお方、極めて恐ろしいお方、大地から出づるお方[20]、また*メリウーコスの四肢とメリウーコスその人を集めるお方、エレシュキガル様、ネブートスーアレートゥ・エレベンネー・アルクィア・ネクィ、ヘカテ様、真のヘカテ様、来たりて、まさにその行為を我がために実行し給え。(21) 冥界のヘルメス様、アルケダマ・フォーケンセ・プセウサ・レルタ・トゥーミソン、またクト、またプルト様、フエセムミ［ガ］ドーン・マアルカマ、またコレ・エレシュキガル様、ザバルバトゥーク、またペルセフォネ様、ザウダクトゥーマル、またこの地の精霊《ダイモン》たちよ。我、イオニコスのために、アンニアノスの強さ（および）力を呪縛し給え。そうしてあなた様方が彼を捕らえ、時ならず死した者たちに（彼を）引き渡しますように。そうしてあなた様方が（彼の）体を、(22)（彼の）腱を、（彼の）四肢を、（彼の）心を溶かし去りますように。(23) そうして彼が、イオニコスに反して事を進めることができなくなりますように。我に関し、何か邪悪なことを聞くことも、見ることもできなくなりますように。しかるに彼が（私に）従順となるまで、（私の）足元で、（彼を）私に従わせよ！　かく言うは、万事の女主人たる支配者が、これらの事々を彼のため、運命の糸として紡いだのだから。女主人、＊マスケッレイ・マスケッロー・フヌーケンタバオー・＊オレオバザグラ・レークスィクトーン・ヒッポクトーン・ピュリペーガニュクス、冥界の、女主人たる大地！　メウエーリ・モリタルコートゥ。我はあなた様を、あなた様の名を唱えて呼び出します。この行為を実行し給え、我のため、この呪縛呪文を見守り給え、そしてこれを精力的に為し給え！　ヘルメス様、アルケダマ・フォーケンセ・プセウサ・レルタ・トゥーミソン、またクト、またプルト様、［フ］エセムミガドーン・マアルカマ、またコレ・エレシュキガル様、ザバルバトゥー［ク］、またペルセフォネ様、ザウダクトゥーマル、またこの地の、さまよえる精霊《ダイモン》たちよ、この行為を実［行］せよ、そして呪縛せよ・・・

111.
エジプト、エシュムネイン（ヘルモポリス・マグナ）。陶片《オストラコン》に記されている。年代は不明だが、三世紀ないしは四世紀より古い可能性は低い。呪文はギリシアのクロノス神に対して訴えかけられていて、ホリという人物が、ハトロスという人に話しかけるのを妨げるようにか（おそらく訴訟絡みで）、あるいはホリが、ハトロスの利害に反し話すのを妨害するようと願われている。この呪文に漂う雰囲気は、おそらくキリスト教的なものだ。（ユダヤ／）キリスト教徒と非キリスト教徒の名前、そしてクロノス神への訴えかけの併存から、当時のエジプトでの、地方的キリスト教信仰の持つ習合的性格が窺われる。

文献　F.E. Brightman in: W.E. Crum ed., *Coptic Ostraca*, London, 1902, pp. 4–5 (no. 522); U. Wilcken, Ostraca, *Archiv für Papyrusforschung* 2 (1903), p. 173; E. Peuschen, Review of Coptic Ostraca, ed. W.E. Crum, *Byzantinische Zeitschrift* 15 (1906), p. 642; B. Couroyer, Le 'doigt de Dieu,' *RB* 63 (1956), pp. 481–95; *PGM*, vol. 2 (Ostrakon, no. 1).

全人類の怒り／激情を抑える神、クロノス様、(24) マリア(25)から生まれたるホリの怒り／激情を、束縛し給え。そして彼が、タエセスから生まれたるハトロスに対して／反して、語ることのないようにし給え。というのも我はあなた様に、神の指にかけて、(26) あの者がこの者に（反して／対して）、（その）口を開くことがないようにと懇願しているのです。と言うはあの者は、クロノス様のものであり、クロノス様に従属しているのです。あの者がこの者に、昼も夜も何時でも、(27) 話しかけることのないようにし給え。

112.

エジプト、オクシュリュンコス。発見地点は不詳。同種の呪詛板の大半と同じく、この事例も墓に埋められていたのは間違いない。十五×十九cmの鉛板。三世紀に製作されたもの。比較的新しい時代の事例としては異例だが、文中には伝統的な名前による神格への言及がない。ただし三種の神秘的な名前が「翼の形」の隊形をとりながら記されていて、その隊形はまた回文として読むこともできる。(28) 呪文の文面自体はこれら図案の下部および両側に書かれているが、そのうち両側の文章は縦に記されており、左側では上から下へと、右側では下から上へと文字列が進行している。呪文の実際の執行者は、この呪詛板が安置された墓の主である死者の霊魂に違いない。呪詛の契機について何も述べられないものの、呪詛依頼者は自分の敵対者を黙らせたいと望んでおり、その表現は、何らかの法的状況を示唆しているのかもしれない。またはもっと一般的に、とにかく何か個人的な（性的な？）争いが背景にあったのかもしれない。ギリシア人とエジプト人の名前が混在していることから、ギリシア人と土着エジプト人が日常的に接触するような、比較的小規模のコミュニティ内での社会的状況が窺われる。主要登場人物は全て男性だ。

文献　O. Guérard, Deux textes magiques du musée du Cairo, in: *Mélanges Maspero*, vol. 2, Paris, 1935–1937, pp. 206–12；SGD 154.

タコエイスから生まれたるキコエイスを、ヘラクレイアから生まれたるヘラクリオスの前で、またディデュメから生まれたるヘルミアスの前で、黙らせよ。[29] これら二人が、キコエイスを憎悪するようにせよ。ディデュメから生まれたるヘルミアスが、タコエイスから生まれたるキコエイスを憎悪するようにせよ。ヘラクレイアから生まれたるヘラクリオスの前で、キコエイスその人を黙らせよ。これら二人が彼を、激しい憎悪をもって憎悪するようにせよ。またこれら二人が、彼に会いたいと望まないようにせよ・・・キコエイスその人を黙らせよ。今日、この時、今だ、今だ、早く、早く。

113. エジプト、カイロのゲニザ（詳細は、本書第2章№32を参照）。手引き書中の別々の頁に記されていた、二種の呪縛呪文。どういった状況に使用するのか述べられていないが、おおまかに、個人的な怨恨と分類することができる。

文献　Naveh and Shaked, pp. 231–6 (Geniza 6).

（3頁）また別（の呪文）。鉛の薄板に記し、そしてお前の望む家に埋めるべし。[30] 書かれるべきは、次の通り。「これは、Yの息子／娘であるXのために用意されたる書。そうすることでこの者が、病に苦しみながら、寝床の上で溶け、したたり、呻き、そして銷沈してしまうように。'W'W NWQ'K QDYTK 'PLWQ 'W'W KYT'WN WŚ'QSW ŚMW の名にかけて。[31]

（4頁）そなたら、聖なる文字よ。そこなるYの息子／娘であるXに、火と熱と呻きが襲いかかるようにせよ。またこの者が、病に苦しみながら、寝床の上で銷沈してしまうように。そしてこの者には、我が望むだけ長く、癒しが与えられぬように。A（アーメン）A（アーメン）S（セラフ）H（ハレルヤ）。

また別（の呪文）。焼成前の陶片に記し、かまど／浴場に埋めるべし。「火が、Yの息子／娘であるXに対して常に燃え上がる。それは決して消えることがない。かく言うは、その火は、Yの息子／娘であるXに対しての、我が怒りによって点火されたのだから。それは冥土《シェオル》の深みにまで燃えさかる。それは大地を、またその実りを喰らい尽くす。そしてそれは、Yの息子／娘であるXに対して燃えたつ。見よ、主の御手が、Yの息子／娘であるXの上に。A（アーメン）A（アーメン）S（セラフ）H（ハレルヤ）。

114. エジプト。ユダヤの呪文と手引き書の集成である『セペル・ハ・ラジム *Sepher ha-Razim*』（詳細は、本書第2章No.31を参照[32]）。

もしお前が、お前の敵の眠りに問題を起こしたいと望むのなら、[33] 生前に光を見なかった黒い犬の頭部を手に取りなさい。それから水道管の（鉛の）導管の一片から薄板《ラメッラ》を取り、そこにこれら天使たち（の名前）を記して、こう唱えなさい。

第四段階におわす不穏の天使たちよ。我はあなた様方に、Nの息子であるNの生、および魂、および心を引き渡します。そうしてあなた様方が、彼を鉄の鎖で縛り上げ、また青銅のくびきに縛りつけて下さいますように。彼のまぶたには、眠りも、まどろみも、また眠気も、お与えになりませんよう。彼を出産時の女のように、泣き叫ばせ給え。そして（他の）いかなる者にも、（この呪文から）彼を解放することをお許しになりませんよう。

こう書いてから、（文字の記された鉛を）犬の頭部の口に入れなさい[34]。さらに口の中にロウを入れ、そこにライオン（の彫り物）がある印章付き指輪で封印しなさい。それから出掛け、これをその者の家の裏手か、あるいはその者がよく行く場所に隠しなさい。もしお前が、その者を解放したいと望むなら[35]、（犬の頭部を）隠し場所から取り去り、封を解き、文章を引き抜き、そしてそれを火にくべなさい。そうすれば、その者はたちまち眠りに落ちるであろう。以上を、謙虚な気持ちで行いなさい[36]。そうすればお前は、成功を収めることだろう。

115. エジプト。発見地点は不詳。十九×二三㎝の鉛板。元は折りたたまれ、二本の釘で貫かれていた。四世紀ないし五世紀と推測される。この呪詛板は、オリゲンとパオミスという二人の人物の間に起こった、詳細不明のいさかいに関するものだ。呪文により願われるのは「怒りの抑制 *thumokatochon*」である。これはPGMに集録の手引き書には良く登場する類型だ（例えばPGM四番四六七行）。神格には「ブリモー」という名で呼びかけられるが、これは例えばアルテミス、ヘカテ、セレネ、またペルセフォネなど、様々な女性の神的存在と結びつくのが通例の形容辞だ。板上での呪詛文の配置は非常に手が込んでいて、優雅とさえ言える（図25）。呪文の文面は、全部で三部分に分かれて配置されている。まずは「エウラモー

エレーキスィトゥフェーララカララエーフティスィケーレ
レーキスィトゥフェーララカララエーフティスィケール
エーキスィトゥフェーララカララエーフティスィケー
キスィトゥフェーララカララエーフティスィク　コプロミュルティリプレクス
イスィトゥフェーララカララエーフティスィ　　　エクサナケローニタ
スィケーレアラカララエーフティス　　ランプサメロー
イケーレアラカラ〈ラ〉エーフティ　　ランプサマゾーン
ケーレアラカララエーフトゥ　　バシュミアオー
フェーアララカララエーフ　　オプロミュルティロプレクス
エーアララカララエー　　アナカザ
アララカララ　　　エクサナケローニタ
ララカララ　　　アナクサルナクサ
アラカラルル　　　ケラスファケローナス
アカラ　　　ファメタタスマクサラナ
ルカル　バシュミアオーイアキントゥー

ティサティスから
生まれたる、パオミオスの
怒りを、憤怒を、
抑制せよ。今だ、
今だ、早く、早く。

ベリアス・ベリオーアス・アルーエーウー・アルーエール・クムーク・クムーク、呪縛せよ、縛り上げよ、ティサティスから生まれたる、パオミオスの怒りを。かく言う我は、あなた様に訴えかけているのです。偉大なる、身体のごとき、身体を持たぬお方よ、光を引き下ろすお方よ、始めの創造主よ、イァオーエーイォーイァイェウーイァボル・サバオトゥ[38]・レンタマウートゥ・エレーキスィトゥフェーアララカララエーフティスィケーレ・イォー・ベゼビュトゥ・メルメリウー・アブラサクス・イァエーイァエーエ。ティサティスから生まれたる、パオミオスの怒りを、憤怒を、抑制せよ。心も、知性も。そうすることで彼が、イゥッレ、別名テオドラから生まれたる、我（オリゲン）に対し、非難の言葉を口にすることがないように。反対に彼が、我に従順となるようにせよ。今だ、今だ、早く、早く。

死者の魂よ、そなたが誰であれ、我はそなたを、この名を唱えて呼び出す：女主人ブリモー・プロキュネーテ・ニュクトドゥロマ・ビアサンドゥラ・カレサンドゥラ・カタニカンドゥラ[37]・ラキ・ラキムー・＊マスケッリ・マスケッロー・フヌーケンタバオートゥ・オレオバザグラ・レークスィトーン・ヒッポクトーン・プリュイペーガニュクス。ティサティスから生まれたる、パオミオスの怒りを、憤怒を、抑制せよ。今だ、今だ、早く、早く。

（記号が一列続く）

エウラモー
ウラモーエ
ラモーエウ
アモーエウル
モーエウラ
オーエウラム
そう、主よ。スィスィスロー・スィスィフェルムー・クヌーオール・
アブラサクス・フヌーノボエール・
オクロバザロー。

聖なる名、
イォー・ベゼブトゥ・
　ビュティエゼウ・
イォー・バリアンボー・
メルメリウー・アブラサクス、を唱え

〔訳注　右頁の呪詛文は、ここから下のスペースに配置されている。〕

エウラモー
エウラム　オーマルエ
エウラ　　マル　　エウラモー
エウル　　アル　　　ウラモー
エウ　　　ア　　　　　ラモー
エ　　　　　　　　　　アモー
　　　　　　　　　　　　モー
　　　　　　　　　　　　オー
ティサティスから
生まれたる、パオミオスの
怒りを、憤怒を、抑制せよ。
今だ、今だ、
早く、早く。

図25　エジプトで発見された、文面が巧みに配置されている呪詛板。神秘的文言《ウォケス・ミュスティカエ》が四角形や、翼の隊形をとりながら表されている。呪詛文自体は、板面の下から3分の1の部分のみに登場している。板面の上部近く、線に沿っていくつかの象徴記号《カラクテレス》が記されている。

EULAMŌ」の構成字母から形成された長方形への訴えかけの部分があり、ここには「抑制せよ」という命令の語が一度現れる。次いで記されるのが、逆三角形のブドウの房の形をとった長大な回文部分であり、命令の語は二度、三角形の最下部近くの両側にそれぞれ登場する。そして最後の部分、「ベリアス」という語から末尾までの箇所で、ようやく論争内容についての情報が記されている。この呪詛板は元は墓に安置されていた。

文献　P. Collart, Une nouvelle tabella defixionis d'Egypte, *Revue de philologie* 56（1930）, pp. 249–56; SGD 162.

116.　シチリア島、メッシーナ。未開封の墓の中で発見。パイプを使って墓内に差し込まれていた（図26）。十六×二・六cmの鉛板。両面に記載がある。ジョーダンは年代を二世紀と考えている。神格への訴えかけはなく、また呪縛や呪詛を表す動詞も使われていない。文面にあるのはただ、呪詛の標的である女性の名前の対格形、つまり想定される動詞の目的語と、いくつかの侮蔑的な形容辞のみである。呪詛の背景については全く述べられていない。この呪詛板からは少なくとも、アルシノエという女性に対する強い憎しみの感情が窺われる。

文献　P. Orsi, Messana, *Monumenti Antichi* 24（1916）, pp. 167–9（挿絵およびD. Comparettiによる解説あり）; *SEG* 4. 47; SGD 114; H. Versnel, "Beyond Cursing", in: *Magika*, p. 65.

（A面）（我は呪縛する?）ウァレリア・アルシノエを。メス犬[39]、クソ虫、犯罪者[40]、そして役立たずのアルシノエを。

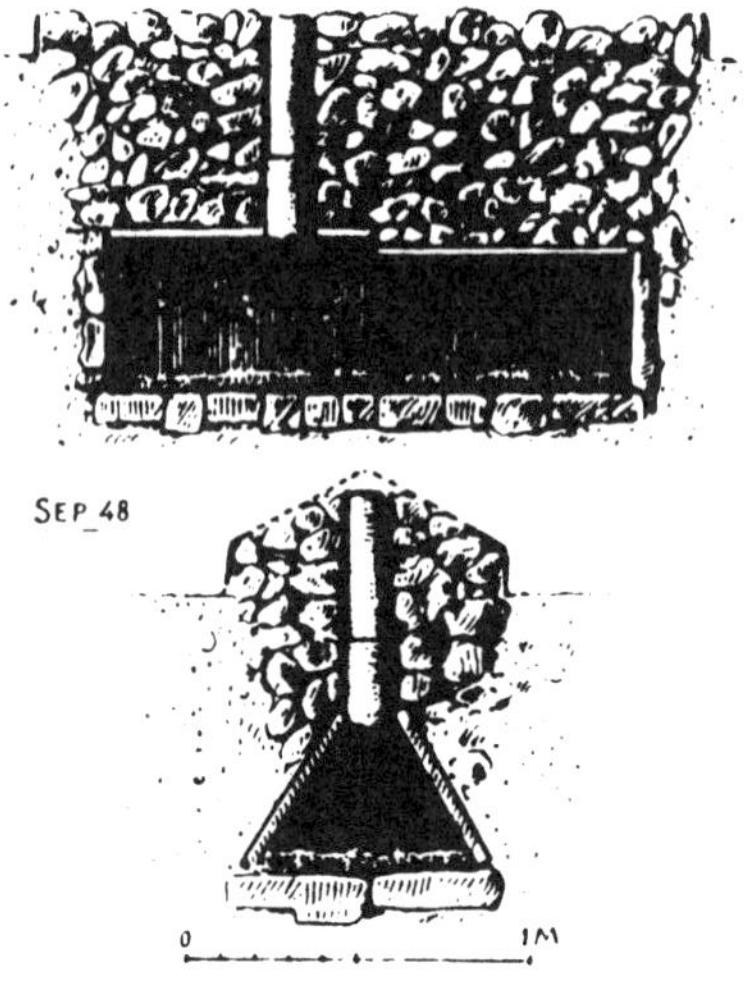

Fig. 83.

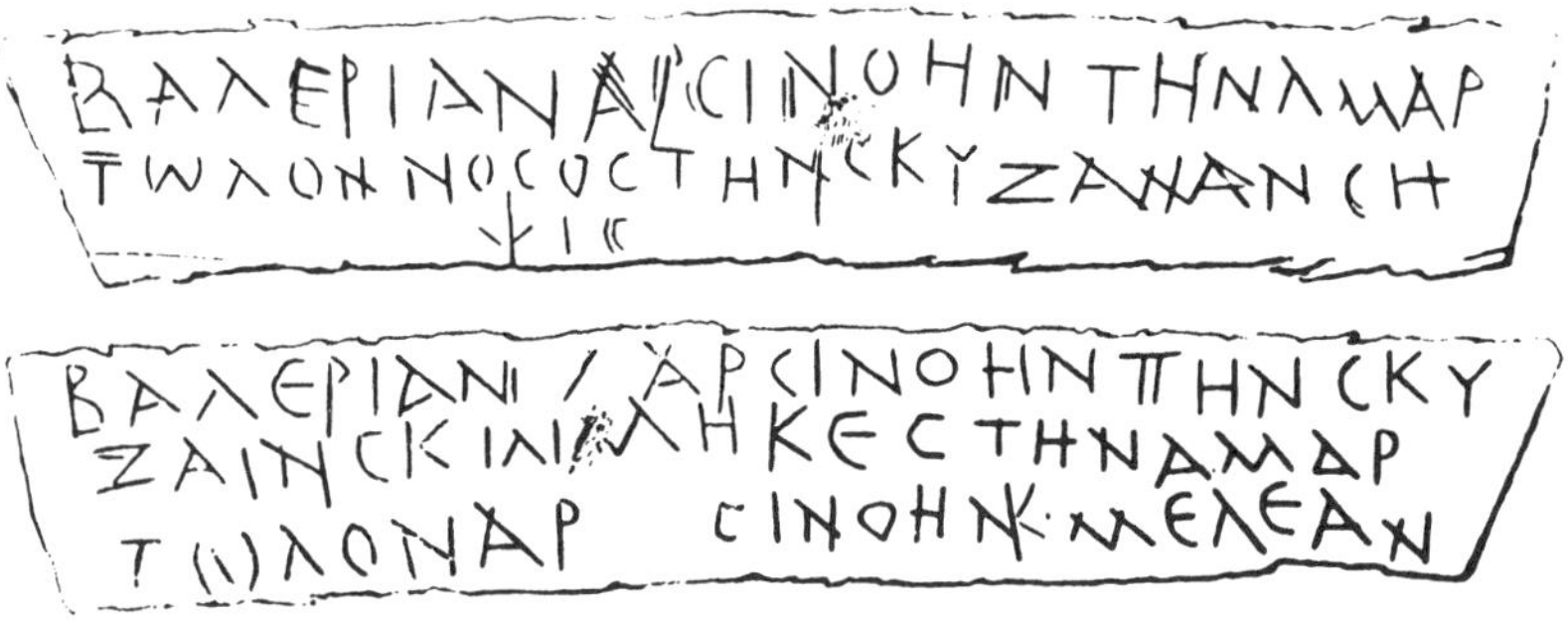

図26　墓と、墓に呪詛板を差し込むために用いられるパイプを共に描いた図。ローマ時代のギリシア人墓地では、差し入れるためのこうしたパイプがよく見られた。

（B面）（我は呪縛する?）ウァレリア・アルシノエを、犯罪者を、病気が、メス犬を、腐敗が。[41]

117.

シチリア島、モルガンティナ。古い時代（前三二五年以前）の神域にある、祭壇として使われた井戸に関連して発見。九点発見された鉛板のうちの四点。幅は四・六cmから一〇・五cmまでにわたり、呪詛板自体の年代は前一世紀。使われている動詞は「受け入れ給え *potidexesthe*」（つまりは「冥界《ハデス》に」）であり、そこからこの呪文は死の呪文、あるいは然るべき来世への受け入れを確実にするための、死後への「追善的」呪文と解釈することができる。発見された一連の呪詛板は、いくつかの点で注目に値する。まずこれらが全て、冥界の神を祀る正式な神域で発見されていること。次いで（A）、（B）、ならびに（D）で使われる動詞は、葬儀での祈りの伝統的な用語と同じであり、そこからこの呪文は、神への祈願の文化・儀式様式との境界線上に位置しているということ。さらには、ここに訳出した四例が全て同じ人物、つまりウェヌスタという名の女奴隷に関係しているということである。

文献　N. Nabers, Lead *Tabellae* from Morgantina, *AJA* 70（1966）, pp. 67–8; *BE* 5（1966）, p. 381; N. Nabers, Ten Lead Tabellae from Morgantina, *AJA* 83（1979）, pp. 463–4, pl. 65; *SEG* 29. 927–935; Jordan, TILT; SGD, pp. 179–80; Faraone, "Context", pp. 18–9; 呪詛板Aの図を紹介しているのが William V. Harris, *Ancient Literacy*, Cambridge, Mass., 1989, p. 147, fig. 2.

（A）ガイア様、ヘルメス様、冥界の神々よ。ルフォスの女召使いであるウェヌスタを、受け入れ給え。[42]

（B）ガイア様、そしてヘルメス様、そして冥界の神々よ。ルフォスの女奴隷であるウェヌスタを、受け入れ給え。

（C）ガイア様、ヘルメス様、冥界の神々よ。ルフォスの［女召使］[43]いであるウェヌスタを、連れ去り給え。

（D）ガイア様、［ヘ］ルメス様、冥［界］の神々よ。セクス［トス］[44]の女召使いである［ウェ］ヌス［タ］を、受け入れ給え。

118. イタリア、プテオリ。十一×十三㎝。二世紀ないし三世紀に製作されたもの。右上部に神格の名前が現れている。これらの名は、もしかすると右側に描かれる図像と関係があるのかもしれない。下部の左側、本文の脇に二行にわたり、「聖なる名前」という文言が現れている。文章はギリシア語で記されるが、登場する人物の名前はラテン語だ。

文献　C. Hülsen, Bleitafel mit Verwünschungsformeln, *Archäologische Zeitung* 39（1881）, pp. 309–12; Wünsch, *Antike Fluchtafeln*, no. 2; *DT* 208.

セオーテ
サバオートゥ
サバオートゥ

イァオー・エール・ミカエール・ネフトー[45]

聖なる名前

フィリスタから生まれたる、ガイオス・スタルキオス・リベラリオスが、ロッリア・ルフィナの敵と、〔あるいは憎悪の的と〕なるように。彼が、ハプロスの敵となるように。彼が、エウテュコスの敵となるように。彼が、ケレルの敵となるように。彼が、ルフォスの敵となるように。彼が、ルフィナの家全体の敵となるように。彼が、ポリュビオスの敵となるように。彼が、アモミス（女性）の敵となるように。彼が、テベの敵となるように・・・

第7章　護符、解毒呪文、対抗呪文

「セレウコス朝」によるギリシア人支配に対してのユダヤの反乱を記述する中で、『マカバイ記二』の敬虔な著者は、次のような挿話を物語っている（十二・三四―三九）。あるとき「マカバイ（鉄槌）」とあだ名されたユダは、戦闘で自軍の兵を多く失った。後日、ユダが彼らの遺体を回収しに行くと、戦死した兵士たちが全員、護符（「ヤムニアの偶像の守り札」）を身につけているのを発見する。護符について著者は信心家然と、「律法によってユダヤ人が触れてはならないとされている」と言い添える。ユダがさらに生存者についても、同様の護符を身につけているかを検査しようと考えたのかは敢えて物語られてはいない。というのも、そこに込められたメッセージは明らかなのだから。つまり、異教の信仰および慣習との妥協の禁を破ったがゆえに、彼らは死んだのだ。しかしかなりの確率で生存者たちもまた、彫り物の彫られた石、あるいは文字の記された金属ないしパピルス紙の一片を身につけ、「害を与える原因となるもの」から身を守ろうとしていたに違いない。もちろん『マカバイ記二』では、現代の社会学者が好むような具体的統計データは提示されないが、それでもこの事実が残る。古代ユダヤ人の中から任意抽出されたうちの全員が、当時のあらゆる分別ある人々と同じように、護符を身につけていた。

本書ではここまで、多くの呪詛板や呪縛呪文を紹介してきた。しかしお守り、解毒呪文、護符など様々に呼ばれる、利用可能な対抗手段を扱ってバランスをとらなければ、我々は深刻な方法論的錯誤を犯すことになろう。

というのも、そうした手段が用意されないような偏執症的社会は、受け入れることも想像することもできないからだ。つまりその住民は、正体を知っているにせよ知らないにせよ、自分の敵対者が製作依頼した呪詛板によって常時攻撃されていると意識していながら、さらにひどいことには、自分は完全に防御不能で、また頼るあてもないと感じていることになるからだ(1)。また別の側面に視点を移すと、こうした錯誤は、次の広く行き渡った見解に率先して賛同することにもつながってしまう。つまり、呪文や対抗呪文の使用は「迷信深い」下層民限定の、効力のない伝統的技術が詰め込まれたごた混ぜ袋からの一例に過ぎず、古代世界全般をさらによく理解するのに意味ある資料を提供してくるものではありえないと。確かにこうした見解が、これまでずっと支配的であった。しかし護符や対抗呪文を紹介することにより、ついに本書の動的システムが完全なものとなる。我々はこうした見解の足元を掘り崩し、また同時に、これらの技術を（ピーター・ブラウンの言葉を借りれば）「しばしば人間が、自身の社会的関係を概念化して捉えようと試みたり、また悪の問題と自身とを関連づけようと試みるとき用いられる手法」の一要素として評価する方向へと、道を切り開くのだ(2)。もっと具体的に言おう。我々がそこに見出し始めているのは、社会的な攻撃や個人的な失敗とわたりあうときの戦略である。端的に言えば、呪詛板と護符はおしなべて、単なる外面的な対処メカニズムをはるかに超える何かとして立ち現れている。むしろそれらは、再びブラウンの言い回しを借りるが(3)、エックス線透写図のような働きをし、表層部分の下で働く、強力だが不可視なシステムの存在を指し示す。ヒルドレッド・ギアツの論じた通り、こうした慣習が意味をなすのはただ、「現実世界の本質に関する、歴史的に特有なある見方の枠内においてのみだ。そうした見方は、世界がどのように動くのかついての、それぞれの文化に固有のイメージであり・・・個別の診断や指示書ないし手引き書といったもの全ての根底にある、隠れた概念的土台である(4)」。さらに彼女の議論は続く。だから歴史家は必ず、次の事実を認識しなければならない。「ある考え方は、文化的概念の全般的パターン、すなわち慣習的な認識地図の中に組み込まれており、何かを考えたり望んだり、心配したり希望したりするといったことは、あくまでその枠内で行われている」[5]。

さて護符は、「ペリアプタ（*periapta*）」ないし「ペリアンマタ（*periammata*）」、つまり体のどこかの「周りに結びつけられた物」と呼ばれている。首や腕や脚の周りであるのが普通だ[6]。それは単なる紐のこともあれば、色鮮やかな刺繍の施された帯状の布のことも、また図案の彫られた石や指輪のこともある。あるいは金属やパピルス紙その他の片々に特別な式文が記され、それから丸められたり折りたたまれたりし、そして紐にぶら下げられたり、巾着に入れられたり、さらには筒状の容れものに入れられたりして持ち運ばれたりもする。そうした石や紐が何千点も残されている[7]。またその使用や準備に言及する史料も、相当数が残されている[8]。本章のために選択された事例が存分に明らかにしてくれる通り、護符を用意・販売していたのは専門家たちだ。彼らはそれを伝統的な手引き書に従い製作し、儀式を行って清めることで効能を付与していた。C・ボナーが引用する、新プラトン主義哲学者ヘルメニアス（六世紀）の一節が、この過程の基本部分を説明してくれている。

ここまで、魂にどのように霊感を与えるのかを説明してきた。では図像には、どのように霊感を与えればよいのだろう。図像自体は、そこには生命がないゆえに、神的存在に反応できない。しかし聖化の技術が、図像を構成する物質を清め、そのうえである種のしるし、ないし象徴をそこに添えると、まずはこれらの手法がそこに魂を与え、次いで全宇宙から、ある種の生命を受け入れることができるようになる。こうやって、神的存在から発せられる光を受け取る準備をさせるのだ[9]。

護符を利用する一般の人々それぞれが、こうした理論をすらすらと口にできたわけではなかろう。しかし何かそれと似た状況が、護符に効力を与える認識地図として機能していたに違いない。そして実際、呪詛板と護符の両方の上には、記号、図像、そして象徴記号《カラクテレス》といった、「しるしや象徴」が見出される。まとめると、聖化の行為、また図像や文字を彫り込んだり書き込んだりすることは、護符が防御に関し、特別な効能を持つことを示すあかしと受け取られていたのだ。

実際のところ、護符の目的は比較的単純だ。大半が、それを身につける人を、あらゆる害や危険から防御する役割を果たしていた。また用途が拡張され、予見不可能な災難をかわすその能力により、成功や繁盛を保証することもあった(10)。驚くほどのことではなかろうが、アスピリンや抗生物質のない文化の中で、さらに消化不良、発熱、眼の疾患、サソリに刺される、また女性的な不調など、よくある医学的問題への防御を目的とすることも多かった(11)。ごくわずかだが、呪詛板と全く同じように機能している護符も発見されている。例えば、恋人たちを結び付けたり、引き離したりするための愛の石や(12)、自分の敵の怒りを静めるためのテュモカトコン(*thumokatochon*)(13)、そして敵を傷つけたり殺したりするための攻撃的な石など(14)。さらにある石の事例は、どうやら特に、呪詛板の力をかわすのが目的であったようだ(15)。全体としては、護符にはメソポタミアの鉢と同様[訳注1]、元は一つの目的しかなかったようだ。つまり、その所持者を多岐にわたる既知・未知の悪から防衛することだ。しかし時を経るうちに用途は拡張し、結局は鉢、護符、および呪詛板の間の境界線は次第に消滅していったのだ。

ところで護符を活用したのは誰なのだろう。こうした疑問を提起すると、我々は古代末期文化全般の理解に関わる、ある重要な問題に突き当たることになる。護符は、またそこに付随する世界の動きについての信念や前提は、当該文化全てに妥当する基本的特徴の一部なのだろうか。あるいは単に、「醜悪な慣習を取り囲む、奇妙な信念の吹きだまり」に過ぎないのだろうか。[16] おそらくその答えを求めるには、大プリニウスによる次の見解を思い起こすのがよいだろう。「呪詛と呪縛呪文を恐れない人は誰もいない」。[17] もしその通りなら、答えはすでに出ている。誰もが護符を活用していたのだ。さらには、その世界の慣習的認識地図を考え合わせれば、おそらくそれ以外のやり方で行動することは愚かしく、そして非合理的であった。またエジプトで発見された、託宣を求めての質問リスト（三世紀ないし四世紀）からは、防御がいかに幅広く必要とされていたかを窺い知ることができる。[18] そこには、託宣を求める人々のその時々の状況にまつわる想定質問（「私の財産は競売にかけられるのでしょうか？」「私は都市参事会員になるのでしょうか？」）が列挙されているが、その中に次のような質問が現れる。「私は呪文の影響下にある（*pepharmakômai*）のでしょうか？」。

古代の史料中に、時にこうした状況に対しての抗議や反対が見いだされるのは確かだ。しかしそれらはただ、あまねく広がる認識や慣習に対しての抗議だ。キリスト教徒ではナジアンゾスのグレゴリオスが、洗礼の説教の中で、自分のところの会衆には護符や呪文の必要がないと断言している。しかし彼の聴衆の多くは、まだ納得していなかったかもしれない。またユダヤ人では『マカバイ記二』の著者は、おそらく護符を悪しきアモリ人の禁じられた慣習と考えていた。しかし前線に立つ兵士たちは、必要な予防措置をいまだ怠ることはなかった。一方で「厳格主義者」のラビたちも、護符を容認したのみならず、今日に至るまで、様々な用途のための護符を処方しているのだ。[19] 哲学者の中ではプロティノスが、呪文は賢人の魂を除く、あらゆる魂に効力を現すと想定していたようだが、彼は同輩たちの中では特異な例外的存在だ。[20] 古代末期の哲学者の姿勢をもっとよく示すのが、イア

訳注1　メソポタミア地方で発見される鉢については、本章No.122―4の事例を参照。

ンブリコスだ。彼は『エジプトの秘儀について』と題した神秘秘術についての論考の中で、こうした事柄がどれほど尊重すべきものとなったかを示している。最後に、医師のうちで最も経験を重んじる人でさえ、現実に作用しているらしきシステムと完全に手を切れない、あるいは切ることは望ましくないと考えざるを得なかった。例えば著名な医師ガレノスは、それがなぜ効能を示すのかに関する伝統的な説明を否定しながらも、護符の活用を指示している。(21)

ガレノスの感じていた護符についてのジレンマ、すなわち護符は効力を持つように思えるものの、しかし自分の経験主義的な医学理論にはそれを受け入れる余地がないという状況は、我々に一つの質問を突きつける。「護符は〈本当に〉効果があったのか?」(22)。性急に答えを出して再びフレイザーの罠にはまる前に、質問を少し言い換える必要がある。というのも、護符にかけられた期待についてもっと正確に知らなければ、この質問に答えることはできないからだ。問われねばならない問いは、「護符が防御力を発揮したのは、誰ないし何に対してだったのか?」というものだ。「儀礼の観衆は、その実行者——今回の場合は護符製作依頼者——と同一である」、というタンバイアの見解を踏襲するとき。加うるに、外的な脅威や危険に関し、少なくともその一部は依頼者自身の内的事情の投影であると読み解くとき(23)。そのとき、実は我々の問いは、護符が象徴し防御するのは「製作依頼者」の生の中での何であるのか、という問いであることが分かる。こう整序化してみると、ここで構成し直した質問への答えには、次の要素が含まれる必要のあることが分かる。(1)現実的な物理的物体としての護符そのものからは、人間の行為者間に存在する交換という現実的な社会システムの中に、護符を身につける人が嵌め込まれていることが示されている。(2)護身用装置としての護符からは、あらゆる社会システムというものが、感情や信念ないし何らかの心構えなどの間の、作動中でありつつも不可視のネットワークに依存していることが示されている。そうしたネットワークは、ここではとりわけ、攻撃性、敵意、および予測不能といった特徴をもって現れる。（3）力学的な観点からは、こうしたマイナスの諸力が最終的に、行動しないようにと、孤独という避難所に退避するようにと、そのまま動かないでいるようにと促す、数多くの誘引を作り出している可能性が窺われる。（4）こうして、護符の持つ護身的な機能は、自信、楽観、そして目標をイメージして達成する能力に補強された、個々の行動の対抗戦略を具現化したものと見ることができる。

フロイト学派の分析者で、文化人類学者でもあるゲザ・ローハイムは、「魔術」についてのフロイトの本質的に否定的な見解を刺激的なやり方で再定式化しているが、その中で上記と類似した説明の枠組みを考え出している。[24] 彼はまずは魔術を、（ローハイムの言葉で）次のように再定義する。「対抗恐怖的な姿勢、受け身からの移行・・・（そして）おそらく思考における基本的な要素、またあらゆる行動の第一歩」[25]。それから彼は、こう結論づける。「あたかも我々の意志、あるいは欲求、ないしは感情によって統御されるかのように世界を取り扱う、第三のあるいは〈魔術的な原則〉が措定されねばならない[26]」。こうした観点からは護符は、ローハイムの言う「対抗恐怖的な姿勢」、つまり「正反対の方向を示すあらゆる証拠にもかかわらず、自分には何かを成せると信じること」の物理的象徴物となる。フロイト派の用語を用いて説明すれば、こうなる。護符が防御力を提供するのは、精霊たちの恐ろしい世界に対してだ。ただし実はその世界は、注意を促しまた失敗の可能性を警告する上位自我による、抑制的で悲観的な内なる声を象徴する世界なのだ。一方で護符それ自体が明らかにしているのは、自我の対抗手段、つまり受動から能動への移行なのだ。これはおそらく、マリノフスキーが「魔術」に関して次のように述べたとき、彼の心の中にあった考えであろう。「その中に希望という崇高な愚かさが体現されているのを見るべきであり、それは今も人間性を知る上での最高の学び舎であり続けているのだ[27]」。

ここまでのフロイト理論へのちょっとした脱線の終着点は、護符で防御の実行者として訴えかけられる神々、霊、そして精霊《ダイモン》たちだ。というのも護符の目的は、呪詛板の力、およびそこに含意される呪詛の執行主体を凌駕することにある。だから先の脱線からも、また常識からもおそらく、呪詛板で訴えかけられているのとはまた違った執行者を期待したくなる。そして以下に見る通り、この直感は、地域的な差異と嗜好の変遷とに起因する相違点を考慮に入れても、おおむね正確である(28)。概して呪詛板では、冥界の存在や死者の霊魂への訴えかけが行われるが、一方護符では、太陽と何らか関わる複合的な存在（例えば雄鶏の頭を持ち、足が蛇の神）や、まごうことなき太陽の神々、そしてかなりの割合で、エジプトの神々に対して訴えかけられる。ただしそうした中には、どちらにも登場する存在もある。例えばヘルメス神やヘカテ女神は、護符にも登場する。しかしながら呪詛板に頻繁に現れるデメテル女神は、護符にはほぼ全く登場しない。両方に共通の要素には、次のものがある。ユダヤ的文言（例えば「イァオー」および「サバオトゥ」）、象徴記号《カラクテレス》と母音の連なり、一般的な神秘的文言《ウォケス・ミュスティカエ》の多く、そして頭のない精霊《ダイモン》や縛り上げられたミイラなど、何らかの図像表現。

～～～～～～～～～～

119. ダルマティア地方、トラグリウム（ユーゴスラヴィア、スプリト近郊）[訳注2]。左端に穴が二カ所開けられた、一〇×十二cmの鉛板。六世紀に製作されたもの。文面を今ある場所に書き加えたのは、おそらくこの護符の持ち主だった人物だ。ラテン語で記されているが、いくつかの箇所の背後にはギリシア語の式文がある。キリストその人への訴えかけが行われている。文面は一つの十字架で始まり、三つの十字架で終わっている。文章での言葉遣いは呪詛板でよく見られる定式表現を思わせるものの、この板はあくまで、護身用の護符として身につけるよう意図されたものだ。この護符の持つ魔除けの力は、洗礼者ヨハネがイエスに洗礼を施したヨルダン川の水に浸すことで封入されたのかもしれない[1]。キリスト教美術や文学の中では、この出来事によりヨルダン川とその流水には、キリスト教徒を罪や悪から守る力が与えられたとされている。古代の呪文によく見られるように、三種の短い物語（*historiolae*）と結びつけられることで、この護符の力には更なる保証が付与されている。まずは天使ガブリエルによる、「地獄《タルタロス》の悪しき魂」の縛り上げ行為。次いでキリストが、キリストの名に訴えた者に何の害も与えられないようにと、その霊をどこか丘陵地帯に首尾よく閉じ込める。そして最後にその霊自身の口から[2]、この事例ではこちらの世界と地獄の業火との境界線と見なされている、ヨルダン川を渡ることができないという主旨の告白が引き出される。

文献　Wünsch, *Antike Fluchtafeln*, no. 7（解説あり）; *CIL* III, p. 961.

（A面）†主、イエス・キリストの御名において、我はお前を糾弾する、地獄《タルタロス》の最も邪悪なる霊よ。天使ガブリエルがお前を燃え上がる足鎖で縛り上げたが[3]、一万の蛮人を抱く者よ（?）、（お前は）復活の後、ガリラヤへとやって来た。その地で（キリストは）お前が丘陵の多い、山がちの荒野に留まるべきと命じたのだった[4]。そしてただその時からこの方、困難なくお前に呼びかけられるようになったのだ。それゆえ、知れ、地獄《タルタロス》の最も邪悪なる霊よ、どこであろうと、お前が主の名を耳にし、聖書の存在を認める場所では、お前は決して

（B面）お前の望む時に害を与えることはできぬ。お前がずっと渡ることのできなかった、ヨルダン川を抱いても無駄だ。お前は如何にその川を渡れないかを問われたとき、こう言った。なぜならその川はそこを、

訳注2　現クロアチア。

燃えさかる地獄から（やって来る）火に向かって流れているからだと。そしてお前のために、あらゆる場所でいつ何時であろうとも、その川が燃えさかる地獄からの火に向かって流れますように。我は我が主により、お前を糾弾する。気をつけろ！　†††

120. 黒海沿岸のアミスス、小アジア。墓地で、小さな青銅の箱の内部に入った、丸められた銀の板と同時に発見。四・五×六・七㎝。ギリシア語で記載されている。年代は不明だが、おそらく一世紀に製作されたものであろう。敵対者から受ける可能性のある危害を避けるための護符。この事例の興味深い特徴が、A面の最後の行、モーセの名が挙げられている箇所である。この護符の持ち主であるルフィナという女性が、ユダヤ人の血を引いている可能性に関する議論が続くが、いまだ結論には至っていない。

文献　S. Patrides, Amulette judéo-grecque, *Echos d'Orient* 8 (1905), pp. 88–90; R. Wünsch, Deisidaimoniaka, *ARW* 12 (1909), pp. 24–32, no. 4; J.G. Gager, *Moses in Greco-Roman Paganism*, Nashville, 1972, pp. 157–9.

我こそは(5)、天に座す偉大なる者、宇宙のさまよえる窪み、アルセノネオフリス(6)、真の精霊《ダイモン》、バリカア・クメーフィとしての(7)、確かな名ミアルサウ、神々の諸王国の支配者、アブリアオートゥ・アラルフォート・*セートゥ。魔が姿を現さないようにせよ。払い除けよ。ルフィナから、呪いを払い除けよ(8)。そしてもし誰か、我に不正をなす者があれば(9)、（その呪いを）その者に還らせよ。毒も、我を害する事のないようにせよ。諸王の王、アブリアオーン・トー・オルティアレー(10)。我こそは、モーセの名において、場所《トポス》を統べる者(11)。

121. ギリシア、ベロエア。五・八×七・三cmの銀の薄板。保存状態は完全だ。この護符は発見時には丸められて青銅の筒に納められており、それをかつて、持ち主が身につけていた（図27）。原文全十一行のうち、四行にのみギリシア語の単語が含まれている。残りの部分は、同種の護符の大半と同様、神秘的な言葉や名前で占められる。護身用の呪文は、「主なる天使たち」に向けて訴えかけられている。

文献　D.M. Robinson, A Magical Text from Beroea in Macedonia, in: L.W. Jones ed., *Classical and Medieval Studies in Honor of Edward Kennard Rand*, New York, 1938, pp. 243–53.

＊アノク・アイ・＊アクランマカマリ・＊バルバティァアオートゥ・ランプスーエール・ラメーエール・ランフォレー・＊イァオー・＊アブラナタナルバ、主なる天使たちよ、アタランテから生まれたる、エウフェレトスを守護し給え。[12]

123. メソポタミア。正確な発見地点は不詳。数多く発見された同種の鉢（七二点以上がヘブライ・アラム語、三三点がマンダ語、二一点がシリア語）は、どうやら全て、メソポタミア地方ないしはイランで製作されたようだ。[13]専門にそれらを製作したのはおそらくユダヤ人だったが、だからといって、顧客も全員ユダヤ人と想定する必要はなかろう。[14]文面にはユダヤ的な要素が見られるが、同時にシリアやペルシア土着の多神教的テーマも散見される。この事例と同様、これらの鉢の大半は、護符として敵対的な霊を避ける、呪縛呪文をひっくり返す、あるいは家を守るといった役割を果たしていた。[15]またしばしば鉢の裏には、生き生きとした描写の図案が描かれることがある（図28）。そしてこうした鉢の多くは、うつぶせの状態で発見されている。時に二つペアで発見されることもあり、縁がアスファルトで接着され、容器を形成している。その用途については様々な説がある。悪魔用の罠として機能していた。あるいは水が注がれ、それから持

図27　銀の薄板の、護身用の護符（上）。青銅の筒（下）から取り出され、広げられている。元は筒の中に収められ、おそらく持ち主の首の周りに結んで携帯されていた。

図28　ニップール（メソポタミア地方）で発見の、文字の記された鉢に描かれた、縛られた女性の姿。表現されているのは縛られた女性の霊か、あるいはアラム語の文章の中で、しばしば「リリス」と呼ばれている精霊《ダイモン》たちである。「リリス」は、男性と女性の両方に害を為すと信じられていた。

ち主が飲んだ。鉢がうつぶせにされていたのは、霊的存在を倒してうつぶせにすることを象徴していた、など[16]。文章（全十三行）は、鉢の底の部分から書き始められ、そこからせん状に上へ、縁の方に向かって進行している。使用言語はシリア語である。ほぼ同一の文面を持つ、別の四点の鉢の存在が指摘されている（Naveh and Shaked）。それぞれの鉢の上に記された文書には、異なる言語で記されていても、文面の相似が数多くまた幅広く見られる。そこから、専門家が顧客に鉢を用意する際に手本とされた、手引書集が存在していたのは明らかだ。年代は、四世紀から七世紀の間と推測される。

文献　J.A. Montgomery, *Aramaic Incantation Texts from Nippur*, Philadelphia, 1913, pp. 242–3, no. 37; B.A.

Levine, Tha Language of the Magical Bowls, appendix to : *A History of the Jews in Babylonia*, vol. 5, by J. Neusner, Leiden, 1970, pp. 343–75 ; T. Harviainen, *A Syriac Incantation Bowl in the Finnish National Museum*, Helsinki, 1978 ; Naveh and Shaked, pp. 124–32（bowl no. 1）.

この鉢は、キュピタイの息子ヒュナの家を、住まいを、また体を封印し、また守るためのものである。苦痛の種、悪夢、呪詛、誓い、呪文、魔術行為、悪魔、精霊、リリス[17]、侵害、および恐怖は、彼のそばから立ち去るように。天なる秘密（の護符）は[18]、天に埋められている。そして地なる秘密（の護符）は、地に埋められている。我は、この家の秘密（の護符）を、その内にあるあらゆるものに対して語る。悪魔に対して、精霊に対して、呪文に対して、魔術行為に対して、偶像崇拝のあらゆる使者に対して、あらゆる軍団に対して、魔法に対して、女神たちに対して、あらゆる強大な悪魔に対して、あらゆる強大なサタンに対して、あらゆる強大なリリスに対して。我はそなたらに、この決定を伝える。それを受け入れる者は、幸福を目の当たりにする。しかし悪しき者で、（また）神秘の言葉を受け入れない者は、その者に対して憤怒の天使たちが訪れ、軍刀と剣がその者の前に立ち、その者を殺す。火がその者を取り囲み、炎がその者に対して訪れる。一方で誰でも、この決定に耳を傾ける者は、この家の内に座し、食しまた供し、飲みまた注ぎ、喜びまた喜びを与えるだろう。その者は、兄弟たちの兄弟となり、またこの家の住人の友人となるだろう。その者は、子供たちの朋友となるだろう。そして彼らを育んだ者と呼ばれる。その者は、羊たちの友となり、幸運（の源）と呼ばれるだろう[19]。天なる父からもたらされる平安を、神々と女神たちからもたらされる七重の平安を、受け入れよ。平安をもたらす者は、訴訟で勝利することになる。破滅をもたらす者は、火で焼かれる。（象徴記号《カラクテレス》が六個描かれる）この家、住まい、およびキュピタイの息子ヒュナの体は、封印され、守護されることとなろう。苦痛の種、悪夢、呪詛、誓い、呪文、魔術行為、悪魔、精霊、リリス、侵害、および恐怖は、彼のそばから立ち去ることだろう。彼の病は克服され、鋼の壁が、キュピタイの息子ヒュナの周りを取り囲むこととなろう。キュピタイの息子ヒュナの病、悪魔、および精霊は打ち負かされることとなろう。そして彼は、日ごと夜ごと、守護されるだろう。アーメン。

123.

メソポタミア地方。発見地点は不詳。この事例は、次の二つの特徴ゆえに特別な分類を形成する。まず、有害な霊的存在、とりわけリリスを家屋から隔離するために用いられる、離縁および隔離の式文の使用。次いで、法的な権威として、離縁と隔離について有効な決定を下したとされる、ラビ・イェホシュア・バル・ペラヒアの名が引かれることだ。これら式文とラビ・イェホシュアの名の使用は、明らかにユダヤ起源である。ただしこうした要素はまた、ユダヤ人以外にも広がっていた可能性もある。ラビ・イェホシュアその人は、どうやら前一世紀初頭を生きた人物であるらしい。彼の名はユダヤ教律法への註釈集である『ミシュナー』にも引かれており、[20] さらに時代錯誤にも、後世のラビの著作中で、イエスの教師として再登場する。[21] 彼に関する歴史的展開の概要は、次の通りだ。死後かなりが経過した六世紀、ラビ・イェホシュアの超自然的諸力に関する知識、および統制力についての名声が、バビロニア地方に住むユダヤ人の間で高まる。そしてその権威は、有害な女性精霊（リリス）をコントロールする手段として、鉢の製作者の活用するところとなった。そうした精霊は、離縁に関する権威ある証書に従わされ、あたかも不倫関係にある愛人のごとくに出入りを禁じられたのである。おそらく同様の評判から、イエスとの歴史的に不可能なつながりもまた説明される。というのもイエスは、ユダヤの伝承の中では独自に、霊的存在の上に影響力を及ぼすことのできる呪術師として知られていたからだ。さて人間と霊的存在・悪魔との間の交流に関する重要な原則の一つが、異例なほどの明快さでこの鉢に現れていることは、特筆に値する。これら霊的存在・悪魔は、当初はおおむね自発的に人間を襲うと想定されていた。しかし古代末期になると、どうやらこれら独立の自発性や意志は、人間のコントロール下に入ったと考えられるようになっていったようだ。つまりは、霊的存在・悪魔の行動は、ほぼ独占的に呪詛板や呪縛呪文の結果と目されるようになったのだ。換言すると、確かにそうした存在は、良いものでもよこしまなものでも、力を生み出す能力を持つと理解された。ただし、利用できる「実証済みの」周知の技術の活用によって、呼び出されたり訴えかけられたりした時にのみ、現れる存在であると考えられたのだ。

文献 Naveh and Shaked, pp. 158–63 (Bowl 5).

あなた様の名により、我はこの護符を作り上げる。これがこの人物を、またその家の敷居を、また彼が持つかもしれないあらゆる所有物を、固く守るように。我は地なる岩を縛り、また天なる神秘を縛りつける。(22) 我は彼らを制圧する・・・。世界中のあらゆる悪魔ならびに有害な精霊を、我は縄にかける、我は縛る、我は凌駕する。それが男であれ女であれ、子供から年老いた存在に至るまで、我がその名を知っていようと知っていまいと。またもし我がその名を知らない場合でも、その名はすでに、七日間の創造の時、我に開示されている。七日間の創造の時、我に明かされなかった事に関しては、ここへと海を渡って至り、書かれ、そしてラビ・イェホシュア・バル・ペライヤのもとへと送られた離縁の証書の中で、我に明らかとされた。かつてちょうど、人を窒息させるリリスがいたごとく――そしてラビ・イェホシュア・バル・ペライヤは、リリスに対して三くだり半を送りつけたが、彼女はそれを受け入れなかった。なぜなら彼は彼女の名を知らなかったからだ(23)――彼女の名が、離縁の証文の中に書き入れられ、ここへと海を渡り至った離縁の証文により、天にて、彼女に対する宣告が下された。それゆえお前は、カラの息子、これなるマルナカの足元に(24)、お前の全てが、縄にかけられ、縛られ、また凌駕される。英雄たる強大なガブリエル(25)、戦闘で勝利を挙げたあらゆる英雄を殺戮するお方の名の下に、またあらゆる者の口を閉ざす、イェホエルの名の下に[26]。ヤーフ、ヤーフ、ヤーフ[27]、サバオトゥの名の下に。アーメン、アーメン、セラフ[28]。

124.

メソポタミア地方。発見地点は不詳。上縁の直径が約十六cmの、簡素な陶製の鉢だ。内側面に一〇行にわたり、底部近くの小さな円から始まる、らせん状に上部へと進行する文章が記されている。外側面にも文章が二行記されるが、そちらはただの個人名である。使用されている言語は、バビロニア地方のヘブライ・アラム語で、年代は四世紀から六世紀の間だ。訴えかけられている存在は「天使たち」で、秘密で神秘的な名が、通例の範囲内で用いられている。公刊者であるナヴェフとシャケドは、この事例と一部並行する文面を持つ事例、五例を挙げている。この鉢の製作依頼に至る契機は明白である。依頼者は、自分たちに対して呪詛が向けられたと知ったのだ。なぜ呪詛されたのか具体的には述べられていないが、どうやら舞台は小さな村であるらしい。そのように考えると、家族間に起きた何らかの論争、例えば婚姻や嫁資、相続などに絡む問題といった方向性が示唆される。文面には元の呪詛の関係者が数多く登場するが、その大半が女性である。そしてどうやらその女性たちのうちの一人が、この対抗呪詛の「標的」であるようだ。

文献　Naveh and Shaked, pp. 134–45 (Bowl 2).

(内側面)・・・逆さまに・・・逆さまに、逆さまに、逆さまに、地と天は、逆さまに。星と惑星は、逆さまに。あらゆる人の言は、逆さまに。母の呪いと娘の呪いは、また平地や村落や、また山や神殿やシナゴーグにいる男の呪いと女の呪いは[29]、逆さまに。彼女がかけた呪いは、縛られ、封印される。ベティエルとイェクティエルの名において、また偉大なるお方YYY、天使、十一の名――SSKB'、KBB'、KNBR'、SDY'、SWD'RY'、MRYDY'、NQP'、'NS'、PSPS'、KBYBY'、BNWR'――を持つお方の名において。これらの名前に、これらの天使たちに背馳する者が誰であれ、あらゆる悪魔と邪悪な霊は、縛られ、また封印される。(30) この全てが、地の求める事、またこの全てが、天の従う事。(31) 我には、地の声が、またこの世界からのあらゆる魂を受け入れる天の声が聞こえる。我には、誰かを呪詛する女の声が聞こえた。そこで彼女(標的)に対し、天使たちを差し向けた。(32) NKYR、NKYR、、YY復讐せよ。YY我を歓喜させ、そして歓喜せよ。YY・KYSS・SSS・TYM、誰かを呪詛する女を。また彼らは、復讐をしたり呪いをかけたりしないようにと、彼女をその女の目から(離れたところへ)送り、そして害を与えたのだ。

(外側面)カイヤムタの息子ダクヤ、(ダヴィデの?)息子マフレパ、そしてアリシュタ(?)の娘シャルカ。ホランの娘ミリアム。

125. 現レバノン。ベイルート近郊の墓地。三×三七・五cmの、細長い帯状の銀板。元は丸められており、青銅製の筒に入れて首の回りに身につけられていた。文面は短い行(二～三語)ばかり、全部で一二一行からなっている。大変つたない文字が散見される。公刊者は正確な年代を提示していないが、三世紀ないしは四世紀より古い時代の可能性はない。原文十五―三十行目の文面とほぼ完全に対応する文章が、エジプトのオクシュリュンコスで発見された、五世紀のものと考えられるパピルス紙上の呪文(PGM三十五番)にも登場している。さてこの護符の役割は、ゾエの娘であるアレクサンドラという持ち主を、邪悪な精霊および呪詛板を含む様々な悪から守ることであった(八―十三行)。文面の途中で(原文九五行以下。その箇所の文意はいささか判然としない)、護符は呪文や呪詛による攻撃に対しての守護を要請している。訴えかけは天使や神聖な名前など、ずらりと並んだお馴染みの存在に対してであり、それらは性格や由来の点で、おおむねユダヤ的である。ただしそこに「唯一神とそのお方のキリスト」からの助力への懇請が含まれている。アレクサンドラはおそらく、自らキリスト教徒を自認していたのであろう。はっきりと「異教的」と言える要素はどこにも見られない。ボナーはこの事例を指して、「今日までに公刊されたうちでの、最も素晴らしいペタロン[訳注3]の護符」と呼んでいる。

文献　A. Héron deVillefosse, Tablette magique de Beyrouth, conservée au musée du Louvre, in: *Florilegium ou Receuil de travaux d'érudition dédiés à Monsieur Le Marquis Melchior de Vogüé*, Paris, 1909, pp. 287–95; Bonner, *Amulets*, pp. 101–2; D.R. Jordan, A New Reading of a Phylactery from Beirut, *ZPE* 88 (1991), pp. 61–9（新たな文字の読みと写真、そして英訳）.

我は、あなた様を呼び出す、天におわす＊サバオートゥ、エラオートゥの上にお出でになる（?）お方、クトタイの上にいらっしゃるお方。ゾエから生まれたる、アレクサンドラを守り給え。あらゆる精霊《ダイモン》から、精霊《ダイモン》たちのあらゆる力から、悪霊《ダイモニア》から、そして呪文から、また呪詛板から(33)。

我は、万物を創ったお方の名の下に、お願い致します(34)。

我は、第一天の上に座すお方にお願いします、＊マルマリオートゥよ。

我は、第二天の上に座すお方にお願いします、ウーリエールよ。

我は、第三天の上に座すお方にお願いします、アエールよ。

我は、第四天の上に座すお方にお願いします、ガブリエールよ。

我は、第五天の上に座すお方にお願いします、カエールよ。

我は、第六天の上に座すお方にお願いします、モリアトゥよ。

訳注3　ユダヤ教の高僧の法冠前部に付ける純金の板。

我は、第七天の上に座すお方にお願いします、カクトゥよ。

我は、稲光の上（にいる）お方にお願いします、リオファよ。

我は、雷鳴の上（にいる）お方にお願いします、ゾンカルよ。

我は、降雨の上（にいる）お方にお願いします、テブリエール（？）よ。

我は、降雪の上（にいる）お方にお願いします、トブリエールよ。

我は、森林（？）の上（にいる）お方にお願いします、タダマよ。

我は、地震の上（にいる）お方にお願いします、スィオラカよ。

我は、海原の上（にいる）お方にお願いします〔お願いします〕、スーリエールよ。

我は、ヘビの上（にいる）お方にお願いします、エイタビラよ。

我は、河川の上に座し（ている）お方にお願いします、ベーッリアよ。

我は、道路の上に座し（ている）お方にお願いします、ファスースーエールよ。

我は、都市の上に座し（ている）お方にお願いします、エイストカマよ。

我は、平地の上（にいる）お方にお願いします、ヌーカエールよ。

我は、全ての放浪の上に座し（ている）お方にお願いします、アプラフェースよ。

我は、山々に座し（ている）お方にお願いします、永遠なる（？）神、エイナトゥ・アドーネース[35]・デコクタ、ヘビの上に座すお方、イァテンヌーイァン。天の蒼穹の上に座し（ている）お方、クララ。二者のケールービンの間にある海にまたがり（？）、永遠に座し（ている）お方。アブラアムの神、イサアクの神、ヤコブの神よ。ゾエから生まれたる、アレクサンドラを守り給え。悪霊《ダイモニア》から、呪文から、眩暈から、あらゆる苦痛から、また狂気から。我は、あなた様を呼び出す、ザアラベム・ナマドーン・ザマドーンにおわす生き神、稲光と雷鳴を、足踏みならす新たな材料（を使って？）もたらすお方、エビエマタルゼロー、テスタ、またあらゆる雄、およびあらゆる恐ろしい呪縛呪文が恐れおののく、エイブラディバス・バルブリオイス・エイプサトー・アタリアトゥ・フェルカフィアオーン。ゾエから生まれたる、アレクサンドラのもとから逃げ出せ・・・泉と深淵の下・・・そうしてあなた様が(36)、彼女にいかなる汚れももたらさぬように——口づけによっても、挨拶によっても、邂逅によっても。飲み物によっても、食べ物によっても、交際／会話によっても、視線によっても、衣服の一切れによっても。あるいは彼女が、祈りを捧げている間でも、道にいても、家から離れていても、川にいようとも、浴場にいようとも。聖なる、力ある、そして強力な名よ、アレクサンドラを守り給え。男であれ、女であれ、あらゆる悪霊《ダイモニア》から。また夜に引き起こされるものであれ、昼に引き起こされるものであれ、悪霊《ダイモニア》によるあらゆる攪乱から。ゾエから生まれたる、アレクサンドラのもとから、彼らを引き離せ！　今だ、今だ、早く、早く、早く。唯一神とそのお方のキリストよ、アレクサンドラを助け給え。

126.

年代および発見の経緯が不明な護符。楕円形の石（玉髄）。金属製の嵌め込み台に付けて身につけられたか、あるいは何らかの小袋に入れて持ち運ばれた。十三×二十cm。この事例は、完全にあるいはほとんどが文章によってのみ構成されるという特殊な範疇に属し、全く図像が描かれていない（図29）。表裏の両面が文字で覆われている。さらには、端や縁の部分にも、第三の文章が記されている。通常の分量の神秘的文言《ウォケス・ミュスティカエ》を除けば、文面に登場する人名は、全員がユダヤ人である。ゆえにこの事例をユダヤ人のもの、と呼ぶことはできるが、ただし同様の式文が現れるキリスト教徒の護符も別に存在している。この石製の護符の役割は、とにかく不運から持ち主を守ることであった。不運は「**（持ち主に）近寄るな**」また「**神の名に背くな**」と命じられている。神の名前と神秘的文言《ウォケス・ミュスティカエ》が同一であることは疑いない。

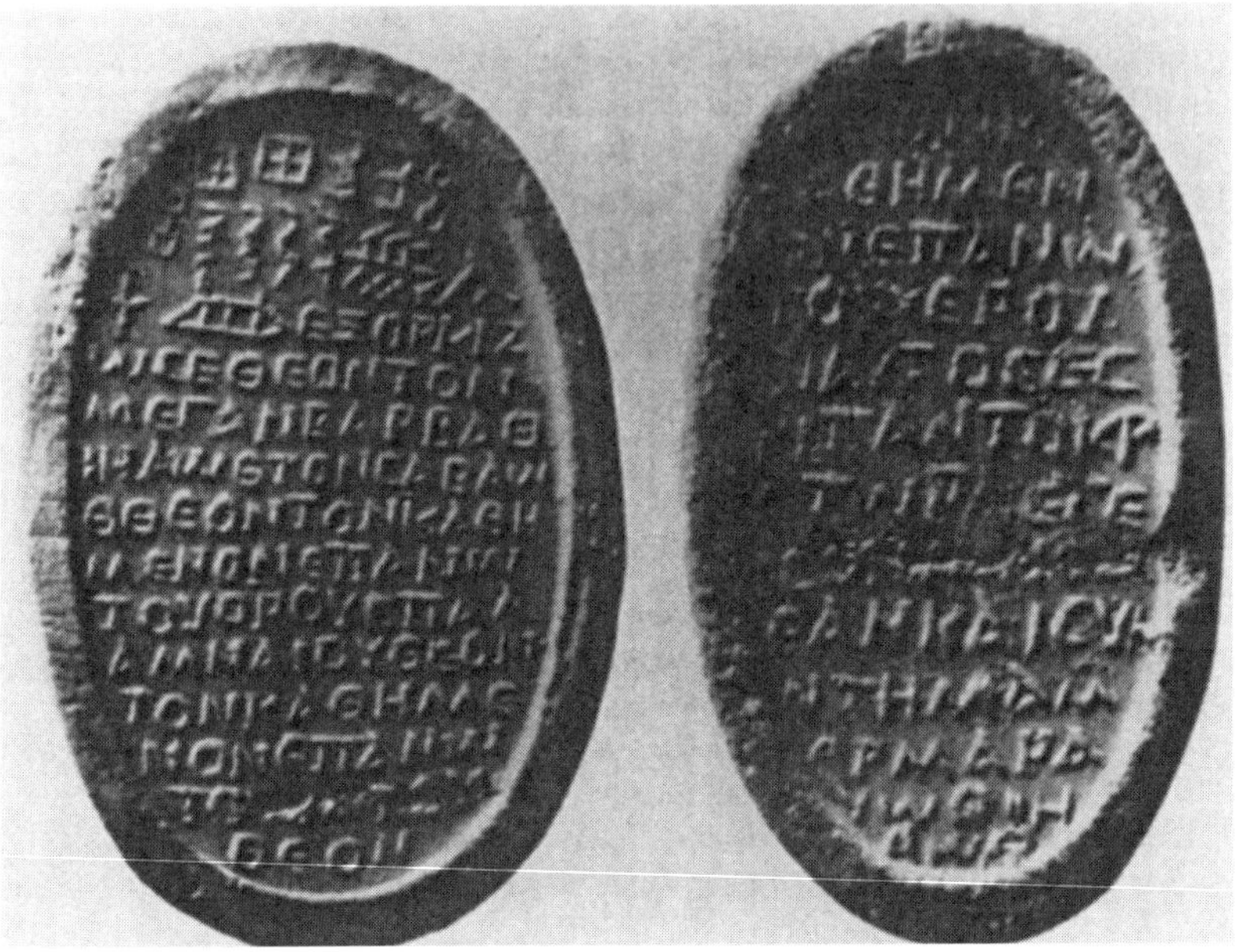

図29　石の護符上の刻印。象徴記号《カラクテレス》と呪文が、両面に記されている。多くの類例と同様、冒頭を占めているのは象徴記号《カラクテレス》だ（L. Robert, Amulettes grecques, *Journal des Savants*（1981）, p. 7, fig. 1）。

文献　A. Delatte and P. Derchain, *Les intailles magiques gréco-égyptiennes*, Paris, 1964, no. 460（写真あり）; L. Robert, Amulettes grecques, *Journal des savants*（1981）, pp. 6–27（写真と詳細な解説）; *SEG* 31. 1594.

（表―象徴記号《カラクテレス》が二行、その後文章が十二行）我は、あなた様に訴えかけます、神よ、偉大なる＊バルバティエーアオートゥ、＊サバオートゥ、暴力の山の上に(37)座す神(38)、茂みの上に座す神(39)、神よ、（裏―表の文章の続きが十三行）ケルビ（ム）の上に座すお方(40)。かのお方は、全能なるお方。＊マルマラウォートゥ・イェーアオートゥ、このお方が、お前たちにあらゆる不運な偶然よ。

(縁)この呪文は、サバオートゥ・＊アドーナイからのもの。近寄るな。かく言うは、(この護符の持ち主は)イスラエルの主なる神のものなのだから。＊アクランマカマレイ・ブラサウー・アブラブライン。我は、あなた様に訴えかけます、神よ、エナティァアオー・ファバタッロン・バブライァイァオー・タラケルーローサルボース・＊トーウトゥ。神の名に背くことなかれ。

127. パレスチナ、ネゲブ砂漠のニリム。古代名はマオン／メノイス。三・五×八・八cmの青銅板。丸められた状態で発見。元々の包装材(織物)の痕跡が、まだ視認できる。古代のシナゴーグ跡の小さな後陣から、護符が十九点発見された。年代は五世紀、ないし六世紀の可能性が高い。この護符の持ち主であるエステル自身は、間違いなくユダヤ人である。その確証を、『出エジプト記』十五・二六からの引用が与えてくれている。ただしこの護符には不運から彼女を守ることが求められているが、その不運の方は普遍的なものだ。

文献　Naveh and Shaked, pp. 98–101 (amulet no. 13).

テッティウス(?)の娘である、エステルの良き護符。悪しき苦痛の種から、邪視から、精霊から、悪魔から、夜の幽霊から、あらゆる悪しき苦痛の種から、邪視から、・・・から、不純な霊魂から、彼女を守るため。「もしあなたが、あなたの神、主の声に必ず聞き従い、彼の目にかなう正しいことを行い、彼の命令に耳を傾け、全ての掟を守るならば、わたしがエジプト人に下した病をあなたには下さない。わたしはあなたをいやす主である」[41]。・・・

128. エジプト。発見地点は不詳。八・五×十四cmのパピルス紙の断片。上部、底部、および左端の一部が欠損。年代は三世紀、ないし四世紀の可能性が高そうだ。まだ文字の読める部分の内容は次の通り。（1）二つの欄にわたり、様々な不運を表す名詞が列挙される。その二つの欄は縦線によって分割されており、それぞれの上部にはアルファとベータの文字が、標題として記されている。（2）これら二欄の上部に残る文章の跡。おそらくここに、本来の要望、ないしは呪文が記されていたのだろう。（3）呪文および上記二欄を取り囲む、二重線の痕跡。公刊者はこれを、ウロボロス（自分の尾を呑み込むヘビ）だと考えている。（4）A欄下部の、図案の痕跡。さてパピルス紙に記された他の護符の事例と同様、これもまた疑いなく、折りたたんで持ち主の体に身につけ、持ち運ばれるためのものであった。

文献　G. Geraci, Un *actio* magica contro afflizioni fisichi e morali, *Aegyptus* 59（1979), pp. 63-72; *PGM* CXXI.

・・・から解放されるため（?）

（A欄）死、暗闇、逸脱、苦痛、恐怖、虚弱、貧困、動揺。

（B欄）非常な困窮、悪、邪視、放蕩、奴隷状態、不体裁、悲嘆、飢餓、一文無し、真っ暗闇、辛酸、思い上がり。[42]

129.　PGM三六番一七八―八七行。様々な内容を含む、典型的な集成（全二九四行）の一部。この呪文、そして次項の呪文が垣間見せてくれているのは、他人に呪いをかけることではなく、他人から自分にかけられた呪いを防いだり破ったりすることへの強い関心である。文面に添えられていた図案（図30）は、文章中の指示に従っていない。

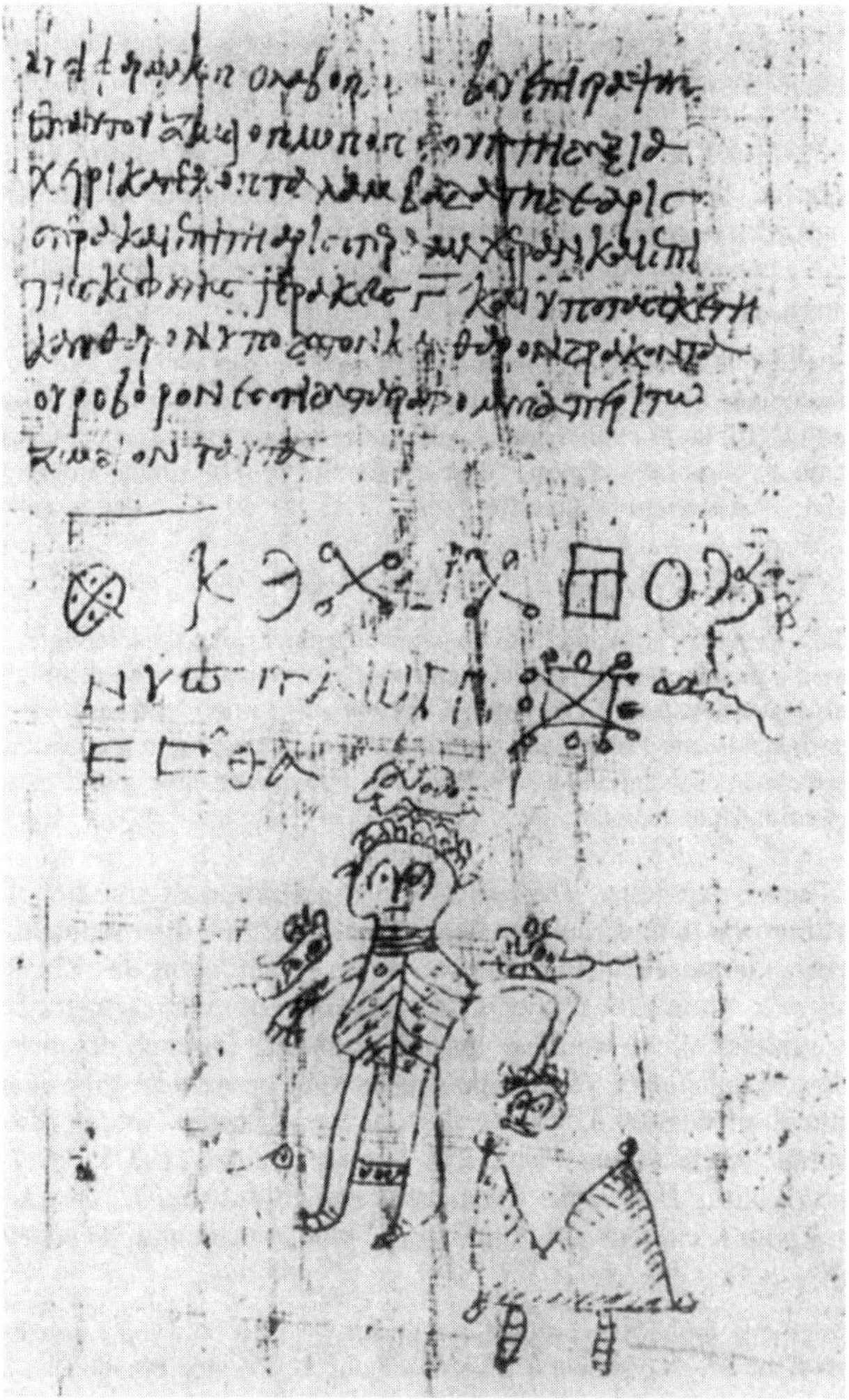

図30　鉛の呪詛板準備用の手引き書に添えられた図案（*PGM* XXXVI、186行以下）。図案の真上、指示部分の末尾では次のように記されている：「**以下が図案の周囲に描かれるべき事柄**」。体の上に描かれた線と円、そして両脚間の結合は、呪縛を象徴的に示す典型的な表現方法である。頭部を取り囲む３つのヘビのような姿は、精霊《ダイモン》たちを象徴している。動物のような姿（下部右側）と右側の手に握られた頭の意味は、いまだ分からないままだ。

呪文を破るための呪文（*lusipharmakon*）。鉛の一片を、手に取るべし。そしてその上に、唯一の姿を描くべし。右手にはたいまつを握り、左手には――左手だ――ナイフを。頭には三羽のハヤブサ。足元にはスカラベ。[訳注4] またスカラベの下には、ウロボロスのヘビ。以下が図案の周囲に描かれるべき事柄。（象徴記号《カラクテレス》および図案）。

130. ＰＧＭ三六番二五六―六四行（前項を参照）。

交叉路から、三角の陶《オストラコン》片を手に取り――左手で拾い上げるべし――没薬を混ぜたインクで記し、そしてそれを隠すべし。「アススTラエーロス[43]・クラエーロス[44]、我、誰々、に向けて用意された、あらゆる呪文（*pharmakon*）を破却せよ。かく言う我はそなたを、風は恐れ、そして岩はその音を聞くや真っ二つとなる、偉大にして恐ろしい名前を唱えて呼び出しているのだから」。（象徴記号《カラクテレス》）

131. 偽アプレイウス、『草木論 *Herbarius*』七章一節。誤ってアプレイウス[訳注5]の作品と考えられていた、樹木やその力に関する民間伝承の集成。おそらく五世紀の編纂。ここで説明される植物（「ライオンの足 *pedeleonis*」）は、呪詛板の効果を解除する力を持つ。この文章からは、呪詛板に対して植物が持っている、解毒効果の珍しい例を読み取ることができる。この手引き書そのものは、訓練を受けた専門家が顧客のために準備を整えるのに利用された。

文献　*DT*, p. CXX；E. Howald and H.S. Sigerist ed., *Pseudo-Apulei Platonici Herbarius*, Leipzig, 1927, pp. 37–8；cf. A. Delatte, *Herbarius：Recherches sur le cérémonial usité chez les anciens pour la cuillette des simples et des plantes magiques*, 3d ed., Paris, 1961.

もし万一、誰かが魔法をかけられたり、呪文をかけられたりした場合[45]、これが、その人を解放できるやり方である。月の下旬、七本の「ライオンの足」を、その根を除き、水を用いずに調理すべし。そなたは、上記を家の外の敷居の前で、最初の夜に行いながら[46]、その呪文とあなた自身を洗い流して清めるべし。ウマノスズクサを燃やし、燻蒸すべし。それからあなたの後ろを振り返ることなく、家へと戻るべし。そうすればあなたは、その者を（呪文から）解放することだろう。

132.

偽オルフェウス、『石についての宣言書 *Lithika Kerugmata*』二〇章十四―十八節。様々な石の持つ特性についての論述。オルフェウス作とされて伝わっている、同様に偽書である『貴石論 *Lithika*』と題された詩においてもまた、色々な石の強力な効能について記述されている。『貴石論』の四一〇―十一行目では、著者が読者に対し、「植物にはとても強い力があるものの、その力は石の方がずっと強い」と請け合っている。この『宣言書』の一節で、議論の対象となっている石は珊瑚珠（*koralios*）だ。

文献　E. Abel ed., *Orphei Lithica*, Berlin, 1881；L. Thondike, *History of Magic & Experimental Science*, vol. 1, New York, 1923, pp. 293–6；R. Halleux and J. Schamp eds., *Les lapidaires grecs*, Paris, 1985.

と言うのも、これはヘルメス神の石なのだ。この石は、夢にさえも効く。またその反発力により、幻を追い払うこともできる。そしてこの石に、ヘカテ女神かゴルゴンの姿を絵として描いておきさえすれば、ご主人の怒りに対しての強力な護符となる。それを身につけた人は、呪文や雷、あるいは稲光に屈すること

訳注4　古代エジプト人により神聖とされたオオタマオシコガネ（フンコロガシ）。
訳注5　二世紀、帝政ローマ時代の北アフリカ出身の著述家。代表作は『黄金のろば』。

は決してないし、よこしまな精霊に傷つけられることもない。またそれを身につけた人を、苦しみに打ち勝つようにしてくれるし、またあらゆる穢れ(47)、および呪詛からも解放してくれる(48)・・・それは生命を脅かすようなどんな呪文をも防いでくれるし、解毒呪文のように、（それを身につけた人を）あらゆる穢れ、および呪詛からも解放してくれるのだ。

133. 発見地は不詳。年代は、どうやら四世紀のようだ。二・七×八cmの金の薄板。保存状態はほぼ完全である。文面は全三二行からなるが、そのうちギリシア語として判読できる単語が記されるのは六行だけで、残りは母音パターンとお馴染みの神秘名で占められている。筆跡は洗練を欠く。原文十六行目から下線が引かれ始めるが、これは外観をより秩序だったものにしようとの、筆記者による目に見える努力の跡である。原文十四―十六行、および二六―二九行の、呪詛依頼者とその母親の名が現れている箇所では、とりわけ文字間隔が窮屈だ。公刊者はこのように文字が混雑した理由について、こうした護符の通常の準備手続きの結果と推測している。すなわち、護符の文言は前もって全部用意されていて、個人名はようやく販売時に書き加えられた。だがこの事例の場合、名前は長すぎて、空隙にうまく収まらなかったのだ。訴えかけられている神格は「主なる神々」であり、神秘名や母音、および象徴記号《カラクテレス》が、念入りに連ねられて呼びかけられている。

文献　C. Faraone and R. Kotansky, An Inscribed Gold Phylactery in Stamford, Connecticut, *ZPE* 75 (1988), pp. 257–66.

（象徴記号《カラクテレス》）＊バルーク・＊イァオー（象徴記号《カラクテレス》）＊アノク・ウ・オー・オ・エ・ア・エアントゥーコーイ

ア・アルタエンミエン［.］タル・バルーク・マリタ[49]・オオ・オオ・アア・ウー・ウー・イイ・オオ・ウウ・オ・・・ウーティオースュ[50]（記号）オ・ア・エ・エー・オー・イ・ウ・オ・イァオー・アルバルバフララフラクス・ラトゥラタクス・＊バインコーオーオーク・アエエーイォ［ウォー］・アエンミエイナトーラ・ア・アプ[51]、主なる神々よ、ガレネイアから生まれたるエウゲニアを、癒し給え、守り給え。アオー・アエー・アエー・オーアアオー・オオオ・イイイイ・イァア・アエエーイゥーオー・エア・エア・アアア・エアオー・イェーエーウェ・イェー・イェー・イォーア・オーアイ・ウェー・ウー・エーウ・オーオー・アエ・イァ・オーア・エオー・アエオー・イォー・イォーアエオエーウ・ウウ・オオオ・オーオーオー・エエーア・ウーオー・エーイイェー・エーア・エーエオ・エーエウーオーアイ・エーエーエー、オオオオオオ・・・。＊ダムナメネウス・イォー・キュルビュレトゥベローク、主なる神々よ、ガレネイアから生まれたるエウゲニアを、あらゆる悪、およびあらゆる不正から守り給え。ア・エエ・エーエーエー・イイイイ・オオオオオ・ウウウウウ・エーエーエーエーエーエーエー[52]、主なる神々よ[53]・・・

135.

イタリア、ローマ。正確な発見地点は不詳。他に四枚の呪詛板と共に発見された。全て断片的な状態となっていたが、この事例は丸められ、一本の釘で貫かれていた。本来のサイズは十一・三×三一・六cm。年代に関し、最初の公刊者であるW・S・フォックスは前一世紀半ばとしている[54]。これら五枚の板上にはそれぞれ、明らかに共通のひな形が参考とされながら、ほぼ同一のラテン語文が同一の書記によって記されている。呪詛の契機は明記されていないものの、何らかの個人的反目の可能性が最も高い。訴えかけられている神格は、まずはお馴染みの存在であるペルセフォネ。ここではローマ神話での名前、プロセルピナとして現れている。次いで彼女の夫、プルト。伝統的な冥界の王である。そして最後が、呪文中にそれほど現れることのないケルベロスだ[55]。ケルベロスはよく知られた「地獄の番犬」で、ギリシア・ローマ神話における、冥界《ハデス》の入り口を守護する犬である。さてこの事例の次の二つの特徴は特筆に値する。まず一点目。呪詛依頼者は、もし呪いが指定の期日までに執行された場合に、ケルベロスにひと揃いの犠牲を捧げることを約束している。そして二点目。この事例は、我々の知る最も完全な人体解剖学的部位を列挙している事例である。それら身体部位名はグループ化されてまとまって登場し、プロティヌスという名の標的の、解剖学的に「適切な」動きの無力化、ならびに苦痛を与えるという目標が追及されている。

文献　W.S. Fox, *The Johns Hopkins Tabellae Defixionum*, Baltimore, 1912; Fox, An Infernal Postal Service, *Art and Archaeology* 1 (1914), pp. 205–7; E.H. Warmington ed., *Remains of Old Latin*, vol. 4, Loeb Classical Library, Cambridge, Mass., 1953, pp. 280–5 (no. 33); N. Lewis and M. Reinhold, *Roman Civilization. Sourcebook I: The Republic*, New York, 1966, pp. 479–80.

善良にして美しきプロセルピナ様、あるいはもしこう呼ばれるのがお好みなら、サルウィアよ、プルトの奥方よ、プロティヌスの健康を、体を、顔色を、精力を、能力を[56]、奪い去り給え。あなた様の夫君、プルト様に引き渡し給え。彼自身の企みによっては、これ（呪詛）を逃れることができぬように。彼を、三日ごとにぶり返す、二日ごとにぶり返す、毎日続く[57]、熱病へと引き渡し給え。そうして熱病が、彼と格闘し、また闘いを交えるように。熱病が、彼を打ち負かし、また圧倒し、彼の魂を奪い去るようになるまで。それゆえ我は、この犠牲をあなた様に捧げます[58]、プロセルピナ様、あるいはもしこう呼ばれるのがお好みなら、アケルシアよ[59]。我がために、三つの頭を持つ猟犬を呼び出し[60]、プロティヌスの心臓を奪い取らせ給え[61]。そしてもしその方が、三月になる前にこれを完遂するならば、あなた様がその方に、三種の犠牲（捧げ物）[62]——ナツメヤシ、イチジク、そして黒い豚——をお与えになると約束し給え。あなた様が首尾よく、我が願いを聞き届けて下さったあかつきには、プロセルピナ・サルウィアよ、我はこれらを、あなた様に捧げましょう[63]。我はあなた様に、アウォニアの息子／奴隷である、プロティノスの頭を捧げます。

プロセルピナ・サルウィアよ、我はあなた様に、プロティヌスの頭を捧げます。

プロセルピナ・サルウィアよ、我はあなた様に、プロティヌスの額を捧げます。

プロセルピナ・サルウィアよ、我はあなた様に、プロティヌスの眉を捧げます。

プロセルピナ・サルウィアよ、我はあなた様に、プロティヌスの目蓋を捧げます。

プロセルピナ・サルウィアよ、我はあなた様に、プロティヌスの瞳を捧げます[64]。

プロセルピナ・サルウィアよ、我はあなた様に、プロティヌスの鼻孔を、唇を、耳を、鼻を、舌を、歯を捧げます。そうして彼が、何が自分に痛みを与えているのか、口にすることが出来ぬように。首を、肩を、腕を、指を。そうして彼が、自力では何もできなくなるように。彼の胸を、肝臓を、心臓を、また肺を。そうして彼が、何が自分に痛みを与えているのか、発見できないように。彼の内臓を、胃を、臍を、脇腹を。そうして彼が、眠れなくなるように。彼の肩甲骨を。そうして彼が、安眠できなくなるように[65]。彼の「聖なる器官」を。そうして彼が、小便できなくなるように。彼の尻を、肛門を、太腿を、膝を、脛を、向こう脛を、脚を、足首を、かかとを、爪先を、爪を。そうして彼が、自力で立っていられなくなるように。たとえ彼が、大きなものであれ小さなものであれ[66]、何か書き記したとしても、ちょうど彼が呪文を正しく記し[67]、そして（我に向けて）それを託したように[68]、ちょうどそのように、我はあなた様に、プロティノスを引き渡し、委ねます。そうしてあなた様が彼を、二月までに処分下さるように。彼が、みじめに滅びるように。彼が、みじめに人生から退場するように。彼が、みじめに破滅するように。彼を、処分し給え。そうして彼が、次の月を見ることができぬように[69]。

第8章　文学史料、碑文史料の証言

この章では、古代の様々なタイプの史料から、呪詛板についてのあらゆる言及を収集することに努力を傾ける。歴史、小説、演劇、哲学や神学の論考、事典、キリスト教聖人の生涯、法典、詩、各種の手引き書（呪詛板製作のためのものを含む）、またさらに公的な碑文。古代における様々な社会に、呪詛板がいかに広く深く浸透しているか、呪詛板そのものに加えてこうした引用文もが証言してくれている。

本書の中に収められた資料は、おおむねみな、自らの思いを語っていると言ってよかろう。だが古代の文章は、決して「それ自ら」語り出すことはない。これが現代の歴史研究の中で、呪詛板からの声がほとんど聞き取られていないことを説明する理由の大半だ。古代人の声は、いまそれと対話する人間の積極的な仲介があって、初めて蘇るのだ。しかしながら古代地中海世界文化の学徒のうちに、呪詛板や呪縛呪文について知る人はほとんどいない。そこに十分な興味を感じ、対話しようと試みる人もまたほとんどいない。呪詛板はまさに、声なき大衆《サイレント・マジョリティ》と同じ範疇に属している。そしてこれが、本書が主張しようとしていることだ。広く無視され、軽視されているけれども、呪詛板は我々を文化的な「共通言語」へと、古代地中海世界にあまねく広がる宗教的な対話へといざなってくれる。ここまでの章で数多くの呪詛板を紹介してきた。そのそれぞれは、各国の学術雑誌や博物館、また保管室などに点在する、少なくとも他一〇点の類例を代表している事例たちだ。我々はそれらを通じ、さもないと沈黙したままであろう古代の一般人たちの関心事へと、近づいて行くことができるのだ。

いったん対話を始めてみれば、呪詛板の直截で率直なもの言いからの強烈な印象が残る。それらは古代を生きた男たちや女たちの生――「本当の」生と言いたい誘惑に駆られる――に、深みと風合いを加味してくれる。だからこそ、こう問わねばならない。なぜこれほどまでに、ほとんど注目を浴びてこなかったのだろう？　明らかな理由としては、例えば、呪詛板の公刊された雑誌があまり目立たない雑誌だった。あるいは、呪詛板は「魔術的な」「迷信的な」「庶民の」といった分類をされる傾向にあり、真剣な歴史研究の素材とは考えられなかった。さらにまた、古代世界において何が「本当に」大事だったかについての最良のガイドたる古代の作家たち自身が、呪詛板にほとんど全く関心を払っていないではないか、と主張する人もいる。古代人による証言についての本章で、我々が対峙しようとしているのがこの最後の主張だ。確かに古代の文学作品全般の中で、あるいはある一人の著述家の全作品中で、取りあげられた話題を統計的にリストアップしていっても、呪詛板についての議論が上位にランクインすることはなかろう。だからといって、呪詛板は古代の生の中で意義ある働きを全く果たしていなかったと主張することには、次の二つの難点がある。まず一点目。これまで古代の著述家の、「さらには」現代の研究者の貴族主義的偏向が、古代の生や文化についての我々の理解を大きくゆがめてきた。このゆがみは今、様々な方面からの攻撃にさらされている。そして二点目。実際に呪詛板（ギリシア語でカタデスモイ、ラテン語でデフィクシオネス）について言及している作家たちを挙げてみると、印象的でないとはとても言えない顔ぶれとなる。ホメロス、プラトン、オウィディウス、タキトゥス、アプレイウス、プロティノス、そしてカイサレアのエウセビオス、等々。こうした伝統的な文学作品中の証言に加え、呪詛板や呪縛呪文についての言及はまた、他の様々な古代の文章中にも登場する。公的碑文（No.135―36）、法典（No.157）、そして専門家が顧客に呪文やまじないを用意するために用いた手引き書などの中にだ。端的に言って、文学的な証拠はずっと存在していた。ただ無視されてきただけのことだ。

さてこうした証言はおおよそ、呪詛板自体が描き出してくれたイメージを確認させてくれる。まず真っ先に言いたいのが、ほぼ全員――全人口の九九％という数字も高すぎはしないだろう――が呪詛板の力を信じていたことには、もはや議論の余地はない。かの偉大な事象収集家、大プリニウスがこう述べたとき（本章No.146）、彼は確かに正しかったのだ。「**呪詛板によって呪縛されることを恐れない人はいない**」。もっと正確に言えば、こうした信念は、社会、文化、言語、地理、そして宗教など、古代の意味ある境界線全てを越えて広がっていたように思える。また文学作品中での呪詛板についての最古の証言（前八世紀のホメロス）から、最も新しい時代の証言（十二世紀のエウスタティウス）まで、その間に流れた時間の長さは膨大だ。この事実を、呪詛板利用がたやすくこの期間にわたって存続したこと、さらにはたやすく上記のような境界線をまたぎ越したこととを考え合わせてみる。すると我々がいま扱っているのが、古代文明に本当にあまねく広がる特徴的な事象であったことが分かる。

だが文学史料の証言は、呪詛板の残す印象のいくつかの正しさを確認させてくれるのだとしても、しかしはっきりと違う方向を向いていることもある。中でも特に顕著なのが、ジェンダーの問題だ。故J・ウィンクラーは、性愛呪詛と呪詛板についての素晴らしい研究の中で、こう指摘している。文学作品中では通常、女性が呪詛依頼者であり、彼女らが頼る専門家は男性であると(1)。しかし呪詛板では、女性を求める男性が、依頼者の多数を占めているのが観察される。これは文学作品が描く像とは正反対だ。また性愛の領域の外に出ると、文学作品は首尾一貫して、恐ろしい呪文をかける忌まわしい存在をやはり女性として描き出す。例えばルカヌス[訳注1]の叙事詩『パルサリア』の中に登場する、テッサリア出身の血に飢えた「魔女」のように（六巻四一三行以下）。だが実際には、呪詛実行の専門家の大半は、どうやら男性であったようだ。この例のように、呪詛板が提供してくれる得がたい証拠は、こうしたジェンダーの齟齬を認識して問題として取り出すことを可能とさせてくれる。そうすることで、「本当の事実」についての、我々の認識を適切に補正してくれる。すると真実は、こうなのだ。あなたが誰であろうと、何の関係もない。男性でも女性でも。ギリシア人でもローマ人でもユダヤ人でも、あるいはキリスト教徒でも。庶民でも貴族でも。文盲の農夫でも賢い哲学者でも。心の問題を含め、日々の様々な出来事の中で、誰でも呪詛依頼者、ないしは呪詛対象者の役を果たす可能性があった。なぜなら、呪詛板の力を恐れないような人は、誰一人としていなかったのだから。

135. イタリア、テュデル（イタリア中央部）[訳注2]。一世紀。当地の解放奴隷の建立になる、公的な彫像の台座部分に刻まれた碑文。町の都市参事会員《デクリオ》たちを、ユピテル神が奇跡的に救ったことへの感謝が表明されている。文面によると、都市参事会員らの名前が「記念碑／墓（*monumenta*）に」「付されていた（*defixa*）」のだという。もしこの「デフィクサ *defixa*」という語が、ただ単に「付け（加え）られていた」といった意味なら、またもしこの「モヌメンタ（*monumenta*）」という語が公共の記念建造物を示しているのなら、この事例は「呪詛板（デフィクシオ *defixio*）」と関わりのある例ではなく、公的な行為の一例ということになるだろう。しかしもし「デフィクサ」という語が、ここでは専門的な意味、つまり呪詛板を使用するという意味で用いられているならば、またもし「モヌメンタ」という語が「墓」を意味しているならば、ここに呪詛板への明確な言及を読み取ることができる。さて舞台の背後にある状況については詳しく語られていないものの、大まかな場面設定は全くお馴染みのものだ。都市参事会のメンバーに対する何らかの不満が存在し、その果てに、不満を抱く一団が報いを求めたのだ。碑文の文面は呪いを仕掛けた下手人を、名前の明示されない、町に雇われた公共奴隷としている。もしその奴隷の身元が割れていたとすれば、引き続いて実際の処罰がなされたのだろう。

文献　*DT*, p. cxxi；*CIL* 11.4639；T. Wiedeman, *Greek and Roman Slavery*, London, 1981, p. 189；G. Luck, *Arcana Mundi*, Baltimore, 1985, pp. 90–1.

救いに感謝して。
テュデル植民市の参事会員、
ならびに市民たちの。
守護者にして保護者たる
至高最善の神ユピテルに。
神が、悪逆非道なる公共奴隷の
言語道断な不法行為により
記念碑／墓に付された
都市参事会員の名前を、

訳注1　一世紀半ばの、スペイン出身のラテン詩人。
訳注2　現トーディ。

その神意により消し去り、また汚辱を
晴らし、そして危険への恐れから、
町と市民を救い出して下さったゆえに。
ルキウス・カンクリウス・プリミゲニウス、
クレメンスの解放奴隷、
アウグスタリスおよびフラウィアリス皇帝祭司六人委員、
参事会によりこの名誉が与えられた者みなのうちの
第一位の者が、
誓いを果たした。

136. 北アフリカ、ランバエシス。古代のヌミディア地方（現アルジェリア）のローマ軍植民都市遺跡。CIL第八巻二七五六番。[訳注3] 大理石に刻まれた墓碑銘。年代は不明だが、ローマ軍兵士が正式に結婚することを認められた年、すなわち二一二年より後である可能性が最も高そうだ。この心に強く訴える碑文もまた、個人的な不運は敵対者によってかけられた呪いの結果として生じる、という信念の存在を証明してくれている。

文献　L. Renier, *Recherches sur la ville de Lambèse* (*Province de Constantine*), *accompagné d'un receuil d'inscriptions Romaines*, Paris, 1852；その書評が J. Baehr, *Heidelberger Jahrbücher* 46 (1853), pp. 716–8；*DT*, p. cxxi.

・・・エンニア・フルクトゥオサがここに眠る。最愛の妻。紛うことなき慎み深さを持つ女性。その並外れた真心で、称賛されるべき婦人。彼女が妻の名を得たのは、十五歳の時でした。しかしその名と共に、十三年以上生きることは叶いませんでした。彼女は、彼女にふさわしい死を享受することができませんでした。呪文によって呪われ、(1) 彼女はずっと、無言のまま横たわっています。こうして彼女の命は、自然に返されたというよりも、暴力によって強引に奪われたのです。犯された邪悪な罪を、冥界の神々か、あるいは天なる神々が、お罰し下さることでしょう。彼女の夫、アエリウス・プロクリヌス、偉大なる第三軍団アウグスタの隊長が、この墓を建てました。

137. 小アジア、リュディア地方。古代都市マエオニアの近郊。四四・五×一〇三cmの大理石。年代は一五六／一五七年。この碑文は、多く残る「告白碑文」の一例である。(2)訳注4 呪詛板研究にとってこの事例の面白いところは、碑文の中で、タティアという女性に対しての神聖法訴訟手続きが物語られる点だ。彼女は、自分の義理の息子に呪いをかけたとの嫌疑をかけられていた。ここでの呪いとは、おそらく呪詛板によるものであったろう。そこでタティアは容疑を晴らそうと、結局うまくはいかなかったが、フェルスネルが「条件的自己呪詛」と呼ぶ呪いを神殿に納める。これは、その人が確かに有罪であることが分かったときにのみ、神々により執行される呪いだ。その後、タティアおよび彼女の息子の両名ともが不運を被り、ある人々はそれを神の懲罰と解釈した。そこで彼女の子孫は、神殿から呪いを取り除き、また神々を宥めるこ

訳注3　CILとは、『ラテン碑文大全 *Corpus Inscriptionum Latinarum*』の略号。十九世紀末以降、モムゼンを始めとする研究者たちが、あらゆるラテン語碑文を集録することを目指して編纂した史料集。現在も編集・刊行が続いている。

訳注4　「告白碑文」については、本書第五章解説を参照。

とで、更なる損害をこうむるのを避けようと努めた。そして子孫たちは、神々の偉大な事績を物語る称賛の碑文を刻み、石碑として建てたのだった。訴訟手続きは、偉大なアルテミス女神、アナエイティス女神、そして月の神メンの庇護のもとに実施された。さてこの碑文は、呪詛板研究に関わるいくつかの問題にも光を投げかけてくれる。（1）他の人たちは、タティアが疑わしい活動に手を染めていたと信じていた。この事実からは、こうしたことは完全に個人的で、隠し立てされた行為ではなかったことが示唆される。実際タティアは、彼女についての世間の噂のゆえに、自分の嫌疑を晴らそうと思い立ったように見える。（2）この碑文の文面からは、個人的な不運を呪文やまじないのせいにしようとの、ギリシア・ローマ世界における傾向が窺われる。（3）これらの出来事が行われたのが、土地の神殿においてであったという事実は、魔術と宗教それぞれの領域やそれぞれの信念、またそれぞれの神々やそれぞれの行為の間に引かれてきた、伝統的な境界線の維持が困難であることを指し示している。

文献　J. Zingerle, Heilige Rechts” *JOAI* 23（1926）, Beiblatt, cols. 16–23；Björck, *Sabinus*, pp. 127f；*Tituli Asiae Minoris*, vol. 5. 1（1981）, no. 318；E.N. Lane, *CMRDM*, vol. 1, pp. 27–9（= no. 44）and vol. 3, pp. 27–30；*SEG* 64. 648；Versnel, “Beyond Cursing”, in：*Magika*, pp. 75 ff.

　第二四一年、[訳注5]パネモス月、[訳注6]第二日。偉大なるアルテミス女神、アナエイティス女神、(3)およびティアモスのメン神。(4)ユクンドスは正気を失った状態となり、また皆は彼が、義母であるタティアによって呪われたと広く噂したがゆえに、(5)そのような意識にさいなまれた彼女は、(6)笏を捧げ、(7)自分について語られていることに対して自分を弁護するため、神殿に呪いを奉納した。神々は彼女に懲罰を差し向け、彼女はそれを逃れることができなかった。同様に、彼女の息子のソクラテスも、ブドウ剪定用の鎌を手に、聖なる森へと続く入り口を抜け、そしてそれが彼の足の上に落ち、こうして同じ日の内に、彼の上にも破滅が訪れた。そこで、アクシオッテノスなる神々は偉大なり！　彼らは、ユクンドスとモスキオスの家が解除しようと努めていたところの、神殿にある笏と呪いを取り除く／無効にすることに努めたのだった。タティアの子孫たち、ソクラテイア、およびモスカスは、ユクンドスとメネクラテスと共に、不断に神々を宥め、（この）石碑に神々の力／事績を刻んで(8)、今からずっと神々を称賛する(9)。

138. ホメロス『イリアス』第六歌168行。[訳注7]『イリアス』が現在の形となったのは、おそらく前八世紀のことだ。第六歌では、ギリシア方のディオメデスが、トロイア方に立って戦うリュキア人グラウコスに対して名乗りを上げて挑戦する。それに応え、グラウコスは自分の家系について語る。その中で、プロテウス王によって告発され追放された、彼の祖父ベレロポンに関する事件が物語られる。ここでの問題は、折りたたまれた書板とは何を意味しているのかということだ。そこには「符牒 *sēmata*」が書かれ、それは「恐るべき *lugra*」もので、「命を奪う *thumophthora*」ものであるという。

文献　W. Leaf, ed., *The Iliad*, Amsterdam, 1971, p. 270.

訳注5　ローマの将軍コルネリウス・スッラによる征服を起点として数えられる、小アジアの広い地域で使用された「スッラ暦」の年号。二四一年は西暦紀元一五六／一五七年に相当。
訳注6　アレクサンドロス大王の征服後、東地中海一帯で使われるようになったマケドニア暦の月名。今の五月下旬から六月下旬に相当。
訳注7　松平千秋訳『イリアス』岩波書店、一九九二年、一九〇―一頁を参照。

こういうと王は、何たることを聞くものかと激怒したが、さすがに気が咎めて（ベレロポンを）殺すことは避け、彼をリュキエに遣わした。その際二つ折の書板に彼の命を奪う手立ての委細を書き記した恐るべき符牒を手渡し(10)、それを自分の義父に示せと命じ、彼を亡き者にしようとした。

139. ソフォクレス『アイアス』八三〇—四二。[訳注8] ソフォクレスがこの悲劇作品を書いたのは、おそらく前四四一年以前であろう。この箇所は、アイアスが今まさに自死しようとしている場面である。実行に先立ちアイアスは、死んだアキレウスの武具を、彼にではなく、オデュッセウスに与えて自分を侮辱した者たちへの復讐を求めている。アイアスはすでに、アガメムノンおよびメネラオスの殺害により名誉を回復しようと試みたが、アテナ女神のもたらした狂気により頓挫させられた。彼は代わりに、羊の群れに向けて突撃していたのだ。この一節には、呪詛板に関係する問題点はないものの、呪詛板によく現れる神々や、呪いの式文と見紛うような言い回しが現れている。

文献　M. Delcourt, *Héphaistos ou la légende du Magicien*, Paris, 1957, p. 160 ; Anne-Marie Tupet, *La magie dans la poésie latine*, Paris, 1976, pp. 261–2 ; J.C. Kamerbeek, *The Plays of Sophocles. Commentaries*, part I : *Tha Ajax*, Leiden, 1953, pp. 169–77.

その儀を、ゼウスよ、よろしくはからい給え。また頼もう、黄泉路の守りヘルメス神よ(11)、すばやく身を躍らせて、剣を脇腹に貫き通したわたしが、もだえ苦しむこともなく平和の眠りにつけるように。さらに願おう、永遠に乙女であられ、あらゆる世の苦しみをつねにみそなわす、足疾くかしこきエリニュスの助けを(12)、しかと見届けられるよう、わたしがアトレウス家の王たちゆえに、どのような非命に倒れてゆくかを。そしてあの悪虐非道の者たちに、無残にもむごたらしい死をとげさせんことを、わが身をあやめて倒れるおれを、やつらが今うち眺めているようにだ。そのようにやつらが身内に殺され、最愛の末裔《すえ》の者の手により滅びて果てんことを。(13)

140. プラトン『国家』第二巻（三六四C）。[訳注9] 書かれたのは前三七五年頃であろう。本当の正義の本質とは何かに関する議論の予備段階として、正義からあらゆる真正な意味を奪い取るような、世に広く広まる数多くの言説を、アデイマントスが挙げていく場面である。そこで例として、善悪問わずあらゆる目的のため、呪文やまじないを用いて神々をあやつる力を持っている、と称する民衆宗教家のことが語られている。ここで注目に値するのは次の二点。まず一点目。呪詛板はアテネでの生において、良く知られた特徴であったこと。そして二点目。遍歴しながら呪詛板を販売していた専門家たちは、注意を富裕層に向けていたこと。換言すると、しきりと主張されるようには、呪詛板の使用は「無知で」「迷信深い」下層民に限定されていたわけではなかったのだ。

そして乞食坊主や予言者といった連中は、金持ちたちの家の門を叩いては、自分には犠牲や呪文によって神々から授かる力があるのだと信じこませようとします・・・もし誰か敵に危害を加えたいのであれば、その敵が不正な者であろうと正しい人間であろうと、わずかの金を出してくれさえすれば、呪いと魔力によってその敵をいためつけてあげよう。(14) 自分は神々にお願いして、自分の言うとおりに働いていただくよ

訳注8　木曽明子訳「アイアース」『ギリシア悲劇全集4』、岩波書店、一九九〇年、五四―五頁を参照。
訳注9　藤沢令夫訳『国家（上）』岩波書店、一九七九年、一一九頁を参照。

うに説得するのだからと、こう彼らは自称するわけなのです。

141. プラトン『法律』第十一巻（九三三A以下）。[訳注10] 前三五五年頃に書かれた、おそらくプラトン最後の対話篇。第十一巻では、国家が勧奨したり禁止したりする必要のある、各種行為が取り扱われている。この箇所で問題となるのが、二種の「ファルマカ *pharmaka*」、つまり「毒殺」と「呪詛」である。この一節からは、古典期ギリシアの呪縛呪文についての重要な考え方をいくつか、次の通りに確認することができる。まず、それは広範に普及していた。次いで、それはほとんどの人によって恐れられていた。またそれは、専門家により提供されていた。さらにそれは、通常は墓に安置された。そして、人間の小像が利用されていた。前項のくだりからも分かる通り、プラトンはある種のジレンマの中にいる。つまり一方で彼は、そのようなものが本当に効力を発揮するなどとは信じないよう求めている。他方で、それが広く世間に及ぼす有害な効果ゆえに、彼はその使用を禁じねばならないのだ。

文献　J. De Romilly, *Magic and Rhetoric in Ancient Greece*, Cambridge, Mass., 1975, pp. 22–43.

・・・もう一つは、何らかの魔術や呪《まじな》い、またいわゆる詛《のろ》いを用いるやり方です。[15] これは、害を加えようと企てる者たち自身にも、そうする能力があるのだというふうに信じさせるばかりか、被害者の方にも、そういった魔法の能力をもつ人たちによって、自分たちはまちがいなく害を受けることになるのだと信じこませる方法なのです・・・つまり、それらの人たちの誰かが、蝋製の人形《ひとがた》をどこか戸口のところでなり、三叉路でなり、[16] あるいは先祖の墓のところでたまたま見た場合に、[17] そういったものすべてを無視するように命じてみたところで、その種のものついて彼らがはっきりした考えをもっていない以上、甲斐のないことになるわけです・・・わたしたちは次のことを要望と勧告と忠告の形で述べておくことにします。すなわち、そのような行為を誰もなそうと企ててはならぬということ、また、まるで子供たちを脅すかのように、世の多くの人を脅して恐がらせてもならぬということ・・・詛《のろ》い、呪文、また何らかの呪《まじな》い、あるいは、それに類したやり方の何によってであれ、害を与えているとの嫌疑をかけられた者の場合は、もし彼が占い師や魔法使いであるなら、死刑にされるべきである。しかしもし、占いの術は持っていなくて、薬物使用のかどで有罪とされた場合には・・・法廷は、この者に対してもまた、彼がどんな罰を受けるべきか、あるいはどんな罰金を支払うべきか、適当と思われるものを決めなければならない。

142. オウィディウス『恋の詩』第三巻七番二七—三〇行。[訳注11] エレゲイア調の韻律で作られた、全三巻からなる愛にまつわる詩。前二〇年頃から、おそらく前一年までかけて書かれて修正された。ここでオウィディウスは、自分が恋人の腕の中で「きちんとやる」ことができないのを嘆いている。この屈辱的な失敗を説明するため、彼はまず、自分が性愛呪文の標的となったと想定することにしている。この場合の呪文とは、本書でここまで、数多くの別離を願う呪詛板により例示されてきた種類の呪文である。オウィディウスが難なくこの説明を考え出したことからも、当時この慣習が良く知られていたことが窺われる。

ぼくの体はテッサリア[18]の毒[19]に、呪われて[20]力が抜けたのか。哀れなぼくを、呪文の歌と薬草が[21]、害しているのか。それとも魔女が深紅の蝋に、名前を呪い込めて[22]、肝臓の真ん中に細い針を刺したのか[23]。

訳注10　森進一他訳『法律』岩波書店、一九九三年、三七四—六頁を参照。
訳注11　中山恒夫編訳『ローマ恋愛詩人集』国文社、一九八五年、五六〇頁を参照。

143. オウィディウス『名婦の書簡』[訳注12]。伝説中の女性たちが、彼女らの不在の恋人に宛てたという形式で書かれた、詩的な書簡。ここで取りあげる第六書簡は、レムノス島の女王ヒュプシピュレによる、テッサリア到着後のイアソン[訳注13]に宛てられた書簡。イアソンがアルゴスへと遠征に向かう途上、二人の間には束の間の関係が持たれたのだった。手紙の中でヒュプシピュレは、イアソンがその後コルキスの王女メディアを伴って帰ってきた、という知らせへの怒りを吐露している。文学的な伝統の中でメディアは、強力な薬草や呪文を配する能力ゆえに悪名高い女性だ。怒り心頭のヒュプシピュレは、この作品の八二―九四行目で、メディアがイアソンの愛を手に入れたのはただ、愛の呪文によると力説している。この場合、魔術への非難は結局のところ、失敗を取り繕うための道具でもある。

文献　A. Palmer ed., *Heroides*, Oxford, 1898, pp. 332-3; H. Jacobson, *Ovid's Heroides*, Princeton, 1974, pp. 94–108.

(ヒュプシピュレがこぼす・・・)あの女は美貌や功績であなたの寵を得たわけではありません、彼女は呪歌《まじうた》に精通し・・・帯を解き、髪を振り乱して墓場をうろつき、まだ熱い火葬壇から、これと定めた骨を拾うのです。[24] そして遠く離れた人に呪いをかけたり、蝋の人形を作って、その肝の中へ無残にも鋭い針を突き立てたり[25]・・・

144. オウィディウス『祭暦』第二巻五七一―八二[訳注14]。ローマの祭事暦に関する、オウィディウスによる詩的な解説。この箇所でオウィディウスは、二月一七―二〇日に行われる、死者のための「フェラリア祭」について論じている。その期間、死者の霊魂がさまよい出てくるのだという。霊魂と墓地について考えたことに触発されたのか、オウィディウスは一人の年老いた女性による、とある儀礼的な行為を書き記している。

文献　J.G. Frazer, *Publii Ovidii Nasonis Fastorum Libri Sex : The Fasti of Ovid*, vol. 2, London, 1929, pp. 446–52 ; f. Bömer, *Die Fasten*, vol. 2, Heidelberg, 1958, pp. 126–7 ; Anne-Marie Tupet, *La magie dans la poésie latine*, Paris, 1976, pp. 408–14.

老女がひとり、娘たちのまんなかに座を占めて、沈黙女神タキタの祭儀を行っています。とはいえ、老女自身は黙っているわけではありません(26)。まず、三本の指で香を三つの敷居の下に置きます。そこは小さなネズミが身を潜めて通ったところです。次に、呪文をかけた糸をくすんだ鉛に括り付け(27)、黒い豆を七つ口の中でしゃぶります。そして、松脂で固め、青銅の針を刺し通した小魚の頭を、さらにその口を縫い合わせたうえで、火であぶります。その上から酒もたらします・・・「敵意ある舌と反感抱く口とを私は縛り上げた」(28)と、老女は座を立ちながら言い、ほろ酔い加減で行ってしまいました。唖の女神ムタとはどのような女神かと、すぐにも私にお尋ねになりたいでしょう(29)。

145.　セネカ『恩恵について』第六章三五節四[訳注15]。この小論では、どうすれば人は他人への恩恵の源となれるのかが扱われている。この箇所でセネカは、他人から受けた恩恵への返礼の義務、この場合は借金返済の義

訳注12　松本克己訳「名婦の書簡」『世界文学大系　六七　ローマ文学集』筑摩書房、一九六六年、三二〇―一頁を参照。
訳注13　テッサリア王の息子で、コルキスの金の羊毛探しを主題とした、ギリシア神話「アルゴー船の冒険」の主人公。
訳注14　高橋宏幸訳『祭暦』国文社、一九九四年、八三頁を参照。
訳注15　小川正廣訳「恩恵について」『セネカ哲学全集（二）』岩波書店、二〇〇六年、四三〇頁を参照。

務を逃れようとする人々について論じている。

もしも君が相手の金で相手に返済しようと望むなら、感謝の念から極めて遠いと思われよう。しかし、今君が望んでいることは、それよりも不当である。(30) **なぜなら、君はその人に呪いをかけ、恐ろしい祈りによって自分にとって尊い人の顔を呪縛しているのだから。**(31)

146. 大プリニウス『博物誌』第28巻四章十九。[訳注16] 出版されたのは、おそらく一世紀の七〇年代。事実と空想の巨大な総目録である『博物誌』の中で、大プリニウスは何度か魔術《マギア》に関し、その起源や広がりなどについての豊かな情報を含む、脱線をしてくれている。またプリニウスは、彼がマギ僧《マギキ》と呼ぶ、定義の今一つはっきりしない人々の集団に対する徹底した反論を繰り返し行っている（第二八巻一〇―三一および第三十巻一―十三）。ただしプリニウスは「このあらゆる技の中で最も欺瞞に満ちたもの」について、「（それは）長**い時代にわたり世界中を完全に支配している。その影響力の大きさに驚くような人はおるまい**」と述べて、そこに世間で広く信が置かれていることを証言している（第三〇巻一）。おそらくプリニウス自身は、「大変激しく魔術を非難するように見える一方で、本当は自分が考えているよりもずっと、その唾棄すべき技法を信じていた」という、ローマの著述家や知識人たちの代表者であったのだろう。(32)

文献　E. Tavenner, *Studies in Magic from Latin Literature*, New York, 1916.

呪詛板によって呪縛されることを恐れない人はいない。(33)

147. タキトゥス『年代記』第二巻三〇章。[訳注17] ローマ初代皇帝アウグストゥスの死（十四年）からネロ帝の死

(六八年)までの、ローマの年代記。出版は一一五年頃。この箇所のリボ・ドルススという人物は、タキトゥスによると若い顕要なローマ人である。あるときリボの友人であるフィルミウス・カトゥスが彼に説いて、「占星師の確約とか、魔法使いの秘儀とか、夢判断師の占いごと」にあたるよう仕向けたのだという(第二巻二七章)。結局リボの行動は、ティベリウス帝と元老院の知るところとなる。リボを告発した人々は、彼の個人的文書を何点か、証拠書類として提出した。そして裁判が結審する前に、リボは自死する。

文献 E. Tavenner, *Studies in Magic from Latin Literature*, New York, 1916, pp. 50–1; E. Massoneau, *La magie dans l'antiquité romaine*, Paris, 1934, pp. 177–8; E. Koestermann, *Cornelius Tacitus. Annalen*, vol. 1, Heidelberg, 1963, p. 304; F.R.D. Goodyear, *The Annals of Tacitus. Books 1–6*, vol. 2, Cambridge, 1981, p. 276.

中の一つの文書には、告発人の主張するように、カエサル家の人々の名や、幾人かの元老院議員の名のそばに、不吉な、少なくとも謎めいた符号が、リボの手で書き込まれてあった。(34)

148. タキトゥス『年代記』第二巻六九章。[訳注18] ティベリウス帝の養子であり、またアウグストゥス帝の養孫でもあったゲルマニクスは、ローマ権力の継承者として予定されていた人物であった。しかし十九年、彼は重篤な状態に陥る。彼は自分が、ライバルであるピソによる呪文の影響下に置かれたものと信じていた。(35) そ

訳注16 中野定雄他訳『プリニウスの博物誌III』雄山閣、一九八六年を参照。
訳注17 国原吉之助訳『年代記(上)』岩波書店、一九八一年、一一三—五頁を参照。
訳注18 国原吉之助訳『年代記(上)』一五三—四頁を参照。

してゲルマニクスは、その年のうちに帰らぬ人となる。他の人々ははっきりと、ピソが呪詛板製作を依頼し、そして安置したものと疑っていた。ピソはその後、様々な悪行のかどで裁判にかけられるが、その中に呪詛板と呪文の使用容疑も含まれていた(36)。タキトゥスはここで、呪詛板使用に関係する道具や信念について、完全で正確な記述を伝えてくれている。呪詛板の詳細を含むほぼ同じ逸話が、ローマ時代のギリシア人歴史家ディオ・カッシウスの著作(二三〇年頃)にも記録されている(37)。

じじつ、彼の家の床土や壁の上に、墓穴から掘り出した屍の手足とか、呪文や呪詛、鉛板に刻まれたゲルマニクスの名前(38)、濃汁《うみ》のついた半焼きの遺骸など、地獄の神々(39)に魂を捧げたと信じられている魔法使いのしわざが、あいついで発見された(40)。

149. タキトゥス『年代記』第四巻五二章[訳注19]。ゲルマニクスの死から数年後、彼の未亡人の従姉妹で、名前をクラウディア・プルクラという女性が告発され、様々な容疑で弾劾された。その中には、皇帝ティベリウスに対する呪文と呪詛板を依頼したとの嫌疑も含まれていた。

告発したのは、ドミティウス・アフェルといい・・・プルクラを訴えたのである。理由は・・・元首の毒殺を計り(41)、呪詛したことであった。

150. タキトゥス『年代記』第十二巻六五章[訳注20]。クラウディウス帝の治世下、皇妃アグリッピナは、ライバルであるドミティア・レピダという女性を排除しようとする。典型的なやり方に従い、アグリッピナはレピダを、彼女が自分に対して呪詛板を差し向けたと非難して攻撃を加えた。

レピダはこう弾劾されたのである。「彼女は元首の妻を、呪詛で調伏しようとした」。(42)

151. タキトゥス『年代記』第十六巻31章。[訳注21] 悪名高いネロ帝の治世下、また別の裁判の中で、ソラヌスという人物とその娘のセルウィリアが裁かれる。特にセルウィリアは、皇帝に対すべく呪術師にはかったかどで弾劾された。

それから、告発者がセルウィリアに向かって尋ねる。「嫁入り道具を手放し・・・売ったのは、魔法の秘儀をおこなう金を工面するためではなかったのか」。彼女は・・・話す。「私は決して悪鬼を呼び起こしたり、呪文を唱えたりしたことはありません」。(43)

152. サモサタのルキアノス『遊女の対話』第四話。[訳注22] この作品にはルキアノスが生涯かけて取り組んだ、風刺文学の所産が反映されている。彼の風刺は、しばしば当世の宗教的慣習や、哲学的信念の様式に対して向けられたのだった。この対話集が世に出たのは、一世紀半ば頃のこと。この箇所は、メリッタという女性がカリノスという恋人を失うことを恐れ、助けを求めてバッキスという別の女性のもとへ向かう場面だ。メリッタが知りたがっているのは、自分に愛の呪文を用意してくれる専門家の名前だ。

訳注19　国原吉之助訳『年代記（上）』二九三頁を参照。
訳注20　国原吉之助訳『年代記（下）』一〇九頁を参照。
訳注21　国原吉之助訳『年代記（下）』三二七―八頁を参照。
訳注22　高津春繁訳『遊女の対話　他三篇』岩波書店、一九六一年、十四―五頁を参照。

文献　C.P. Jones, *Culture and Society in Lucian*, Cambridge, 1986.

メリッタ「バッキスさん、テッサリアの大勢の女の人が[44]魔法でもって男を親切にさせ、どんなに嫌われている女でも好きにさせるというけれど・・・もしそんなお婆さんをあんた知ってたら、私の所へ連れて来てよ・・・（メリッタはカリノスとうまくいかなくなったいきさつを語る）・・・家に入って来て、いつものようにわたしが走って迎えに出たのに、見むきもしなければ近づけもしないのよ。それから抱きつこうとすると振り払って、言うのさ、「船持のヘルモティーモスのところへ行っちまえ、いやケラメイコスの城壁に何と書いてあるのか読んでみろ、お前たち二人の名が麗々しく広告されてらあ」[45]。・・・

バッキス「いるわよ！　あんた、素晴らしい妖術使いの女《ひと》が。生まれはシリアで、まだすさまじく、しっかりしていて、その女《ひと》よ、いつかパーニアースが、ちょうどカリーノスさんみたいに、なんにも理由もないのに、わたしに気を悪くしていたのをさ、仲直りさせてくれたのは。まる四ヶ月も経って、もうわたしはあきらめていた時に、おまじないであの人はわたしのところへ帰って来たのさ・・・お礼は大したことはないのよ、メリッタ、一ドラクマとパンだけ。その外にお塩と七オボロスと硫黄と松明。お婆さんはこれを受け取って、それから甕にお酒をついで混ぜなくっちゃならない。その女《ひと》だけが飲むのよ。それからその男の人の物を何か、着物とか靴とか少しばかりの髪の毛とか、そういったものが必要だわ・・・これ（カリノスの靴）を掛鍵《かけかぎ》から吊して、硫黄で下からいぶして、[46]火の上にはまた塩をまくのよ。あの人とあんたの二人の名前を唱えて、それから懐から魔法の輪を取り出して、[47]廻しながらペラペラペラと呪文を言う、外国語で野蕃で身の毛がよだつようなのよ。[48]これがその時やったことなの。それから暫くしてパーニアースが、仲間の若い人たちが非難したり、同棲していたポイビスが散々頼んだりしたのに、ありがたいことに妾のところへおまじないに引かれてやって来たのよ」

153. アプレイウス『黄金のろば』第三巻十七章。[訳注23] アプレイウスによる悪漢《ピカレスク》小説のこの箇所で、主人公の若きルキウスは、専門知識を持つパンフィレという女性の生み出した呪文を真似ようとするも、結局失敗してろばとなってしまう。引用は、パンフィレの召使いであるフォティスという少女が、自分の女主人の作業部屋についてルキウスに物語る場面だ。アプレイウスはその作品の随所で、呪文の世界について彼の持つ、幅広い知識や経験を披瀝している。

文献　A. Abt, *Die Apoligie des Apuleius von Madaura und die antike Zauberei*, Giessen, 1908；R.T. van der Paardt, *L. Apuleius Madaurensis. The Metamorphoses. A Commentary on Book III with Text and Introduction*, Amsterdam, 1971；L. Winkler, *Auctor & Actor：A Narratological Reading of Apuleius' "Golden Ass"*, Berkeley, 1985.

> まず手初めに（パンフィレは）お定まりの道具立てをこの悪魔のすむ仕事部屋へと列べたてますの、あらゆる種類の香料だの、訳の分からない字を刻りこんだ板だの、難破船の残骸だの、(49) 死人の墓や屍から取ってきたいろんなものを、(50) ずいぶんどっさり拡げておくんですのよ。

154. アプレイウス『黄金のろば』第九巻二八―九章。[訳注24] この箇所では、背信行為や夫婦間の不義にまつわる俗っぽい話が続く中で、ある粉屋の亭主が妻の浮気のことを聞き知る。その後の妻による自分を救おうとの努力からは、呪詛板が配されがちな舞台設定の典型例を、いくつか見て取ることができる。まずは、結

訳注23　呉茂一訳『黄金のろば（上）』岩波書店、一九五六年、八七頁を参照。
訳注24　呉茂一訳『黄金のろば（下）』九一―二頁を参照。

婚した二人の間にあって、一方がもう一方の愛情を失うことを恐れる場面では、呪詛板は愛の呪文として利用される。次いでそれに失敗した時、今度は呪詛板は、失われた伴侶に苦痛や死をもたらす呪文として利用されるのだ。文学作品によく見られるように、ここでも呪文の顧客と専門家は、どちらもが女性だ。

> それから粉屋の亭主は、妻に三行半を渡して、直ちに自分の家から追放してしまったのです・・・それで（妻は）すぐと執念深くあちこち探し歩いて、女の魔法使を見つけました。その女は祈祷と魔法とでもって[51]、いかなる願いもなしとげるという噂でしたが、彼女は・・・無闇に贈物をもち込んで、二つの願いのうちどちらかを叶えて欲しいと頼みました。その願いというのは、主人の心を和げて又一緒にさせてくれるか、もしそれがだめなら、主人の心に何か幽霊を呼びおこして、むごたらしい死に方をさせてくれ、というものでした。神通力をもった賢い魔女は、手始めとして、残虐な技の中でも一番平凡な武器を遣って亭主のかたくなな心を和らげ・・・努力しましたが[52]、その結果、彼女の思う通りにならなかったので、神々に憤慨し・・・今や哀れな亭主を殺すために、悲惨な死に方をしたある女の怨霊を扇動して、亭主の命を威嚇したのでした。[53]

155.

アルテミドロス『夢判断の書』第一巻七七章[訳注25]。二世紀末に書かれた、夢の解釈に関する総覧である。この一節では、冠（*stephanoi*）の登場する夢のイメージがずらりとリストアップされ、それぞれにどういった意味があるのか、適宜紹介されている。

文献　R.J. White, *The Interpretation of Dreams: Oneirocritica*, Park Ridge, N.J., 1975.

羊毛の冠は、絡み合って解けないから[54]、魔法と呪術を表わす。

156. ハルポクラティオン『十人の弁論家の語彙目録 *Lexicon of the Ten Orators*』。様々な弁論家の文章から選り抜いた語彙や言い回しが、アルファベット順に配列されている辞典。作成された年代は不明。二世紀末と考えている人もいる。

「呪縛される」[55]――「毒を盛られる」と「縛られる」の代わりに[56]、デイナルコスが（この単語を使っている）。

157. パウルス『意見集 *Sententiae*』第五巻二三章十五―十八。ローマの重要な法学者（二一〇年頃）に帰される、法的見解の選集。「魔術的な行為」は、必ずしもその定義や理解は明確でないものの、ローマではすでに『十二表法』の時代（前五世紀）から違法とされていた[57]。スッラの時代（前八一年）、「殺人と毒殺・調伏に関するコルネリウス法 *Lex Cornelia de Sicariis et Veneficiis*」によって、「毒／まじない *venena*」が禁止違法行為のリストに加えられ、毒／まじないの所持、販売、贈与、そして製造は、恋愛目的のものを含めて処罰の対象とされた。罰則の軽重は、違反者の社会的地位に応じて決められた。古い時代ならびに新しい時代の禁令は共に、間違いなく呪詛板の使用にも適用されたはずだが、呪詛板に具体的に言及しているのは唯一、このパウルスの一節のみだ[58]。この箇所からは、禁じられる違法行為の幅の、著しい拡大の様子を窺うことができる。

文献　R. MacMullen, *Enemies of the Roman Order*, Cambridge, 1966, pp. 95–127; C.R. Phillips III, *Nullum Crimen sine Lege*: Socioreligious Sanctions on Magic, in: *Magika*, pp. 262–78.

訳注25　城江良和訳『夢判断の書』国文社、一九九四年、九六頁を参照。

誰かに呪いをかけたり、呪詛したり、呪縛したりする目的で(59)、不法な夜間の儀式を行ったり、依頼したりする者は誰でも、十字架刑に処せられる、あるいは野獣に投げ与えられる。・・・一般的な法意見によれば、魔術的な技に参与した者たちは、厳罰に処せられるべきとされている。つまり野獣に投げ与えられるか、十字架にかけられるかである。一方で魔術師自身は、生きたまま焼き殺されるべきである。魔術の技の記された本を所持することは、誰にも認められていない。もしそうした本が、誰かに所有されていることが露見した場合には、その者の財産は没収され、本は公に燃やされ、その者は島へと流罪にされるべきである、あるいはもしその者が身分の低い者なら、首をはねられるべきである。この技の実行だけでなく、その知識さえもが禁じられている。

158. プロティノス『エネアデス』第四巻四章四〇[訳注26]。この新プラトン主義哲学者（生二〇五年―二六九年）は、彼の「魂の諸問題について」と題された小論中の多くの部分を、どのようにして呪文（*goēteiai*）が効力を現すかという問題のために割いている。プロティノスは呪文の有効性を当然と考えるが、その成功を宇宙の自然作用ゆえとすることで、従来の伝統的意味づけを残らず取り去ろう試みている。その上で彼は、呪文に賢人の魂に影響を及ぼす力のあることを否定する。ほとんどの古代世界の知識人と同様に、プロティノスは呪文や呪詛の世界について多くのことを知っていた。彼は呪術の実践者でもあったのでは、と考える人もいる。

文献　P. Merlan, Plotinus and Magic, *Isis* 44（1953）, pp. 341–8; A.H. Armstrong, Was Plotinus a Magician?, *Phronesis* 1（1955–56）, pp. 73–9; E.R. Dodds, *The Greeks and the Irrational*, Berkeley, 1963, pp. 283–311.

それにまた彼らは、力を持っている図形を利用したり、彼ら自身が特定の形をして、力を彼らのほうに静かに引き寄せたりもするのであるが、そのようなことができるのは、彼らが一なる宇宙のなかにあって、その一なる宇宙に働きかけているからなのである。もし仮にその魔術師が宇宙の外に位置を占めているとしたら、彼は呪文によろうと魔力によろうと、力を自分のほうに引き寄せることもできなければ、引き下ろすこともできなかったであろう。(60)

159. マクロビウス『サトゥルナリア』第五巻十九章七。四世紀初めの知識人貴族。この『サトゥルナリア』という作品は、考えうるあらゆる主題について、想像上の登場人物たちが、会話しながら博学を披露するという形をとっている。引用部分の話題は、ローマの詩人ウェルギリウスによる、ギリシアの悲劇作家ソフォクレスの詩句の活用についてだ。マクロビウスは引用部分に続けて、ウェルギリウスはソフォクレスの失われてしまった悲劇『根っこ切り／草木集め』の一節を踏襲していることを示そうとしている。

文献　*Macrobius: The Saturnalia*, trans. P.V. Davies, New York, 1969.

『アエネイス』の第四巻で、ウェルギリウスはカルタゴ女王ディドを、彼女がアエネアスに置いてけぼりにされてしまった後、帰依者や老魔女の呪文や呪詛に頼ったとして描いている。(61) (62) そしてとりわけウェルギリウスは、彼女の慕情を鎮めるため、青銅の鎌で切られた草木が探し求められたと述べている。(63)

160. カイサレイアのエウセビオス『コンスタンティヌス帝即位三〇周年記念頌詞 *Laus Constantini*』十三章。

訳注26　田中美知太郎他訳『プロティノス全集第三巻』中央公論社、一九八七年、二一八頁を参照。

三三五年に行われた、聖墳墓教会の奉献に関する説教。この箇所でエウセビオスは、冒頭で「神の言葉がなぜ人間に受肉したか」という主題設定をした上で、異教（多神教）の宗教的な罪業を並べ上げている。そして非キリスト教徒たちの信仰や慣習が寸描的に羅列されていく中で、エウセビオスは呪詛板と呪縛呪文を、その顕著な特徴として取りあげている。

> いえ、彼ら異教徒たちのやったことはそれに留まりません。彼らは禁じられている魔術の呪詛板を使って[64]、そして歌や呪文による不法な強要によって、空中をさまよう不可視の諸力を、自分たちの精神的な協力者としてたぐり寄せようとしたのでした。

文献　T.D. Barnes, *Constatine and Eusebius*, Cambridge, 1981.

161. カイサレイアのバシレイオス『書簡集』一八八番八。教会法に関する諸問題について、三六〇年頃に著された。ここでの問題は、意図的な殺人と非意図的な殺人の区別についてだ。バシレイオスは、前者の範疇に、死をもたらす呪文（*pharmaka*）の用意が含まれると述べている。

> これは女たちがしきりと行うたぐいのことだ。女たちは呪文や呪詛板によって[65]、自分に愛情を引き寄せようと努め、そして思考を曇らせるようなまじないを、彼ら（呪文の標的）にかけるのだ。

162. キュレネのシュネシオス『書簡集』一二一番。四〇五年頃書かれた。シュネシオスは博学な新プラトン主義哲学者で、最終的にはキリスト教を受け入れ、エジプトのプトレマイス市で司教となった。この書簡は、オデュッセウスとポリュフェモスとの間に交わされた、想像上の会話で始まる。ポリュフェモスとは、『オデュッセイア』の第九歌でオデュッセウスと彼の部下を洞窟に閉じこめた、伝説的な一つ目の巨人

（キュクロプス）のことだ。

文献　J. Bregman, *Synesius of Cyrene*, Berkeley, 1982.

オデュッセウスは自分を洞窟から出すよう、何とかポリュフェモスを説得しようとした。彼は言った。「私は魔法使いだ[66]。だから君に、君の恋い焦がれている、でもなかなか色よい返事をもらえない、あの海のニュンフの心をつかむために、うまい具合に手を貸すことができる。私はまじない歌も、魔法によるいましめも[67]、また呪縛の愛の呪文も知っている。ガラテイアは、それに一瞬たりとも抗することはできないだろうね・・・そうさ、私は呪文を唱え、彼女を一人きりでここにやって来させることもできる。私の呪文で[68]、全く思うがままの状態でね」。

163. ヒエロニュムス『隠修士聖ヒラリオンの生涯』第二一章（*PL* 23, cols. 39–40）。このガザのヒラリオンについての伝記の著者は、ヒエロニュムスとされる。書かれたのは、四世紀末ないし五世紀初頭だ。ヒラリオンに関する記述中には、この聖人と、地方で「魔術的な技」を行う様々な人々との間の対決事件がいくつか含まれている。ある挿話では、キリスト教徒の乙女に恋をした若者のことが語られる。一度言い寄ったものの断られ、若者はエジプトのメンフィスへと旅に出る。その地で彼は、アスクレピオス神の預言者なる人々と共に（おそらく愛の呪文の技法を）学ぶ。そして新しい知識で武装し、ガザに帰還すると、その技術を実地に移した。結局はヒラリオンが若者の努力を打ち砕き、彼の力が悪魔の力よりも優ることが証明される。この箇所での、愛の呪文の記された金属製書板の描写は、パピルス紙に書かれて残されている指示書の記述に合致している。

文献　J.N.D. Kelly, *Jerome*. New York, 1975.

魂を癒すのみならず破壊することにも長けた、アスクレピオス神の預言者たちと共に[69]、一年にわたり教育を受けると、淫蕩な夢想に興奮しながら、彼は故郷へと帰還した。そして彼は当の若い娘の家で、敷居の下に金属製の書板を埋めた(70)。それはキュプロス島産の青銅で作られ、種々の不吉な言葉(71)、また恐ろしい姿が刻まれていた(72)。すると時を移さず、若い乙女は気がふれてしまった(73)。

164. スキュトポリスのキュリロス『聖エウテュミオスの生涯』第五七章。著者は修道士にして聖人伝作家であった人で、六世紀半ば、パレスチナの様々な修道院で活躍していた。ここで語られるのは、聖人伝には典型的な、キリスト教徒修道士の持つ「高次の」霊力と、異教徒呪術師の「下等な」策動の対決についての逸話だ。長老アクタビオスの兄弟は、その敵対者が土地の妖術師（*goēs*）に説き、呪文で彼を殺害しようとしたために重病を患う。そこで病気となったそのロマノスという人物は、エウテュミオスに祈りを捧げて助力を請う。そして敬虔な祈りに応え、聖人が姿を現す。

文献　*Kyrillos von Skythopolis*, ed. E. Schwartz, Leipzig, 1939.

「私がエウテュミオスである。信仰心の内にこちらへと召された。恐れることはない。そなたの痛むところを見せるがよい」。そこでロマノスが自分のお腹を指さすと、その顕現（聖人）は指を真っ直ぐに伸ばし、まるで剣によるかのごとくにその箇所を切り開いた。そして彼のお腹から、象徴記号《カラクテレス》のいくつか書かれた、スズの薄板を引っ張り出し、彼の前の机に置いた。それからその箇所を手できれいに拭い、切り傷をふさいだのだった。

165. ソフロニオス『聖キュロスと聖ヨアンネスの奇跡の話』（*PG* 87.3. cols. 3541–48）。ソフロニオスは七世紀にエルサレム総司教だった人物。彼の著したアレクサンドリアの二人の聖人、キュロスとヨアンネスの伝記では、呪文やまじないと関わる逸話がいくつか物語られている。その中で二人の聖人は、異教の専門家によってかけられた呪いを圧倒し、自分たちの力の優越を見せつける。

文献　*DT*, pp. cxxii–cxxiii; H.J. Magoulias, The Lives of Byzantine Saints as Sources of Data for the History of Magic in the Sixth and Seventh Centuries A.D.: Sorcery, Relics and Icons, *Byzantion* 37 (1967), pp. 236–8; Faraone, "Context", p. 9.

テオフィロスは、いかにして魔術により手と足を呪縛されたか。

ある人々が、テオフィロスに害をなそうと、あやつ（悪魔）を自分たちの味方に引き込んだ。彼らのよこしまな願いにほだされたあやつは、手と足を呪縛して恐ろしい苦痛を彼に加え、軽からざる害を、その哀れな男にもたらした・・・（土地の医者はテオフィロスを癒すことができず、彼は聖人たちに、この害悪から救い出して欲しいと訴える）・・・聖人たちが彼の夢に現れ、次のことをするよう指示した。「勤勉なる者たちに頼み[74]、朝一番にそなたを運び、そして海へ連れて行ってもらうがよい。そこでそなたは、水の中に網を投げる漁師と出会うだろう。そやつと、そなたのために網を投げ込むための料金について話をつけるがよい。そやつが捕まえるものが何であれ、それがそなたの癒しとなるだろう」・・・その後しばらくして彼が網を投げ入れると、小さな箱を引き上げた。それには鍵がかかっていた上に、鉛で封もされていた・・・（それからひとしきり、誰の所有となるのかについての議論が続く）・・・皆の見ている前で何とか頑張って箱を開けると、その中に恐ろしくてすさまじい光景が現れた・・・そこには人の形に彫られた青銅製の人形があり、テオフィロスとよく似ていた。そして四本の釘が手足に、四肢のそれぞれに差し込まれていた。周りにいた者たち皆はこれを見ると、一様に驚き、どうしたらよいのか見当がつかなかった・・・その一人が、もしできるなら釘を抜き出せと命じた。そして人形を手に取って、右手に刺さっていた釘をつかみ、そして懸命に引っ張ると引き抜くことができた。釘が引き抜かれるや、テオフィロスの右手はすぐに回復し、ひどい痛みを感じることもなくなり、痛みによる麻痺もなくなった。そして皆の目に、あのペテン師どもが彼に対してどんなおぞましい詐術を用いたのかが明らかとなった。彼らはあの最も忌まわしき悪魔たちと結託し、それ（箱）を水の中に投げ込んで、決して解かれないようにしたのだった・・・彼らは残りの釘も急いで引き抜いた・・・彼らが釘を引き抜くにつれ、病んでいた男は呪縛や苦痛から解放されていき、そしてついに全部の釘が取り除かれた。こうしてその病んだ男は、悪魔の技の全てから解放された。彼らが人形の左手から釘を引き抜くや、苦しんでいた男はすぐに腕を伸ばすことができるようになった。そして彼らが足に刺さっていた釘を引っ張り出すや、その病んだ男は全く痛みもなく動き回ることができるようになったのだ。

文献　*PG* 87.3, col. 3625.

166.

ソフロニオス（No.165に同じ）。

魔術によって足が不自由になった、キュプロス島のテオドロスについて。

テオドロスは、素晴らしい技術を持った高名な医師であった。彼はある時、魔術によって足が不自由となってしまった。[75]（彼は自分で治すことができず、聖人たちが彼の夢に現れ、次の指示を伝える）・・・「そなたの従者の一人を、ラピトスの地へ派遣するがよい。そしてその者に、そなたの寝室の前、玄関ポーチのかたわらを掘り返すよう命じるがよい。その者はそこに、忌まわしき魔術器具を見出すであろう。[76]それが見出されるや、それを作りし者は直ちに消え去るであろう」。そこでテオドロスは、命じられた通りに（その者を）その場所へと送り出し、障碍の原因が発見された。それが白日のもとにさらされるや、魔術師は死に捕らわれ、すぐさま消え去った・・・そやつはユダヤ人であり、そのような疑いを免れられぬのだ。

167. 偽アウグスティヌス『神聖冒涜行為に関する法話』第五―六章。極めて標準的なラテン語で書かれた、民衆向けの説教。この文章の出自は、地理的にはドイツ、年代的には八世紀である。この文章は、キリスト教以前の慣習の存続について、またそれが、キリスト教徒に変わらぬ訴求力を持ち続けていたことについての情報の宝庫だ。

文献　C.P. Caspari, *Eine Augustin fälschlich beigelegte Homilia de sacrilegiis*, Christiania, 1886.

（第五章）・・・（十六）月が満ちゆく期間に、文字の記された鉛板を用いて[77]（害悪を）逃れることが可能と考える者は誰でも・・・そうした者たちは、キリスト教徒ではなく異教徒である。

（第六章）・・・（十九）ソロモン王の秘術の書を製作する者は誰でも。[78]人間や物言わぬ動物の首に何かの記号を巻き付ける者は誰でも、それがパピルス紙に記されたのであれ、羊皮紙に記されたのであれ、青銅の、鉄の、鉛の、あるいは他のどんな材料の金属板に記されたのであれ、そのような者は、キリスト教徒ではなく異教徒である。

168. エウスタティオス。十二世紀、教会史上の重要人物（テッサロニキ府主教に仕えていた）であり、また学者でもあった人物。ホメロスの『イリアス』と『オデュッセイア』を含め、古典古代の作品の何点かに彼が付けた、膨大な註釈が残されている。『オデュッセイア』第十九歌四五五―五八行、アウトリュコスの息子たちが巧みにオデュッセウスの傷口を縛り（*dēsan*）、それから流れる血をまじない（*epaiodē*）でもって止める箇所に、エウスタティオスは次のような註釈を付けている。かなり無造作に、まるでこうしたことは皆の共通認識であるかのように。

というのも呪縛呪文[79]（の使用）には熟練が必要だ。

特殊用語解説

アクラ（ン）マカマリ（*AKRAM (M) ACHAMARI*）――しばしば「アブラナタナルバ〈下記〉」や「セセンゲンバルファランゲス（*SESENGENBARPHARANGES*）〈下記〉」と共に用いられる、頻繁に登場する神秘的文言《ウォケス・ミュスティカエ》の一種。ショーレム（*Scholem, Jewish Gnosticism*, pp. 94-100）によれば、この語はアラム語で「魔術的呪文を根こそぎにせよ」という表現に由来するのだという。そうすると、この語はおそらくユダヤ人に由来するのであろう。

アクルーロボレ（*AKROUROBORE*）――「**ウーロボロス**（*OUROBOROS*）〈下記〉」の異形。

アドーナイ（*ADŌNAI*）――護符や呪詛板、そして各種定式表現中に見出される、よく現れる神秘的文言《ウォケス・ミュスティカエ》の一つ。数多くの呪文で、神格や宇宙の神霊を名指して祈願する際に用いられる。この語の本源はヘブライ語『旧約聖書』にあり、神の名前として最もよく使われる語の一つである。それがユダヤ人世界の外に出、呪術師《マゴス》たちの用いる多文化的用語の仲間入りを果たすようになると、様々に語形変化した形で用いられた。例えば「**アドナエール** *Adonaël*」「**アドナイオス** *Adonaios*」など。

アノク（*ANOCH* / *ANOK*）――コプト語の「私は（～である）*anok*」に由来する語。外国語起源の他の多くの語と同様、護符や呪詛板上で、どうやらこの語はそのまま神格の名となっていたようだ。

アブラサクス／アブラクサス（*ABRASAX* / *ABRAXAS*）――あらゆる神秘的文言《ウォケス・ミュスティカエ》の中で最もよく使われるもの

の一つ。太陽と関わる神格の名を挙げて訴えかける時に使用される。護符上でこの神格は、足はヘビ、胴には鎧、頭は雄鶏（「ヘビ人間」）の姿で表されることもよくある。綴り字の各字母が持つ数的価値を足すと三六五になると言われており、これは一年の日数と同じである。[訳注1] 次の議論を参照のこと。*GMP*, p. 331.

アブラナタナルバ（*ABLANATHANALBA*）――呪詛板や護符、また各種定式表現中によく使われる回文（例、PGM四番三〇三〇行）。しばしば「**アクランマカリ**（*AKRAMMACHARI*）」と共に現れる。この語の背後にはヘブライ語表現があるのかもしれない。例えば「父よ（*ab*）、我らがもとに来給え（*lanath*）」など。しかし確かなことは不明のままと言わざるを得ない。次の研究を参照のこと。D.M. Robinson, A Magical Text from Beroea in Macedonia, in: L.W. Jones ed., *Classical and Medieval Studies in Honor of Edward Kennard Rand*, New York, 1938, pp. 250–1; Martinez, pp. 108–10.

イァオー（*IAŌ*）――元来は有名な「四文字《テトラグランマトン》」、つまりヘブライ語聖書における神聖で、そして発音することのできない神の名「**YHWH**（ヤハウェ）」に由来する語。徐々に護符や呪詛板上で広く使われるようになった。またグノーシス文書の中では、宇宙の力としても登場している。次の研究を参照のこと。W. Fauth, Arbath Iao, *Oriens Christianus* 67 (1983), pp. 65–75; Martinez, pp. 79f.

ウーロボロス（*OUROBOROS*）――「**アクルーロボレ**（*AKROUROBORE*）」はその一般的な異形。自分の尾を噛むヘビの姿で表される。次の議論を参照。*GMP*, p. 337.

エフェソスの字母《エフェシア・グランマタ》――広い意味と狭い意味、二つの全く異なる意味で用いられる用語。今ではあまり一般的でない広義の用法は、呪文・まじない中に使用される、あらゆる形態の非日常的言語表現を指す言葉として用いるもの。この用法は、現在ではおおかた「魔術的文言 *voces magicae*」とか、本書のように「神秘的文言《ウォケス・ミュスティカエ》」という言葉に置き換えられている。狭義の意味では、エフェソス市にあるアルテミス女神の巨大な像に刻まれていたと言われる語群を指す。つまり「アスキオン *askion*」「カタスキオン *kataskion*」「リクス *lix*」「テトラクス *tetrax*」「ダムナメネウス *damnameneus*」「アイシオン *aision*（異形がアイシア *aisia*）」だ。次の議論を参照のこと。R. Kotansky, Incantations and Prayers for Salvation on Inscribed Greek Amulets, in : *Magika*, p. 111.

エウラモーン（*EULAMŌN*）——様々に用いられる一般的な語。その起源や意味について色々な説が唱えられてきた。ヴィンシュ（R. Wünsch, *Sethianische Verfluchungstafeln aus Rom*, Leipzig, 1898, p. 83）は、エジプトのアモン神と関係する可能性を考えている。彼はまたこの語が、ギリシア語の「（我が敵の）体（*sōma*）を破壊せよ（*lue*）！」という表現の綴りを逆向きにしたものに由来するとも論じている。つまり「体を破壊せよ *SŌMA LUE*」が逆向きに綴られ、「エウラモース *EULAMŌS*」になったというのだ。また他にも、西セム語の形容詞で「永遠の」を意味する語に由来していると考えている研究者もいる。さらには、アッシリア語の「永遠の *ullamu*」に起源を求める人もいるようだ。次の議論を参照のこと。Youtie and Bonner, Two Curse Tablets from Beisan, *TAPA* 68（1937）, pp. 62-3. このよく使われる語には、他にも様々な解釈が提起されている。次の文献を参照のこと。Preisendanz（1972）, pp. 17-8.

エレシュキガル（*ERESCHIGAL*）——バビロニア起源の女性神格。時にその名は「ネブートゥースーアレートゥ *NEBOUTOUSOUALĒTH*」という文言と一緒に登場する。

オシリス——エジプトの神話・宗教における人気の高い神格。イシスの夫で、冥界の支配者。

オソロンノフリス（*OSORONNOPHRIS*）——オシリス神のためによく使われる名前。そのエジプト語における意

訳注1　ギリシア文字の数的価値については、本書第7章史料の解説と翻訳注50を参照。

味は「オシリス、美しいお方」。

オレオバザグラ（*OREOBAZAGRA*）――「マスケッリ・マスケッロー」の項参照。

キュク・バザキュク・バキュク（*CHUCH BAZACHUCH BACHUCH*）――これらの「言葉」やその異形は、地中海世界全域の文章中に繰り返し登場する。次の議論を参照のこと。Youtie and Bonner, Two Curse Tablets from Beisan, *TAPA* 68 (1937), p. 57. 北アフリカのカルタゴで発見された二言語併用文の鉛板では、「バカキュク（*BACHACHUCH*）」という語の後ろにこう訴えかけ表現が続いている。「エジプトの偉大な精霊《ダイモン》なるお方よ」（DTA二五〇A番一―二行）。ヘブライ語の「星々 *kochav*」に起源を求めようとする研究者もいる。この一連の神秘的文言《ウォケス・ミュスティカエ》はおおむね、ある言語学的な原則を例証している。すなわち、連続する「言葉」の中で、ごく一部の母音および子音を次々と入れ替えていくことで、基本的なパターンに則した一連の変異形が作り出される、との原則だ。

コレ――デメテルの項を参照。

サバオトゥ（*SABAOTH*）――ヘブライ語『旧約聖書』で、神を表現するために用いられる、多くの語のうちの一つ。元来の意味は「天なる主人」。比較的新しい時代の呪詛板や護符の中では、独立した神格を表すようになっている。

セセンゲンバルファランゲース（*SESENGENBARPHARANGĒS*）――太陽との関わりを持つ、よく用いられる神秘的文言《ウォケス・ミュスティカエ》。頻繁に「アブラナタナブラ」という回文と一緒に用いられる。ショーレム（G. Sholem, *Jewish Gnosticism*, pp. 96–100）は、これをユダヤ起源の文言と論じている。ヨセフス『ユダヤ戦記』第七巻一七九―八〇で、バアラスと呼ばれる土地近くの「谷間（テース・ファランゴス *tēs pharangos*）にある」、効能あるイチジクの木の話が語られている。その木の根から、強力な薬が作られるのだという。するとこの神秘的文言《ウォケス・ミュスティカエ》は、もとは「バアラスの谷間」を指す語に由来していたのかもしれない。次の議論を参照のこと。*GMP*, p. 339 ; Martinez, pp. 78f.

セト（セトゥ）（*SETH*）――知恵と呪文を司る、エジプトの冥界の神。オシリスの敵。砂漠と赤色との関連を持つ。しばしば頭が犬あるいはジャッカルの姿で表現される。次の研究を参照。H. Te Velde, *Seth : the God of Confusion*, Leiden, 1967.

セメセイラム（*SEMESEILAM*）――式文中でお馴染みの語（例、PGM四番一八〇五行、五番三五一行および三六五行、七番六四五―五〇行）。この神秘的文言《ウォケス・ミュスティカエ》が太陽と関連するのは明らかであり、そこから、この語が元はヘブライ語の「世界の太陽」、あるいは「永遠なる太陽」という表現に由来する可能性が高まる。一方ショーレム（G. Sholem, *Jewish Gnosticism*, p. 134）は、アラム語表現「我が名は平和 *shemi shelam*」に由来するとの説を提起している。

ダムナメネウス（*DAMNAMENEUS*）――よく使われる語で、おそらく「飼い慣らす *damnazein*」に由来。ファラオネとコタンスキーの議論（本書No.133の文献）を参照。

ダムノ・ダムナ・リュコダムナ（*DAMNO DAMNA LUKODAMNA*）――言葉変異形の標準的なセット。例えばPGM三番四三四―五行では「**アルテミ・ダムノ・ダムノ・リュカイナ** *ARTEMI DAMNO DAMNO LUKAINA*」とある。この一連の文言の根幹にあるのは、広く流通していたエフェソスの字母《エフェシア・グランマタ》のうちの一語、つまり「**ダムナメネウス**」である。すると「**リュコダムナ**」は「狼を飼い慣らす者」という意味となる。また「**リュカイナ**」は牝狼だ。これらの語群は普通、ヘカテ女神やアルテミス女神と組み合わさって使用される。

ディケ――正義と復讐の擬人化。人気の高いギリシアの女神となった。

デメテル――人気の高かったギリシアの女神。彼女の娘ペルセフォネ／プロセルピナ（またコレとも呼ばれる）

や、冥界の神である夫ハデス／プルトと結びついて現れる。

ドーデカキステー（*DŌDEKAKISTĒ*）――意味の判然としない、出現は稀な語。「ドーデカ」の意味は数字の十二。「キストス」は籠。おそらく「十二（柱の神々？）を包みこむお方（女性）」。「フエッセミガドーン」の項参照。

トートゥ（トト）（*THŌTH*）――綴りには多くの異形がある。月、文字の発明、そしてセトおよびオシリスと関連するエジプトの神。

バインコーオーオーク（*BAINCHŌŌŌCH*）――エジプト語の呼びかけ表現（「暗黒の霊よ！」）で、外国語起源の他の表現と同様、護符や呪詛板上では神格、あるいは宇宙の神霊の名となっていたように思われる。次の研究を参照のこと。Youtie and Bonner, Two Curse Tablets from Beisan, *TAPA* 68（1937）, p. 57；*GMP*, p. 333.

バルーク（*BAROUCH*）――これもヘブライ語起源の語。「祝福された」の意。ヘブライ語聖書では神への呼びかけに、後にはユダヤ人の祈りの中で用いられた。Martinez, p. 77を参照のこと。

バルバティアオー（*BARBATHIAŌ*）――語の最初の子音二つの音位転換によって類縁関係にある、「アルバティアオー（*ARBATHIAŌ*）」および「アブラオートゥ（*ABRAŌTH*）」という一般的な語の異形。その由来については様々な説が提起されてきた。ヴィンシュ（R. Wünsh, Deisidaimoniaka, *ARW* 12（1909）, p. 31）はこの語を、「ヘブライのイァオ *hebraikos iao*」という表現の縮約形と考えている。ガンシニエツ（Ganschinietz, Iao, *RE* 9（1916）, col. 703）はこれを、『ピスティス・ソフィア』や『イェウの書』といったグノーシス文書の中に登場する神話的人物、イァブラオトゥと結びつけている（次の研究の索引（*Jabraoth* の項）を参照のこと。C. Schmidt and W. Till, *Koptisch-Gnostische Schriften*, Berlin, 1959, p. 408）。コーマック（本書第三章№47の文献参照）は、この語の起源をヘブライ語の「四 *arbat*」と「イァオ *iao*」との連結からの派生と考えている。「四」の意味するところは、ヘブライ語聖書で神名を表す「四文字《テトラグランマトン》」、すなわち「ＹＨＷＨ（ヤハウェ）」の四文字であり、そのギリシア語形が「イァオ（*IAO*）」であると。一方ブラオ（Blau, *Zauberwesen*, pp. 102-5）はこれを、「サバオトゥ（*Sabaoth*）」の短縮形と見なしている。さらに次の研究も参照のこと。W. Fauth, Arbath Iao, *Oriens Christianus* 67（1983）, pp. 65-103；Martinez, pp. 41f. and 76f.

バルバラタム（時にバルバリタ）・ケルーンブラ（*BARBARATHAM*（*BARBARITHA*）*CHELOUMBRA*）——通常「バルーク（*BAROUCH*）」と「セセゲンバルファランゲス（*SESEGENBARPHARANGES*）」を含む、長々しい定式文の一部。PGM三番一〇九—一一〇行目に現れている。

ピュリペーガニュクス（*PURIPĒGANUX*）——「マスケッリ・マスケッロー」の項参照。

フエッセミガドーン（*HUESSEMIGADŌN*）——何点かの呪詛板やPGMに収録された数多くの手引き書（例、PGM二番三二—四行および五番四二四—五行）の中で、そこに登場する一般的な定式文の最初の一語。次の研究を参照のこと。Cormack, A Tabella Defixionis in the Museum of the University of Reading, England, *HTR* 44（1951）, pp. 31-3；Martinez, pp. 39f.

ヘカテ——ギリシアの重要な冥界の女神。まじないや呪文に登場する最も顕著な神々のうちの一柱。次の研究を参照のこと。Sarah Johnston, *Hekate Soteira: A Study of Hekate's Roles in the Chaldean Oracles and Related Literature*, Atlanta, 1990.

ペルセフォネ——デメテルの項参照。

ヘルメス——ギリシアの神。冥界との関わりを持つ。また多くの女性神格、特にデメテルとヘカテとの結びつきも強い。長い期間まじないや呪文の世界と関係を持ち続けた。ヘルメス神はさらに、エジプトのトト神や、ローマのメルクリウス神と同一視された。

ボールフォルババルボル・・・（*BŌRPHORBABARBOR*・・・）——多くの異形を持つ、長大な神秘的文言《ウォケス・ミュスティカエ》。「ボルフォル・シリーズ」として知られる。地中海域全体で、呪詛板や護符、そして定式表現の中にも登場している。たいていはヘカテ女神やセレネ（月）女神と、その秘密の名前や訴えかけ表現として結びついている。詳細な議論は、次の研究を参照。Jordan, "Agora", pp. 240-1。その起源に関しモートン・スミスは、次のような考えを提起している（Jordan, p. 214を参照）。「おそらくこれらは、女神に随行していると考えられていた犬の鳴き声を模（そうと）しているのではないか。テオクリトス『牧歌』第二巻三五を参照。

ボルコセトゥ（*BOLCHOSETH*）――護符や呪詛板、そして定式表現中に見出される、エジプトのセト神の名前、あるいは訴えかけ表現。他の語、例えば「**イォー** *IŌ*」や「**イォーエルベートゥ** *IŌERBĒTH*」などと一緒に現れることが多い。この語の起源について、マロー（Maraux, *Défixion*, pp. 34-9）は次のような説を立てた。「**ボル** *BOL*」の部分が意味するのは、セム語系言語全般で用いられる、「神／主 *ba'al*」という語のエジプト風の綴り。そして「**セトゥ** *SETH*」がエジプトの神セトであることは明白。ここでは他のエジプトの文書と同様に *ba'al* と名付けられている。そして残る「**コ** *CHO*」の部分は、打つ／撃つを意味するエジプトの言葉から派生している。すると、全体としてはこのような意味となろうか。「神（*Ba'al*）、撃つ者、（それはすなわち）セト神」。

マスケッリ・マスケッロー（*MASKELLI MASKELLŌ*）――神秘的文言《ウォケス・ミュスティカエ》を含む最も一般的な定式文のうちの一つ。完全な形だとこうなる。「**マスケッリ・マスケッロー・フヌーケンタバオー・オレオバザグラ・レークスィクトーン・ヒッポクトーン・ピュリペーガニュクス**（*MASKELLI MASKELLŌ PHNOUKENTABAŌ OREOBAZAGRA RĒXICHTŌN HIPPOCHTHŌN PURIPĒGANUX*）」（PGM七番三〇二行を参照）。そこにはギリシア語として認識可能な要素が数多く含まれている。「**レークスィクトーン**――地から飛び出す」。「**ヒッポクトーン**――馬および大地」。「**ピュリペーガニュクス**――火の泉の主」。次の議論を参照のこと。*GMP*, P. 336.

マルマラオートゥ（*MARMARAŌTH*）――この名はＰＧＭ七番四八八行行、五九八行、および六〇八行に登場する。「**マルマラクタ**（*MARMARACHTHA*）」は異形の一つ。こうした「**マルマル** *marmar*」という部分を基礎とし、そこに多くの接尾語を付けて生成される神秘的文言《ウォケス・ミュスティカエ》は、非常によく使われている。ＰＧＭ三五番二行および七番五七二行を参照のこと。この語の起源は、おそらくアラム語表現「主の中の主」にあるのであろう。次の研究を参照のこと。K. Praisendanz, Marmaraoth, *RE* 14（1930）, col. 1881；Martinez, pp. 81f.

メリウーコス（*MELIOUCHOS*）――様々な呪文中で、この語は神話的存在を表すために使われており、セラピス、ゼウス、ヘリオス、ヘカテ、エレシュキガル、そしてミトラスを含む幾多の神格と組み合わされている。この名はギリシア語の「蜂蜜 *meli*」から来ているのかもしれないし、あるいはエジプト語表現に由来しているのかもしれない（ハーラオアーの説）。次の研究を参照のこと。*GMP*, p. 336；C. Harrauer, *Meliouchos. Studien zur Entwicklung religiöser Vorstellungen in griechischen synkretistischen Zaubertexten*, Vienna, 1987. 一方で（性急な語源探索に対する）慎重な意見として、次を参照。H.J. Thissen, Etymologeien, *ZPE* 73（1988）, pp. 304-5.

ライラム（*LAILAM*）――ギリシア語の単語「嵐／暴風 *lailaps*」と何らかの関係する可能性はありそうだ。しかしヘブライ語の「永遠の *leolam*」に由来すると考える研究者もいる。ただしこの神秘的文言《ウォケス・ミュスティカエ》が元々その語に由来しているのか、それともその語と後で二次的に結びついただけなのかは別の問題だ。

訳者あとがき

本書は、John Gager, *Curse Tablets and Binding Spells from the Ancient World*, Oxford University Press, 1992の全訳です。古代ギリシア・ローマ世界におこなわれた「呪い」について伝える代表的な史料、全一六八点が、理解の助けとなる解説や文献とともに紹介されています。そして本邦訳は、古代の呪詛というテーマ全般についてのまとまった議論を紹介する、我が国で初めての研究書です。原著で英語に訳されている史料を、重訳にともなう意味の誤解が少なくなるよう、できるだけ元の史料にもあたって訳すよう心がけました。

原著は、一九九二年に世に出るとただちに高い評価を受け、現在（二〇一五年）では、このテーマを扱う研究書や論文にほぼ必ず引用される書籍となっています。古代ギリシア・ローマ世界の呪いについて知ろうとするときの、必読書のうちの一冊だと断言して差しつかえないでしょう。

本書には、教科書や歴史小説を駆けめぐるような、古代ギリシア・ローマの英雄たちはほとんど誰一人として登場しません。ユリウス・カエサルも、初代ローマ皇帝アウグストゥスも、旅する皇帝ハドリアヌスも、コンスタンティヌス大帝も、ギリシア勢を率いて世界帝国を切り拓いたアレクサンドロス大王も、アテネの民主政を完成させたペリクレスも。本書のテーマは、名もなき一般人が製作した（あるいは、製作させた）、古代ギリシア・ローマ時代の「呪詛板 curse tablet」、および彼らの強い思いが託された「呪縛呪文 binding spell」です。ここではまず、呪詛板をめぐる研究史と、その中での本書の位置づけを紹介しようと思います。

古代世界の呪詛板のうち、約一六〇〇点がいまに伝わっています。そもそも呪詛板とは何なのかについて、本書のはじめではこう定義されています：「他の人間や動物に対して影響を及ぼしてもらおうと、超自然的な力を招来するために用意された、たいていが小さくて薄いシート状の、文字の刻まれた鉛の薄片」。すでに一九世紀の時点で、数多くの呪詛板と、その板面に記された呪詛文が発見されていました。古典ギリシア語で書かれた呪詛文を集めた史料集は、一八九七年、ヴィンシュ（R. Wünsch）によって出版されています。またオドラン（A. Audollent）が編さんした、いまでも第一級の研究的価値を持つ、ギリシア語やラテン語などで書かれた主要な呪詛文を集めた史料集の出版は、一九〇四年のことです（本書では、それぞれDTAおよびDTと略記されています）。さらには、古代の呪術師が呪文作成の参考にした、手引き書などの記されたパピルス文書も発見されていました。それらは一九三〇年前後に、プライゼンダンツ（K. Preisendanz）により、二巻本の『ギリシア魔術パピルス文書集成』として刊行されました（本書では*PGM*と略記されています）。

こうして、すでに二〇世紀の早い時期、呪詛板の研究を発展させる用意はととのっていました。しかしその後、著者のゲイジャーによれば、それらはほとんど注目されませんでした。古代ギリシア・ローマ史の研究者たちが、呪詛板に強い関心を示すことはほぼなかったのです。

なぜこうしたことが起こったのかについて、著者は本書の随所で推論しています。その理由は、欧米学会に特徴的な思考法にあったようです。まず指摘されるのが、一九世紀～二〇世紀前半の欧米学会を支配していた考え方です。当時を代表する人物として本書に何度も名が挙がるのが、ジェームズ・フレイザーです。フレイザーは、代表作である『金枝篇』などの著作を通じ、巨大な影響力を持った社会人類学者でした。彼は人類の精神的な発展を、「魔術から宗教へ、そして科学へ」という道筋のうちに見ようとしていました。「魔術・呪術」といった事象は、フレイザーのものに代表される見方に従い、「人類が、宗教という段階に達する以前の、あやまった信念にもとづく未熟さのあらわれ」と理解されたというのです。

次いで、呪詛板の利用が「無学・無教養な、迷信深い民衆」の風習と見なされたことが指摘されています。古代世界についての歴史研究は、大きくエリート層研究に傾斜していました。一方で呪詛板上の文面には、前述のとおりエリートたちがほぼ登場しません。そのため呪詛板は、古代社会を真に理解するための史料としては、価値が低いと考えられたというのです。

さらにはこうも指摘されます。注目されなかったのは、呪詛板が有害だったからだと。その意味を著者は、呪詛板が誰かに実害を与えるということではないと言います。高い名声を誇る古代ギリシア・ローマ文化にとって、また純粋な宗教という自負を持つユダヤ教やキリスト教にとって、その内部で実践されていた呪詛板という事象は、みずからの名声を傷つける可能性を持つと考えられたからだと。

著者の挙げるこれらの理由から、長らく呪いや呪詛板は、古代ギリシア・ローマ史における主要な研究テーマとは見なされない時代が続きます。けれどもその状況は、特に一九七〇年代以降に大きく変貌します。著者はその原因に言及していませんが、おそらくその背景にあったのは、おもに研究思潮、思考法、および考古学的発掘の成果に関連して起こった変化でした。

まずは、「アナール学派」の姿勢に共感する研究者の増加がありました。彼らは、政治や軍事の領域における変動など、急激に起こる短期的な動きだけではなく、もっとゆっくりした長期的な変動、たとえば気候や文化、あるいは心などの変化に注目するという研究姿勢を重視していました。そして社会史や文化史、また心性史など、その以前には歴史学の主流ではなかった領域にも、徐々に研究価値が認められるようになったのです。

次いで、いわゆる「構造主義的」思考の浸透にともなう、脱中心的な考え方の広がりもありました。それにともない、社会の中心の人物や出来事だけでなく、社会の周縁部での事象にも研究価値が見いだされるようになったのです。

最後に、考古学的調査の結果として、発見史料が急激に増加します。その最たるものが、イギリスの世界遺産都市バースで、古代の温泉湧出池跡から大量の呪詛板が発見されたことでした。そのうちの何点かについては、本書の第五章でも取り上げられています。一九八八年、トムリン（R. Tomlin）による、バースの呪詛板についての詳細な報告書の公刊は、欧米の古代史研究者たちに大きな衝撃を与えます。こうして呪詛板にも、ようやく光が当たり始めました。古代の呪詛板研究をめぐるこのような環境変化のなか、原著は一九九二年に世に出ます。その以前の研究および史料状況を分かりやすく紹介する、まさに画期的な著書でした。

欧米学会でのあらたな展開を受け、二一世紀に入ると我が国の歴史学会でもようやく、この問題への取り組みが始まります。まず真下英信氏が二〇〇四年の論文、「古代ギリシアの呪い管見」（『慶應義塾女子高等学校研究紀要』二一号）で、ギリシアの呪いを主題とした論文を発表します。次いで二〇〇六年、古山正人氏が「西洋古代における Curse Tablets──概観と訴訟・政争呪詛」（『國學院雑誌』一〇七─二号）において、本書の第三章でも扱われている「訴訟・政争呪詛」を中心に、「呪詛板」についての検討を行いました。また古山氏はその二年後、「西欧のアミュレットについて──古代ギリシア・ローマを中心に」（『國學院大學紀要』四六）と題された論文で、本書の第七章でも取り上げられている「護符」をテーマとして取り扱います。さらにパピルスに記録された、古代の呪術師の手引き書（*PGM*）については、二〇一五年、前野弘志氏が「『ギリシア語魔術パピルス』を読む」（『西洋史学報』四二）において全体像を紹介しています。ようやく、我が国における研究進展への準備も整ってきたと言えるでしょう。

本書におさめられた呪詛文を読み、また豊富に添えられた図像資料にも目をやっていただいたなら、きっとその文章表現や図像表現の生々しさに驚きを覚えたのではないでしょうか。そこには、はるか昔の時代を生きた普通の人々の生き生きとした感情が、そのままに表現されているように思えます。以下では、本書で紹介された呪詛板上の文章の内容、呪詛板の歴史、その効果や機能などの点に触れながら、本書の構成や、また本書での著者のおもな主張を振り返ります。その上で、私なりの理解を書き添えておきたいと思います。

まず、古代世界の呪詛板には、実際にはどういった内容の文章が書かれていたのでしょう。日本において「呪い」は、超自然的な力を及ぼして「呪い殺す」など、とにかく相手に危害をくわえる努力とイメージされるのが普通です。ですが本書におさめられた事例のうち、相手に危害をくわえたいとの願いが表現されるケースは比較的まれです。多くの場合に願われていたのは、相手を傷つけることより、むしろ「呪縛」することでした。自分の願いや欲望がかなえられるようにと、そのさまたげとなる他者、あるいは思いを寄せる人の行動や心を、呪詛板に書かれた呪文の力で縛りつける。そうして呪縛された相手をコントロールし、自分にとって望ましい未来が手にはいるようにする。このように呪詛板には、おもに誰かを縛りつけることを願う「呪縛呪文」が記されていたのです。

ただし注意を要することがあります。呪詛板には、呪詛行為にまつわる手続きすべては記さていないのです。というのも呪詛板が用意され、墓や水の中などふさわしい場所に安置されるとき、同時に色々な儀式もおこなわれていたはずです。また口頭で祈りが捧げられもしたことでしょう。しかし呪詛板には、そうした儀式についての記述がほとんどありませんし、口頭での祈りすべてが記されたのでもありませんでした。著者はこう述べています。呪詛板に文字を書き、それを墓や水の中など、しかるべき場所に安置するという行為は、呪詛行為全体のうちのほんの一部に過ぎない。だから鉛の呪詛板など、一風変わったモノだけに注目して、呪詛行為の一連の手続き全体に思いを至らせないことは、完全な誤りだと。

次に、呪詛板の歴史については、自分を訴えた敵対者の舌を法廷で縛り、自由にしゃべれなくすることなどを願う「訴訟・政争呪詛板」（本書第三章）として始まると理解されています。その分野で高い評判が得られたことから、その後さらに別の対象へと用途が拡張されました。拡張後の用途について本書では、各種の競技会において、ライバルの身体の動きや戦意などを呪縛し、勝利を手にできるよう願う「競技呪詛板」（同第一章）、恋がたきや恋の相手を呪縛し、自分の望むような性愛関係がうまれるよう願う「性愛呪詛板」（同第二章）、さらには商売上の競合相手を呪縛し、自分の利益確保を願う「商売呪詛板」（同第四章）として分類されています。そして該当する事例が、それぞれ一章にまとめられて紹介されています。「その他の呪詛板」（同第六章）は、呪詛の背景が不明なために分類できない事例です。

「正義と復讐を求める嘆願呪詛板」（同第五章）は、呪詛板の歴史の中では比較的あとになって登場した変わり種です。そこでは自分に対する不正に関し、その補償、ないしは犯人への処罰がなされるよう、神に対して嘆願されています。一方、呪詛板の効力を解いたり、あるいは返しの呪文で対抗したりするための、様々な「護符・お守り」が数多く発見されており、それらもまとめて紹介されています（同第七章）。また古代世界で記された文学作品などのなかにも、呪詛板についての数多くの言及があります。本書ではそうした証言についても、豊富に紹介されています（同第八章）。

続いて、本書で何度となく問われる難問についてです。そもそも呪詛板には、効果があったのでしょうか。呪詛板が、ほかの人に効果を及ぼすことなどあり得たのでしょうか。『金枝篇』の著者フレイザーでなくとも、こう考えていた方が多いのではと思います。こんなもの、効いたはずがない。それでも本書の著者ゲイジャーは、この問いに対して果敢にもこう断言します。呪詛板には効果があった、あるいは効果があると信じられていた。そして効果があることと、効果があると信じられていたこととは、結局は同じであると。ただし著者は、古代の人々から呪いの実行をお願いされていた超自然的存在（神々や精霊など）が本当にいて、彼ら／彼女らが不思議な霊力を対象に及ぼすからではないと考えています。

では何を根拠に、呪詛板が効いたと断言できるのでしょうか。その一番の理由として指摘されているのが、呪詛板に関する証拠の、約一二〇〇年以上という時間的拡がりです。呪詛板の遺物そのものや、また呪詛についての証言は、紀元前五世紀初頭から紀元後八世紀頃まで、約一二〇〇年という長大な期間にわたって見いだされるのです。そこで著者は問いかけています。呪詛板に効果があったとする以外に、こうした行為をこれほど長く続けた古代人の、このあくなき非合理性をどう説明できるだろうかと。

だとすると呪詛板は、どのように効果を発揮できたのでしょう。著者はまず、言葉の持つ力に古代人がよせた全幅の信頼について指摘しています。参照されるのは、社会人類学者タンバイアーの業績です。言葉は不思議な力を持ち、その力は人間界の境界を越えて「あちら」の世界にさえも届く。確かにこうした漠然とした信頼感は、いま神仏の前に立って何かを祈ったりお願いしたりする私たちにも、同じように共有されているようにも思います。日本語にある「言霊（ことだま）」という言葉は、そうした信頼感のなごりなのかもしれません。

そのうえで、著者がもっとも重視するのが、一世紀後半の博物学者、大プリニウスによるこの証言です：「**呪詛板によって呪縛されることを恐れない人はいない**」（本書No.146）。大プリニウスは、世界についての当時の知識すべてを詰め込んだ大著『博物誌』を、ローマ皇帝ティトゥス（位七九～八一年）に献呈した人物です。つまり彼は、社会的エリートにして当代最高の知識人でもありました。その大プリニウスを含め、社会階層を問わずあらゆる人が、呪詛板で呪縛されることを恐れていたのです。

呪縛されることを恐れる「心的風土」が、社会の成員の間に「満場一致」で共有されていた時代。そしてその心的風土のうえに、競争にのぞんだり、人前で話したりするときに、人が誰しも感じるあの強い緊張感や不安感などの強い感情がはたらきかけるのです。競争にともない強い不安を感じる状況に置かれた人の脳裏に、「強力な呪文の力で、呪縛されているのではないか」との恐れがよぎったかもしれません。そしてその恐怖が、人の心と体に何らかの影響を及ぼし、変調を起こさせたとしても不思議ではありません。呪詛板は効くと誰からも信じられていた。だから、呪詛板は効いた（あるいは、効いたと信じられた）。その信頼のゆえに、呪詛板は一二〇〇年にわたって利用され続けた。著者はそのように考えています。

呪詛板の機能についてはそれ以外にも、哲学者ヴィトゲンシュタインの考えたように、呪詛を呪詛者の精神内部の問題ととらえる見方もあります。呪詛板が効くのかどうかはさておき、とにかく何かはおこなわれた。人が呪詛行為から得た、そうした精神的満足感こそが呪詛板の機能だったと考えるのです。また文化人類学者エヴァンズ＝プリチャードは、アフリカの部族社会の研究において、呪詛の持つ社会的機能について考察しています。個人や共同体が何らかの失敗をこうむったとき、その失敗を呪詛のせいにできるという機能が、呪詛行為にはあったとするのです。本書のなかで著者は、そのほか様々な考え方にも言及しています。どのような理解が正しいのかは、今後も様々に議論されていくものと思います。いずれにせよ確かなのは、古代人は誰しも呪詛されることを恐れていたし、そして一二〇〇年にもわたり、みずからの思いを託して呪詛板に文字を記し、それを安置し続けていたという事実です。

最後に、著者が本書で取り組んだ最も大きな問題に言及しなければなりません。それは、「宗教」と「魔術」との関係という問題です。つまり、呪詛板をもちいてほかの人を呪縛しようとする古代人たちの努力は、宗教とはまったく相容れない、非合理的で迷信的な「魔術 magic」の一種として理解されるのでしょうか。著者がこの点についてとっていたのは、「人間の経験を定義する分類項目としては、〈魔術〉という項目は存在しない」との立場です。だから著者は本文中、「魔術」という用語を、かなり限定的に用いています。印象的なのが、本文で引用されていたこの一節です。

「魔術」と「宗教」の関係についての科学的論争は、キリスト教的に理想化されたパターンにのっとり宗教を定義することによって生み出された、人工的な論争である。人間の信仰や儀式を構成する要素のうち・・・理想化された類型としての宗教と相容れないものは、「魔術」と呼ばれた（そしていまも呼ばれている）。「魔術」は「宗教」の中で十分に価値あるものではない要素のための、ゴミの山となった（そしていまでもなっている）。

理想的な「宗教」と相容れない要素のためのゴミの山。それが、「魔術」という言葉だというのです。もちろん著者は、「魔術」という言葉をそうした意味で使うことに強く反発しています。著者は本書で、宗教と魔術との間に伝統的に引かれてきたこの境界線を、懸命に乗りこえようとしているのです。

呪詛板で表現されていたのは、結局は何だったのでしょう。それは、人には誰しも覚えがある、あの強い感情です。これから競争にのぞむときの、あの闘争心や不安。競技を観戦して応援するときの、あの高揚感や期待感、そして落胆。恋に落ちたときの、あのジリジリするような焦燥感や不安、そしてライバルへの嫉妬心。被告席に座らされたときの、あの恐怖（経験者は少ないでしょうが）。うまく話せるだろうかという、人前に立ったときのあの不安と緊張。不公正な扱いを受けたときの、あの腹立たしい思い。

呪詛依頼者は呪詛板のうえに、欲望、恐怖、嫉妬心、怒りなど、競い合う相手に対していだく強い思いを、呪縛呪文という形で表現していました。一方で呪縛の対象者は、同じく競い合いに身を置いて強い不安を感じる状況下、同様の感情にさいなまれながら、さらに呪詛の恐怖にもさらされていました。呪詛板の文面に表現されていたのも、呪詛板の効果に関して本書の著者が想定するメカニズムのなかに働いていたのも、どちらもがあの強い思いなのです。呪詛板は、社会の様々な場面で人と人とが競い合うなかでの、人間の強い感情からエネルギーを得ていたのです。

私たちはいま、こうした感情とどう向き合い、それをどう克服しているでしょうか。手の平に「人」の字を書いて飲むふりをしたり、お守りを握りしめたり、験をかついでひげを伸ばしたり、以前幸運に恵まれたときと同じ服を着たり、カツ丼など「勝つ」という言葉を名前に含むものを食べてみたり。私たちは、私たちなりの方法で、みずからのうちにあふれる強い思いに立ち向かっています。

古代世界にもやはり、私たちと同じような強い感情や不安にさいなまれ、対処の方法を求めていた人たちがいました。みずからのうちにあふれる強い思いと、何とか渡り合おうとしていた人々がいたのです。しかし彼らがうちなる思いに向き合い、対処しようと選んでいた戦術は、私たちとはまるで異なるものでした。こうした人間の心の世界に、私たちの作った宗教や魔術といった区分を持ち込み、そこに優劣のものさしを当てて理解しようとしても、得られるものはそれほど多くないでしょう。彼らは自分の感情に対し、彼らなりの合理性に沿った戦術で向き合おうとしていたのです。こうして呪詛板は、うちからあふれ出るあの強い人間的感情に、かつてまったく異なる戦術で対処した人々が存在したことを教えてくれているように思います。

本書の著者ジョン・ゲイジャー教授は、長らくプリンストン大学（米・ニュージャージー州）で教鞭をとり、現在は同大学の名誉教授となっています。専門は宗教史で、おもに初期キリスト教に関して数多くの業績を残しています。本書の翻訳の過程では、疑問点に関する私からの問い合わせに、気軽にていねいな回答を返してくださいました。心よりの感謝を表します。また本書には、ゲイジャー教授のほかに四人の寄稿者の名前が併記されており、計五人による共著という形がとられています。ただし、執筆担当箇所は明記されていないため、一般には代表のゲイジャー教授の著作として扱われています。その四人とは、キャサリン・F・クーパー、デイヴィット・フランクファーター、デーレク・クリューガー、リチャード・リムの各氏です。現在それぞれマンチェスター大学、ボストン大学、ノース・カロライナ大学、スミス大学の教授として、第一線の研究者として活躍しています。

原著の執筆が共同作業であったのと同じく、本邦訳が世に出るまでの道のりでも、多くの方々からのお力添えをいただきました。特に、早稲田大学特任教授・東京大学名誉教授の本村凌二先生のご奔走がなければ、本書が世に出ることはありませんでした。また京都大学名誉教授の中務哲郎先生には、京都大学学術出版会への紹介の労をおとりいただきました。お二人のお力添えに、心より感謝申し上げます。そして國學院大學教授の古山正人先生には、ご多忙にもかかわらず訳文に目を通していただき、無数の修正点をご指摘いただきました。心より感謝申し上げます。本書の至らぬところが一箇所でも減っているとすれば、それはすべて古山先生のおかげです。もちろん、まだ残る多数の不備の責任は、すべて訳者である私にあります。今回、この一風変わった書籍を刊行するにあたり、横のものを縦にするには、その言葉どおりの多大な苦労をともないました。それを見事に成し遂げてくださった、京都大学学術出版会の國方栄二さんに深く感謝します。そして感謝は、いつも最初の読者として、遠慮のない厳しい意見で励ましてくれる妻と息子にも。二人の存在がなければ、この本はありませんでした。不肖の息子を持った父母にも、心からの感謝をささげます。

終わりに、一人でも多くの方がこの本を手にとってくれるように、秘密の呪文で皆さんを呪縛しておこうと思います（意味は、本書№12の史料末尾などを参照ください）。

ἤδη ἤδη ταχύ ταχύ（エーデー、エーデー、タキュ、タキュ！）

iam iam cito cito（ヤム、ヤム、キト、キト！）

索　引

カ行

サ行

タ行

ナ行

ハ行

マ行

ヤ行

ラ行

本　文　注

序章

（1）ギリシア語では、他者に対して向けられる呪文の刻まれた金属片を表す通常の用語として、「カタデスモス *katadesmos*」という言葉が現代の議論の中で用いられている。これは「縛り上げる」とか「結び付ける」といった意味を表す、「カタデイン *katadein*」という動詞から派生した名詞だ。一方ラテン語では、名詞の「デフィクシオ *defixio*」が使われることは極めて稀だが、その元となっている動詞、「デフィゲレ *defigere*」（「縛る」とか「釘で打ち付ける」といった意味）が史料の文章中に現れる。またラテン語の呪詛板ではさらに、例えば「デウォティオ *devotio*」「ドナティオ *donatio*」「コンモニトリウム *commonitorium*」といった言葉が使われている。Tomlin, p. 59の議論を参照のこと。ジョーダンが私信の中で述べているところによれば、「カタデスモス」という言葉は、金属片を丸めて結ぶ、という考えに由来しているようだ。だから石など、他の素材に用いられている場合は、この言葉は広い意味で用いられていると理解されねばならない。反対に、「デフィクシオ」という言葉が狭義に用いられる場合には、呪詛板に釘を差し貫いて「打ち付ける」という行為そのものを暗示しているようだ。そして実際に、丸められ、釘で刺し貫かれた呪詛板が存在するものの、ジョーダンによれば、ローマ時代のアテネで製作された事例には、釘が利用されている例はないのだという。そこからジョーダンは、こう結論づけている。「「デフィクシオ」という用語は、「カタデスモス」という言葉が指示するのとは異なる行為を表していたとしても不思議ではない」。本書では、「デフィクシオ」と「カタデスモス」、また時に「呪詛板」という用語を、様々な素材に刻まれた呪文や呪詛を言い表す、総称的な言葉として用いることとする。〔訳注：邦訳では、これらを全て「呪詛板」あるいは「呪詛」という訳語で統一している。〕

（2）Tomlin, p. 59での議論を参照。

（3）Preisendanz (1930), pp. 119–20は、研究史の中で初めて呪詛板が言及された年を1796年としている。その年にニコロ・イグナッラが、1755年にイタリアで発見された呪詛板（*DT* 212）のうち、その数行を発表している。一方ジョーダンは、トムリンの研究書の書評（*Journal of Roman Archaeology* 3 (1990), p. 440）の中で、くだんの*DT* 212は呪詛板ではないと主張していて、研究史上の最初の検討を、1813年のこととし

ている。その年にオンケルブラッドが、アッティカ方言ギリシア語で記された呪詛板を公刊している（J. K. Åṅkerblad, *Iscrizione greca sopra una lamina piombo trovata in un sepolcro nelle vicinanze de Atene*, Rome, 1813)。そしてC. T. ニュートンによる、クニドス島のデメテル神殿で発見された呪詛板の公刊（1862年。本書No. 89を参照)、およびL. マクドナルドによる、キプロス島出土の16枚の呪詛板についての検討（1890年。本書No. 46-7を参照）は、その時まで省みられることのなかった史料の検討開始への、重要な転換点となった。さらに1897年、ヴィンシュ（R.Wünsh）による、ギリシアのアッティカ地方で発見された呪詛板の集成（DTA）と、それに引き続く1904年、オドラン（A. Audollent）による、地中海地方発見のさらに多数の呪詛板の集成（*DT*）のおかげで、発見されている事例全てを検討することがようやく可能となった。また以下の全般的な研究を参照されたい：M. Jeanneret, La langue des tablettes d'exécration latines, *Revue de philologie* 40(1916), pp. 225–58；41（1917), pp. 5–99；E. Kagarow, *Griechische Fluchtafeln*, Leopoli, 1929；M. Besnier, Récents travaux sur les defixionum tabellae latines, *Revue de philologie* 44（1920), pp. 5–30；ソリン（H. Solin）が作成した、1920年から1968年にかけて発表されたラテン語呪詛板のカタログ；プライゼンダンツ（K. Preisendanzの1933年、および1972年の論文（それぞれ本書の「略号」を参照)；1985年に出されたD.R. Jordan, SGD；Faraone, "Context", pp. 3–32.

（4）Jordan, "Agora", p. 206.

（5）前5世紀末から前4世紀初頭にかけて作られた、アッティカ地方の黒色陶器のかけらがある。M. Nilsson, *Geschichte der griechischen Religion*, vol. 1, Munich, 1967, p. 801（写真付き）において公刊されたが、そこには次のようなメッセージが記されていた。「**我はアリスティオンの上に、4日ごとに起こる、死の**（あるいは、死ぬまでの）**熱病をもたらす**」。さらに後世（〈ローマ時代後期〉とされている)、エジプトで発見された陶片上に、二点の呪縛呪文が記されていた。うち一点（*PGM*, vol. 2, Ostraca 1）では、ホリという名の人物が、ハトロスという人に対抗して反論するのを慎ませる（カテケイン *katechein*）ようにと、クロノス神に対し強く求められている（本書no. 111を参照)。またもう一点では（動詞は記されていないものの）明らかに、シットゥラスとエピクラテスという名の人たちの、舌と力を呪縛することが求められている（*PGM*, vol. 2, Ostraca 5)。ホリ何某に対する呪文の写真は、A. Deissmann, *Light from the Ancient East*, London, 1911, p. 309の裏面に。また陶器のかけらに刻まれている性愛呪詛については、本書no. 26–7を参照。

（6）テル・サンダハンナーで発見された呪文（本書no. 107を見よ)。

（7）Bonner, *Amulets*, pp. 103–22（"Agressive Magic"）を参照のこと。当該箇所に紹介

されている、文字の刻まれた貴石は、通常は金属板上に見出すタイプの呪文を伝えている。

（8）*PGM* VIII, 1–63 行には、ペルシアの有名な呪術師であるアストラプスコス作とされている、ある性愛呪詛（フィルトロカタデスモス *philtrokatadesmos*）のタイトルが記録されている。そうした種類の呪文は、鉛板上にきわめてよく登場する。実際は当該のテキストは、様々なたぐいの事々の、世界中での成功を求めて訴えている。また *PGM* CIX を見よ。これはカレメラという名の女性に向けられた性愛呪詛だ。さらに 6 世紀、とあるキリスト教徒男性が、自身の娘であるセウェリナという名の女性と、別のディデュモスという名の男性に対して向けて発した、正義と復讐を求めての嘆願呪詛も参照（この史料は G. Björk, *Der Fluch des Christen Sabinus - Papyrus Upsaliensis 8*, Upsala, 1938 で、詳細なコメンタリー付きで公刊された）。

（9）DTA 55a（本書 no. 64 を参照）では、「**我は鉛の中の、そしてロウの中の者たち全てを呪縛する**」と述べられている。一方でローマ詩人のオウィディウス（『恋の詩』第 3 巻 7 番 29 行）は自分自身のことを、名前がどこかの専門家の手で赤く彩色したロウに記され、そして針で突き刺された犠牲者なのではないか、といぶかっている（本書 no. 142 を見よ）。Faraone, "Context", p. 7 での議論を参照のこと。

（10）本書 no. 109 を参照。こうした陶製の鉢は、攻撃的ではなく、防御的な目的のための利用されるのが通例である。

（11）ローマ帝国時代後期に利用されていた、呪詛板作製のための手引き書では、必ずしも鉛が指定されているわけではない。*PGM* X, 24–35 行は、怒りを抑制するための呪文だが、そこでは銀、あるいは金の薄片が要求されている。*PGM* IV, 2145 行以下は、神託を得る、レース中に戦車を大破させる、また誰かにかけられた呪縛呪文を解除する（！）といった様々な目的のための呪文であるが、求められている素材は鉄だ。一方で 8 世紀、異教的慣習に対してのあるキリスト教的訓話の中では、青銅、鉄、または鉛から作られた、金属板の使用が非難されている。大まかに言えば、金と銀は防御的な護符、そして様々な病気や疾患の治癒を目指す医療的呪文のためのもので、一方、他の素材が同様の目的のために使われることもあり得た、というところになる。治癒その他の目的のための護符の使用に関しては、*Magika*, pp. 107–37 に所収の、R. Kotansky, "Incantations and Prayers for Salvation on Inscribed Greek Amulets" を参照のこと〔訳注：以下、Kotansky, "Incantations" と略記〕。特に金板や銀板の使用に関しては、同じくコタンスキーの博士論文、*Texts and Studies in the Graeco-Egyptian Magic Lamellae : An Introduction, Corpus and Commentary on the Phylacteries and Amulets, Principally Engraved onto Gold and Silver Tablets*, University of Chicago, 1988 を参照。

(12) Tomlin, pp. 82–4 の、詳細な議論を参照のこと。

(13) 少し以前の論文である、R.H. Brill and J.M. Wampler, Isotope Studies of Ancient Lead, *AJA* 71 (1967), pp. 63–77 においては、アンティオキアで行われたプリンストン大学による発掘調査で発見されたが、まだ公刊されていない鉛板が解析されている(同論文 p. 66 および p. 76 の no. 135)。その鉛板には 0.02% の銀が含まれていることから、その鉛はおそらく、アテネの南に位置する有名なラウレイオンの銀鉱山に由来するものであろう。

(14) *PGM* VII, 397 行、および *Sepher ha-Razim*, p. 49、第二蒼穹、68 行を見よ。

(15) Tomlin, p. 83. ジョーダンはトムリンへの書評の中で (pp. 439–40)、呪詛板に文字が書かれる直前に熱が加えられたことに疑義を呈している。そして *PGM* 中の何点かの手引き書では、冷たい鉛の使用が求められていることを指摘している。例えば、*PGM* XXXVI, 2 行。

(16) 呪いや呪文以外の文章を記すための、鉛という素材の活用についての議論は、Jordan, TILT, pp. 226–8 および Faraone, "Context", p. 4 を参照のこと。

(17) Jordan, "Agora", p. 207.

(18) Tomlin, p. 82, 注 3 を見よ。

(19) DTA, no. 105, 106, 107.

(20) Tomlin, p. 81.

(21) こうした文字の巧拙の幅は、一枚の呪詛上にも確認されうる。バースで発見された諸事例には、「能書的」とも形容されるような筆跡が一部みられ、そして大半が「書記的」であり、多数の「拙劣」な文字も観察される。Tomlin, p. 100 を見よ。

(22) 本書 no. 141 を参照。

(23) 本書 no. 64 を参照。

(24) Jordan, "Agora", p. 210. またジョーダンは、続いて「アメリカ文献学協会」での報告の中で〔訳注：D.R. Jordan, New Evidence for the Activity of Scribes in Roman Athens, in: *Abstracts of the American Philological Association–120th Annual Meeting (Baltimore)*, Atlanta, 1989〕、これら呪詛板が発見された地点（中央列柱廊の前にある井戸）近くの建物で、市民を顧客とする職業的書記として働いていたその同じ書記が、(本業の勤務時間終了後の副業として？) 文言を刻んでいたと論じた。ユダヤの護符と呪文に関しても、ミヒャエル・シュヴァルツが同様の結論に達している。それによると、カイロのゲニザ〔訳注：本書 no. 32 を参照〕で発見された、いわゆる魔術的資料の文字は、ユダヤ人コミュニティのために、より「世俗的な」、あるいは公的な別種文書を作成していた人のものと同じ手跡で筆写されているのだという。M. Schwartz, Scribal Magic and its Rhetoric: Formal Patterns in Medieval Hebrew

and Aramaic Incantation Texts from the Cairo Geniza, *HTR* 83 (1990), pp. 163–80を参照のこと。

(25) Tomlin, pp. 98–9.

(26) Tomlin, p. 100.

(27) Jeffery, pp. 72–5では、確実に紀元前5世紀のものと言える呪詛板、25例のリストが示されている。Jordan, SGDでは、1985年までに発見された事例までも含め、リストが拡充されている。

(28) Jordan, SGD, p. 162には、アテネのアゴラで発見された、呪詛の標的の名前の綴りが故意に滅茶苦茶にされている、古い時期（前5世紀、あるいは前4世紀）の呪詛板の例が挙げられている。

(29) アテナイオス『食卓の賢人たち』548c（*CAF*, 断片18）に引かれている、アナクシラスの散逸した演劇『リュロポイオス』の断片より引用〔訳注：*CAF*とは、19世紀にテオドール・コックの編纂した『アッティカ喜劇作家断片集 *Comicorum Atticorum Fragmenta*』の略号。底本は異なるが、『ギリシア喜劇全集』、岩波書店、2010–12年の第7〜9巻に邦訳がある〕。アナクシラスの時代より少し後、喜劇作家のメナンドロスもまたこれらの「文字」に言及し、呪詛を払いのけるために、新婚の人々とともに用いられていることを付記している（*CAF*, メナンドロス断片371＝『スーダ辞典』「アレクシファルマカ *alexipharmaka*」の項〔訳注：『スーダ辞典 *Suda*』とは、10世紀後半頃、東ローマ（ビザンツ）帝国で編纂された、古代世界文化についての辞書・事典のこと。ギリシア語で約3万項目について、古代文献からの多くの引用と共に、その意味・解釈などが解説されている〕）。全般的な議論は、次の研究を参照：C.C. McCown, The Ephesia Grammata in Popular Belief, *TAPA* 54 (1923), pp. 128–40; Jeffery, pp. 75–6; K. Preisendanz, Ephesia Grammata, *RAC* V (1962), 515–20欄; Kotansky, "Incantations", pp. 111–2.

(30) ほぼ同時代のラテン語文献史料にも、同様の事象が登場する。大カトー〔訳注：前234–前149年のローマの政治家〕の著した『農業論』160章（脱臼に対処するための呪文）に、最初の言及がある。「**4あるいは5ペースの長さ**〔訳注：1ペースは約30センチ〕**の緑の葦を一本、手に取るべし。それを真ん中で半分に折るべし。そして二人の男にそれぞれを持ってそなたの臀部にあてさせ、骨がうまくはまるまでこう唱え続けるべし：モタス・ウァエタ・ダリエス・ダルダレス・アスタタリエス・ディッスュナピテル**」。A.-M. Tupet, Rites magique dans l'antiquité romaine, *ANRW* II. 16. 3 (1986), pp. 2596–8での議論を参照のこと。

(31) アレクサンドリアのクレメンス『ストロマテイス』8.45.2.

(32) 神秘的文言《ウォケス・ミュスティカエ》は呪文の中に登場するだけでなく、グノーシス主義のキリスト教徒たち、

特に「セツ派」〔訳注：『旧約聖書』の、アダムとエバ（イブ）の第三子セツ（セト）を特に重視する立場をとったとされる学派。ただしその想定については異論も多い。「セツ派」に関する議論は、例えばマルクシース著（土井健司訳）『グノーシス』教文館、2009年、131頁以下等を参照のこと〕の著作中にも登場する。H.M. Jackson, The Origin in Ancient Incantatory *Voces Magicae* of some Names in the Sethian Gnostic System, *Vigiliae Christianae* 43 (1989), pp. 69–79.

(33) 次の研究での議論を参照のこと：Wünsch (1900), pp. 73–85; McCown, Ephesia Grammata, pp. 132–6（さらに欠落部が補われ、全体の翻訳が提示されている）; Kotansky, "Incantations", pp. 111–2. さらに詳細な議論は、M. Guarducci ed., *Inscriptiones Creticae*, vol. 2, Rome, 1939, p. 19, no. 7を参照。このクレタ島出土の書板上のものと同じ六脚韻の詩句、およびエフェソスの字母《エフェシア・グランマタ》の一部は、現在はゲッティー博物館に所蔵されているがまだ公刊されていない、セリヌスで発見された鉛板の上にも登場する。その事例に関しては次の研究を参照：D.R. Jordan, A Love Charm with Verses, *ZPE* 72 (1988), pp. 256–8; Kotansky, "Incantations", p. 127, n. 27（その箇所での次の示唆は魅力的だ。「その文面に引かれているのは、その時までは〈全く意味をなさない〉エフェソスの字母だが、この時はこの詩句の中にあって、完全に正しいギリシア語の六脚韻として理解され得るようになっている」）。

(34)「おそらくこの場合、自分のかけた呪詛が完璧な成功裏に終わった嘆願者が、感謝の意味でこの石板を捧げたのだろう。石板上にはまず、元々の呪いの文言の記された鉛板をかたどった図像が示され、その下に、この呪いの成就の顛末が記されたのだ」(Jeffery, p. 75)。

(35) この石碑上の碑文は*IG* 4. 496。古代のミュケネ遺跡の近郊にある、現代のピュクティア市近くで発見されている〔訳注：*IG*とは、19世紀以降編纂・改訂が続いている『ギリシア碑文集 *Inscriptiones Graecae*』の略号。以下*IG*集録史料への参照指示は、*IG* 4.496（*IG*の第4巻〔第～版〕496番の碑文）という形式で表示される〕。Jeffery, pp. 69–76での議論を参照のこと。

(36) エジプト人の「魔術」という、他地域・時代で「宗教」と呼ばれているものとはどうやら区分できないらしい括りついては、J.F. Borghouts, *Ancient Egyptian Magical Texts*, Leiden, 1978およびC. Jacq, *Egyptian Magic*, Chicago, 1985を見よ。ギリシア・ローマ時代のエジプトでの「魔術」には、それ以前のエジプトの伝統中に先例のない側面は、ほとんど全く見られない。ただし古い時代のエジプト人の信仰や慣習についての情報の方が、ずっと豊富に残されているということもまた確かだ。初期のギリシア人やエトルリア人たちの用いた手引き書がもし残されていれば、同様の構図が見られたのかもしれない。

(37) 事例を何例か示す。*PGM* VII, 451–2 行（あらゆる目的のための呪詛の手引き書の一節）:「アスケイ・カイ・タスケイと唱えながら、オルフェウスの式文を記すべし・・・」; *PGM* LXX, 12 行（冥界における処罰に対して防御するための呪文）:「アスケイ・カタスケイ・エローン・・・」;「ダムナメネウス」という文言も頻繁に登場する（*PGM* II, 163–4 行；*PGM* III, 511 行 etc.）。

(38) *Magika*, pp. 188–97 の F. Graf, "Prayer in Magic and Religious Ritual" における鋭い議論を参照。

(39) Kotansky, "Incantations", pp. 109–10 および Faraone, "Context", pp. 5–6 においても、同様の見解が説得的に示されている。古い時期の呪詛では、口頭で唱えられた言葉と文字として記された言葉とが分離していたことが、40 枚まとめて発見された何も書かれていない特異な鉛板（*DT* 109）の説明となるのかもしれない。これらはフランス（ドゥー＝セーヴル県）のロムという小村で発見されたもので、それぞれが丸められ、釘で貫かれていたのだという。もしこれらが本当に呪詛板であるなら、文字が全く刻まれることのないまま、この場合は呪詛の標的の名前をも含む、口頭での一連の呪文のみが唱えられて安置されたと想定することができる。ただし Faraone, "Context", p. 24, n. 19 の慎重な見解を参照のこと。

(40) 呪文の中で文字、特に母音が活用されることに関しては、現在もなお基本的な研究である F. Dornseiff, *Das Alphabet in Mystik und Magie*, Leipzig, 1925 を参照。修辞学に関する著作家であるデメトリオス（『様式について』71 章。1 世紀頃）の一節は、頻繁に登場する母音の連続という問題との関連では、特筆すべき証言だ:「エジプトでは、神官が神々を讃える賛歌を歌うとき、7 つの母音を用いる。彼ら神官たちは母音を、しかるべき連続（つまり、順序）で発声する。そしてその母音の響きはたいそう耳に心地よく、フルートや竪琴であるかのように聞かれていたのである」。典礼の中での母音の活用は、グノーシス主義的なウァレンティノス派のキリスト教徒であるマルコスによって実践されていた。彼のもとに集う会衆たちは整列し、全ての父たる存在を讃えて喚起するために、母音を唱和していたという（エイレナエオス『異端反駁』I. 14. 1 以下）。またギリシア語の 7 つの母音〔訳注：ア、エ、エー、イ、オ、ウ、オーの 7 つ〕は、惑星、天使、そして音階と結び付けられ、つまるところそれらの諸力が音の内部に存在するものとして訴えかけられていた。さらにはその数「7」自体も、神話的・宇宙論的な意味を担うものと考えられていた。エジプトでは、トト神による発明に帰せられる母音（プラトン『ピレボス』18B–C）を活用することで、儀式の中で用いられる文言を正確に発音することが可能となっていた。次の研究を参照：C.-É. Ruelle, Le chant des sept voyelles grecques, *Revue des études grecques* 2 (1889), pp. 38–44, 393–5; Dornseiff, *Das Alphabet*, pp. 35–60; Patricia Cox Miller,

In Praise of Nonsense, in: A.H. Armstrong ed., *Classical Mediterranean Spirituality*, New York, 1986, pp. 481–505.

(41) ルキアノス（『遊女の対話』4.6〔訳注：本書 no. 152 を参照〕）もまた同じ言葉遣いをしているという事実は、その言い方には何か技巧的な意味が含まれていたに違いないことを示唆しているのかもしれない。

(42)『エジプトの秘儀について』3.14（象徴記号《カラクテレス》に関して）および 7.5（外国語の名辞について）。外国語の名辞の持つ力に関してのイアンブリコスの理論は、決して神秘秘術者の世界のみで受け入れられていたのではない。このことは「魔術」への親近感を持つなど全くもってありえなかった、キリスト教神学者のオリゲネス（250 年頃）の解説から窺われる。彼は『ケルスス反駁』1.25 において、こう述べている：「**その元々の言語で呪文の文句を発する者は、呪文が及ぼそうとしている、まさにその効果を生じさせることができる。一方でもし、同じ呪文が何であろうがとにかく別の言語に訳されてしまうと、呪文の効果は弱く、そして無力なものと見なされうるのだ**」。

(43) 特に、次の研究を参照のこと：J.L. Austin, *How to Do Things with Words*, Cambridge, 1962 および Susan Stewart, *Nonsense: Aspects of Intertextuality in Folklore and Literature*, Baltimore, 1979.

(44) Stanley J. Tambiah, The Magical Power of Words, *Man* 3 (1968), pp. 177–206〔訳注：以下、"Maigcal Power" と略記〕.

(45) "Magical Power", p. 179.

(46) Miller, "In Praise of Nonsense", pp. 481–505; R.T. Wallis, The Spiritual Importance of Not Knowing, in: A.H. Armstrong ed., *Classical Mediterranean Spirituality*, New York, 1986, pp. 460–80.

(47)『ストロマテイス』1.143.1

(48) Delatte and Derchain, pp. 360–1 の事例を見よ。

(49) 本書 no. 84 および no. 115 を参照。

(50) R. Wünsch, *Antikes Zaubergerät aus Pergamon*, Berlin, 1905 を参照。シリアのアパメアで発見されている同様の器具については、G. Donnay, Instrument divinatoire d'époque romaine, in: Janine Balty ed., *Fouilles d'Apamée de Syrie*, Brussels, 1984, pp. 203–10 および図版を参照。

(51) 例えば、*PGM* VII, 396–404 行；VII, 795–845 行。ヘブライ語史料である『セペル・ハ・ラジム』では、象徴記号《カラクテレス》が縦横無尽に駆使されている。アラビア語史料中の事例については D. Pingree ed., *Picatrix: The Latin Version of the Ghayat al-Hakim*, London, 1986 の図版 1 および 2 を参照のこと。

(52) C. Schmidt ed., *The First Book of Jeu*, Berlin, 1954, 33–52 章（pp. 290–329）.

(53) H. Grégoire, *Recuil des inscriptions grecques chrétiennes d'Asie Mineure*, Paris, 1922, no. 221 を見よ。写真と議論については、Deissman, *Light from the Ancient East*, pp. 448–55 を参照のこと。

(54) W. van Rengen, Deux défixions contre les bleus à Apameé (VIe siècle apr. J-C.), *Apameé de Syrie*, 1984, pp. 213–34 での議論を参照。

(55) 本書 no. 77 および no. 106 を見よ。

(56) A.Grabar, *Christian Iconography. A Study of Its Origin*, Princeton, 1968, p. 64.

(57) Grabar, *Iconography*, p. 21.

(58) この状況への顕著な例外の一つが、貴石で作られた護符上の図像についての考察を行っている Bonner, *Amulets* だ。そして現在、この空隙を埋めることになりそうな、二種の研究が進められている。まずコルビー・フィニーが、古代の全ての魔術的文書に描かれた図像を、カタログ化するという作業に取り組んでいる〔訳注：P. Corby Finney, *Magical Images : An Iconographic Lexicon*, Brill, 1993 として出版〕。またリチャード・ゴードンは、ギリシア・ローマ時代の魔術に関し、そのイメージやデザインを含め、あらゆる側面に新たな光を投げかける研究を完成させる作業を進行させている〔訳注：Richard L. Gordon, *Image and Value in the Graeco-Roman World : Studies in Mithraism and Religious Art*, Variorum, 1996 として出版〕。

(59) H. Versnel, "Beyond Cursing", in : *Magika*, p. 64.

(60) *DT* 7a, 12 行。ただしテキストの読みには不確かなところがある。

(61) 訴えかけられる神格のリストは、次の研究を参照：Kagarow, *Fluchtafeln*, pp. 67–75 ; DTA, p. 47 への索引；Audollent, *DT*, pp. 461–4.

(62) Tomlin, pp. 70–1 の、バースで発見された呪詛板における法律用語に関する秀逸な議論を参照のこと。

(63) 同じく Tomlin, p. 70 を見よ。

(64) Faraone, "Context", p. 4 を参照。

(65) 全般的な議論については、次の研究を参照のこと：Kagarow, *Fluchtafeln*, pp. 28–49 ; Tomlin, pp. 63–74 ; Faraone, "Context", pp. 4–10.

(66) Kagarow, *Fluchtafeln*, pp. 28–34 では、基本的な形式をもとにした数多くの組み合わせの可能性が示されている。

(67) 実行的発話、および説得のために用いられる類似関係、という概念に関しては、タンバイアの次の論文で議論が展開されている：Stanley J. Tambiah, Form and Meaning of Magical Acts ; A Point of View, in : R. Horton and Ruth Finnegan eds., *Modes of Thought : Essays on Thinking in Western and Non-Western Societies*, London, 1973, pp. 199–229.

(68) さらに詳細な議論に関しては、Kagarow, Fluchtafeln, pp. 34–44を参照。

(69) そうした実例としては、例えばJordan, "Agora", p. 70で俎上に載せられている、未公刊の呪詛板がある。そこでは文字が詰め込まれている。

(70) この問題についての詳細な議論は、D.R. Jordan, *CIL* VIII 19525 (B). 2 QPVULVA =Q(UEM)P(EPERIT)VULVA, *Philologus* 120 (1976), pp. 127–32を参照。

(71)『バビロニア・タルムード』「シャバト」66b。

(72) この問題に関しては、M. Guarducci, *Epigraphia greca IV: Epigrafi sacre pagane e cristiane*, Rome, 1978, p. 245, 注1およびAlan Cameron, *Porphyrius The Charioteer*, Oxford, 1973, pp. 157–8における簡潔な議論を参照のこと。

(73) 発表予定のC. Faraone, Binding and Buying the Forces of Evil: The Defensive Use of 'Voodoo Dolls' in Ancient Greece, *Classical Antiquity* 10 (1991) を見よ〔訳注：同誌pp. 165–220に掲載。以下、Faraone, "Binding and Burying" と略記〕。この論文への補遺で、ファラオネはギリシア、エトルリア、およびローマの小像についての概括を行っている。

(74) テオクリトス（前275年頃）は『牧歌（エイデュリア)』2.28の中で、恋人であったデルフィスという男の愛を取り戻そうとする、シマイタという女性の無我夢中の努力を記している。最終的に彼女が頼ることになったのが、多くの種類の行動や祈りから構成される入念な儀式だった。その儀式の中途、彼女はこう叫ぶ：**「女神さまのお助けで、私がこのロウ**（おそらく、つれない恋人デルフィスをかたどった小像）**を溶かすように、そのようにミュンドスの息子デルフィスがすぐに、愛ゆえに衰弱しますように」**。この一節が我々に警告しているのは、とりわけ、この種の行動を決して字義通り読み取ってはならない、ということだ。というのも、もし現在の我々が見つけたのが溶けたロウだけであった場合、その意図はデルフィスを滅ぼすことだったのだ！などと想定されかねないからだ。

(75) Kropp, vol. 3, pp. 114–5での議論を参照。

(76) Faraone, "Context", pp. 7–9での議論を参照。

(77) C. Dugas, Figurines d'envoûtement trouvées à Délos', *BCH* 39 (1915), pp. 412–23での概括の中では、35例がリストアップされている。Preisendanz (1933), pp. 163–4およびJordan, SGDでは、その後の概観が示されている。

(78) R. Wünsch, Eine antike Rachpuppe, *Philologus* 71 (1902), pp. 26–31.

(79) 次の研究を参照：B. Nogara, Due statuette etrusche di piombo trovate recentemente a Sovana, *Ausonia* 4 (1909), pp. 31–9; L. Mariani, Osservazioni intorno alle statuette plumbee sovanesi, *Ausonia* 4 (1909), pp. 39–47（その他の事例数例が挙げられている).

(80) A.S. Hunt, An Incantation in the Ashmolean Museum, *Journal of Egyptian Archaeology* 15 (1929), pp. 155-7および図版XXX1. 1；これらのパピルスと小像が発見されたのは、おそらくハワラ近郊の墓地で、製作年代は2世紀あるいは3世紀だ。

(81) ここで、カナダのトロントにある「ロイヤル・オンタリオ博物館」所蔵（no. 347）の、ザイールで発見された遺物に言及しておくのも良いだろう。それは人間の体をかたどった姿をしており、たくさんの釘や針で貫かれている。付された説明書きによると針の目的は「像が動き出すようにと刺激を与えるため、あるいは条約の締結など、何らかの出来事を印象付けるため」とある。つまりはこうした物証を、過度に印象通りに読み取ることを避ける必要があるということだ。全く同様の見解が、Faraone, "Binding and Burying" でも提示されている。

(82) D.R. Jordan, New Archaeological Evidence for the Practice of Magic in Classical Athens, in : *Praktika tou XII diethnous synedriou klasikēs archaiologias,* Athens, 1988, pp. 273-7での議論を参照のこと〔訳注：以下、Jordan, "New Archaeological Evidence" と略記〕。

(83) H. Seyrig, Notes archéologiques, *Berytus* 2 (1935), p. 48を見よ。

(84) Jordan, "Agora", pp. 251-2での議論を参照。

(85) Jordan, SGD, p. 182では、ローマで発見された、6本の釘が刺さった呪詛板について報告されている。不思議なことに、*PGM*に集録された呪詛版作製のための数多の手引き書では、丸められた呪詛板を釘で刺し貫くという行為について全く言及されていない。

(86) Kagarow, *Fluchtafeln,* pp. 10-16およびPreisendanz (1933), pp. 162-3での議論を参照のこと。

(87) DTA 107および109；SGD 62. Faraone, "Context", p. 4での議論を見よ。

(88) Faraone, "Context", p. 17での次の指摘が正しいのかもしれない。呪詛板を井戸や墓穴に安置するのは、呪詛の標的となった人物がそれを発見し、呪文を無効化するために然るべき対抗措置をとるのを不可能とする、という更なる目的を遂行するためであったと。

(89) Faraone, "Binding and Burying", n. 101での議論を参照。

(90) 井戸については、Jordan, TILT, p. 232, n. 24および "Agora", pp. 207-10を見よ。

(91) 現代の発掘調査の結果、何例かの呪詛板が古代の競走場、それも出走ゲート近くで発見されている。最大限の効果を狙って、わざわざその場所に安置されたに違いない。Faraone, "Context", p. 23, n. 9を参照。

(92) Jordan, TILT, pp. 231-1, n. 23を見よ。コリントスの「アクロコリントス」における、麓の方のデメテル神殿での発掘の際、女性たちを標的とする14枚の呪詛板が発

見された（SGD, p. 166）。そのうちの一点は翻訳されて公刊されている：N. Bookidis and R.S. Stroud, *Demeter and Persephone in Ancient Corinth*, Princeton, 1987, pp. 30–1, 図版 32. そこにはこうある：「我は、花輪編みのカルピメ（ストラウドの修正に従う）・バビアを、委ねそして託します。まず彼女の不遜な行為（*hubreis*）を白日の下にさらして下さるよう、正義を執行する運命（*praxidikai*）に。また彼女を・・・また彼女の心の臓を、彼女の心を、また花輪編みカルピメ・バビアの理性を、打破し完全に滅ぼして下さるよう、冥界のヘルメス様に、大地に、大地のお子たちに。冥界のヘルメス様よ、我はあなた様に切に要望し（*enarōmai*）、そして嘆願いたします。重い呪いを（お与えください）」。この呪詛板のギリシア語転写参照の便宜を図ってくれたことに対し、ブッキディスとストラウドに深く感謝している〔訳注：R.S. Stroud, *The Sanctuary of Demeter and Kore : The Inscriptions*, Amer School of Classical, 2013 において、同じ現場で発見された碑文全てが公刊されている〕。

(93) Jordan, “New Archaeological Evidence”, p. 273 では、こう述べられている：「その墓に呪詛板を置かれてしまった死者の死亡時年齢の推測が可能な、古代のあらゆる時期を通じ・・・その死者の年齢が若いことが分かった」。

(94) Versnel, “Beyond Cursing” での詳細な議論を参照のこと。

(95) 例としては、Jordan, “New Archaeological Evidence”, pp. 273–4 に記述されている 2 例がある。

(96) Kotansky, “Incantations”, pp. 108–9 でも、ほぼ同じ見解が提示されている。

(97) Tomlin, p. 102 でも同様の見解が示されている。トムリンは罪悪感、心身症的な病気、そして神による懲罰との相関関係と関わる「信じるという心的風土」に言及しながら、こう結論付けている：「誰かが浴場の脱衣所から上着を盗んだとして、もしその人に想像力があるのなら、被害者によって自分が呪われたのでは、と疑うのではなかろうか」。

(98) Kagarow, *Fluchtafeln*, pp. 55–8. Faraone, “Context”, p. 8, 注 38 において、前 4 世紀より前に作られた呪詛板では、標的の死を求める呪文は、皆無という程ではないが比較的まれであることが論じられている。

(99) “Magical Power”, p. 202.

(100) Mary Douglas, *Purity and Danger*, New York, 1966, p. 58［訳注：ダグラス著（塚本利明訳）『汚穢と禁忌』（ちくま学芸文庫）、第 4 章冒頭の一節］.

(101) Tomlin, p. 101〔訳注：以下、注 102 および 103 も、同箇所を参照〕.

(102) ここでトムリンは M. Henig, *Religion in Roman Britain*, London, 1984, p. 145 の一節を引用している。引用箇所に続く部分は、こう続く：「それゆえブリタニアの神殿は、紛争を解決し、そして違反を罰する助けをしていたのだ。そうした違反を、社会

秩序の中に支障を生じさせるという危険を冒すことなく法廷に持ち込むことは、困難だったのである」

（103）ここではトムリンは、G. Webster, *The British Celts and Their Gods under Rome*, London, 1986, p. 136の一節を引用している。

（104）Tomlin, pp. 101–2.「少なくとも、何かは行われた」ことは、何もなされないよりはましであるという考え方を、故ジョン・ウィンクラーは性愛呪文に関連させながら、さらに巧妙に、また洗練された形で提示した〔訳注：本書第2章解説、注1を参照〕。

（105）C. Lévi-Strauss, *Structural Anthropology*, New York, 1976, pp. 167–85[訳注：クロード・レヴィ＝ストロース著（荒川幾雄他訳）『構造人類学』みすず書房、1972年、183–204頁].

（106）Geza Roheim, The Origin and Function of Magic, in: *Magic and Schizophrenia*, Bloomington, 1955, p. 3.

（107）同、p. 85.

（108）E.E. Evans-Pritchard, *Witchcraft, Oracles, and Magic among the Azande*, Oxford, 1976, pp. 18–55（「妖術の概念は不運な出来事を説明する」および「不運に見舞われた人は敵対者のなかに妖術師を探す」）[訳注：E. E. エヴァンズ＝プリチャード著（向井元子訳）『アザンデ人の世界』みすず書房、2001年]. ファラオネが述べるように、敵やライバルが呪いを実行したと言い立てることは、「成果が全くもって乏しかった際、その職務を実行している人が体面を保つことのできる簡便な方途」を提供する役目を果たしていたのだ。C. Faraone, An Accusation of Magic in Classical Athens (Ar. *Wasps* 946–48), *TAPA* 119 (1989), p. 154を参照。ほぼ同様の見解が、Peter Brown, Sorcery, Demons, and the Rise of Christianity, in: *Religion and Society in the Age of Saint Augustine*, London, 1972, 特にpp. 24–33において提示されている。これら両名とも、エヴァンズ＝プリチャードの研究を活用している。

（109）Faraone, "Context", p. 20では、古代ギリシア社会における呪詛板の利用は、実際に違法行為ではなかったことが論じられている。それどころか：「呪詛板は、共同体内での競争のゲームの規則中にあって・・・生き残りや優位性を求める競争における、一般的な戦術の中に苦もなく収まっていたのである」。魔術（*mageia*）全般に関し、T. Hopfner, Mageia, *RE* 14 (1928), 384–5欄においても同様の見解が示されている。

（110）C.R. Phillips III, "Nullum Crimen sine Lege: Socioreligious Sanctions on Magic, in: *Magika*, p. 264, n. 10において、そのように説明されている〔訳注：以下、Phillips, "Nullum Crimen" と略記〕。

（111）W. Dittenberger ed., *Sylloge Inscriptionum Graecorum*, 3rd ed., vol. 1, Leipzig, 1915, no. 37. 法文中の用語は「毒薬 *pharmaka dēlētētia*」である。

(112) このテーマ全般に関しては、次の研究を参照のこと：A.A. Barb, The Survival of Magic Arts, in: A. Momigliano ed., *The Conflict between Paganism and Christianity in the Fourth Century*, Oxford, 1963, pp. 100–25〔訳注：以下、Barb, "Survival" と略記〕; Phillips, "Nullum Crimen", pp. 262–78.

(113) のちのローマ皇帝たちは、あらゆる形態の魔術（*magia*）は不法であって死をもって罰することができるという立場と、法が適用されるのは有害なタイプと疑われる魔術のみである、という二つの立場の間で揺れていた。Barb, "Survival", pp. 102–3 を見よ。

(114) O. Pettersson, Magic-Religion. Some Marginal Notes to an Old Problem, *Ethnos* 3–4 (1957), p. 119. ここで引いたペッテションの見解に、こう付け加えることができるかもしれない。ペッテションの記す、「その他の人々」の信仰や慣習は「魔術的」とレッテル貼りされる、というパターンが、キリスト教運動の登場に先行する時代にも存在したのは確かだが、それでもこうしたパターンが規範的な立場を獲得するのは、その運動の始まりから数世紀の間頃のことであると。この主題については近年、以下の有益な文献が奔流のように現れている：Robert-Léon Wagner, "Sorcier" et "Magicien", *Contribution à l'histoire du vocabulaire de la magie*, Paris, 1939; M. Smith, *Jesus the Magician*, New York, 1978, 特に p. 80：「妖術師（*goēs*）と魔術師（*magus*）、そして聖なる人との間の境界線は、語り手の共感度合に応じて移動した」; J.Z. Smith, Towards Interpreting Demotic Powers in Hellenistic and Roman Antiquity, *ANRW* 16.1 (1978), pp. 423–39; J.Z. Smith, Good News Is No News, in: *Map Is Not Territory*, Leiden, 1978, pp. 190–207; D. Harmening, *Superstitio. Überlieferungs- und theoriegeschichtliche Untersuchungen zur kirchlich-theologischen Aberglaubensliteratur des Mittelalters*, Berlin, 1979; D. Aune, Magic in Early Christianity, *ANRW* 22.2 (1980), pp. 1507–57; Anitra Kolenkow, Relationship between Miracle and Prophecy in the Greco-Roman World and Early Christianity, *ANRW* 22.2 (1980), pp. 1482–91; G. Poupon, L'accusation de magie dans les actes apocryphes, in: F. Bovon ed., *Les actes apocryphes des apôtre*, Geneva, 1981, pp. 71–85; E. Gallagher, *Divine Man or Magician? Celsus and Origen on Jesus*, Chico, Calif., 1982; H. Remus, Pagan-Christian *Conflict over Miracle in the Second Century*, Philadelphia, 1983; A. Segal, Hellenistic Magic: Some Questions of Definition, in: *Other Judaisms of Late Antiquity*, Atlanta, 1987, pp. 79–108.

(115) Dorothy Hammond, Magic: A Problem in Semantics, *American Anthropologist* 72 (1970), p. 9 を参照。

(116) James George Frazer, *The Golden Bough*, 1-vol. ed., 1922; New York, 1967; 特に、例えば p. 824：「高度な思考の動きは、我々が辿ることのできる限りにおいては、

おおよそ魔術から宗教そして科学へ、となる」〔訳注：フレイザー著『金枝篇』第69章「ネミよさらば」冒頭の一節〕。

(117) この広く受け入れられている立場が最も明確に示されているのが、おそらくBarb, "Survival", p. 101だ：「反対に、魔術は宗教に由来する。宗教は、人間の意志薄弱さによって損なわれると、いわゆる白魔術へと堕落するのである」。

(118) これを最もはっきりと示すのがK. Thomas, *Religion and the Decline of Magic*, New York, 1971であろう。この研究に対する批判的な書評、Hildred Geertz, An Anthropology of Religion and Magic, *Journal of Interdisciplinary History* 6 (1975), pp. 71–89を参照のこと。

(119) この時代、呪術（ギ：*mageia*／ラ：*magia*）および呪術師（ギ：*magos*／ラ：*magus*）が肯定的な意味で、あるいは少なくとも中立的な意味で用いられている場合があることを、ここに注記しておくのが良いだろう。例えば、*PGM* IV, 2453行：「**ヘリオポリス市の予言者であるパクラテスは、自らの神聖な魔術の力をさらしながら、皇帝ハドリアヌスにそれ（魔術の儀式）を見せた**」；またアプレイウスは『弁論*Apologia*』(26章）の中で、魔術を行ったとの刑事告発に対して自らを弁護するため、こう答えている。いにしえのペルシアの魔術は「**神々を崇めるための知識と祈りに満ち、神事での敬虔さと知恵に満ち、ゾロアスターの時代以来の尊敬と栄光に満ちた、神々にも受け入れられた技であったのだ**」。こうした史料の証言には、さらなる注意が必要である。

(120) 本書におけるこうした手順は、以下の研究における、呪詛板と魔術についての説明と方向性を同じくしている：Faraone, "Context", pp. 17–20； Kotansky, "Incantations", pp. 119–22； Phillips, "Nullum Crimen".

(121) *GMP*, pp. xliv–xlviiiにおける、ベッツの有益な議論を参照。ここで若き貴族であるテッサルスの、驚くべき自叙伝的物語に言及だけはしておきたい。この人物の地理的・精神的遍歴は、エジプトはテーベ市の神官がテッサルスのために手配してくれた、アスクレピオス神との幻視的対面によってクライマックスを迎える。この物語が、その細部まで全て正確であるのかは分からない。それでもここには、呪文と儀式がギリシア・ローマ時代エジプトの伝統的宗教の現実の場から、*PGM/GMP*の中に集録されているような、形式的文言へと移行していくことができる、そうした回路のあり方の一つが提示されている。テッサルスの物語については、J.Z. Smith, The Temple and the Magician, in: *Map Is Not Territory*, Leiden, 1978, pp. 172–89を見よ。ギリシア・エジプト文化における神官の果たす役割全般については、P.W. van der Horst ed., *Caeremon: Egyptian Priest and Stoic Philosopher*, Leiden, 1984を参照のこと。

(122) Faraone, "Context", pp. 17–8では、古い時代のギリシアの文学作品にみられる、純粋に口頭でのみ唱えられた呪いが何例か紹介されている。それらは実のところ文字で

書かれた文章であるが、それでも一般的な慣用を反映していると想定することはできるだろう。

(123) ここで引用した史料を伴った、Faraone, "Context", p. 9における議論を参照のこと。

(124) J.B. Pritchard ed., *Ancient Near Eastern Texts, Princeton*, 1955, p. 347 (訳は A. Goetze による).

(125) 特に Erica Reiner, Magic Figurines, Amulets, and Talismans, in: A.E. Farkus, P. O. Harper and E.B. Harrison eds., *Monsters and Demons in the Ancient and Medieval Worlds*, Mainz, 1988, pp. 27-36 を参照。バビロニアの遺物と、のちの地中海世界で発見される遺物との間の単なる類似性にとどまらず、エリカ・ライナーはその両者間の直接的影響関係に関心を抱いている。また以下の研究も参照：J.S. Cooper, *The Curse of Agade*, Baltimore, 1983; J. van Dijk, A. Goetz and M.I. Hussey, *Early Mesopotamian Incantations and Rituals*, New Haven, 1985; T. Abusch による、*Babylonian Witchcraft: Case Studies*, Atlanta, 1987 を始めとする諸研究も。

(126) *Ancient Near Eastern Texts*, p. 328 (訳は John A. Wilson による).

(127) この問題に関する膨大な文献の中でも、F.C. Fensham, Malediction and Benediction in Ancient Near Eastern Vassal-Treaties and the Old Testament, *ZAW* 74 (1962), pp. 1-9 を見よ。

(128) L. Fensham, Common Trends in Curses of the Near Eastern Treaties and kudurru-Inscriptions Compared with Maledictions of Amos and Isaiah, *ZAW* 75 (1963), pp. 155-75.

(129) W. Sherwood Fox, Old Testament Parallels to *Tabellae Defixionum*, *American Journal of Semitic Languages* 30 (1913-14), pp. 111-24.

(130) S.A.B.Mercer, The Malediction in Cuneiform Inscriptions, *Journal of the American Oriental Society* 34 (1915), p. 309.

(131) Versnel, "Beyond Cursing" での議論を参照のこと。

(132) 本書 no. 167 を見よ。

(133) キリスト教以前の慣習が、呪縛および解除の言葉遣いを含め、キリスト教ヨーロッパ世界に残存していたことについては、Valerie I.J. Flint, *The Rise of Magic in Early Medieval Europe*, Princeton, 1991 を参照。

(134) こうした考えが最初に提起されたのは、W.M. Lindsay, *Early Welsh Script*, Oxford, 1912, p. 23 においてだ。また最近、M.W. Herren, *The Hisperica Famina: II. Related Poems*, Toronto, 1987, pp. 26-31 での、ロリカエに関する検討の中でも示されている。この資料に関心を向けさせてくれた、私の友人にして同僚でもあるマイケル・スティックマンに深く感謝する。

(135) この史料は、A. Delatte, *Anecdota Atheniensia*, Paris, 1927, pp. 489–90で公刊された。

(136) R. Merrifield, *The Archaeology of Ritual and Magic*, London, 1987, pp. 147–58での議論を参照。

(137)「本の呪い」の問題については、M. Drogin, *Anathema : Medieval Scribes and the History of Book Curses*, Totowa, NJ., 1983を参照。数多くの事例が紹介されている〔訳注：原著者に確認のうえ、本文の記載を前700年に訂正した〕。

(138)『ヨハネの黙示録』22：18–19。古代のユダヤ教、およびキリスト教的著作における同様の呪いについては、R.H. Charles, *The Revelation of St. John*, vol. 2, Edinburgh, 1920, pp. 222–4を参照。

第1章

(1) L. Harris, Annals of Intrigue: The Palio, *New Yorker*, June 5, 1989, p. 86.

(2) 古代ギリシア・ローマ世界における公共の見世物については、次の研究を参照：E.N. Gardiner, *Athletics of the Ancient World*. Chicago, 1955; J.P.V.D. Balsdon, *Life and Leisure in Ancient Rome*, New York, 1969, 特に pp. 244–339〔訳注：以下、Balsdon, *Leisure* と略記〕; H.A. Harris, *Sport in Greece and Rome*, Ithaca, 1972〔訳注：以下、Harris, *Sport* と略記〕; H.W. Parke, *Festivals of the Athenians*, Ithaca, 1977〔訳注：以下、Parke, *Festivals* と略記〕; D.C. Young, *The Olympic Myth of Greek Amateur Athletics*, Chicago, 1984〔訳注：以下、Young, *Olympic Myth* と略記〕; W. Sweet, *Sport and Recreation in Ancient Greece: A Sourcebook with Translations*, New York, 1987; D. Sansone, *Greek Athletics and the Genesis of Sport*, Berkeley, 1988. 公共の競技は、とりわけローマにおいて象徴的な側面を持っていたことについては、Keith Hopkins, *Death and Renewal*, Cambridge, 1983 の、特に第1章(「残忍な競技」)を見よ。

(3) 競技や競走、また演劇のためにしつらえられた建築物の多様な形態について、次の研究で簡潔に概観されている：Harris, *Sport*, pp. 161–72; Balsdon, *Leisure*, pp. 252–61; J.H. Humphrey, *Roman Circuses: Arenas for Chariot Racing*, Berkeley, 1986, pp. 1–24〔訳注：以下、Humphrey, *Roman Circuses* と略記〕。

(4) 古代ギリシアの競技祭に、「アマチュア」と「プロ・専門家」という現在の言葉を用いることの困難さについては、Young, *Olympic Myth* を参照。

(5) 紀元前の時期のオリュンピア競技祭〔訳注：古代オリンピックのこと〕では、女性は男性とは分け隔てられて競技を行っていたが、1世紀以降、レスリングを含む女性の格闘種目は、同じ競技祭で男性と並行して開催されていたことが、Harris, *Sport*, pp. 40–1 で論じられている。

(6) Parke, *Festivals*, pp. 34–7 を参照。

(7) アテネや他のギリシア人都市での、演劇祭の持つ競争的側面についての議論は、A. Pickard-Cambridge, *The Dramatic Festivals of Athens*, Oxford, 1968, pp. 40–2 および pp. 74–83 を参照のこと。

(8) もちろんアウグスティヌスは、こうした手続きに付随する恐ろしい儀式、特に小動物の殺害に嫌悪の念を抱き、この申し出を拒絶している。呪詛や呪文における動物の使

用については、Faraone, "Context", p. 21, 注3を見よ。

（9）特にBalsdon, *Leisure*, pp. 244–52およびpp. 267–70を参照。

（10）剣闘士の見世物については、次の研究を見よ：Balsdon, *Leisure*, pp. 288–313；Hopkins, *Death and Renewal*, pp. 1–30.

（11）初期のギリシアでの呪詛板は、競技において片方がかなり優勢であると思しき場合、戦いを接戦に持ち込むために使われていたことが、Faraone "Context", pp. 16–7で示唆されている。呪詛板が広く用いられていたことから、時に「賭け率を互角にする」、またおそらく戦いの結果を説明する際の言い訳すら、呪詛板利用の動機となっていたことが窺われる。それでもその本来の目的は、非常に有利な状況を作り出すこと、また結果を「固定する」ことであった。同時に銘記せねばならないのが、呪詛板を用いた人々は、また相手も同じ策略に頼っていることを重々承知した上で、その行動をとっていたということだ。だから両陣営は勝利を確保するためさらに、防御的な護符や呪文を活用していたのだ。

（12）D.R. Jordan, New Defixiones from Carthage, in：J.H. Hamphrey ed. *The Circus and a Byzantine Cemetery at Carthage：Vol. 1*, Ann Arbor, 1988, pp. 117—20での議論を参照。

（13）Faraone, "Context", p. 20では、運動競技における呪いについて、文献史料での最も古い言及はピンダロス（前5世紀）であると述べられている。『祝勝歌』1（76–78行）で、タンタロスの息子であるペロプスはヒッポダメイアとの結婚を賭け、彼女の父であるオイノマオスと戦う。槍と戦車を用いてのこの一か八かの戦いへの備えとして、ペロプスは海神ポセイドンにこう助力を乞う：「**青銅の槍を防ぎ給え、より早き戦車を賜り給え・・・そして力もて我を取り囲み給え**」。

（14）格闘競技者と呪詛との連携は、のちのキリスト教聖人伝の中にも再び登場する。ある聖人伝（『コシバの聖ゲオルギオス伝*Life of Saint George of Choziba*』）では、あるプロの格闘家が自分の敵によってかけられた呪いから、ようやく僧になることで解放されている。また別の聖人伝（『シュキオンのテオドロス伝 *Life of Saint Theodore of Sykeon*』）では、体の痛みで戦うことのできない格闘家が、疑念の余地なく呪詛板によって招来された悪魔から解放されている。両文献についての議論は、H.J. Magoulias, The Lives of Byzantine Saints as Sources of Data for the History of Magic in the Sixth and the Seventh Centuries：Sorcery, Relics and Icons, *Byzantion* 37 (1967), pp. 245–6を参照のこと〔訳注：以下、Magoulias, *Lives*と略記〕。

（15）Jordan, "Agora", p. 214では、ギリシアのイストミアでの、競走者に対する呪詛板の発見が報告されている。その他にも、アテネ市のアゴラでの発見物の中にあった、アルキダモス何某に対する呪詛板は、おそらく徒競走に関わるものであろう（Jordan,

“Agora”, pp. 221–2)〔訳注：本章 no. 3 の解説を参照〕。

(16) 戦車競走については、特に次の研究を参照のこと：Alan Cameron, *Porphyrius the Charioteer*, Oxford, 1973〔訳注：以下、Cameron, *Porphyrius* と略記〕および *Circus Factions : Blues and Greens at Rome and Byzantion,* Oxford, 1976〔訳注：以下、Cameron, *Factions* と略記〕。

(17) N. Baynes, *The Byzantine Empire*, London, 1925, p. 33.

(18) Tacitus, *Dialogus de Oratoribus*, 29.

(19) アンミアヌス・マルケッリヌスは戦車競走と、そのローマでの人気ぶりをこのように物語るが（Ammianus Marcellinus, *Res Gestae*, 37. 4. 28–31)、それはローマ人の悪徳を列挙していく（38.4）中でのことだ。ローマ帝政時代後期についてのアンミアヌスの歴史書は、353 年から 378 年にかけての時期を扱う箇所のみしか伝わっておらず、378 年より後にローマ市で執筆されたものだ。

(20)『風刺詩集 *Saturae*』7.114. Cameron, *Porphyrius*, p. 244 での議論を参照。

(21) 次の研究での、北アフリカはレプキス・マグナの競走場《キルクス》で発見された呪詛板に関する議論の中で、「ローマ帝国西部ラテン語地域から発見されている呪詛板にもギリシア語が使われていることは、プロ騎手の大半が、帝国東部ギリシア語地域出身者であることを示している」という魅力的な考え方が提起されている：J.H. Humphreys, F.B. Sear and M. Vickers, Aspects of the Circus at Lepcis Magna, *Libya Antiqua*, 9–10（1972–1973), p. 97〔訳注：以下、Humphreys, Sear and Vickers, *Libya Antiqua* と略記〕.

(22) Procopius, *Wars*, 1.24.

(23) 戦車競走に対するキリスト教徒の姿勢については、以下の研究を参照のこと：Magoulias, *Lives*, pp. 242–5 ; Harris, *Sport*, pp. 227–37. テルトゥリアヌスの『見世物について *De spectaculis*』(200 年頃に執筆）では、はっきりと敵対的な態度が表明されている。その一方で 6 世紀初頭、東ゴート族のテオドリック王に秘書として仕え、のちにイタリアに修道院を設立したローマ貴族カッシオドルスが戦車競走の歴史を記述していることは、ローマがキリスト教化した後もなお、競走場《キルクス》がどれほど中心的な社会的習慣であり続けたのかを示している。

(24) Cassiodorus, *Variae Epistolae*, 51. Cameron, *Porphyrius*, pp. 230–1 で議論されている。

(25) 次の箇所で、呪詛板と戦車競走について簡潔に議論されている：Harris, *Sport*, pp. 234–7 ; Balsdon, *Leisure*, pp. 318–9 ; Cameron, *Porphyrius*, p. 173, n. 3 および p. 245 ; Cameron, *Factions*, pp. 56, 61–2, 194, 200 および 345（注)。ここでもさらにキリスト教文献が、戦車競走での呪詛板利用に関する証言を提供してくれる。以下の研究を

見よ：Cameron, *Porphyrius*, p. 245 および *Factions*, p. 345（注）。

(26) Cameron, *Porphyrius*, p. 245 でそう述べられている。

(27) Humphreys, Sear and Vickers, *Libya Antiqua*, p. 97 でそう述べられている。

(28) Humphreys, *Roman Circuses*, 第 11 章を見よ。

(29)『テオドシウス法典』9.16.11 に収められている、389 年に発せられ、続く皇帝たちによっても更新された勅法を参照。そこでは、誰かが魔術を行ったのを見聞きした人は、その者を公に晒すべきことが求められている。そしてさらに騎手たちに対し、自ら処罰を実行してこの勅令を無視する、というような行動を禁じている。これと軌を一にするのが、370 年代に著述した歴史家アンミアヌス・マルケッリヌスの記録する 3 つの事例だ。その中で騎手たちが、不法な呪文に関与した廉で処罰されている（*Res Gestae* 26.3.3； 28.1.27； 29.3.5）。次の研究での議論を参照のこと：Harris, *Sport*, pp. 234–5； Cameron, *Porphyrius*, p. 245.

(30) 現代語訳は、カッシオドルスの作品を編集した『書簡集 *Variae Epistolae*』として知られる作品の、トマス・ホジキンによる抄訳からの一部改訳だ。引用した文書（3.51）は、507 年から 511 年にかけての時期に書かれている。T. Hodgikin, *The Letters of Cassiodorus*, London, 1886, p. 226 を参照。

(31) Cameron, *Factions*, p. 231；またG. Dagron, *Naissance d'une capital. Constantinople et ses institutions de 330 à 451*, Paris, 1974, pp. 330–47 も参照。

(32) 騎手と呪いの関係に関しては、Peter Brown, Sorcery, Demons, and the Rise of Christianity, in : *Religion and Society in the Age of Saint Augustine*, New York, 1988, pp. 128–9 における、洞察深い解説を参照のこと。Dagron, *Naissance*, p. 347 では、競走場《ヒッポドローム》で行われた見世物に対し、テオドシウス帝が恐怖を感じたことが言及されている。その恐怖の原因は、一つには感情の激発だが、更にもう一つは「そうした見世物が、統一的な体制の中に別の選択肢を導き入れることで、帝国および教会を否定している」からだ。

史料の解説と翻訳

(1) 類似の呪詛板が発見されており（DTA33）、おそらく同じ人物によるもので、大きさと形も同一だ。そこで呪詛されている（動詞は明記されていない）のは「シ・・・(?) と共にいる全ての教師たち、およびその若者／息子たち（*paidas*）全て」である。若者（少年）たちの合唱隊は、演劇制作に付き物だった。

(2) 合唱隊やその指導者たちの間で競われる公的なオーディションについては、R. Reisch, Chorikoi agones, *RE* 3（1899）, 2431–8 欄を参照。

(3) 使われているギリシア語は *didaskalos* で、通常は「教師」を意味する言葉だ。この場

合には演劇中の合唱を監督する人を指しており、その役割を演劇作家自身が担うことも頻繁だった。

（4）使われているギリシア語は *hypodidaskalos*。前注の単語と合わせこれら二つの語は一般に、ギリシアの劇場で合唱隊を監督・訓練する人物を表していた。プラトンの対話篇『イオン』536aにも、この二つの単語が一緒に現れている：「**だから踊り手、監督、監督補佐たちの、実に広大なくさりが、つながりあっているのだ**」。文中のテアゲネスという人物は、合唱隊を訓練したり維持したりする費用負担を引き受ける市民、「コレゴス *chorēgos*」であった可能性もあるが、あるいは合唱隊監督の一人であったのかもしれない。ギリシア演劇の世界で、劇場の専門家にこれらの用語を使用することについては、A. Pickard-Cambridge, *The Dramatic Festivals of Athens*, Oxford, 1968, pp. 91, 291, 303–4 を参照。

（5）この言葉遣いは、目標とされた犠牲者の小像がこの呪詛板に付随していた可能性を示唆している。そうした小像はよく手や足を縛られていた。だがこの言い方は単に、呪詛板そのものが実行しようとする呪縛という行動を指しているだけの可能性もある。

（6）Jordan, "Agora", p. 210.

（7）Jordan, "Agora", pp. 236–40では10点の異なる呪詛板が、その基本的な類似性と小さな相違点が分かるようにと、ずらりと並べられて提示されている。

（8）H.J. Magoulias, The Lives of Byzantine Saints a Sources of Data for the History of Magic in the Sixth and the Seventh Centuries: Sorcery, Relics and Icons, *Byzantion* 37 (1967), pp. 245–6では、気が付くと突然戦うことのできなくなっていたプロの格闘家に関わる、二つの事例が紹介されている。どうやらその二人は、この事例におけるのと同じような呪文の影響下に置かれてしまったようだ。結局は両者とも、運動競技者としての道を放棄することを求める聖人に頼ることで癒されたのだった。

（9）他に使用事例のない言葉だ。だがおそらく、セト／テュフォン神の秘密の名の一つであろう。

（10）使われているギリシア語は *gnōmē*。現在の概念で最もこの言葉に近いのは、「気魄」かもしれない。

（11）ジョーダンは試合会場の地名ではないかと考えている。

（12）この呪詛板が安置された井戸、呪いを実行してもらうべく呼び出された冥界の神格、およびエウテュキアノスという人物に及ぼすことが望まれた効果のそれぞれが持つ冷たく、そして暗いという性質の間のつながりが、象徴的に明らかとされている。ジョーダンはこの「凍えさせる *katapsuchō*」という語は、セト／テュフォン神と関わる呪詛の中に現れるのが通例であると述べている。「暗澹たる空気」と「光なき世界」とい

うのが、冥界にある別々の二つの場所を指しているのか、あるいはこの世界とそれに対する冥界という二つの世界を指している（ジョーダンはそう考えている）のかは、判然としない。

(13) 以上の言葉は、ジョーダンが収集した10枚の呪詛板のそれぞれに、多少の相違点を含みながら登場している。

(14) セト／テュフォン神の秘密の名前の一部。

(15) セト／テュフォン神は、魔術的文書の中で際立った神格だ。様々な源泉からの神性が融合された、高度に習合的な性格を有している。

(16) この言葉は、アテネのアゴラ発見の他の呪詛板には「**サバオトゥ**」、また別の呪詛板は「**バサオトゥ**」として現れている。

(17)「**アポンプス**」と綴られることもある。この言葉はたいてい、セト／テュフォン神について使用される。P. Moraux, *Une défixion judiciaire au Musée d'Istanbul,* Brussels, 1960, p. 17, 注3.

(18) 使われているギリシア語の動詞は *sunhistēmi* だ。この言葉はおそらく、ある人を神との交感へと導くことを表している。S. Eitrem, Die sustasis und der Lichtzauber in der Magie, *Symbolae Osloenses* 8 (1929), pp. 49–51 を参照。

(19)「呪詛返しや呪詛ほどき *apopompai ēdei apotropai*」は、ここで標的となっている犠牲者のために執り行われた儀式を指している。この言葉はまた、護符や厄除けのお守りをも指しているのかもしれない。いずれの場合でもこの呪詛板の目的は、標的となっているヒュペレキオスが自分を守るためにいかなる儀式を行っていたとしても、その効果を無効化することにある。

(20) オドランはこの部分を *remmachchos* と読んでいる。他に使用例のないギリシア語だ。ジョーダンはこれを、本当は *emmallos* とするべき言葉を誤ったものであろうと提案している。これは、ギリシアの劇場でカツラをかぶった黙劇俳優を表す言葉だ。二つ連なるラムダの文字（$\lambda = l$）が、つい二つのキーの文字（$\chi = ch$）と混同されるというのは有り得ることだ。冒頭のローの文字（$\rho = r$）については、まだ説明はない。

(21) 標的とされている犠牲者の名前である。この呪詛文一文の中で、綴りに多少の揺れがある。

(22) 使われている動詞は *luō* と *analuō* だ。似たような意味を持つ、単純な動詞とそこに接頭辞を加えた複合語とを繰り返すという傾向を示す一例だ。例えば「縛る」と「縛り付ける」（*deō* と *sundeō*）や、「返す」と「引っくり返す」（*strephō* と *katastrephō*）等。

(23) 黄道12宮の、角度にして10度ずつの部分［訳注：古代の占星術の概念。黄道12宮のそれぞれを3分割ずつして設定された、計36からなる宮の下位区分。バートン著

（豊田彰訳）『古代占星術』法政大学出版局、2004年を参照〕に由来する、神話的な存在。

(24) おそらく、総合格闘技や拳闘の試合に参加した選手である「パンクラテウテス」、あるいは「パンクラティアステス」から由来している。

(25) 太陽と月のこと。

(26) おそらく、明けの明星を指している。

(27) ここにある *emmollos* というギリシア語単語について、オドラン（*DT*, p. 25）は *aemulus* というラテン語単語を、ギリシア文字に翻字したものと理解している。つまり、名指しされている党派の支持者、あるいはその敵という意味だ。だがマリク（*Mariqc*）はロベール（*Robert*）に従い、ここをビザンツ初期に黙劇俳優を示す形容詞として使われていた、*emmallos* と読むべきであると論じている。例えば *chrusomallos* は金のカツラの俳優で、*karamallos* は黒いカツラの俳優となる。だから *emmallos=em+mallos* は、「カツラをかぶった」俳優ということになろう。A. Alföldy, *Die Kontorniaten*, Budapest, 1943, p. 193, no. 585での、「**カラマッロス！　勝てよ！**」という叫び声の書かれたメダリオンを参照のこと。

(28) *DT* でオドランはこの部分を *ommadōn*（*ommatōn*「両目の」）と読んでいる。しかしこれでは意味が分からないため、ここもおそらく *emmallos* の誤記であろう。

(29) *DT* での、この部分のオドランの読みはNELIOUA. T. だ。ジョーダンはこの箇所を、Wortmann, no. 12, 15—16行（本章no. 8を見よ）の、やはり標的とされた人物の体の365箇所を呪縛している部分と同様、「彼の体の諸部位を *melē autou*」と読むべきであると提案している。

(30) オドランはこの部分を「不浄な事々の *tōn aposiōn*」と読んでいる。だがこれでは意味が通らない。ジョーダンは代りに「両脚の *tōn podōn*」との読みを提案している。

(31) 本書ではこの部分のギリシア語を、「範囲 *ouron*」ではなく「家の入口、敷居 *oudon*」と読んでいる。

(32) ローマ市で発見されている、俗に「セトの呪詛板」と呼ばれている事例からは、たくさんの並行事例が見いだされる〔訳注：「セトの呪詛板」については、本章史料の解説と翻訳注84–5を参照〕。特にWünsch, *Sethianische Verfluchtafeln aus Rom*, Leipzig, 1898, no. 11を参照。その事例では、ある姿が紐あるいは帯で縛られ、頭からは3本の釘が、足元には蛇が現れている図像が記されている。また同書のno. 17とno. 20Bは、興味深い類似性を示している。また *DT* のno. 15にも並行例がある。

(33) 書記は明らかに、これらの言葉を間違って書いてしまったようだ。これはこの呪詛板の文面の基となった手引き書に、見出しとして書かれていた語句だ。正確には、タイトルは呪文の一部では全くない。だが書き写す際このように間違える事例は、特に異

例という程でもない。Jordan, “Agora”, p. 235, no. 20 を見よ。

(34) この言葉は、*PGM* に集録されている呪文の中に何度か登場している。例えば *PGM* I, 230 行（その箇所では、この言葉はこれだけで一語として読まれるべきだ）; III, 413 行; IV, 1196 行。比較的新しい時代のものと編者によって分類されている、アテネで発見の呪詛版上にも、「フリクス・フォークス」という神秘的文言《ウォケス・ミュスティカエ》の組み合わせが現れている：Ziebarth (1934), no. 24, 24 行を参照のこと。「フリクス・フォークス」を含め、この事例での神秘的文言《ウォケス・ミュスティカエ》のうちのいくつかは、*PGM* XIX a にも登場している。こちらはエジプトでの性愛呪詛で、4 世紀あるいは 5 世紀のものだ。

(35) *PGM* XIV, 105 行以下で、こう呼び出されている純エジプト的な精霊《ダイモン》だ：「**燃えさかる外套をまとって善き精霊の蛇頭の上に座す、全能にして四面、最高位なる精霊、暗くそして力を呼び覚ますかの方、フォークスによって**」。

(36) 「ベイァブー」を構成する文字のうちで「イァブー　*IABOU*」の部分は、他の魔術パピルスでは「*イァオ　*IAO*」として言及されることのある、古代イスラエルの「四文字《テトラ・グランマタ》の神」の一形態と解釈できるかもしれない〔訳注：YHWH. 日本では「ヤハウェ」と呼ばれる。本書「特殊用語説明」を参照〕。*PGM* V, 102 行を参照：「**あなたはイァバス、あなたはイァパス**」。頭に付されている「ベ」の部分は、おそらくヘブライ語の接頭辞「ベ」（中に／通っての意）を表しているのであろう。すると元となった句では、「ヤハウェ（の名）のもとに」といった呼びかけであったのかもしれない。

(37) 月の女神セレネを指している可能性がある。この女神は、主に「メーン」と呼びかけられるからだ。だがここの箇所では、第一音節は「メーン」ではなく「メン」と綴られている。*PGM* IV, 2545 行以下では、セレネは「メーネー」および「馬の頭をした」という表現で呼びかけられている。同じ文書内（2301 行）で、セレネは単に「馬」と呼びかけられている。

(38) 「*エウラモ *EULAMO*」の名前を使って、翼の形をした姿を造形しようとしているが、不完全に終わっている。

(39) ムテルドはここに挙げられた 35 の名前は、馬を指していると考えている。一方ジョーダンは、騎手も名指しされたのではなかろうか、と疑問を呈している。Mouterde, pp. 118–21 での詳細な議論を参照のこと。

(40) 呪縛の二つの動詞、いずれの前にもこの語が現れているが、ギリシア語としては意味をなしていない。ムテルド（p. 116）は、この呪詛板の発見地シリアがヘブライ語やアラム語の馴染んだ地域であるという状況にふさわしく、この語の背後には、ヘブライ語かアラム語の「破壊する *ḥrb*」という動詞があると提起している。

(41) この呪詛板の一番上二行にわたる記号と、ここでのこの語の使用の間には、緊密な関

係があると想定せねばならない。記号は、呪文を実行するようにと祈願された高次の力を体現していた。こうした力が、正確にどのようなものと考えられていたのかは定かでない。それでも魔術パピルスは、全ての上位存在は力を与えられたサインとしての文字やしるしを所持している、と信じられていたことを明らかにしてくれている。ここでは高位の力の象徴として、象徴記号《カラクテレス》は「いとも聖なる主」と呼びかけられている。別の文書中では「神聖な」とか「恐るべき」とも呼ばれている。アパメアで発見されたこれら二枚の鉛板のどちらにも、正確に36個の記号が存在していることから、発見者のファン・レンゲンはこの記号と関連づけられる、ないし連想されるのは、エジプト占星術に特徴的な36のデカン、つまり天の区分であろうと論じている〔訳注：本章史料の解説と翻訳注23を参照〕。象徴記号《カラクテレス》は他に、守護的な力や天使・大天使の働きと結び付けられることもある。するとこの事例では、大天使がデカンを統括する役目を持つと解されていて、その両者の結びつきが示されているという可能性もある。

(42) 競走場《ヒッポドローム》で発見された呪縛呪文には、馬の名前や騎手の名前、時には両方の名前が記されているのが普通だ。ここに記されている二つの名前は誰を指しているのか、つまり馬と／か騎手という問題は、それを形容する「中央左に位置する *mesaristeros*」という珍しい言葉の解釈に幾分かかっている。コンスタンティヌス7世ポルフュロゲニトスの『儀式の書』(940年頃）には、この言葉は恵まれた出走位置を示す言葉として登場している：「**壺が引っくり返され、(最初に）出てきた球が、中央左の位置を占めるのが誰かを表す**」。一方ファン・レンゲンも指摘するように、戦車を引っ張る4頭立ての馬のうちのリーダー馬を明示するため、この言葉が使われたのかもしれない。ポルフュラスというのは、馬や騎手の両方に使われるポルフュリウスという名前の遅い時代の形だ。この名前を持つ最高の有名人は、6世紀半ば、驚異的な成功を収めて数多くの公的な栄誉を獲得したプロの騎手だ。A. Cameron, *Porpyrius the Charioteer*, Oxrord, 1973を参照のこと。

(43) ここにある単語は *taura* で、他に使用例はない。公刊者は「鞭 *tauria/taureia*」の誤記と考えている。鞭はもちろん騎手にとって最も大事な道具であり、騎手を描いた古代の美術作品の中に頻繁に登場する。

(44) ここで「厩舎 *stablon*」という、ラテン語からギリシア語へと入った言葉と結びついて名前の挙げられるエウゲニウスは、間違いなく「ファクティオナリウス *factionarius*」であったろう。これはチームの総監督、遅い時代にはチームで一番の勝ち頭騎手を表した言葉だ。この用語やその発展については、Alan Cameron, *Circus Factions : Blues and Greens at Rome and Byzantine*, Oxford, 1976, pp. 5–13を参照。

(45) この事例における呪詛依頼者は、呪文がレース中だけでなく、今すぐに発動することを望んでいる。だから競走馬にはレースの最中のみならず、もうその前から好ましか

らざる状況におかれるようにと、災難が準備されている。同様に食べ、飲み、そして寝ることを妨げるようにとの命令は、性愛呪詛の中にも登場している（*PGM* IV, 354行以下）。

(46) レースではスタートが極めて重要な一瞬だったので、特に注意が集中する主題となっている。呪詛の中には、はっきりスタートの失敗を目的としているものもある。この事例の場合、明記されているそのやり方は、早死にしたり暴力によって死んだりした人の恐ろしい霊（*daimones*）を馬に見せる、という形をとっている。

(47) ヘファイストスは、火や鋳造を司るギリシアの神だ。この神はここに、ギリシアにおける最初の「魔術師」という一般的な役割を担って登場しているが、今に伝わる魔術的文書の中には、この神の名はたった一度しか現れていない（*PGM* XII, 177–8行）。ここでの登場の意図は明らかだ。スタートを切るとすぐに、競走馬はヘファイストスの火を目にし、結果的に恐怖心からひどいレースを展開することになるのだ。ヘファイストスについては、M. Decourt, *Héphaistos ou la légende du magicien, Paris,* 1957を参照。

(48) ここから続く一連の動詞は、単なる繰り返しではない。競走相手に対し何とか優位に立とうと、騎手の用いた戦法や策略が列挙されているのだ。*DT* 187（ローマ市で発見）の文中に、非常に近い表現がある：「**この者たちが好スタートを切りませんように。この者たちが追い越しませんように**」。

(49) 公刊者によるこの箇所の読みははっきりとしておらず、*chiazein* と *piaszein/piezein* の二つの可能性が提示されている。前者であれば、走路を横切ったりジグザグに走行したりする作戦を示していることになるだろう。後者でも意味するところは大体同じで、他の競走馬の走路に無理やり割り込んでくることと理解できよう。またいずれの行為も効果は同じで、競走相手を走路から無理やり押し出し、その行方をさえぎろうとしていたのだ。

(50) ここで使われている *parabuzein* という動詞は、外側のレーンを走行しながら追い越し態勢に入っている自らの戦車を、無理やり競走相手の戦車と馬の方へと押し込み、それを転倒させて走行不能に追い込むことを意味している。この戦法は、詩人ノンノス（5世紀あるいは6世紀）の『ディオニュシアカ』37.351以下に記録されている：アクタエオン（騎手の一人）が追いつき、そして外側から追い抜きにかかった。そのとき彼は内側へと進路を向け、競走相手の戦車と接触し、牽引馬の脚を自身の戦車の車輪で削る。そして戦車は横転し、引いていた馬4頭のうちの3頭が、騎手と共にもんどり打って倒れた。

(51) 使われているギリシア語は、「張る、振るう、伸ばす *teinō*」の変化形である *tathōsi(n)* だ。ここではどうやら「伸びる」「引っ張る」、あるいは「全力を振るう」といった意

味を表しているようだ。

(52) 使われている *periklaō* という動詞はおそらく、集団から抜け出す、あるいはコースの二つの折り返しポストを鋭く曲がることを意味しているのだろう。競走の世界で用いられた他の呪文では、これと同じ *klaō* という動詞に様々な接頭辞を付けた形が、もっと「積極的な」意味で、つまり競争相手の戦車がバラバラになるといった意味で使われている。*DT* 187およびこの呪詛板12行目を参照。

(53)「場所《トポス》にかけて」およびそれに続く「ザブラスにかけて」という部分は、異例でありまた少々奇妙な表現だ。意味としてはどうやら、これらの存在がここで神的代表者として訴えかけられていて、その権威のものに、実際に象徴記号《カラクテレス》が呪文を実行に移すということのようだ。神の名としての「場所《トポス》」は、ユダヤ的な文書の中には頻繁に登場する。「トポス」はヘブライ語の *maqom* のギリシア語への翻訳で、神を表す言葉として用いられている（例えば、フィロン『夢について』1.63)。同じ言葉はまた、ウァレンティノス派のグノーシス主義的作品中にも、創造主《デミウルゴス》を示す言葉として現れている（アレクサンドリアのクレメンス『テオドトスからの抜粋』34。37–39を参照)。『ヘルメス文書』2.12（エジプトで、呪詛板と同時期に書かれている）では、「場所《トポス》」についてこう記されている：「**その中で一切が動いている・・非体的なもの・・それは、全体が全体によって自らを包んでいる叡智《ヌース》であって、一切の体《たい》から束縛されず、遊行せず、受動せず、触れ得ず、自ら自己のうちに静止し、万物を包容し、存在するものを支えている。善、真理、〈霊気の〉原型、魂の原型は、光線のように、それから発するのである**」〔訳注：荒井献、柴田有訳『ヘルメス文書』朝日出版社、1980年、100–1頁を参照〕。だから、他の呪縛呪文には「場所《トポス》」は全く登場してこないものの、この存在はこうした状況下に有用たり得る、強力な霊的存在の範疇の内に含まれていたことは確かだ。

(54) 知られる限り「ザブラス／サブラス」が現れるのは、600年頃のコプト教の護符においてのみだ。アダムが創造された際、神を補佐した7人の天使が列挙される中に登場している。創造の業において天使が協力するという主題は、この時期のユダヤ・キリスト教文書には特徴的な主題だ。すると、聖書の神を指していると理解できる「場所《トポス》」と、天使としてのザブラスのつながりが理解できるようになる。では文面の上部に2行にわたって描かれ、呪詛文の一行目で訴えかけられている象徴記号《カラクテレス》はどうなのだろう。ファン・レンゲンの述べるところによれば、天使や大天使は精霊など超自然的存在一般のみならず、とりわけ36のデカンにもまた命令し、統括していると考えられていた。36のデカン、つまり世界の支配者としても知られる、エジプト占星術の伝統に従って36等分された天球や黄道12宮の小区分だ。そしてこの文書の上部2行にわたる36の象徴記号《カラクテレス》は、ほぼ間違いなく36の占星術的なデカンを表している。van Ren-

gen, pp. 216–9 の説得的な議論を参照のこと。また『ソロモンの契約 *The Testament of Solomon*』〔訳注：古代イスラエルの王ソロモンに帰せられた、『旧約聖書』の正典や外典に含まれない、偽典に分類される作品。ソロモン王による神殿建設を物語る〕では、36 のデカンが召喚されてソロモン王の前に現れ、それぞれが自分の名前、持っている力、そして自分が服従する天使を披露する：「**我は黄道 12 宮で第一のデカンなり。リュアクスと呼ばれている。人の頭に痛みを起こさせ、こめかみをズキズキさせる。だがもし〈ミカエルよ、リュアクスを閉じ込めよ！〉との声が聞こえさえすれば、我は直ちに手を引く**」(18.5)。残念ながら、ソロモン王の前に召喚された 36 のデカンのうちには、戦車競走を専門に扱う存在も、ザブラスという名を持つ存在もいない。しかし精霊の持つ名前や機能は、文書ごとに大きく変動することは明らかだ。まとめるなら、呪文の実行のために呼び出された象徴記号《カラクテレス》と、その力や権威を支える「場所《トポス》」およびザブラスとの間に、この文書では密接なつながりが認められるということになる。

(55) この一節は『セペル・ハ・ラジム *Sepher ha- Razim*』(p. 64) の「第三蒼穹」、35 行以下だ。

(56) こうした文字の配置は、魔術パピルスでは「方陣 *plinthion*」として知られている (*PGM* IV, 1305 行を参照。そこで 7 つのギリシア語母音を用いた「方陣」の作り方が説明されている)。この事例では「*エウラモー　*EULAMŌ*」の各文字が、語頭から順番に、次の行の始まりの文字となっている。同様の形はヴィンシュによって公刊された、いわゆる「セトの呪詛板（ローマ市で発見。Wünsch, DTA 33 と 49)」の上にも現れている。

(57) どうやら呪詛の標的は、二人の走者ならびにその支持者たちであるようだ (「～の周囲にいる人々」。)

(58) エジプトの文書では、通常は体の各部位に加え、その神的監督者の名が羅列される。ナグ・ハマディ文書にある『ヨハネの秘密の書（アポクリュフォン）』(写本 II. 1, 15–19 行) では、ちょうど 365 の、完全なリストが記されている〔訳注：荒井献他訳『ナグ・ハマディ文書　I』岩波書店、1997 年、75 頁以下を参照〕。今回の事例では、神的監督者の名前が具体的には挙げられていないが、おそらく背景に存在するものと想定されていたのだろう。シリアのアペカ発見の呪詛板（本章 no. 4）にも同じ数字が登場している。そちらでは、体の部位もまた呪縛されている。

(59) 使われている *eidaias* という語の意味ははっきりしないが、おそらく付随した器具に描かれた馬の図像のことをどうやら指しているようだ。

(60) この言葉は、ギリシア語で「大食らい *lamuros*」という意味だ。

(61) 書かれてあるギリシア語は *iōna* だ。Wünsh はこれを、預言者のヨナを指しているのではないと考え、*IAON*、すなわちよく現れる「イァオ IAO」の一形態に訂正すべき

としている。

(62)「*オレオバザグラ」の変形だ。

(63) この「*ライラム」という言葉と、「嵐、暴風 *lailaps*」という言葉とは、避けがたく結びついているように思われる。この神秘的文言が「嵐」という言葉から派生したのか、あるいは単に二次的に結びついただけなのかは、また別の問題だ。

(64)「～クメーフ」という終わり方は、この神格がエジプトの蛇神クメフ（クネフ）と関係していることを示唆している。以下を参照のこと：*PGM* III, 142 行；IV, 1705 行および 2094 行。

(65) よく登場する「*イァオ・アバオトゥ」の変形だ。

(66) 意味されているのは多分、良く知られている神秘的文言《ウォケス・ミュスティカエ》である「ネブートスーアレートゥ」なのだろう。*PGM* IV, 2603 行以下および 2666 行以下を見よ。

(67)「タルタロス（ギリシア神話の冥界）の支配者」。おそらくクロノス神を指している（*DT* p. 410 を見よ。また *PGM* IV, 2242 行では、月の女神の形容辞として使われている）。

(68)「カタブレイモー」は神秘的文言《ウォケス・ミュスティカエ》か、あるいは「私は～に対して唸る」といった意味を示すギリシア語動詞であろう。

(69) ここにある「タカルケン *tacharchēn*」という言葉を、オドラン（*DT* 295）は神秘的文言として読んでいるが、ここではもう一頭の馬の名前として解釈している。

(70) この「早世した死者」という部分は、ギリシア語でこう書かれている（*bios thanatos*）。早世した人、あるいは暴力によって死去した人を意味しているのは間違いない。ここでの翻訳は、デヴィッド・ジョーダンからの個人的な示唆に従っている。

(71) 色々なところに登場するテュフォンは、エジプトの神的存在であるセトと広く同定される、呪文やまじないの後援者たる精霊だ。

(72) 以下の「文言」は、すぐ下の行で言及されている秘密の「偉大なる名」だ。

(73)「エフェソスの字母」のうちの一つ、ダムナメネウスの変形だ。

(74)「ン（*N* の文字）」の部分の真上に、テータの文字（Θ）が記されている。

(75)「*ライラム」の変形か、あるいはただの誤記かもしれない。

(76) この言葉がもし、聖書でのイスラエル人の祖ヤコブを指しているのであれば、この文書へのユダヤ教の影響を示す痕跡と見なしうる。この名は、類似の文書の中にも登場する。以下を参照：*DT* 271（同じく北アフリカの、ハドゥルメトゥムで発見）；*PGM* IV, 1232 行；1736 行；1803 行。しかし *PGM* IV, 2223 行には、ほぼそっくりな式文が現れている。また、以下を参照：*PGM* IV, 277–79 行；XII, 367–70 行；XIVc, 20–3 行；LVIII, 22–25 行；およびローマで発見された、いわゆる「セトの呪詛板（R. Wünsch, *Sethianische Verfluchungstafeln aus Rom*, Leipzig, 1898, pp. 88, 90）」。こうした事例の場合、文言はエジプトの神格、セトを呼び出すために使われている。こ

の神はロバの頭を持つものとして表現され、たいていギリシアの神格、テュフォンと同一視される。Moraux, *Défixion Judiciaire*, pp. 16以下を参照のこと。

(77) おそらく「**イァオ**」の一形態であろう。ただし、注76で挙がっている史料を参照のこと。

(78) これら二つの文言は、「***ボルコセトゥ**」と共に現れるのが通例だ（本書「特殊用語解説」を見よ)。

(79) ギリシア語で *katara* と記されている。

(80) 二人の騎手の名前（ウィクトリクスとセクンディヌス）に続けて書かれるのは、彼らの駆る馬だ。

(81) 呪詛板上には、見たところ雄鶏を描くスペースはない。しかしR.P. Delattre, Inscriptions imprécatoires trouvées à Carthage, *BCH* 12 (1988), pp. 295–6では、同地点から発見されたもう一枚の呪詛板上に、雄鶏の頭が描かれていたことが指摘されている。このもう一枚の呪詛板にも名前が羅列されてあったが、そこにはこの事例と共通の二つの名、ウィクトルとアドウォカトゥスが含まれていた。呪詛板に関連して動物が活用されることについては、Faraone, "Context", p. 21, 注3を参照のこと。

(82) ここから、『旧約聖書』への一連の言及が始まる。おそらくユダヤ的な定式文を手本としたことの反映だろう。「天上なる」という句は、『イザヤ書』14：13のような一節に由来している（「**わたしは天に上り、王座を神の星よりも高く据え**」)。「ケルビムの上」については、『詩篇』99：2の同じ言葉を参照：「**主はケルビムの上に御座を置かれる**」。地と水を分ける（*diorisas*）という表現は、『創世記』1：7以下、この事例に記されるのと同様に神が水を分け（*chōrisas*)、水と乾いた地を分離した箇所を指している。もちろんこの呪詛板を準備した専門家はそうした背景をおそらく何一つ知らず、単にこれらの表現や用語を、力を持つ伝統的な言葉として取り扱っただけなのだろう。

(83) 「***サバオー**」という文言は、「***アドーナイ**」の真上に書かれている。

(84) 最初の校訂者であるリヒャルト・ヴィンシュ（*Richard Wünsch*）は、発見品を全て「セトの呪詛板」と分類し、初期キリスト教文学の中で対立者から「セツ（セト）派」として言及される、グノーシス主義的キリスト教徒グループの影響下にあると見なしてしまった〔訳注：「セツ派」については、序章注32を参照のこと〕。ヴィンシュが研究を進めていた時代は、グノーシス的解釈の全盛期だった。つまりその時代、ギリシア―ローマ文化の世界に何か珍奇な事象が見出されると、全てがグノーシス主義の影響とされたのだ。ヴィンシュの解釈は広く批判にさらされ、現在は受け入れられていない。Preisendanz, pp. 23–37およびMoraux, *Défixion judiciaire*, p. 19, 注3を参照のこと。それでもヴィンシュによるテキストの校訂と解説は、今でも比類ない価値

を保っている。これら文書の現代語訳は、管見の限り他には存在していない。

(85) ここに登場する馬の頭を持つ存在こそが、ヴィンシュがこの呪詛板を「セツ（セト）派」のグノーシス主義的由来を持つ、と考えるに至ってしまった主たる根拠だ。というのもヴィンシュはこの図像を、馬ではなくロバの頭を持つものとしてしきりに描かれる、エジプトのセト神を表現したものと考えたからだ。より正解に近そうなのが、プライゼンダンツの解釈だ。この馬の姿をしているのは馬頭の精霊《ダイモン》で、闘技や競走を司る力を持つとしてあがめられ、恐れられていた存在であるとする見方である。まさにそうした「馬の精霊」が、3世紀のグノーシス主義的キリスト教文書である『ピスティス・ソフィア（信仰・知恵）』（145章）でも、殺人者に対し下されるであろう処罰に関連する箇所で、言及されている〔訳注：『ピスティス・ソフィア』については、ルドルフ著（大貫隆他訳）『グノーシス』岩波書店、2001年、23頁を参照〕：「（イエスが語る）**・・・殺人者は、馬の顔を持つ偉大な精霊《ダイモン》の足元に捕縛されるであろう**」。『ピスティス・ソフィア』の同じ章に現れる次のような要素も、注目に値する：精霊たちは、殺人者を鞭打って罰する；また様々な精霊が、殺人者を罰する（*timōrein*. この動詞の同根語が、この文書中にも表れている）。一方でこの馬の姿は、明らかにこの呪文の標的である人間を表す姿の横に描かれている。この事実にかんがみると、ここでの馬の姿は、やはり呪文の中で名前を挙げられて呪われている、呪詛の標的の馬を視覚的に具現化したもの、という可能性も考慮に入れる必要はあろう。

(86) プライゼンダンツはこの呪詛板上の意匠を、現れている姿は付随する文章と密接に関係していると想定しつつ、次のように解釈している：（1）中央の姿は馬の精霊《ダイモン》で、片手には力および騎手の鞭を象徴する鞭を持ち、もう一方の手には、戦車の車輪を象徴する円形の物体（輪か円盤？）を持っている。馬の左側の足下に描かれているのは、馬を戦車につなぐくびきか、戦車の車台を表現している；（2）馬の姿の両腕下に描かれた二つの姿は、文中で言及されている、右側と左側にいる「介助者たち（*paredroi*）」である；（3）左上の姿は、棺に納められたオシリス神（伝説によれば、セト神にやられた）。その体や棺、また二人の「介助者」その他のおもて面に描かれる交差した線は、全て呪縛を象徴している。オシリスの頭や棺から突き出ている線や、棺に打たれている点点は、呪縛呪文によく見られる特徴である釘や針だ。ヴィンシュ（*Sethianische Verfluchungstafeln aus Rom*）の収集した事例のno. 20Bやno. 29でも同様の姿が登場している。一方で本書の共同執筆者リチャード・リムは、棺の中の姿はむしろ、死亡して埋葬されたとして描かれた呪詛の標的と解すべきとの興味深い解釈を提起している；（4）象徴記号《カラクテレス》や母音を使った形象は精霊《ダイモン》と結びつき、そのあやつる宇宙の諸力を表している；（5）一番下の、二匹の蛇に噛まれながら巻き付かれ、また交差する斜線も描かれるミイラのような姿が、この呪文の標的たる人物である。呪詛依頼者

の願い通り、死んで埋葬されている。ヴィンシュの集めた事例の no. 49、54 行目にある語は、おそらく蛇の噛み付きに言及しているのだろう。そこで使われているギリシア語動詞、*akontizein* の意味は「傷つける」とか「突進する」で、これは蛇の行動を指している可能性があるからだ。ミイラの足下に描かれる、星のような象徴記号を、プライゼンダンツは縛るのに用いた釘や針の象徴と考えている。他の数多くの呪詛板にも、この象徴がしきりと登場することを考えると、オシリスか太陽が表されている、と解釈したヴィンシュの方が真実に近いのかもしれない。さてプライゼンダンツはさらに、文面と意匠との間に相関関係を見つけようとの彼の大原則に沿って、このように提起している。図像として登場しながら、しかし文面には明記されていない姿、すなわち蛇は、冒頭で「捕縛せよ！」との命令の向けられている「エウラモン」と、おそらく同一視されると。別の no. 20B に描かれている意匠も、ただ一つの相違点を除き、この呪詛板とほぼ同一だ。その相違とは、この事例で縛られているのは一人だけなのに対し、そちらでは複数人が縛られている点だ。

(87) 断片的にしか残っていない DTA 3 では、解放奴隷を表すラテン語として *collibertos* という語が使われている。

(88) この呪文中に何度も登場するこれらの「文言」には、エジプトの神々の名前が、秘密めいた形で残されている。「ウースィリ」はオシリス神だ。「ムネ」はムネウィスで、エジプトのヘリオポリス市で崇められた雄牛の神。「アフィ（アピ）」はアピス。メンフィス市の雄牛神だ。「フリ」はもしかすると、ラーに由来しているのかもしれない。ラーはエジプトの太陽神で、その名はヘレニズム時代初期には「レー」と発音されていた。

(89) 「冥界 *tō katachthoniō*」という語が、ここ とさらに下にも出てくる。言わんとしているのはほぼ間違いなく、墓という冥界の入口に入れられた死者の魂のことだ。

(90) するとこの呪文の標的は、よく見出されるカルデルスというラテン語名を持つ人物である。彼の母の名、フルゲンティアもまた同じくよくある名前だ。

(91) この一節の解釈は難しい。使われている *krab(b)aton* というギリシア語は、広く使われた語ではないものの、どうやら寝床や寝椅子を意味しているようだ。すると *kata krabaton* という句は、「寝床にある間に」とか「横になっている間に」といった意味に違いない。Wünsch, *Sethianische Verfluchungstafeln*, p. 100 ではこの部分について、呪詛板上に現れる梯子のような意匠と関連づける解釈を提案している。彼はそれを、拷問の道具と理解していた。するとここの意味は、呪詛の標的が拷問の寝床上での責め苦に苦しみますように、との意味になろうか。

(92) ここもまた、続く文章から始めるべきところ、手本とされた定式文中の説明書きを、書記が間違って写し取ってしまったという実例だ。

(93) Preisendanz, *Akephalos. Der Kopflose Gott*, Leipzig, 1926, p. 32では、これとは違う解釈が提案されている。プライゼンダンツはギリシア語で書かれている *dee* を、ラテン語の「女神 *dea*」の複数形 *deae* をギリシア文字へ翻字したもの理解している。また「フリュギアの」という部分も、広く知られた「小アジアはフリュギア地方の女神」を指しているのでなく、土地の精霊で、人々を「干からびさせた（フリュギオス）」ことから、「フリュギア」と名付けられた存在を指すものと考えている。

(94) この訳はプライゼンダンツの解釈に従っている。彼は *dee* という言葉を、上述のようにラテン語の「女神 *deae*」のことと考えていた。すると「ニュンフ」は、呪詛板が安置される習いとなっていた井戸を司る、水の精を指している。ジョーダン（SGD, p. 167）は、コリントス遺跡のプール、あるいは浴場施設と考えられる場所から発見されたものの、まだ公刊されていない呪詛板の存在について報告しているが、それは「神聖にして力強きニュンフ」に対して訴えかけられている。

(95) 一緒に発見された他の呪詛板では、同様の部分に「***アドナイ**」と記されている。これは『旧約聖書』の神の名として用いられる語のうちの一つだ。ここでの「**エイドネア**」は、おそらく「**アドナイ**」の誤って伝わった形であろう。それ以外の可能性としては、ヘカテ女神の形容辞「冥界の *aidōnaia*」と解することもできようか：*PGM* IV, 2855行を参照。

(96) ヴィンシュはこの語を、神秘的な呼びかけ語と理解している。一方プライゼンダンツ（“*Akephalos*”）は、ともに発見された他の呪詛板中の並行事例（特に no. 19の6行以下）を引きつつ、「この地にすむ *en chōrō katoikousai*」という表現が混乱して伝わったもの、と論じている。

(97) 使われているギリシア語は *paredroi* だ。魔術パピルスの中では、呪術師《マゴス》が何か作業する際、その傍らで助けてくれる精霊《ダイモン》を表す語として使われる。

(98) ヴィンシュは「シュンフォニア」を、キリスト教徒作家エピファニオスにより「セツ派」グノーシス主義者の作品とされている、同名の書に関係するとした。一方のプライゼンダンツ（“*Akepholos*”, pp. 34以下）は、この部分には「シュンフォニア」ではなく「シュンフォナ（音の調和）」と書かれていると考えた。すなわちここのポイントで、呪詛板の右側に書かれている母音の「方陣」を指しており〔訳注：この「シュンフォニア／シュンフォナ」という語が書かれているのは、板面左の「介助者」の姿の中。一方で母音（ア、エ、エー、イ、オ、ウ、オー）の「方陣」は、板面右の「介助者」を取り囲んで書かれている〕、そして文章中でははっきりと「**この呪詛板に書かれている**」と明記されたのだ、と解釈している。

(99) ここには神々が毎晩、変わらず周期的なやり方で宇宙を更新するとの、エジプトに一般的な思想が現れている。

(100) 文章は呪詛板の裏面へと続いていく。おおむね、おもて面の定式文や訴えかけの文言を繰り返している。

(101) ヴィンシュ（p. 101）はこの梯子を、拷問の道具と考えていた。

(102) これもまた、書記が呪文の表題を間違って写し取ってしまった一事例だ。

(103) ヴィンシュはここを、不明な語として扱っている。ファラオネはこれに関し、「ひったくる *harpazō*」という動詞の変化形、*hērpagēte* との読みを提案している。

(104) no. 28（Wünsch, *Sethianische Verfluchungstafeln*）の標的も同一人物だ。そちらではこの人物に関し、アルティカコンという別名も挙げられている。ヴィンシュはこの別名が、「アーティチョーク *artikaktos*」に由来する可能性を指摘している。

(105) プライゼンダンツ（"*Akephalos*"）はこの事例の図像について、次のように解説している（pp. 39 以下）〔訳注：この呪詛板については、井上秀太郎「チルコ＝マッシモ」『ローマ帝国と地中海文明を歩く』（本村凌二編著、講談社、2013 年）特に 26–8 頁を参照〕:（1）左上隅に馬の頭部があり、共に発見された他の呪詛板と同じく蛇に取り囲まれており、その数は 6 匹だ。この馬と、もう一頭下部にも馬が描かれるが、これらはどちらも、体と足を失ったものとして描かれる、呪詛の標的であるエウケリオスの馬である；（2）右上には、包帯でまかれたエウケリオスのミイラの下半身（脚？）が表され、その隣にはもう 1 匹、蛇が現れている；（3）左上の馬の頭部の下には、もう一つミイラの姿があり、形は定かでないものの、おそらくオシリス神が表現されている；（4）右下に描かれる二頭目の馬は、三角形の台座（呪縛を示す、例の交差線が書かれている）の上に載っている。この三角形は、no. 11（Wünsch, *Sethianische Verfluchungstafeln*）に描かれている木杭か釘のようなものを彷彿させる；（5）三角形＋馬の図像のすぐ下には、ざっくりと描かれた壺がある。これはおそらく骨壺で、馬の姿がこの壺の中に入るべきことを暗示している。こうして骨壺のある情景が描かれることで、呪縛の全過程〔訳注：この呪詛板は、壺（骨壺）の中に安置されて発見された〕が、いま一度再現されていたのかもしれない。

(106) ヴィンシュの集めた他の事例（no. 6–8）は、どうやら図像と神秘的な語句のみで、呪詛文自体は書かれていない。

(107) これに続く欄で、翼の形状を作るのに使われている「エウラモー（ス）*EULAMŌ*(*S*)」という言葉の綴り字が、ここでは逆向きに（*SŌMALUE*）綴られている。

(108) 使われているのは「縛り *katochos*」という語。呪詛板とその内容を表している。

(109) *akontizein* というギリシア語の動詞が使われている。プライゼンダンツはこれを、蛇あるいは槍の一撃を意味すると理解している。

(110) この競馬場（*hippikon*）がどこのことなのか、正確な特定はできない。大競走場《キルクス・マクシムス》である可能性はある。no. 22（Wünsch, *Sethianische Verfluchungstafeln aus Rom*）

の19行目には、他に用例のない「(新しい) バビロン (つまりローマのこと) の競走場《キルクス》」という表現がある。

(111) 使われている *kamptein* というギリシア語動詞は、「コーナーポスト *kamptēr*」をうまくやり過ごすことを表す、戦車競走の専門用語だ。ここで呪詛の標的であるエウケリオスの不運を想像して、それを言い表すために用いられている動詞は全て、戦車競走の世界でよく用いられる言葉であり、他の呪詛板でも繰り返し使われている。

(112) ここでは、午前中 (*proinas*) および午後 (*aparista*) に開催される、いくつものレースが意図されている。

(113) ここで訴えかけらえている、三柱の冥界の神格のうちの一柱。

(114) ケルト語の人名であろう。あるいはギリシア語で、「勝利の下に *katanikos*」を意味する名前かもしれない。

(115) これも、ケルト語の人名だ。

(116) ここも、ケルト語の名前である。エリドゥンナ、エウモルプス、フォティウスは、おそらくそれぞれ俳優の名であろう。

(117) ここで使われる *ne voteat imolare* という表現は、Versnel, "May he not be able to sacrifice . . .", pp. 249, 263 によると、神々の怒りを宥めようと試みることすらかなわないような、そんな危険な状況へと犠牲者を追い込むことを願う、他のギリシア語・ラテン語呪詛文中の表現と関連している。

(118) おそらく、冥界の神格のうちの一柱で、のちのカロリング朝時代〔訳注：8世紀中ごろから10世紀にかけて〕の民間伝承の中で、水男《アクアティクス》として現れる存在であろう。または、死者か精霊《ダイモン》の名前である可能性もある。

(119) おそらく、冥界の神格。

(120) これは、俳優の演じる役柄と認識されている。以下を参照のこと：Festus, *Glossaria Latina* (W.M. Lindsay ed., Paris, 1913), 281; Egger, pp. 364–5.

(121) 文中に挙がる人名は、シチリアのギリシア人に典型的な名前だ。

(122) デヴィッド・ジョーダンは我々に、公刊されているこの事例のテキスト、例えばL. Dubois, *Inscriptions grecques dialectales de Sicile,* Rome, 1989, no. 134 などには訂正が必要であることを伝えてくれた。ジョーダンとアン・ミラーは今、この重要な呪詛板について、修正版のテキストと翻訳、解説の発表を計画している。その最中、ジョーダンは温かく、訂正版の翻訳の使用を許可してくれた。

(123) アン・ミラーが「呪詛 *eucha*」と読んでいるのに対し、ジョーダンは「幸運 *tucha*」との読みを提案している。*Eucha* という語が他の呪詛板上で使われている例はないものの、文学作品では、オイディプスによる自分の息子たちへの呪いを表現する語として使われている (アイスキュロス『テーバイ攻めの7人』820:「**父の呪いにより**」;

エウリピデス『フェニキアの女たち』69–70：「彼は最も不浄な呪いを、息子たちの上にかける」)。

(124) この名前は「上手く勝利する」という意味だ。アン・ミラーはそこから、エウニコスが職業的な合唱監督であることを示す可能性を引き出している。

(125) どういった種類の友情であるかは、明記されていない。様々ある中でも、政治的・個人的パトロネジのような関係が含まれていたに違いない。Faraone, “Context”, p. 31の注79と81で、そう論じられている。

(126) アン・ミラーはここでの *chorēgos* という語は、エウニコスがアテネ市でのように富裕な後援者であることを指しているのではなく、彼が合唱隊の訓練士であることを示しているのだろう、と述べている。

(127) ここで子供と父親の両方ともが挙げられているのは、合唱隊の監督《コレゴス》に世襲があったことを示唆しているのかもしれない。

(128) この部分の文意理解は、アン・ミラーが議論の中で提案はしているが、訳文自体には含めていない解釈にかなり近い。ミラーの考え方はこうだ。このように訳すと、確かに一語一語の意味ははっきりするが、解釈上の問題が持ち上がってしまう。つまり、他の監督《コレゴス》たちは今回のこの呪詛板について知っていたことになり、それゆえ文芸的な合唱コンテストが、「力ずくの説得、あるいは妨害行為」の次元の争いとなってしまう、というのだ（p. 89）。しかし本書のここまでの議論の通り、こうした努力については、ある程度周りに知られていたと想定する以外の選択肢はない。それに呪詛板は、事の成り行きを力や説得、そして妨害行為によって変えようとする試み以外の何であろうか？

(129) 公的なオーディションの類いが前景にあるのは明らかだ。そうした競争には、詩の朗誦に付随する抒情的な合唱や、演劇の本格的上演などが含まれていた。そしていずれの場合でも、合唱隊の選出と訓練が一大事となっていたことだろう。アン・ミラー（pp. 83–5）は、シチリアを訪問して公に演劇を上演したことのある、数多くの有名な詩人や劇作家（アイスキュロスを含む）をリストアップしている。そうした機会には、間違いなく公共のコンペが開かれ、激しい競争心が生まれていたに違いない。

(130) 呪詛板にはよく登場する「願い」だ。*DT*, no. 68, 69, 302を参照。

(131) 使われているのは、*apographō* というギリシア語の動詞。他の呪詛板での使用例がない用語だ。ただし接頭辞（*apo*）を除いた *graphein* は、良く用いられている。この言葉が法律用語としての由来を持ち、ここでは広義で用いられていることは疑いない。

(132) ここの一節は、劇作家や詩人と同様、合唱団の指導者もまた外部からやってくる可能性を提示している。そうして競争意識やライバル心がさらに激しくなったのだろう。

(133) 文面には *bolimos* と書かれている。この単語は他の呪詛板でも、アッティカ方言ギ

リシア語の *molubdos*（鉛）という語に代わり、鉛板自体を表すために使われている。

第２章

（１）このテーマに関して、二編の素晴らしい研究が発表されている：J.C.B. Petropoulos, *The Erotic Magical Papyri*, vol. 2, Athens, 1988〔訳注：以下、Petropoulos, “Erotic Papyri” と略記〕, pp. 215–22 および J.J. Winkler, The Constrains of Desire：Erotic Magical Spells, in ：*The Constrains of Desire*, New York, 1990,〔訳注：以下、Winkler, “Constrains” と略記〕pp. 71–98（ウィンクラーの論文は、*Magika*, pp. 216–45 にも掲載）を見よ。

（２）性愛と呪文とが結びつく多くの箇所について、以下の研究を参照：R. Flacelière, *Love in Ancient Greece*, London, 1962, pp. 14–5 および 137–40； Petropoulos, “Erotic Papyri”； Winkler, “Constrains”, pp. 79 以下。

（３）Petropoulos, “Erotic Spells”, pp. 221–2 では、のちにエジプトに見られるようになる技術は、ヘレニズム・ローマ時代よりずっと以前から存在していたことを、特に説得的に論じている。

（４）『牧歌』第２巻での、シマイタの行う儀式を扱うテオクリトスの表現と、のちの魔術パピルスでの定式表現との間の類似関係について、A.S. F. Gow, *Theocritus*, vol. 2, Cambridge, 1952, pp. 33–6 における詳細な議論を参照。

（５）Faraona, “Context”, pp. 15–6.

（６）Petropoulos, “Erotic Papyri”, pp. 219–20 での詳細な議論を参照のこと。

（７）Faraone, “Context”, p. 13.

（８）“Erotic Papyri”, p. 216. ペトロプーロスはさらに、性愛呪詛板を表すために、以下の様々な語が用いられていることを指摘している：*agōgai, philtrokatadesmoi, philtra, katochoi, potēria, diakopoi, phusikleidia.*

（９）Winkler, “Constrains”, p. 94.

（10）同論文、p. 90.

（11）両面に記され、13 行ほどのギリシア語韻文（短長格の三脚韻と跛行短長格で構成）で締めくくられている。この凝った事例は、現在は *SuppMag* 42 において、訳文と解説付きで参照することができる。

（12）Jordan, “Agora”, p. 223, 注 16 では、テュロスで発見された、次の一節を含む未公刊のギリシア語呪詛板の存在について触れられている：「ユウィヌスが、我、ポルフュリオスへの愛にずっと目覚めていますように」

(13) 同性間での誘因呪文の事例の一部が、*SuppMag*, p. 42 にリストアップされている。

(14) Winkler, "Constrains", p. 90.

(15) 同論文、pp. 93–8 での洞察に満ちた見解を参照のこと。

(16) 同論文、pp. 87 以下。

(17) 同論文、p. 87.

(18) 同様の主張が、S.J. Tambiah, The Magical Power of Words, *Man* 3 (1986), p. 202 においても説得的に提示されている：「ゆえに、儀式たるものはことごとく、そこに参加する人間に向けられており、参加者たちの心や感情の再編成・統合を企図した技術が用いられている。そのように論じることが可能だ」

(19) Ludwig Wittgenstein, *Remarks on Frazer's Golden Bough*, ed. Rhees, Atlantic Highlands, N.J., 1979, 4e.

(20) John Beattie, Other Cultures: Aims, Methods and Achievement in Social Anthropology, New York, 1964, 12 章〔訳注：ジョン・ビアッティ（ビーティ）著（蒲生正男、村武精一訳）『社会人類学：異なる文化の論理』社会思想社、1968 年を参照〕。

(21) Winkler, "Constraints", pp. 87–8 でも同様の見解が提示されている。

(22) エウナピオス『哲学者およびソフィスト列伝』の「ソシパトラ伝」(W.C. Wright trans., Loeb Classical Library, Cambridge, Mass., 1922, pp. 410–5)〔訳注：ピロストラトス／エウナピオス（戸塚七郎、金子佳司訳）『哲学者・ソフィスト列伝』京都大学学術出版会、2001 年、274–5 頁を参照〕。

(23) Winkler, "Constrains", p. 72.

(24) マケドニアのペッラで最近発見された、かなり早い時期（前 375–359 年）のギリシア語の呪詛板でも、同様の言葉遣いがされている。テティマという名の呪詛依頼者の女性は、精霊《ダイモン》たちにこう訴えかける：「**あの人が本当に、私以外の誰も妻として娶りませんように。そして私がディオニュソフォンの傍らで年を重ねていけますように**」。まだ公表されていないこの呪詛板の文面の引用を許可してくれた、校訂者であるエマニュエル・ヴァウティラス博士に深く感謝している〔訳注：Emmanuel Voutiras, *Dionysophontos Gamoi: Marital Life and Magic in Fourth Century Pella*, Coronet Books Inc., 1998〕。

(25) 娼婦や売春婦（区別は必ずしも定かではない）については、以下の研究を参照のこと：V. Ehrenberg, *The People of Aristophanes*, London, 1947, pp. 194–8; Sarah B. Pomeroy, *Goddesses, Whores, Wives, and Slaves: Women in Classical Antiquity*, New York, 1975, pp. 88–92, 114–7, 139–41, 201–2; M.R. Lefkowitz and M.B. Fant eds., *Women's Life in Greece and Rome*, Baltimore, 1982, "concubine", "courtesans", "prostitutes" の項; A. Rousselle, *Porneia: On the Desire and the Body in Antiquity*,

Oxford, 1988, 第５章（"Adultery and illicit Love"）および第６章（"Separation, Divorce and Prostitution"）; Winkler, "Constraints", pp. 199-202（"The Laughter of the Oppressed"）.

(26) 愛人と性愛呪詛は、中世に入ってもまだしっかり結びついていた。次の研究を参照：M. Rouche, The Early Middle Ages in the West, in: P. Veyne ed. *A History of Private Life from Pagan Rome to Byzantine*, Cambridge, 1987, p. 418：「愛人は、呪文や毒薬、護符、その他あらゆる種類の魔術を利用して情熱を高め、愛する人をつなぎ止めようとしていた」。

史料の解説と翻訳

(１) 使われている *sunousia* というギリシア語は、社会的・性的な交わりを表すためにも使うことができた。

(２) 一般的な楽器で、現在のツィターという楽器に連なる。

(３) ここでの *parodos* というギリシア語の意味は、「入場」とか「通過」といった意味で、部屋に特別なやり方で入ることを表現しているのかもしれない。それ以外にこの語はギリシア劇場でも専門用語として用いられ、公共のコンサートを言い表すことができた。ここではさらに、性的な響きも加味されているのかもしれない。

(４) 使われている *pugeōn* というギリシア語は、一般にお尻を指す語だが、他にもある種のダンスを表現する単語として用いられたようだ。ここは演奏や芸事の別の側面に焦点が当たる箇所であり、後者の意味が文脈に合っているように思える。

(５) B面の文字は、ほんのごく一部しか判読できない。

(６) 他にも文字の書かれた小像は複数発見されているが、この事例のように平面のものはない。

(７) ギリシア語は *katagraphein* だ。ほかの様々な文脈でも使用されうる用語である。例えば「登録する」、「記された命令により召喚する」、あるいは「移転する」（財産に関し、文書の証文を通じて）など。

(８) *katadesmeuein* というギリシア語が使われているが、これはあまり用いられる語ではない。*PGM* V, 321行、パピルスあるいは鉛の薄片上に記す、呪縛呪文の作り方の手引き書中に現れている

(９) Robert, *Froehner*, no. 20では、ギリシアのボイオティア地方で発見された、性愛に関係するほぼ同時代の別の呪詛板にもまた、同様の要素が呪縛されるようにと明記されていることが指摘されている。つまり、両腕・両脚・体だ。これらがボイオティアに住んでいた、ある一人の専門家の製品のうちの２枚であるとの示唆は魅力的だ。

(10) この呪詛板の安置場所のそばに葬られていた死者の名前。

(11) 文面は *bainimen* と読める。ファラオネは「来る *bainein*」を基にこの語を訳しているが、またそれ以外に、本来意図されていたのが「ねじ込む *binein*（性的な意味で）」という動詞であった可能性を示唆している。

(12) ここの箇所には、この行および直前の行で、同じ音の語尾を繰り返すことによる、ギリシア語の言葉遊びが試みられている。つまり、前の行では*-ata, -ta, -ata,* そして*-ta* と「タ」の音で終わり、この行では*-an, -an, -esin* そして*-esin* と「ン」の音で終っている。

(13) 使われているギリシア語は *aporia.* たやすい通過を妨げるような何かを表す語だ。この文脈では妨害とは、恋敵のゾイロスとアンテイラの二人が一つになるのを妨げる努力を指している。

(14) Jordan, "Agora", pp. 251–5. そちらの呪詛板で特筆に値するのが、髪の毛によって付けられたのが確かな跡が残されていることだ。また呪文の文中でも、髪の毛について言及されている：「**我はテュケをあなた様に捧げます。その女の髪の毛がここに丸めてあります**」。反目の原因については明示されていない。

(15) ジョーダンにより同じ筆跡によると同定された10枚の呪詛板の全てで、冒頭でほぼ同一の訴えかけの文句が使われている。

(16) ジョーダンが収集した一連の呪詛板のうち、no. 9でも、マルキアを母とするユリアナという女性が言及されている。そして主要登場人物のもう一人の名は、ポリュニコスという男性だ。これらのユリアナは、どうやら同一人物であると推察される。no. 9の方のテーマは、ユリアナとポリュニコスの別離だ：「**そうすることで、この二人の愛情や性的な交わり（*sunētheia*）、そして一緒の眠りが冷まされますように**」。

(17) 使われているギリシア語は *proserchesthai.* おそらく一般的な意味で、訪問することを表現しているのだろうが、クセノフォンの著作中では（*Symposium,* 4.38)、性的な意味で「訪れる」との意味で使われている。

(18) 使われている *ergastērion* という語は、売春宿を含め、あらゆる業種の稼ぎの場に用いることができる。デモステネス（59.67）がそのように述べている。はっきり言明されてはいないが、この箇所及び直前の箇所で述べられている内容は、ひとえにユリアナが職業的な娼婦であることを示している。

(19) Jordan, "Agora", p. 227では、この箇所の *kathizein* という動詞が、同じく「座ること」を意味するラテン語の動詞 *sedere* との類比で、理解できるのではないかと述べられている。ラテン語で、こうした文脈で *sedere* という動詞が使用される場合、明らかに性的な意味合いが含まれた。

(20) ジョーダンが公表した一連の呪詛板のうち、no. 7でもこの事例と同様、男と女の仲を取り持つ人々への呪文が含まれる。

(21) ここに第三の男が登場している。この人物が斡旋人であろうか？

(22) ジョーダンが公表した10枚の呪詛板には、この一連の神秘名がほぼ同じ形で表れる。

(23)「冷え切る」というのは、関係の性的性格が指し示されている可能性がある一方、明らかにこの呪詛板が井戸という、きっと非常に冷えていたであろう環境の中に安置されたことが前提となっている表現である。

(24) ここでは二回、*orgē* という語が使われている。ジョーダンはこれを「衝動」と訳している。また最終行には、この語の動詞形である *orgizesthai* が使われており。こちらもジョーダンは「～に対して全く衝動を持たない」と訳している。名詞の *orgē* は、確かに古い時代の史料では「衝動」のような中立的意味で用いられることもあるが、その動詞形の方はほぼ必ず「怒る」ことを指す語として用いられている。この呪詛板が製作された当時〔訳注：紀元前3世紀半ば〕のギリシア語の用法では、名詞の方もまたおおむね「怒り」を意味していた。この呪詛板に関わる怒りの標的の可能性があるのは、呪詛依頼者であろう。そして依頼者の側の怒りは、すでにこの呪詛板の存在自体によって証明されている。

(25) 使われているのは *epipompē* という語だ。ひょっとすると、対抗呪文を表現しているのかもしれない。Jordan, “Agora”, p. 247ではそのように理解されている。

(26) 文中で使われている *atelestos* や *atelēs* といった語は、「結末のない」といった意味を表すのが普通だ。LSJ〔訳注：*A Greek-English Lexicon* のこと。最も権威ある古典ギリシア語—英語辞典。その編著者であるLidell, Scott, Jonesの頭文字を連ねたLSJが、その略称として用いられるのが通例〕ではこの事例の箇所が挙げられ、おそらく「未婚の」という意味を表す、との推測がなされている。しかし字義通りには「目標が成就しなかった人」という意味だ。これはおそらく、不慮の死を遂げたことの言い換えだろう。

(27) つまり、その娘であるヘカテ女神のこと。

(28) 使われている *koitē* という語は、文字通りには「夫婦の床」を意味している。しかしここにはきっと、もう少しあからさまな意味合いが含意されている。

(29) Wünsch (1900), p. 65はここの *paidion* という語に関し、テオドラへの親愛の情を表す言葉としてではなく、テオドラの娘の名前と読むことで、筋書を無用に複雑化させてしまっている。

(30) ファラオネは、文中に登場する男性器と女性器の呪縛に関し、不妊を引き起こす意図があったとの可能性を提起している。その場合、この呪詛板は厳密な意味では性愛呪詛ではなくなる。

(31) この事例でのように、一再ならず人名の綴りは意図的にばらばらにされて記される。

(32) 使われているのは *psōlē* というあまり用例のない語で、包皮がめくれた状態の男性器

を表す。

(33) この箇所のギリシア語は *kataratos* だ。

(34) S. Miller, Excavations at Nemea, 1980, *Hesperia* 50 (1981), pp. 64–5 では、さらに5枚の呪詛板の発見が報告されている。年代や文字、言葉遣いから、それら5枚もまた、この事例を製作したのと同じ人物の手になることが示唆されるという。

(35) ここではこの名前を、ギリシア語のドリス方言での形でエウボレス、またはエウボラスという男性のものと解釈している。

(36) 性愛呪詛を粘土に書き記すための様々な手引き書には、陶器の新しいかけら、あるいは焼成前の陶器片の使用が規定されていることを、この事例の公刊者が指摘している。『モーセの剣』(*The Sword of Moses*, ed. M. Gaster, New York, 1970) p. XV, 17–18行、およびカイロのゲニザ〔訳注:『モーセの剣』についてを含め、本章 no. 32 の解説を参照〕で発見された、愛や憎しみの呪文のための手引き書中のいくつかの断片を参照のこと。

(37) これらの語は、呪文の中で訴えかけられている天使の持つ、秘密の名前である。同様の名の天使たちが、『モーセの剣 *The Sword of Moses*』やカイロのゲニザで発見された諸断片の中にも登場する。Naveh and Shaked, p. 89 を見よ。

(38) この箇所は、人に及ぼしたい効果が実際の物体を通じて示されるという象徴行動の明白な実例だ。呪文の記されたこの陶片は、火の中に投げ入れられたと想定せねばならない。

(39) *PGM* に集録されたひな形から写し取られて製作された複製版の呪文を網羅するのが、Wortmann, p. 58 の注4と5。

(40) D.G. Martinez, *P. Michigan XVI. A Greek Love Charm from Egypt* (*P. Mich.* 757), Atlanta, 1991 を見よ。

(41) 呪文のタイトル・表題である。呪文本体の一部ではない。

(42) 使われているギリシア語は *ousia*。呪文の「犠牲者」に由来する、あるいは属している何かを意味し、それは呪縛呪文のためにしきりと求められる。髪の毛であることが多い。

(43) 使われているのは *to melan* という語。陰部の毛を指している。

(44) 直前で「心臓」と言及されているこの部分は、たびたび登場する長大な回文だ。ここで紹介している手引き書から写し取られ、実際に個々の呪文の中で用いられている(Wortmann, no. 1, 1–2行)。他に *PGM* I, 141行;III, 59–60行にも現れている。*PGM* XIXa, 16–45行ではさらにずっと、回文の真ん中の文字だけが残るところまで進んで記されている。*PGM* XXXVIa, 115行以下では、この回文の一部の文字のみが登場する。また別に、単純に「イァオエ型定式文」とのみ言及されることもある。例えば *PGM*

V, 366行、他。

(45) この箇所も、呪文の表題と説明書きである。

(46) 続く部分は、「長短々格《ダクテュロス》」の六脚韻からなる詩の形式で記されている。この太陽神ヘリオス賛歌の別バージョンや一部が、以下の箇所にも登場している：*PGM* I, 315–27行；IV, 1957–89行；VIII, 74–90行。ギリシア宗教についての偉大な学徒であるマルティン・ニルソンが、この事例を含む*PGM*集録の賛歌を考察している。ニルソンはこれらの賛歌に関し、呪文を書いて販売した専門の呪術師《マゴス》たちの作品ではなく、ギリシア魔術のずっと古い時代の伝統の中から引き出され、多くがこうした詩的な文章の中に残されたものであると論じた。Martin Nilsson, Die Religion in den griechischen Zauberpapyri, *Opuscula Selecta* 3 (Lund, 1960), pp. 129–30を参照。確かにニルソンの見解通りの可能性もあるが、その見解はあくまで、「魔術」と宗教は対極の事象であるとの前提の上に立っている。そして本書の執筆者陣は、その前提を共有していない。だからここではひとまず、他ならぬ呪術師《マゴス》たち自身が呪文、および賛歌をも作成した可能性の是非については、未解決のままにしておかねばならない。

(47) この部分以下の行を見ると、確かに元々の賛歌が、ここに付随するような呪文のために書き下ろされていたことが明らかとなる。つまりこれまで主張されてきたように、「純粋に宗教的」な祭儀用賛歌が、「宗教的」な領域から借用されてきて、「魔術的」な目的のために二次的に流用されたわけではないのだ。

(48) 問題となっている特定の個人に属する何か、例えば髪の毛、衣服、履物などを添付しなければならないという条件への言及が、いくつかの呪文には現れる。この事例の場合、その特定の個人は呪詛の対象者ではなく、呪文実現の代行者として利用されている死者のことだ。

(49) 賛歌のここまでの数行では、呪文の力、あるいはこの場合には霊の力が、呪詛依頼者自身へとはね返ってくるのではないかという、よく表明される恐怖が表現されている。こうした恐怖の原因には、間違いなく二様ある。一つが、呪詛の効果により死者の霊がかき乱され、結果として当然、死者が依頼者に対し怒りの念を抱くようになるのではという恐れ。もう一つが、呪文の文中にも規定されている通り、霊は早世または暴力によって亡くなった人のものであり、そもそも死のそうした状況が、霊に怒りや復讐心を抱かせるものであったことだ。

(50) エジプトの神ホルスは、ここでは太陽神ヘリオスと同定されている。同じ*PGM* IVの989行でも同様だ。この事例が作成された当時のエジプトの宗教では、ホルス神はヘリオポリス市で信仰されており、朝日の神として敬われていた。

(51) Wortmann, no. 1に関しては、D.R. Jordan, A Love Charm with Verses, *ZPE* 72 (1988), pp. 245–59を参照のこと。

(52) Edgar, A Love Charm from Fayoum, *Bulletin de la Société Archéologique d'Alexandrie* 21 (1925), pp. 42–7; *SEG* 8. 574; Wortmann, pp. 58–75を参照。こちらの呪詛板の大きさは22×16㎝。約1㎝の間隔で並ぶ2個1セットの穴が2セット、一方は10行目と11行目の間に、もう一方が19行目に開けられている。穴は文字が刻み込まれる以前から開けられていたように見うけられる。エドガーはこれらの穴について、*PGM* IV, 330–31に規定されているような人形を2体、取り付けるためであったと推測している。カイロ考古学博物館には、発見地不明ではあるが、そうした2体の人形が収蔵されている(Edgar, p. 43)。こちらの呪文についてはまた、次の研究も参照:K. Preisendanz, Eine neue Zaubertafel aus Aegypten, *Gnomon* 2 (1926), pp. 191–2; A.D. Nock, Greek Magical Papyri, *JEA* 15 (1929), pp. 233–4.

(53) 記されているのは*katadesmos*という語だ。

(54) ギリシア神話の伝説的登場人物で、のちにアフロディテ女神とペルセフォネと結び付き、神格として扱われる。この性愛呪文における彼の役割はおそらく、そのアフロディテとのエロチックな関係に由来しているのであろう。ただし彼は、護符や呪文の中でそれほど目立つ存在ではない。

(55) 通常はジャッカルあるいは犬として表現されるエジプトの神。主に来世や冥界と結びつき、そのため時としてヘルメス神と同定されることもある。

(56) 犬の頭をしたアヌビス神は、しばしば冥界への鍵を持つと表現される。Wortmann, p. 70を参照。

(57) ハワラで発見された事例の並行箇所にも、この箇所のものと同じ神秘的文言が現れる。「パケプトートゥ・パケブラオートゥ」という神秘的文言はまた、*PGM* XII, 186行目にも登場する。こちらも、ここでの事例のもう一つの並行例だ。

(58) 「マルマル」という基本部分に、数多くの接尾辞の付いた神秘的文言《ウォケス・ミュスティカエ》は、とてもよく見られる表現だ。*PGM* XXXV, 2行および VII, 572行を参照。

(59) *ousia*というギリシア語が、ここでは呪文の標的と関連する何か、例えば髪の毛や衣服の糸などを表す言葉として用いられている。Jordan, "Agora", p. 251では、こうした「付属物*ousia*」が規定されていたり、あるいは実際に残存している他の事例について論じられている。

(60) ここに現れる二つの「イァオー」の語の上には、それぞれに横棒線が引かれている。おそらくこれらの語が、「聖なる名」と見なされていたことを示すのであろう。Shaked and Naveh, Amulet 1に記される、「囲まれている」名前ととてもよく似ている。こうすることで、その名が特別な力を持っていることが表現されていたのだ。C.H. Robert, *Manuscript, Society and Belief in Early Christian Egypt*, London, 1979, pp. 26以下("*Nomina Sacra*: Origins and Significance")を見よ。

(61) ここで表現されているのは個人的財産ではなく、女性そのもののことであり、また彼女からの性的好意のことである。

(62) この「呪縛呪文 *katadesmos*」という語により、呪文の文章と壺の上に書かれた形式の両方、すなわち戦略と求める結果の全てが表現されている。

(63) *PGM* XXXVI（各種目的のための呪文の集成）の 288–89 行を参照：「誰々が我を、彼女の生ある限りずっと、イシスがオシリスを愛したのと同様に愛するように」。イシス女神のオシリス神への伝説的愛は、ギリシア・ローマ世界におけるイシス信仰の伝説、および儀式の中核を形成していた。プルタルコス『エジプト神イシスとオシリスの伝説について』を参照のこと。

(64) H. Ritter and M. Plessner trans., *Picatrix. Das Ziel des Weisen von Pseudo-Magriti*, London, 1962, pp. 267 以下。『ピカトリクス』とは、魔術の指南書や占星術の教えが集録されている書で、中世の時代を通じてアラビア語で流通していた。遅い時代には、数多くのラテン語訳が作成されている。D. Pingree, *Picatrix: The Latin Version of the Ghayat al-Hakim*, London, 1986 を見よ。その内容の大元が、ギリシア・ローマ時代に遡ることは疑いない。

(65) 10 か月という期間はもしかすると、「試用期間」のようなものを表現しているのであろうか。あるいは、J. Winkler, The Constraints of Eros, in: *Magika*, p. 245, 注 108 で提案されているように、懐妊したら認められる婚姻のことかもしれない。

(66) Wortmann, no. 1 および no. 2 は、*PGM* IV で規定されている手引きから写し取られている事例だが、最初の行だけは呪術師《マゴス》による付け足しの文章だ。この呪文でもそれと同様に、求められていた式文としては、次の行の「我はそなたらを呼び出す・・・」から始まっていたところを、最初の行がその直前に挿入されたように思われる。

(67) ヘカテ女神の特徴的な形容辞である「ブリモ」と、「イァオ」との組み合わせだ。「ブリム～」との組み合わせを含む神秘的文言《ウォケス・ミュスティカエ》は、非常によく登場する。

(68) こうして各部位の呪縛が表明されているということは、テオンはもうすでに、例えば粘土の人形に爪を埋め込むなどの象徴的呪縛行為を、この呪文を用意する前に実行していたことを意味しているのかもしれない。

(69) こうした脅迫表現は、とりわけエジプト文化の強い影響下に作成された魔術パピルスの中ではさほど珍しくはない。*PGM* XXXIV では、こう脅されている：「太陽が、ぴたりと動きを止めるであろう。そして我が命じれば、月も落ちてくるであろう。また朝の訪れを遅らすことを我が望めば、夜が我がもとにとどまるであろう」。反対に *PGM* LVII では呪術師《マゴス》が、特定の命令が実行された場合、類似の脅迫を押しとどめると約束している：「彼のためにこれを実行せよ。我がそなたに書いたことを全て。そうすれば、東と西を元の通りとするであろう」。こうした脅迫表現を生み出すエジプトの

宗教的伝統の思想や慣習について、とりわけ、神々がどう行動するのかが、どれほど完全に日々の儀礼にかかっていると考えられていたのかについての議論は、Wortmann, pp. 92–3 を見よ。

(70) このオシリス神とセットになっている「**ノフリオートゥ**」という語は、「オソロンノフリス」と同種の語だ。オシリス神の名前としてよく現れ、「オシリス、美しきお方」を意味している。

(71) 一般に、死者は冥界で渇きに苦しむと考えられていた。水を運んで来るのは、特にオシリス神であった。この点は、こうした墓碑銘の表現とも共通している:「**オシリス様が、あなたに冷たい水をもたらしますように**」。

(72) ここに名前の挙げられている存在は、他に類例が見つかっていない。燃やされることが冥界での懲罰の一つであるというのは、古代世界に広くみられる考え方である。プラトンが『パイドン』(113–15) で語る「**燃え盛る炎の広がる広大な地帯**」との伝説から、のちのユダヤ・キリスト教的文書にまで及ぶ。ここでは、オシリスがもたらす癒しの水と対をなしている。

(73)「〜ランプス」という接尾辞は、神秘的文言《ウォケス・ミュスティカエ》の中によく登場する。

(74) おそらく、呪詛板の安置された墓地を指している。エジプトの墓地はたいてい、ジャッカルあるいは犬の頭で表現されるアヌビス神が支配すると考えられていた。

(75) この箇所は、神殿域内に立つ石碑や公の碑文を指している。時にそうした記念碑には、指示および神々の神秘名のリストが記されることがあった。例えば *PGM* VIII, 41–42 行では、こう述べられている:「**あなた様の本当の名は、あなた様のお生まれの地、ヘルモポリスなる聖域に立てられた聖なる石碑に刻まれております**」。

(76) 表現されているのは、神々の敵、特に大敵であるセトの血のことだ。一方でこの血は伝統的に、特に創造の瞬間におけるナイル川の洪水の水と同一視されていた(D. Wortmann, Kosmogonie und Nilflut, *Bonner Jahrbücher* 166 (1966), pp. 87–8 を見よ)。これら合同の諸力がここで呼び出されているのは、精霊たちが呪文を実行するのに非協力的にならないようにするためだ。「**イォータトゥ**」という名前の背後には、知恵と儀式の力を司るエジプトの偉大な神「トト」がいる。この箇所で「神殿」と訳しているのは、文面に *ōap* と記されている、ギリシア語ではない語だ。おそらく神殿あるいは聖域を表すエジプトのコプト語からの、ギリシア文字への翻字であろう。Wortmann, p. 97 を参照のこと。

(77) イシス女神を含む、様々なエジプトの神々を表すためによく使われる形容句だ。風を統制できるとすることで、大いなる自然の力を自由にできることを表現している。

(78) ギリシア語で「円形の、丸い」の意。

(79) ギリシア語で「火を喰うもの」の意。

(80) おそらく「タウリスで崇められているお方」あるいは「牡牛に関連する」といった、アルテミス女神の形容句に由来する語であろう。

(81) ヘルメス神の伝統的形容辞である「魂の導き手」と関連している。

(82) これも「言葉遊び」の例だ。ここまで挙げられた名前は、それぞれ順番にギリシア・アルファベットの文字で始まる。また最初と最後を除き、名前の始まりと終わりは同じ文字となっている。その多くには、ギリシアやエジプトの語や名前の要素が含まれていることが見て取れる。例えば「ゼーノビオーティズ」。ここには「ゼウス神」の名前の一形態と、「生命 *bios*」という語が結合している。また中には「**ピュロボリュプ *puroborup***」のように、「回文」となっているものもある。

(83) ここで時間的な範囲が設定されているというのは大変興味深い部分だ。日付けは11月21日〔訳注：エジプト暦のハトホル月は、ローマのユリウス暦（のちにグレゴリウス暦として微修正）の10月28日が月初となる。そこから25日後だから、11月21日〕。正確な年代（15年紀《インディクティオ》という語が用いられるようになるのは、ローマ皇帝ディオクレティアヌス治世の287年以降のことだ。この語は定期的な課税評価を意味しており、5年あるいは15年周期で数えられていた）は分からない。テオンの胸中にあったのは、結婚や恒久的な関係ではなく、10か月間の情事であったようだ。だがそれ以外にも10か月というのが、ローマ時代エジプトで確認されている「試用結婚」の制度を表現している可能性もある。S. Eitrem, *Papyri Osloenses*, vol. 2, Oslo, 1931, p. 33, 注1での議論を参照。通常この種の結婚に設定されていた期間は、どうやら10か月ではなく5か月であったようだ。

(84) 天にある7玉座の支配者の秘密の名が完全に網羅されている珍しい事例だ。他には、北アフリカ発見の呪詛板（*DT* 240, 2行以下；カルタゴで発見）や、シリアで発見された事例（*DT* 15, 51行以下および *DT* 16, 断片2、8行；シリアのアペカで発見）にも登場している。天の7つの玉座という考え方は、またユダヤの文書中にも現れる。*Ascension of Isaiah* 7:13以下を参照：「**7つの天それぞれの真ん中に玉座がある**」。

(85) おそらく、二柱のエジプトの神、クヌムとホルスの名前の組み合わせから形成。

(86) これと同様の文字の連なりが、*PGM* IV, 4行にも表れている（こちらは主としてコプト教的な呪文だ）。

(87) この時点で、テオンの関心がまずは性的なことであるのが明らかとなる。「**我が望み以外の何をも**」というのは、かなりの確率でテオンの性的夢想を指し示している。

(88) 第二蒼穹の箇所、30行以下。『セペル・ハ・ラジム *Sepher ha-Razim*』pp. 45–6.

(89) この指示は、物的証拠によっても確認される。実際に時おり、金属板の両面に文字が記されることがあり得た。

(90)『セペル』の手引きからは、ある名前が父方と母方のどちらの血統で特定されるのか

判別できない。しかし人を母方の血統で同定するという一般的な習慣については、ユダヤ教のラビの世界の中においてさえ、証拠が良く見いだされる。『バビロニア・タルムード』(「シャバト」66b) でラビのアバイェは、何度か繰り返される呪文には、その人物の母の名が含まれねばならないと述べている。

(91) 男性と女性を引き合わせるという目的のためにここに明記されている方法には、何らかの占星術的技術もが含まれていた。

(92) ここでの行為には、炎が燃え上がるのと同じように思いを寄せる女性の心もまた燃え上がるように、といった象徴的意味が含まれている。この場合の「実際の」火というのは、浴場の湯焚き釜 (*hypocaustum*) のものを指しているのに違いない。

(93) 英語訳を行ったマイケル・モーガンは、ラビの法 (この事例に当てはまるかどうかはどちらとも言えない) によれば、儀式的沐浴 (*mikvah*) を行う女性は、既婚あるいは結婚間近であると述べている。だとするとこの事例の式文が使えるのは、その配偶者や新郎、あるいは姦通者だけということになる。

(94) ゲニザ断片の no. 6, p. 1, 15 行 (Naveh and Shaked, pp. 230–1) では、性愛呪詛は新しい布の一片に記し、アシの中に納めて川辺に安置するようにと規定されている。

(95) もしこれがイスラムの神であるアッラーを指しているなら、この呪文の年代に関しては 7 世紀以降とする必要があるだろう。また類例の文章構造を参考にすると、テュファハの娘である GDB が、この呪文の依頼者ということになろう。

(96) ソドムとゴモラへの言及は、カルタゴで発見された断片的な呪詛板の中にも現れている〔訳注:ソドムとゴモラとは、『旧約聖書』の『創世記』の中で、神の怒りに触れて滅ぼされた町の名前。悪徳にふける人々とそこに下る神罰の象徴として名前が挙げられることも多い〕。そちらはライバル騎手と競走馬に向けられたもので、3 世紀半ば以降のものだ。その呪詛板と、*DT* 252 および 253 の事例には非常に共通点が多い。D.R. Jordan, New Defixiones from Carthage, in: J.H. Humphrey ed., *The Circus and a Byzantine Cemetry at Carthage*, vol. 1, Ann Arbor, Mich., 1988, pp. 118–20 における議論を参照のこと。

(97) 使われている前置詞は *eis* である〔訳注:*eis* は、英語では *into* などに相当する、「〜へと、〜に対して」といった意味を表すギリシア語の前置詞〕。

(98) 呪詛依頼者がここで訴えかけているのは、エジプトの伝統的宗教と結び付いた様々な動物の、それぞれ最も強力な部位に対してである。ワニはコム・オンボ市やファイユーム地方で崇められており、それらの地では数多くのワニのミイラが発掘されている。一方で雄羊は、オシリス神を含む多くのエジプトの神々と結び付けられていた。バステト神と同定された猫は広く崇められ、猫のミイラも数多く現存している。最後に、男根の神であるミンはコプトス市で崇められた。「男根」と訳した語のギリシア語は

prosthema だ。

(99) ここまでの箇所で使われている生き生きとしたギリシア語の動詞は、様々な種類の性的行為を表していて、その意味を正確に特定することはできない。*binein*（性交する）と *pugizein*（肛門性交する）という語は *PGM* IV, 350–51 行にも現れており、ここでの事例とはそれ以外にも類似点がある。この二つの動詞はまた SGD 155（＝Wortmann, no. 1, 21 行）にも登場しているが、その文面はおおむね *PGM* IV を基にしている。

(100) 呪文はこの部分で、話者／呪詛依頼者を、人間以上の存在が持つ権威と同定するというよく見られる手続きに従っている。この事例では、他に類例のない神や精霊の権威が、その秘密・神秘的な名前によって呼び出されている。

(101) この名前は *PGM* II, 167 行に描かれている精霊《ダイモン》の図像の脇に登場している。ただし、*PGM*（*GMP*, p. 18 を参照）に掲載されているテキストでは、「カンプスーレー」と読まれている点に注意が必要だ。ここでの事例の公刊者マーティンは、パピルス紙上ではほっきりと、最初の文字がラムダと読めると解説している。それゆえ、この語は「ランプスーレー」と読まれるべきだ。そしてこの語は、*PGM* ではよく現れる語だ（例えば *PGM* V, 62 行）。

(102) この語は、魔術パピルスに何度か登場している。以下を参照：*PGM* II, 34 行；V, 425 行；VII, 680 行。

(103) 同じ語が、*PGM* XXXVI, 170 行にも現れている。スカラベに体現される、エジプトの神ケプリのことを指している。

(104) この部分のギリシア語は *ōn* だ。今のところ意味は定かではない。もしかすると「卵 *ōon*」のことかもしれないが、あるいはもしかすると、「〜である」を意味するギリシア語動詞の現在分詞で、「我こそは・・（神秘的文言《ウォケス・ミュスティカエ》）たる・・」といった意味の可能性もある。

(105) 使われているギリシア語は *piltrokatadesmos* だ。この語はまた、*PGM* IV, 296 行以下で準備の仕方が詳述されている、長大な性愛呪文の中にも現れている。

(106) この箇所では、説明書きとして書かれていた表題を、書記が誤って写し取ってしまっている。こうした表題は、*PGM* ではよく見られる（例えば VII, 477 行）。

(107) *SuppMag*, p. 122 では、図像についてこう解説されている：「左には杖を持った神。その足元に蛇。蛇の右上にはワニ。右端には猫（？）。ワニの上に二つの姿があり、おそらく雄羊（そうは見えない）と女性。さらには魔術的な記号と文字、そしてよく分からないものが描かれている」。

(108) おそらく、モーセという名前の一形態であろう。

(109) 「ミトゥレウ・ミトゥラオ」。ミトラス神が表現されているが、どうやらその力を呼び起こそうとしているのではなく、その名前の音を利用しようとしているようだ。

（110）「**スーマルタママクサカルバ**」。引っくり返すと「アブラカクサ・マトラムース」。

（111）「**サトラペイン**」。ペルシア語で太守・総督を意味する「サトラップ」という語に由来。

（112）使われているギリシア語は *psychē*。

（113）Deissmann, An Epigraphic Memorial of the Septuagint, in: *Bible Studies*, Edinburgh, 1901, pp. 269–300 で注意が促されているのが、この呪文の表現と酷似する、1世紀のユダヤ文書『マナセの祈り』だ：「**全能なる主よ、我らが父祖たるアブラハム、イサク、ヤコブ、また彼らの正しき子孫たちの神よ、あらゆる美と共に天と地を創りしお方、命令の言葉で海を区切りしお方、深淵をふさぎ、その恐ろしく光栄ある名により封印されしお方、その力を前に、あらゆるものは震えおののく**」。この重要な文書に関しては、J.H. Charlesworth ed., *The Old Testament Pseudepigrapha*, vol. 2, New York, 1985, pp. 625–37 を参照。

（114）つまり、呪詛板が安置された墓に葬られている死者の魂のこと。

（115）原文1行目のこの部分まで、ギリシア語がラテン・アルファベットで記されている。この1行目、および原文4〜5行目〔訳注：「**ウルバナを母とするウルバヌスのもとへと向かえ**」の部分〕にも現れる、ラテン・アルファベットで書かれたギリシア語（実際は5行目だけだが、5行目の頭から始まり、徐々に文字は上方向へと向かって進み、4行目中程からの空白部分へと至る）の2か所は、のちに書き加えられた部分だ。公刊者のマスペロはこの混乱について、次のように説明している：「最初に文字を記した書記は、呼び出される土地の精霊の名を後で挿入できるようにと、1行目を空欄のまま残した。また同時に4行目にも、神の特別な名を入れるために空白部分を残した。それからその行の終わり近く、「**そして〜連れ来たれ**」の直前に、特別な名を書き入れるための空欄がどこまでなのかを明示すべく、縦棒を書き入れた。だがそこで、〔訳注：元となる文書を横目で見ていた〕書記の目は、次の「**そして**」の方に飛んでしまった。書記にはよくあるミスだ。その結果、精霊に下す命令の最初の部分、および呪詛の標的の名前を書き洩らしてしまったのだ。その時点で、おそらく呪詛店の呪術師《マゴス》の長、あるいはもしかすると依頼者のドミティアナ自身が脱漏に気付き、本来書かれるべきであった語句をラテン・アルファベットで書き加えた。その手は次の行の頭から書き始め、文字は上方向へと向かい、4行目の空白部分を埋めたのだった」（5行目の原文は、ラテン・アルファベットで *"cae apelthe pros ton Orbanon hon ethecen Urbana"* と読める）。

（116）同じ語が、*PGM* V, 135行にも現れる。「**アバオートゥ**」は「**＊サバオトゥ**」の異形だ。

（117）テキストの文面は「アブラアン」と読める。「アブラハム」という名前の綴り間違い

だ。この間違いを含む文面のいくつかの誤りから、この呪詛板を実際に書き記した人は、おそらくユダヤ人ではない、あるいはそうだったとしても、さほど学識ある人間でなかったことが示唆される。

(118) この箇所、および後段（原文の38行目）では、「ヤコウ *Iakou*」とある。「ヤコブ」の誤りだ。

(119) この箇所、および後段（原文の39行目）のどちらも、「イスラエル」ではなく「イスラマ」と書かれている。両方ともが同じであることから、この呪文書き写しの際に参照された参考書の中に、既にこの誤りが存在していた可能性を指摘しうる。

(120)『七十人訳聖書』で神の名は、しばしば「尊い *entimon*」(『申命記』28：58) や「畏るべき *phoberon*」(『詩篇』111：9) と表現される。「偉大にして畏るべき *megas kai phoberos*」とと組み合わされることもよくある（『申命記』10：17；『シラ書』43：29)。

(121) 使われているのは *sumbios* という語で、これは魔術パピルスで夫や妻を表す言葉として、普通に用いられる語だ。

(122)『イザヤ書』26：4にも同じ語句が現れている。

(123) 使われている *pantokratōr* という語は、『七十人訳聖書』で神に付けてよく用いられている。

(124) 明らかに『創世記』1：1、14：19、14：22を反映している。

(125) この箇所は、正しき者たちが不信心者から分け隔てられることを意味している。参照されているのは『シラ書』33：11以下（「主は、あふれるばかりの知識によって、人々に違いを作り・・・罪びとは信仰深い人と相対している」)。

(126) 本来は「杖で海を分けた」と、『出エジプト記』14：15–16での、紅海を渡るときのモーセの手にあった杖を指していたはずが、奇妙にもひっくり返り、ここではこのような意味不明の表現となってしまっている。

(127)『旧約聖書』では、神がこのように説明されている例はない。だがのちのユダヤ教文書では、馬とロバの不妊性の子孫として、ラバが言及される例がある。L. Ginzberg, *Legends of the Jews*, vol. 7, Philadelphia, 1946の当該項を参照。ラバが生殖能力を持たないことについては、古代の著述家たちによっても大いに議論されている。ラバのそうした驚くべき特徴は、呪文を作成する人々にとって魅力的と映ったのだ。Deissmann, pp. 285–6を参照。

(128)『創世記』1：4が参考とされている：「神は光と闇を分け」。

(129)『列王記上』19：11を反映している：「そのとき主が通り過ぎて行かれた。主の御前には非常に激しい風が起こり、山を裂き、岩を砕いた」。

(130)『詩篇』78：15と比較せよ：「荒れ野では岩を開き」。

(131)『箴言』8：29では、神についてこう語られている：「大地の基を定められたとき」。

(132) イスラエルの神の名は神殿の外で語られてはならず、そのゆえに巨大な力を持っているとの考え方は、古代のユダヤ教で広く信じられていた。

(133) イスラエルの神が持つ（様々な）名前は、魔術パピルス中には頻繁に現れている。この箇所で呪術師《マゴス》は精霊を働かせるため、神聖な名を発音するぞ、と最後の脅しをかけている。ヨセフス『ユダヤ戦記』第5巻438では、「神の恐ろしい名 *to phrikton onoma tou theou*」について語られている。

(134) 字が読み取れないこの箇所を、「同じ数字で *isarithmō*」と補ったのは Wünsch だ。文字の数的価値の合計を計算することで、その語で表される存在の神秘的重要性を決定するという、よく知られた習慣を指しているのであろう〔訳注：ギリシア・アルファベットは、例えば $\alpha=1$、$\beta=2$ と、それぞれに数字が割り当てられ、またそのままで数字としても用いられたので、各単語を構成する字母の数値を足せば、その語の数的価値が出ることになる〕。ただしここで問題となっているのは、単にその特別な力を知ることだけではなく、自分の目的のためにその力を呼び出すことだ。

(135)『旧約聖書』ではよく現れる主題だ。『詩篇』33：9を参照：「主が仰せになると、そのようになり、主が命じられると、そのように立つ」。

(136)『創世記』1：16以下が、ほぼそのまま引用されている。

(137)『創世記』1：17を参照。その箇所には「あらゆる人間」への言及はない。

(138) この箇所のギリシア語は *kainizonta pantas tous katoikountas*。例えば『詩篇』33：14（地に住むすべての人に目を留められる」）のような章句が反映されている。『知恵の書』7.27では、神の知恵《ソフィア》が「すべてを新たにし」と述べられている。

(139)『詩篇』33：8と比較せよ：「全地は主を畏れ、世界に住むものは皆、主におののく」。

(140) 前記のラバへの言及を思い起こさせるような、奇妙な表現だ。創造された秩序のあらゆる側面に神の統制力が及ぶことが、両方ともで確認されている。神は恐ろしいライオンの行動を変えることができるという考え方は、『イザヤ書』11：6–7にも表されている：「子牛は若獅子と共に育ち・・・獅子も牛もひとしく干し草を食らう」。

(141)『詩篇』97：10を参照：「主を愛する人は悪を憎む」。使われているギリシア語は「悪行を憎む *misoponēros*」で、『マカバイ記二』4：49や8：4に現れている。

(142)『箴言』1：7を参照：「主を畏れることは知恵の初め」。

第３章

（１）ギリシアの法や裁判に関しては、以下の研究を参照のこと：今でも有用な R.J. Bonner, *Lawyers and Litigants in Ancient Athens*, Chicago, 1927； D.M. MacDowell, *The Law in Classical Athens*, Ithaca, 1978； A.R.W. Harrison, *The Law of Athens*, Oxford, 1968–1971〔訳注：以下、Harrison, *The Law of Athens* と略記〕. ローマの法事情については、以下を見よ：A. Berger, *Encyclopedic Dictionary of Roman Law*, Philadelphia, 1953； J.A. Crook, *Law and Life of Rome, 90 b.c.-a.d. 212*, Ithaca, 1967； Alan Watson, *The Evolution of Law*, Baltimore, 1985 および *Roman Slave Law*, Baltimore, 1987.

（２）大まかに言えば、ギリシアでは被告は、訓練を積んだ弁論家に書いてもらった演説を記憶し、自ら読み上げていた。一方ローマでは、通常は弁論家兼法律家が、依頼者のために語っていた。

（３）J. Ober, *Mass and Elite in Democratic Athens*, Princeton, 1989〔訳注：以下、Ober, *Mass and Elite* と略記〕での個人・社会的側面の取り扱いは、最も満足すべきものだ。その側面にこそ、古典期アテネの訴訟・法廷における法的手続きの非常に広くて深い根源が潜んでいる。彼はまた呪詛板の証拠を俎上に上せている、非常に数少ないギリシア史研究者の一人だ（p. 149）。

（４）『セペル・ハ・ラジム』第二蒼穹、145–54 行。第二蒼穹にはまた、呪詛板に記せとの明言はないが、勝敗の定かでない訴訟での、勝訴を保証する呪文（21–5 行）も集録されている。

（５）Jeffery, p. 73.

（６）Faraone, "Context", 注 11 での議論を参照のこと。

（７）こうした考えが、Ziebarth（1899), p. 122 で表明されている。Wünsh を含む他の研究者たちは、この立場に反論している。P. Moraux, *Une défixion judiciaire au Museé d'Istanbul*, Brussels, 1960, pp. 42–4〔訳注：以下、Moraux, *Défixion* と略記〕では、全ての法的呪詛板は、復讐行為としてでなく予防的手段として依頼されたと説得的に論じられている。さらに最近の研究については、Faraone, "Context", p. 67 を見よ。

（８）ギリシア語の訴訟呪詛板では、様々な法律専門用語が用いられている。例えば判事（*dikastēs*）、告発者（*sunēgoros* および *katēgoros*）、証人（*martus*）、共同告発者（*antidikos* および *sundikos*）など。ギリシア語呪詛板に現れる、法的な専門用語をリストアップ

している E. Kagarow, *Griechische Fluchtafeln*, Leopoli, 1929, p. 54 を参照。一方ラテン語の呪詛板では、広く「敵対者 *inimicus*」という語が用いられている。

(9) こうした訴訟の中で生じる緊張状態の一部が、異なる社会階層間の反目に起因していたのは確かだ。Ober, *Mass and Elite*, p. 18 では、特に訴訟呪詛板については言及されていないものの、その活用が合理的および不可避と思えるような次のシナリオが組み立てられている：「上層市民の訴訟当事者は、法廷での一般市民の論敵に対し、機能的に有利な立場を占めていた。そしてアテネにおいて、富裕な人が享受する社会的特権に対しての、貧しい人々が感じる嫉妬や怒りの念は、全く取り除かれることがなかった」。呪詛板を嫉妬や怒りの表れであるとして語ることは、それほど行き過ぎではないだろう。

(10) Moraux, *Défixion*, pp. 5–10 で、そのように説明されている。ただし p. 7 では遅い時代の状況に関し、錯乱した混交状態と述べられているが、その点にまで同意する必要はない。

(11) ファラオネによれば、前 6 世紀から前 4 世紀、古い時代の呪詛板に多種多様な式文と語彙が現れていることから、多くの個人がそのまま自分の呪詛板を用意していた可能性がある。ただしプラトン（『国家』364C）は、料金を受け取ってサービスを提供している、各地を巡回する専門家について語っている。確かに呪詛板上に専門家の手が入っていることを示す明らかな証拠は、1 世紀から 6 世紀の、比較的遅い時代のものである。

(12) ジョーダンは近年、呪詛板の文字を刻んで準備したのが、呪術師《マゴス》であるよりもむしろ「勤務時間終了後の副業」にいそしむ職業的書記であった可能性を示す、アテネ発見の証拠を提示している。その証拠は次の 2 種類だ。まずはアゴラの井戸跡で見つかった大量の呪詛板で、この場所は職業的書記たちの働く、市の執務所が入っている列柱廊の近くであった。次いで当該時期の呪詛板数点で、「それら市の執務所近くの井戸の事例と、質的に似通った文字が記されており、大半には式文利用を示す証拠が認められる」。D.R. Jordan, New Evidence for the Activity of Scribes in Roman Athens, in : *Abstracts of the American Philological Association*-120*th* *Annual Meeting* (*Baltimore*), Atlanta, 1989, p. 55 を参照のこと。

(13) こうした物的証拠を最も徹底的に取り扱っている D.R. Jordan, New Archaeological Evidence for the Practice of Magic in Classical Athens, in : *Praktika tou XII diethnous synedriou klasikês archaioligias*, Athens, 1988, pp. 273–7 を参照。そこでは数多く、アテネで最近発見されたものの、まだ公表されていない遺物が紹介されている。また SGD, p. 157 での、こうした遺物についてのジョーダンの簡潔な解説も参照のこと。

(14) Preizendanz (1972), 9-10 欄では、特に政争呪詛というカテゴリーが設けられている。Faraone, "Context", p. 16-7 は、そうした区分を排除する方向に傾いている。だがこれら二つの立場には、実質的な違いがほとんどないと述べておく価値はあろう。というのもどちらもが、ギリシアでは政治的論争が訴訟・法廷で闘われたことには同意しているのだから。

(15) この時期の政治については、次の研究を見よ：W.R. Connor, *The New Politicians of Fifth-Century Athens*, Princeton, 1971； C. Mossé, *Athens in Decline： 404-86 B.C.*, London, 1973； Ober, *Mass and Elite*, 特に pp. 43-52.

(16) Ober, *Mass and Elite*, p. 149 では、アテネ社会におけるグループ分けを検討する箇所で、呪詛板について言及される（本書で no. 56 として取り扱う事例についてだ)。富裕な市民と貧しい市民は、常日頃からお互いに結びつきあっていた、という主張を強調する目的で、前 4 世紀の呪詛板が引用されている。そこには高位の政治家と並び、娼婦の名前もが挙がっている。おそらくそうした人々は皆、同じグループに属していたのであろう。

(17) Harrison, The Law of Athens, pp. 136-7 における、証人としての女性に関する議論を参照。ふつうは「(法廷での) 証人」と訳されるギリシア語の *sundikos* という語は、より広義に理解して「支援者」とも訳せることは想起しておく必要があろう。

(18) Faraone, An Accusation of Magic in Classical Athens (Ar. *Wasps* 946-48), *TAPA* 119 (1989)〔訳注：以下、Faraone, "Accusation of Magic" と略記〕, pp. 151-3 を参照.

(19) Cicero, *Brutus* 217. 前 46 年に著されている。この箇所でキケロは、記憶力の悪い弁論家について論じている。

(20) ガレノスの『あらゆる薬効について』と題された論考。当該箇所は、C.G. Kühn ed., *Opera omnia*, Hildesheim, 1965, XII, p. 251。

(21) Jacqueline de Romilly, *Magic and Rhetoric in Ancient Greece*, Cambridge, 1973 および G.E.R. Lloyd, Magic, *Reason and Experience： Studies in the Origins and Development of Greek Science*, Cambridge, 1979, 特に pp. 10-58 を参照のこと。

(22) この一節は、エウリピデスの失われた演劇『アルクメオン』の断片の中に登場する (*CAF*, no. 67)。Faraone, "Accusation of Magic", p. 152 を見よ。

(23) 以下の事例を参照：『第 1 演説』43 (リバニオスと激しく競っていたライバルが、リバニオスの成功を呪文使用のせいにする)；『第 1 演説』62 以下 (別のライバルがリバニオスを、呪文を利用して自分の妻を死に至らしめたと非難する)；『第 1 演説』98 (ライバルがある若者を買収し、呪詛板準備のために二人の少女 (本物？　作り物？) の頭部を切り落としたとリバニオスを非難させる)。カメレオンの話題は、『第 1 演説』

243–50に現れる。また以下での議論を参照：Campbell Bonner, Witchcraft in the Lecture Room Libanius, *TAPA* 58 (1932), pp. 34–44〔訳注：以下、Bonner, "Witchcraft" と略記〕; A.F. Norman, *Libanius' Autobiography*（*Oration 1*), New York, 1965; P. Brown, Sorcery, Demons and the Rise of Christianity: From Late Antiquity into the Middle Ages, in: *Religion and Society in the Age of Saint Augustine*, New York, 1972, pp. 127–8.

(24) Bonner, "Witchcraft", p. 34でそう述べられている。

(25) この表現は、Gilbert Murray, *Five Stages of Greek Religion*, Garden City, N.Y., 1925の、第4章のタイトルとして現れている。

(26) Brown, "Sorcery", p. 122.

(27) 同、p. 128.

史料の解説と翻訳

(1) これらの名前は全て、史料によく登場するアッティカ地方の人物の中に含まれている。*PA*の当該項を参照〔訳注：*PA*とはJ.Kirchnerにより編纂された『アッティカ地方の人物研究*Prosopographia Attica*』(Berlin, 1901/1903) の略号。文学史料・碑文などに現れる、16,000人弱のアッティカ・アテネ人の名前と概略が、アルファベット順に配列されて列挙されている〕。クレアゴロスに関しては、キルヒナーはただクレアゴラスのみを記載している。*PA* no. 8435–55を参照。

(2) 使われているギリシア語は*sunēgoros*。

(3) カッリクラテスは、前342年に三段櫂船長だった (*PA* 7953)

(4) エウディダクトスは、前352／351年、デルフォイのアスクレピオス神殿の神官であり、当時は著名な人物だった (*PA* 5414).

(5) オリュンピオドロス（ペイライエウス区所属）は、前323年に三段櫂船長だった (*PA* 11407).

(6) ヴィルヘルムは彼のことを、このグループの財政面を担う銀行家と呼んでいる。彼はアテネの同名の有名な銀行家の孫であった (*PA* 11673).

(7) カッレニコスは、前323年に三段櫂船長だった (*PA* 7769).

(8) ランプトライ区所属のキネアスは、前323年あるいはそれ以前に三段櫂船長だった (*PA* 8436).

(9) アポッロドロスは、前323年あるいはそれ以前に三段櫂船長だった (*PA* 1413).

(10) 前323年には、フィロクレスという名の三段櫂船長が二人いた (*PA* 14541および*PA* 14546).

(11) デモフィロスの息子デモフィロスは、前323年、海軍問題に関する決議に関与してい

た。彼はまた、哲学者アリストテレスを、瀆神の罪で告訴している（*PA* 3675).

(12) 使われているギリシア語は *sundikoi*。法的な訴えを共同で行う一団の、一員を意味する。

(13) デモクラテスは、前 323 年あるいはそれ以前に、三段櫂船の建造を監督する財務官（*tamias*）として知られる（*PA* 3525).

(14) ムネシマコスは、前 323 年に三段櫂船長だった（*PA* 10335)。他にもムネシマコスという名前が、アテネで発見の呪詛板に現れている（本章 no. 41 を見よ)。

(15) 「アナフリュストス区所属の」との、所属区表示かもしれない。

(16) 同じリュシマキデスが、前 4 世紀のアテネの碑文（*Sylloge Inscriptionum Graecorum*, 2[ed], no. 725）にも登場している。その碑文では、彼とその兄弟が顕彰されている。理由として挙がるのが、神々への献身、および特定の神への祭儀に捧げられた公的なグループ、あるいは組合である「オルゲオネス *orgeōnēs*」の業務への貢献だ。彼ら兄弟はその敬虔さのゆえに、金の冠と免税特権を授与されている。A. Koerte, Die Ausgrabungen am Westabhange der Akropolis, *AM* 21 (1896), pp. 298–302 を参照。また *PA* 9482 も参照のこと。

(17) 名前は明記されていないものの、ヘルメス神のことに違いない。ヘルメスはよく、ここで用いられている「呪縛者 *katochos*」という形容辞と共に現れている。

(18) 法廷での裁判に関わる多くの文書の中に登場する、*sunēgoros* というよく使われる語だ。

(19) 丸められた鉛板の外側面に記されたこの一節には、この「手紙」が宛てられた、宛先としての役割が担わされていた。

(20) 使われているギリシア語は *atimos*.「安価」の意だ。

(21) 公刊者は、こうしたタイプの小像の事例としては唯一と述べているが、それは誤りだ。呪詛された人物の名前が記されている他の小像については、Preisendanz (1933), pp. 163–4 を見よ。ポッツォーリ（イタリア）で発見された、それぞれに二度ずつ名前の記されている、全部で 8 体の粘土製の小像（*DT* 200–7）も参照のこと。

(22) Jordan, "New Archaeological Evidence" の中では、この事例の発見地点から数メートルと離れていない 2 基の墓で発見された、注目すべき遺物が紹介されている。発見品のうちには箱状の 3 枚の鉛板があり、大きな男性器を持つ鉛製の小像が、それぞれの中に収められていた。またうち 2 体は後ろ手に縛られていた。各箱および 2 体の小像には、男性の名前が刻まれてあった。3 番目の箱とそこに収められた小像には複数の名前が記されていたが、そのうちの一人、テオゾティデスに関してジョーダンは、有名なアテネの政治家と同一人物としている。その息子ニコストラトスは、ソクラテスの支持者であった（プラトン『ソクラテスの弁明』22 章)。

(23) ニコマコスは、前411年および403年に再度、ソロンの法の写しを校訂して書き上げるべく任命された、論議の的となった顕要な委員職（*anagrapheus*）を務めた人物かもしれない。両年ともで、ニコマコスは予定以上の時間をかけてしまった。弁論家のリュシアスは他の人たちと協力して、彼を弾劾しようとした。リュシアスによるニコマコス弾劾演説は現存している（『ニコマコス弾劾』）。またアリストファネスは『蛙』の中で（1,506行）、アテネの馬鹿者の一人としてニコマコスに言及している。ニコマコスという名前が、ほぼ同時代の別の呪詛板上にも登場している。Wilhelm, p. 122を参照。この名前はまた、ケラメイコスで発見された鉛製の小像の上にも現れている（本章no. 41）。

(24) 当該時期によく見られる名前だ。J. Trumpf, Fluchtafel und Rachpuppe, *AM* 73 (1958), p. 101を参照。この名はDTA 103にも登場する。失われてしまったリュシアスの弁論の中に、『ムネシマコス弾劾』があったという証拠がある。

(25) この名前の人物が、当番評議委員《プリュタネイス》（色々な公の行事を司るために選出されていた公職者団）を務めていた。年代は前4世紀の初めだ。*PA* 15482およびTrumph, p. 101を参照のこと。

(26) 前400年頃の碑文には、この名前を持つ人物が何人か登場するが、その全員が著名な公人だ。Trumpf, p. 101を参照。

(27) ここで使われる*xundikos*と*martus*というギリシア語は、どちらもアテネの司法手続きの中で、共同告発者と証人を表現するために用いられる専門用語である。

(28) 具体的に名前が挙げられた後に記される、呪詛文でよく見られる定式表現だ。こうすることで、名指ししなかったあらゆる人を含めることができる。

(29) Ziebarth (1899), no. 7（＝*DT* 61）の呪詛板は、どうやら同じ書き手により作製されたようだ。どちらでもまず9人の名前が挙げられ、名前および追加希望部分の最初の一行のみで文字が逆向きに進行し、最終2行では左から右へと進行する。こちらno. 7の追加希望部分の文面はこうだ：「男でも女でも、プランタネと共にいる者たち」。

(30) 前322年に60代で亡くなった、アテネの偉大な弁論家と同一人物であることには、どうやらほとんど疑いがない。

(31) 前324年頃に亡くなった、アテネの有名な政治家にして弁論家、リュクルゴスと同一人物であることはほぼ間違いない。

(32) かなり後世の作品である、誤ってプルタルコス作とされた『10人の弁論家の生涯』（848 C）において、デモステネスについての記述の中に、かつてこの弁論家を叱った人物としてエピクレスの名前が言及されている。

(33) デモステネスは『エウブリデス弾劾』（57.2）の中で、カリシオスという名前を挙げているが、おそらくそれはここに挙がる人物の父か叔父であろう。

(34) 遺体が内容を読めるのかどうかについては、見解が分かれていた。本書の no. 73 では、精霊、あるいはおそらく遺体が呪文を読むと想定されていたように思える。

(35) パシアナクスとは、どうやら遺体に与えられた名前のようだ。Wünsh はパシアナクスという名前について、冥界の支配者であるプルトの古い名前かもしれない、と指摘している。さらにこの名は、生きているときではなく、死体として墓に入った時に初めて、その人物のものになるとの説も提示している。この名は一度だけ、ゼウスの形容辞として使われている（LSJ のパシアナクスの項を参照）。

(36) 両呪文ともで、条件節に帰結節が続いていない。おそらく「我がために、ここにあることを実行せよ」などの文章が続くのであろう。

(37) ティマンドリダスの名は、明らかに後からの思い付きで付け加えられている。

(38) 冒頭でまず挙がり、この後に何度か引かれるテアゲネスという名前の人物が、明らかに呪詛依頼者の主要な敵対者である。

(39) 2 世紀のギリシアの風刺作家であるルキアノスが、『メニッポス』15 で、肉屋／料理人（*mageiros*）のピュッリアスに言及している。語り手は、骸骨のほか何もない冥界を見て回ると、もはや有名な人と普通の人を区別できないとしてこう述べる：「**料理人のピュリアスを、アガメムノンから見分けることができない**」。綴りは異なっているものの〔訳注：呪詛板の原文では、ピュッリオスと綴られている〕、明らかにその料理人としての名声ゆえに、ルキアノスに選び出された料理人のピュッリアスは、もしかしたらこの呪詛板の人物と同一人物なのかもしれない。

(40) アテナイオス（『食卓の賢人たち』377bc、200 年頃）によると、ポセイディッポス（前 289 年頃）という、ギリシアのアッティカ地方の喜劇作家が、自らの喜劇のなかで同じセウテスという名前に言及していたという。ポセイディッポスは自分の演劇に、奴隷を料理人として出演させたことで有名だった。

(41) アテナイオス（『食卓の賢人たち』379e）によると、ポセイディッポスと同時代の、また別の喜劇作家であるエウフロンが、その喜劇の中でランプリアスという名の肉屋／料理人に言及していたという。そのランプリアスは、初の「黒スープ（*zōmos melas*）」の調理者とされていた。『食卓の賢人たち』の語り手はさらに、ランプリアスおよび他の 6 人の料理人を、「ギリシアの七賢人」の次位に置こうとまで言っている。

(42) 別の言い方をすると、呪詛依頼者の「望み」は、呪詛板がたどったのと同じ運命を敵たちもまたたどることなのだ。

(43) 呪詛依頼者はここで、これから二段階の法的手続きが行われ得ることを予期している。すなわち、調停人（*diaitētēs*）の前での予備陳述、および法廷（*dikastērion*）での本格的裁判だ。

(44) P. Aupert and D.R. Jordan, Magical Inscriptions of Talc Tablets from Amatous,

AJA 85 (1981), p. 184での報告によると、この事例を含む呪詛板群が発見された場所は、かつて報告されていたクリオンではなく、実はアマトゥスであるという。古代のキプロス島は、「魔術的」活動の中心地としてつとに知られていた。大プリニウスが『博物誌』(30.11) で、マギ僧の様々な「学派」や伝統についてこう語っている:「さらに別の一派の魔術があって、モーセ、ヤンネス、ロパテス、そしてユダヤ人に由来し、これはゾロアスターから何千年も存続していた。またキプロスにも別の一派があり、これはずっと最近のものだ」。またキプロス島のユダヤ人は、魔術師《マゴス》として知られていた。ヨセフスが『ユダヤ古代誌』(20.142–44) の中で次のような話を伝えている。属州ユダヤの総督 (*procurator*) であったフェリクスは、ヘロデ大王の曾孫で、アグリッパ2世の妹であるドルシッラの愛情を得ようと望んだ。そこでキプロス生まれのユダヤ人で、自分を魔術師《マゴス》であると売り込んでいたアトモスの力を借りることにする。アトモスは呼び出されると、当時広く知られており、またアマトゥスでの発見品に実際に見ることのできる呪縛呪文をフェリクスに提供したのだった。この逸話と比較すべきが、『新約聖書』の『使徒言行録』13:4–12だ。キプロス島へと航行したパウロが、その地の会堂《シナゴーグ》で説教を行う。アマトゥス近くのパフォスに着いた彼は、そこでバルイエスまたはエリマという名の、一人の (あるいはもしかすると二人で、それを筆者が混同してしまったのかもしれない) ユダヤ人魔術師《マゴス》に出会う。エリマはローマの総督セルギウス・パウルスの友人であった。つまりエリマはかなり高位の人物であったのだ。そしてパウロは自らの優れた力でエリマと対決し、彼の目を一時的に見えなくさせてしまう。そして総督のセルギウス・パウルスは、その場でキリスト教信仰に入ったという。さてここで取り上げる呪詛板の年代をおおむね2世紀終わり頃と考えるなら、フェリクスとパウロの時代である1世紀半ばから、この呪詛板の年代である2世紀末あるいは3世紀初頭へと至る、キプロス島の「魔術」の歴史の中での非常に重要な二つの瞬間が確認できることになる。『使徒言行録』の物語については、A.D. Nock, Paul and the Magus, in: F.J. Foakes Jackson and K. Lake eds., *The Beginning of Christianity*, vol. 5, London, 1933, pp. 164–88を参照。またキプロス島のユダヤ人コミュニティに関する膨大な証拠については、T.B. Mitford, New Inscriptions from Early Christian Cyprus, *Byzantion* 20 (1950), pp. 110–16を見よ。

(45) Macdonald, p. 162でそのように報告されている。

(46) SGD, p. 193. その後の意見交換の中でジョーダンは、呪詛板群には明らかに、複数の書き手による仕事の跡が見られると述べている。

(47) ミットフォード編纂になる史料集のno. 127〔訳注:T.B. Mitford, *The Inscriptions of Kourion*, Philadelphia, 1971に集録された碑文no. 127–142は、それぞれ同じ順に*DT* 22–37にあたる〕は:ソテリアノス、別名リンバロス対アリストン (以下では、先に

挙がるのが被告側の名前）；no. 128：アリ・・・対アフロディシオス、およびネソトリオス；no. 129：カロケロス対ゾテ（女性）あるいはゾタス（男性）；no. 130：マティディアの息子アレクサンドロス、別名マケドニオス対キュプロス総督（*hēgemōn*）のテオドロス、およびマルキアの息子ティモン（おそらくティモンの訴えを、総督が支援したのだろう）；no. 131：アレクサンドロス、別名マケドニオス対テオドロス（おそらくno. 130と同一人物）；no. 132：アレクサンドロス、別名・・・（おそらくno. 130および131と同一人物）対銀行家のメトロドロス・アスボリオス、およびアレクサンドロス、別名ルスキニオス、およびティモン、およびフィロデモス、およびエウメネス、およびマカリオス、およびデモクラテス、およびマルコス、およびデモクラテス、およびドロテス、およびネオン；no. 133：アルテミドロス対アフロディシアノス；no. 134：エウテュケス対ソゾメノス；no. 135：カッリス対クラテロス；no. 136：セラピアス（女性）対マリオン（彼女の夫：27行目に*ton andra*と記されている）；no. 137：両陣営の名前が、暗号のような文字で書かれている（ミットフォードは、ラテン語草書体の一種に擬している；p. 272, 注1）；no. 138：ゾイロス対ソテリア（女性）、およびトリュフォン、およびデメトリオス、およびデメトリア（女性）；no. 139：ディデュモス対モルミュロス；no. 140：エイレネス、およびアリストン、およびティモン（no. 132と同一人物か？）対オナサス、およびデメトリオス（no. 138と同一人物か？）；no. 142：マリオン対エウアンティオス、およびデメトリオス（no. 138および140と同一人物か？）。

(48) Jordan and Aupert, p. 184.

(49) この一節は、霊たちが呪詛の標的を殺害するようにという意味ではない。そうではなく、霊はすでに死んでいる、つまり自らの感情（*thumos*）を取り去られているのだから、だから敵対者の感情（*thumos*）を取り去るようにとの意味だ。もともとこの呪詛文の最初の4行〔訳注：訳文中の、冒頭の呼びかけ部分に相当〕は、長短短格6脚韻の詩形で構成されていたが、この事例では韻律が壊れてしまっている。文面には数多く、ホメロス作品中の語や句が現れている。Drew-Bear, p. 89を参照のこと。

(50) 使われているギリシア語動詞は*paralambanein*。文中に全部で4回使われる。

(51) 敵対者を冷やすというのは、訴訟呪詛でよく見られる祈願である。Moraux, *Défixion judiciaire*, pp. 49–52を参照。

(52) ここから続くのは、真正で秘密の、神秘的な名前であり、この名で「偉大なる神々」に対しての呼びかけが行われる。これらの名前は、*PGM*や護符、あるいはギリシア・ローマ世界の別の地点で発見されている、他の呪詛板などに保存されたお馴染みの神秘的文言《ウォケス・ミュスティカエ》とは起源を同じくしていない。

(53) オドラン（*DT*, p. 42）は、これらの文字の背後には、ギリシア語の「ハヤブサ（*ierax*

/irex)」という語があるのではと推測している。

(54) 使われているギリシア語は *rēsichthōn*。ヘカテ女神およびディオニュソス神によく用いられる形容辞だ。ここではどうやら、「**ステルクセルクス**」を修飾しているようだ。

(55) オドラン（*DT*, p. 42）はこれら二つの語を、精霊が顔をその手に近づけ、歯をきしらせる姿を表現していると解釈している。ミットフォードは「プリッスゲウ」と読んでいるが、ここではオドランの「プリステウ」との読みを採用している。

(56) *PGM* VII, 396–404 行と比較のこと：「**沈黙させる（*phimōtikon*）ための、従わせるための、束縛するための、素晴らしき呪文。冷水パイプより鉛を取り、薄板を作製し、下記の如くに青銅の尖筆にて刻むがよい。そしてそれを、早世した人と共に置くがよい**」。*PGM* XLVI, 4 行でもまた、沈黙させる（*phimōtikon*）ための呪文が用意されている。

(57) 使われているギリシア語は *katathema*。ここでは明らかに、呪詛板そのものをさしている。

(58) 使われているのは *pragma* という語。おそらく、係争中の訴訟を指しているのであろう。

(59) 冥界と地上を行き来した、アドニスの物語への言及である。アドニスの名前自体は、すでに（原文 14 行目：「**大地のアドーネイア**」）現れている。またオシリス神との結びつきは、すぐ後ろに続く箇所からも明らかである。Harrauer, p. 61 では、アドニス信仰がキプロス島で盛んであり、またアドニスはキプロス島、特にアマトゥスでは、エジプトのオシリス神と同一視されていたと述べられている。

(60) オシリス神と聖牛アピスの要素が組み合わさった、セラピス神の古い時代の呼び名だ。

(61) 復讐と処罰を司る、ギリシアの伝統的な精霊。すでにホメロス作品（『イリアス』9.454；571 および『オデュッセイア』17.457）にも登場し、通常、冥界と結び付けられる。ただし魔術パピルスや呪詛板には、それほど頻繁には登場しない。*PGM* IV, 2399 行、2860 行；V, 191 行を参照。

(62) 使われているギリシア語は *parathēkē*。任務あるいは呪詛板を意味する語だが、ここでの意味はその両方かもしれない。

(63) 使われているギリシア語は *antidikos*。訴訟での相手を指し示すためによく使われる語だ。

(64) よく現れる回文「*アブラナタナルバ」の異形だ。

(65) 呪詛板の最下部は破損し、文面を再構成することはできない。

(66) ここで総督と訳した *hēgemōn* という語は、欠損箇所への補いだ。ローマ支配の下、ディオクレティアヌス帝の時代〔訳注：皇帝在位 284–305 年〕までのキプロスは、コンスル格総督《プロコンスル》（『使徒言行録』13：7 でのセルギウス・パウルスの称号は、ギリシア

語で *anthupatos*）によって統治されていた。だがミットフォードは、同地方の別の総督は、たとえばキリキア属州総督のように *hēgemōn* と呼ばれていたと述べている。

(67) 使われている *andrioi* という語は、一緒に発見された他の呪詛板には現れていない。ただし頭の *polu-* が抜け落ちていた可能性があり〔訳注：*andr(e)ioi* が「男性」を意味するのに対し、*poluandr(e)ioi* は「大勢の男性」という意味になる〕、その場合のこの句は、やはり複数人がまとめて葬られた集合墓を指していることになる（ジョーダンからの私信による）。

(68) ここで文面は、他の呪詛板には現れる 26 行ほどの記述（ミットフォード no. 127 の 5–31 行）をとばしてしまっている〔訳注：本書 no. 45 の「**一つの墓にまとめて埋葬された、暴力により殺害された、時ならず死した、葬儀の行われなかった精霊たちよ**」までの箇所〕。

(69) SGD でジョーダンは、従来の *astrōn*（星々の）に代わり、書記の転記ミスを想定して、*asteōn*（市域の）との読みを提案している。その場合の文意は、死者を市域外で葬る慣習を表すものとなる。

(70) もしかするとこの一節は火葬の慣習と、その後に空中を遺灰が漂うことを指しているのかもしれない。

(71) 文面は、ミットフォード no. 127, 31 行（*biothanatoi*）〔訳注：本書 no. 45、「**暴力により殺害された**」付近〕を反映しているが、ここで不明の一死者への、新たな訴えかけの一節が付け加えられている。

(72) 当事者がその母親の名前を伴って特定されるのは、同じ場所で発見された呪詛板の中でこの事例においてのみだ。だが他の事例でこの習慣はよく登場する。

(73) Bravo, Une tablette magique d'Olbia pontique, in : *Poikilia. Études offertes à Jean-Pierre Vernant*, pp. 192–4 での議論を参照。

(74) *Hōsper . . . houtōs*（～であるのと同じように）、この表現は、Faraone, "Context", pp. 4–10 で定義されているうちの、「説得のために用いられる類似関係」を使う呪文に分類される。

(75) ここでの、法的な文脈における *deinon* というギリシア語の用法については、デモステネス『パンダイネトス弾劾』(37.39) を見よ。ヘロドトス『歴史』3.14 および 5.41 では、*deina poiein*（恐ろしいことを為す）という表現は、不平を訴えることを意味している。

(76) 使われているのは *katechō* という動詞。

(77) 使われているギリシア語は *ariston dōron*。

(78) エウクレスとアリストファニスの二人が、告発弁護人の名前なのか、あるいは更なる告発者の名前なのかは判然としない。

(79) Calder, The Great Defixio from Selinus, *Philologus* 107 (1963), p. 172.

(80) 最初の方の部分（部分 A）は 8 つの節から構成されており、それぞれには呪詛の定式文と呪詛対象者の名前が記される。部分 A では名前は対格形で表されていて、呪縛を示す動詞の直接目的語であることが示されている。

(81) 部分 B では、名前は主格形で表されている。二つの部分間にあるその他の大きな相違点について、Calder, pp. 164, 169–71 で説明されている：例えば、部分 B に登場する 12 名のうち、9 名は部分 A にある名前の繰り返しだ。これに関し、カルダーの立てた仮説（ただし Masson, La grande imprécation de Sélinote (*SEG* XVI, 573), *BCH* 96 (1972), p. 378 では受け入れられていない）は次の通り：おそらく B 部分の筆者の息子である A 部分の筆者が、まず最初の、長い方の文面を書き上げた；A が書かれたときから B のときまでに、B で名前の省かれた人物たちは、もう脅威ではなくなっていた。このようにカルダーは A と B の相違点を示す一方で、マッソンは B を、単なる A の要約とする解釈に傾いている。カルダーは A 部分について、8 つの節に分けて理解することを提案している。節のそれぞれには「献呈を表す式文」があり、またそれぞれで 1 人から 4 人の人物が名指しされる（この 8 つの節の区切りは、おおむねカルダーの区分に従い、訳文の中ではそれぞれ句点〈。〉をつけて表示している）。式文には、「**神聖なる女神のもとに**」という単純な表現から、「**その生命および活力を、我は神聖なる女神のもとに記録／登録する・・・**」といった、しっかりした表現まである。この点でも B 部分は A 部分と違っていて、B には呪詛の式文は全く記されず、ただ人物名が現れるのみだ。

(82) カルダーは慎重に、次のように家族を区別している：（1）ピュケレイオス＝ハロスの父（？）；ハロス＝リュキノス（＝アペロスの父）の父、およびナウエルトス（＝アトスの父？；カルダーの考え通り、ナウエロトスとナウエリダスが同一人物であると仮定したときだけ、そう理解される）；（2）タミラス＝ロテュロスの父＝サリスおよびアペロスの父；（3）ハイアイオス（マッソンに従い、訳文ではカイリオスと表記している）＝ロミスの父＝サリスおよびピュッロスの父；（4）ナンネライオス＝ティテロスの父；（5）マテュライオス＝カドシスの父；（6）マゴン＝エコティスの父；（7）カイアイオス（カルダーはこの人物を、（3）のハイアイオスとは別人と考える；マッソンは両者ともをカイリオスと読んでいる）＝フォイニクスの父＝アペロスおよびティテロスの父。これらの関係全てが確実なわけではない。家族構成に関しての、いくぶん異なった解釈については Masson, p. 388 を参照のこと。

(83) マッソンによる名前・民族の分類は次の通り：（1）ギリシア人：確実なところでは、ピュッロス、ピュリノス、フォイニクス、プラキタス；可能性があるのが、ナウエロトス、ナウエリダス、ハロス、アトス；（2）セム系（カルタゴ人）：マゴン；（3）

シチリア系あるいはイタリア系あるいはエトルリア人：おそらく、アペロス、ティテロス；可能性があるのが、ロテュロス、カイリオス、ロミス、マテュライオス、ピュケレイオス；（4）東方系：タミラス、ナンネライオス；（5）不明：エコティス、カドシス、サリス。

(84) 使われているギリシア語は *psucha* で、*psuchē* という語のドリス方言形だ。カルダーの指摘の通り、「生命力の本質的部分」という考え方が含意されている。

(85) ここで使われているのは *dunamis* という語。他の呪詛板上でも、頻繁に *psuchē* と組み合わさって用いられている（例えば *DT* 234、16 行；237、9 行および 30–1 行)。おおむね近い意味を表す同義語として、この二語を扱って良いのかもしれない。あるいはむしろ、それぞれが人間の生命全体の内ならびに外の側面を包含する言葉と解すべきであろうか。

(86) 使われている動詞は *katagraphein* だ。呪文の中で、よく呪縛の動詞として用いられている。この事例では、*para*（「～の傍らで、～と共に」）の短縮形である *par* という前置詞を伴って現れている。ここでの意味は、他の事例での用法と同様、呪詛の標的が神聖なる女神の領域、あるいはその権威下へと移管されるということだ。

(87) ナウエロトスは、どうやら直前に「その兄弟」と記されている人物と同一人物らしい。おそらくカルダーの指摘の通り、文面の筆者は彼の名前を思い出し、その名前を明示せずに挙げた後になってここに書き加えたのであろう。

(88) カルダーはこの部分を *glosas*（複数の「舌」）と読み、続く *plakitan* という語を「（舌の）平らな表面」の意と解釈している。しかし *plakitan* は、ここでは個人の名前と理解した方が良さそうだ。Masson, pp. 382–4 でそう指摘されている。

(89) E. Gabrici, Il santuario della Malaphoros a Selinunte, *Monumenti Antichi* 32 (1927), の 388–90 欄, no. 13（＝SGD 108）は一部のみ保存されている事例であるが、それはこの事例とよく似ている。そちらの事例も円く、また同じ式文が使われているものの、登場している名前は異なっている。

(90) この名前は、「セリヌス出身の人」を意味する。Heurgon, *Kokalos* 18–19（1972–1973), pp. 70–2 ではこの名前が、それを名乗る彼がセリヌス市民ではあるものの、おそらく生来の市民ではなく、多分大人になってから不法に市民権を獲得したことの証拠であると考えられている。

(91) 使われている動詞は「書き込む *engraphein*」。他の呪詛板での使用例はない語だ。最も近いのが、同じくセリヌス発見の本書前項 no. 50「大呪詛板」で、類語の *katagraphein* が使用されている。

(92)「共同告発者（証人）たち *sundikoi*」は、ギリシアでの法廷において、原告側証人として重要な役割を果たしていた。そのゆえに、訴訟呪詛板上では頻繁に挙げられてい

る。だがこの事例での「共同告発者たち」は、さらに「外人 *xenoi*」とも呼ばれている。ギリシアの法慣習と関わる場面で、他でこうした表現が用いられている例はない。さてセリヌス市には、さまざまな民族的出自の住民が暮らしていた。そこで Heurgon, pp. 73–4 では、この呪詛板安置へと至る、次のような展開の流れが提案されている：まず呪詛依頼者の市民権の合法性に関する論争が持ち上がる；次いで証人が何人か召喚され、証言を行う；そして A 面に挙がる人物の中には非市民（*xenoi*）や、おそらくさらに範囲が広がり、このセリノンティオスという人物が含まれている。いずれにせよ眼前にあるのは、ウルゴン（Heurgon）が指摘しているように、アテネの事情とは対照的に、女性が法廷手続きにおいて合法的に証言を行う権利を持っていたことを示す状況だ。

(93) 使われているのは、*animalia* という語。

(94)「イァ」「アイ」「イァオ」「イァエ」および「イォ」といった「文言」の連続は、多くの文化にそれぞれ特徴的な、高次の存在への訴えかけの際に用いることば／文字／音遊びの典型的な例だ。こうした遊びは、少しずつ異なる変異語を限られたパターンの中で繰り返し、また一方でそうした変異語は、文字・音との結びつきや反響の上で構成されていた。その一例が、「イ」「ア」「オ」「エ」といった母音の、様々な順番での組み合わせだ。こうした表現形式は、呪術師の使う手引き書に定式文として集録されるまでに、長い発展の歴史をたどってきたに違いない。ただし職業的な呪術師も、時には各自そうした伝統形成に参加し、自ら変異語を付け加えることもあった。この事例で「イァオ」との文言が登場していることは、おそらくこの遊びへの参加の一例として見られるべきであり、エジプトおよびユダヤ的テーマの、意識的あるいは「高次」の組み合わせの一例と解釈されるべきではないのだろう。

(95) この文言については、様々な解釈が提示されている。もし「エウ」という二重母音部分の実際の発音が「エフ」であるなら、結果として、エジプトの女神ネフテュスが指し示されていることになる。この女神はセト／テュフォン神の妻だ（『エジプト神イシスとオシリスの伝説について』356A および 375B で、プルタルコスがそう述べている）。一方モロー（Moraux）が別の可能性を提案しており、それによるとこの語は、もともとはコプト語の「神 *noute*」に由来している。

(96)「イァスフェ」という文言の変異形で、おそらく聖書での祖であるヨセフと関係している。「イォセトゥ」および「イォセフ」の二つの文言が、ベト・シェアン出土呪詛板（本書第 4 章 no. 77）で隣り合わせで現れている。

(97) ギリシア語で書かれているが、この名前はローマ人の名前だ。アキリウス家という、よく知られた平民家系がローマにはあった。210 年の執政官として、マルクス・アキリウス・ファウスティヌスという人物のいたことが分かっている（*CIL* VI, 1984）。

(98) ある当事者が別の当事者を告訴するのを表現するために、*enkalein* というギリシア語動詞が用いられた。より具体的にはある当事者が、不正に失った財産を取り戻すことを求めるような場合に用いられていた。この事例には、裁判前の段階で必要とされた、事件と関係する品物への言及がいくつかある。そのうちの一つが「文書 *grammata*」で、上記のような裁判には付き物の特徴であった。原告側はそれを用い、債権や遺産、あるいは財産帰属の正当性を主張したのだ。ここで「奴隷」と訳している語は *somata*。奴隷所有者は奴隷を売却することも、賃貸することも、また贈与することもできたので、その所有権をめぐる法廷論争はいつものことだった。

(99) 敵対者を「冷ます」ことは、呪詛板や呪縛呪文での祈願としてよく現れる。対照的に、怒りはしばしば熱と結び付けられる。だから多くの呪詛板が、敵対者のその時点での熱く感情的な状態（*thumos*）を、その後に望まれる冷めた状態と対比させていることは驚くにはあたらない。

(100) この人物が、前 399 年、自分に対する訴えの結果として亡くなった、かの有名な哲学者である可能性はあるだろうか？ソクラテスは確かに、生前に大きな議論を巻き起こしていた人物だった。そして新たな神々を創出し、旧来の神々の存在を否定したとして、数多くの告発の対象となっていた（『エウテュプロン』3b)。また別の箇所でソクラテスの語るところでは、告発者たち（*katēgoroi*。訴訟呪詛板でも、よく使われる語だ）は彼のことを、こう非難していたという：「**ソクラテスは不正を行い、また無益なことに従事する。彼は地下ならびに天上の事象を探求し、悪事をまげて善事となし**（久保勉訳）」(『ソクラテスの弁明』3 章)。ソクラテスという名前は、別の呪詛板にも何度か現れている（例えば、DTA 7, 10, 97, 106a, 170)。当時、この名前は珍しくはなかった。

(101) Ziebarth, p. 1026 では、Wessley の説として「アリストゲイトン」との読みが紹介されている。

(102) おそらく、この呪詛板の後段（B 面冒頭）に出てくるデモフィロスの兄弟であろう。

(103) アテネの名家の一員で、その富で名高く、また馬の飼育に積極的であった人物。その家門に属する人の中には何人か、重要なレースで戦車競走の勝利を勝ち取った人物がいる。ここに登場するデモクラテスは自分の区《デーモス》のために、名誉ある「コレゴス」の地位（一年間、劇場公演での出し物の支援に責任を持った）を、前 326／325 年に務めていた。J. Davies, *Athenian Propertied Families, 600–300 B.C.*, Oxford, 1971〔訳注：以下、Davies, *Families* と略記〕, p. 360 を参照。

(104) おそらく有名な家系の一員。アルキアデスの父、エウテュマコスの家族は、弁論家デモステネスの演説の一節から知られている（『レオカレス弾劾』44.9)。そこで、おそらくオトリュネ区所属のエウテュマコスの息子、アルキアデスについて言及されて

いる。

(105) おそらくクセイニスの息子、スフェットス区所属のクセノクレスという、有名なアテネ人と同一人物であろう。この人物は、富裕な市民に開かれていたというよりは課されていた主な公職を、ほぼ全部務めていた（ギュムナシアルコス、三段櫂船長《トリエラルコス》、および秘儀監督役）。彼はリュクルゴスの友人でもあった。この人物の公職在位期間は、前346年から前306年にまで及んでいる。

(106) アテネ市に多く居住していた在留外人《メトイコイ》には、市民の庇護者を持つことが要求されていた。その多くがとても富裕で、様々な公務、ただし決して最高位ではないものを引き受けることができた。

(107) エウオニュモン区所属のストロンビコスは、前357年に三段櫂船長であった。この職務を務めるには、戦闘船（三段櫂船）を一年にわたって艤装するために、莫大な富が必要とされた。*PA* 13022およびDavies, *Families,* p. 163を参照のこと。

(108) すぐ前のストロンビコスの息子である可能性がかなり高い。Davies, *Families,* p. 163を参照。

(109) この人物は前4世紀の終わり頃、「パラシトス」（公費で仕える祭司）を務めていた。*PA* no. 10903およびDavies, *Families,* p. 409を参照。

(110) デモフィロスは、エレウシスで宗教関連の職を務めていた。そしてこれまで、アリストテレスを瀆神を理由に非難したと伝えられるデモフィロスと同一人物とされて来た。ディオゲネス・ラエルティオス『ギリシア哲学者列伝』5.5およびアテナイオス『食卓の賢人たち』696a–bを参照。だがこの時代には、同名の著名な人物がもう一人いる。Davies, *Families,* p. 498を参照のこと。

(111) 前4世紀に製作された碑文に、アスクレピオス祭司としてその名前が挙げられている。*PA* 10001を参照。

(112) ここから4行にわたり（原文16–19行）、女性の名前が現れ、それぞれに*laikast*という文字が続いている（ただし最初の16行目のみ、*laikastria*と全部の文字が視認できるが、残りでは1〜4文字が失われてしまっている）。この箇所はB面の二つ目の名前リスト欄を形成していて、呪詛板の底から上へと、そこまでの文面に対して直角に文字が進行している。ツィーバルト（Ziebarth, 1934）は、彼に読み取れた*laikas*という文字に関して、所属区である「ラキアダイ区*lakiadai*」の縮約形が誤って記されたと考えた。一方ロベール（Robert, *Froehner,* pp. 13–14）は、その読みにはいくつかの問題があることを指摘した。まず女性には通常、所属区表示が付けられないこと。次いで4回も続けて*lakias*と書くべきを、*laikas*と書き誤ったとは考えにくいことだ。そしてロベールは*laikas*に関し、「売春婦」と読む案を提示し、呪詛依頼者からこれら女性に対して投げつけられた、意図的な侮蔑表現であるとした。この考えと軌を一

にし、ロベールはまた最初のクレイニスの部分の末尾には、「～テラ（比較級の語尾）」と補っている。もしそうなら、名前の挙がる最初の女性は、「（他の女たちよりも）もっと売春婦の」と表現されていることになる。しかしジョーダンによると、文字ははっきりと *laikastria*（「売春婦」）と読み取ることができ、この語は単に、女性たちを職業で同定しようと使われたに過ぎないという。

(113) 前4世紀末の碑文の中に言及がある。*PA* 11449を参照。

(114) Jordan, TILT, p. 234ではこう解説されている：「この呪詛の背景は、政治的な問題である。つまり、マケドニアのアテネ支配に対しての、アテネ市民の不快感の結果がこの呪詛板だ」。そしてさらにジョーダンは、マケドニアに対しての激しい敵意は：「前307年、デメトリオス・ポリオルケテスとその父アンティゴノスの軍勢が、アテネをカッサンドロスから解放したとき、アテネ市民が彼らに贈ったおびただしい栄誉」からも窺われる、とも述べている。

(115) ジョーダンは、呪詛板の刻み手が、最初の名前の綴りを書き間違えたと推測している。そして刻み手の選んだ解決策は、鉛板をひっくり返し、もう一度最初から書き始めることだったのだ。

(116) プレイスタルコスは、カッサンドロスの弟である。カッサンドロスはマケドニア人支配者で、アレクサンドロス大王の友人であった。

(117) エウポレモスは、ギリシアでのカッサンドロス麾下の将軍であった。

(118) 前319年から316年にかけ、マケドニアおよびギリシアに支配を振るった、大きな力を持った人物。

(119) ファレロン出身の、逍遥《ペリパトス》派の著名な哲学者。カッサンドロスは彼を、アテネの知事に任命した。

(120) ジョーダンはこの語を所属区表示と解釈し、ペイライエウス区所属の人物の名が記されていたと考えている。するとここに、5人目の名前が挙げられていたことになる。

(121) テオポンポス（滑稽劇や喜劇などの作者）、アンティファネス（大半が戯画劇からなる多くの演劇作品の作者）ならびにエウブロス（滑稽劇や戯画劇など、100点ほどの作品の制作者）の断片を見よ。*CAF* II. 168：「・・・カッリストラトスなる男がいる。でかくてすてきな尻の持ち主だ〔訳注：『ギリシア喜劇全集』第八巻、岩波書店、2011年、335頁を参照〕」。

(122) ヴィルヘルムはひとまず、このフォキオンという人物を、前4世紀半ばアテネの有名な政治家・将軍と同一人物としている。またさらにこの呪詛を、「デーマルコス」および「財務官」の役職に関係する、一連の暦法ならびに行政改革にまつわる不穏な状況と結び付ける解釈を提案している。Wilhelm, pp. 117–8を参照。

(123) 前4世紀中頃以降のある碑文（*IG* 2.2, 1007）に、エルゴクラテスという名前の人物

が現れている。

(124) エウフェロスは、アフィドナ区所属のカッリストラトスの兄弟である。そのカッリストラトスはアテネの強力な政治家であったが、最終的には弾劾されて死罪となった。カッリストラトス自身も、他の2枚の呪詛板で標的となっている(Ziebarth [1934], no. 2; *DT* 63を参照)。一枚目には単純にこう記されている:「**我はカッリストラトスを呪縛する。またその仲間/弁護人たちを(*sunēgorous*)みな、我は呪縛する**」。断片のみ残される二枚目では、三人のアテネ人(名前の部分は失われている)および「**〔カッリスト〕ラトスの共犯者たちを(*sundikous*)**」と言及されている。二枚とも、ここで取り上げている呪詛板と同様に裁判が反映されており、おそらく訴訟と関わると理解されうるだろう。

(125) カッリストラトスのもう一人の兄弟。Wilhelm, p. 117を参照。

(126) Wilhelm, p. 117では、二点の碑文史料(*IG* 2.1.572および2.3.1208)に基づき、ニコメネス、エウテモン、およびアステュフィロスの三人が協力して一連の改革案を提出し、他派からの反発を招いたとされている。その二点の両方で、ニコメネスの名はエウテモンとアステュフィロスと一緒に登場している。

(127) *IG* 2.1.571および572によると、エウテモンは前任公職者たちの不祥事をうけ、行政改革を始動させた。その正確な年代は前368/367年だ。ヴィルヘルムはそこから、ここで取り上げている呪詛板は、*DT* 47–50および57と同様、この年の同じ状況下に由来すると主張している。するとヴィルヘルムの解釈によれば、この呪詛を行ったのは、カッリストラトスの指導の下に当該時期の支配勢力となっていたエウテモンとその仲間たちに、敵対している人々でなければならない。ヴィルヘルムの議論の通り、敵対者たちはおそらくその以前の不祥事のため、法的に処罰されていたのだろう。

(128) フィロナウテスという名前の人物が、アステュフィロスと一緒に、*DT* 57でも言及されている。この人物は、おそらくハライの町出身の同一人物であろう。

(129) ハライのメニュッロスは、前4世紀半ば以降のある碑文の中で名指しされている(*PA* 10062)。Wilhelm, pp. 114–5を参照。

(130) 使われている*kēdestēs*というギリシア語は、婚姻を通じた義理の息子、義父、あるいは別の姻戚関係を言い表すことのできる語だ。

第4章

（1）全ての奴隷が必ずしも無給であった訳ではない。実際、自分の自由を最終的に買い取るため、その稼ぎを用いた奴隷は何人もいた。Alison Burford, *Craftsmen in Greek and Roman Society*, Ithaca, 1972, pp. 45 および 51 を参照。M. Finley, *Economy and Society in Ancient Greece*, New York, 1981 では、市民の仕事である「政治」を除けば、その他の様々な労働に関して言うと、奴隷と自由民労働者との間にほとんど違いはなかったとの重要な指摘がなされている。奴隷と自由民労働者のどちらもが、あらゆる種類の仕事をしていた。ただし奴隷が多くを占める、例えば鉱山労働などの職業はいくつか存在した。

（2）特筆すべき例外が、C. Mossé, *The Ancient World at Work*, London, 1969 だ。これはフランス語の「クセジュ」シリーズの、J. Lloyd による英訳である。

（3）Burford, *Craftsmen*, pp. 12 および 25–6 での議論を参照。

（4）R.E. Wychery, The Market of Athens：Topograpyh and Monuments, *Greece and Rome* 3（1956), p. 2. アテネ市のアゴラについての彼の議論は、その後に出版された *The Stones of Athens*, Princeton, 1978, pp. 91–103 の中に、おおむね収められている。

（5）DTA 12。年代は不明だ。

（6）画家と小麦売り、そして書記の三種の職が、ある呪詛板上に一緒に現れている（SGD 48)。

（7）SGD 72 = Ziebarth（1934), no. 7。ギリシアで発見された事例だが、年代は不明だ。

（8）SGD 170。現在のロシア南部の、ギリシア人植民都市パンティカパイオンで発見された呪詛板に現れている。年代は不明だ。

（9）Faraone, “Context”, p. 11 で、そう説明されている。

（10）SGD 88。この呪詛板の文面の読みについては、多少の不確かさがある。Faraone, “Context”, p. 11 や他の研究者が「利益」と解している *kerdōn* という語が、Jeffery, p. 74 では人名として解釈されている。

（11）J.P.S.D. Balsdon, *Life and Leisure in Ancient Rome*, New York, 1969, pp. 152–4 での有益な議論を参照。

（12）J.V. Noble, *Techniques of Painted Attic Pottery*, New York, 1965, pp. 72–83 では、アッティカ陶器の製造に用いられた技術が見事に解説されているが、また同時に、上首尾には行かない可能性のあった、工程中の様々な事柄についても列挙されている。

(13) Noble, *Techniques*, pp. 72 および 102–13 で議論されており、Marjorie J. Milne による英語訳と解説が付される。この詩はサモス島滞在中の詩人ホメロスの作とされていて、その地でサモス焼き陶器を製造する陶工の求めに応じ、作詩されたと言われる。『ホメロス伝』という作品中に含まれて伝わるが、この作品はヘロドトス作と伝えられ、著作年代は一般的に前 500 年頃とされている。

(14) ここまで続く一連の名前は、陶工たちから恐れ・非難された、損壊をもたらす精霊《ダイモン》たちのリストだ。陶器に起こる災難の「擬人化」と考えるよりも、それぞれに固有の「特性」に応じた、実在の力に割り振られた名前として扱う方が、その意味をよく理解できるのではないだろうか。

(15) 呪詛板にも繰り返し登場する「〜の如くに〜」という定型表現だ。そしてこの表現は、間違いなくこの部分の文章が、呪詛板の定式文に由来することを表している。

(16) Burford, *Craftsmen*, p. 197（強調点は、本書での付け加え）。

史料の解説と翻訳

（1）「網職人」と訳した *diktuoplokos* という語は、漁労、狩猟あるいはその他の目的のための網の編み手を意味する。他の呪詛板にこの職業名が現れる事例はない。

（2）ここで使われている *stigmatias* という語は、とりわけ逃亡奴隷のような、入れ墨の入れられた人物を指すギリシア語だ。この語はまた、その財産が抵当に入った人物を表現するためにも使うことができた。ここでの単刀直入な使い方はやはり、キットスという人物が、その体に入れ墨の入った奴隷であることを示しているのであろう。

（3）父称と所属区表示のあるフィロメロスとエウゲイトンの二人は、市民である。そうするとこの呪文の中には、奴隷と市民が含まれていることになる。

（4）複数形の「プラクシディカイ」という語で表現されるのは、図像では通常その頭部のみで表現される、三柱の復讐の女神だ。『スーダ辞典』「プラクシディカイ」の項によると、彼女らはギリシア神話の伝説的な王オギュゲスの三人の娘で、名前はそれぞれアラルコメニア、テルクシノエア、およびアウリスであったという。「プラクシディケ」という単数形は、オルフェウス教の詩人により、ペルセフォネを指す語として使われている（*Argonautica*, 31 および *Hymn*, 29.5）。Jordan, SGD, p. 157 で報告されている呪詛板（アテネのケラメイコスで、一緒に 7 点発見されたうちの一点）は、「復讐の女神様方に *pros tas praxidikas*」との文言で文章が始まっていたという。

（5）使われている「左向きに *eparistera*」という語は、ここではおそらく、呪詛板の文字列が「逆向きに」進んでいくことを反映しているのだろう。

（6）ギリシア語の「良き知らせ *euangelia*」は、朗報と交換での捧げものを表現することもできる。Xenophon, *Hellenica*, 1.6.37 を参照。

（7）前4世紀のある碑文（*IG* 2.2. 773 A）には、このような記述がある：「**居酒屋経営者のトライッタ、つまりメリテ区居住で、同じくメリテ区居住のメネデモス**（彼女の夫？）**のもとから逃げた女性。禿頭の居酒屋**」。ここで取り上げている呪詛板が、これと同じ不幸なメネデモスによって用意・安置されたという可能性はあるだろうか？

（8）たとえば「禿オヤジの店」といった、店の通称と考えた方が良いのだろう。

（9）ここで木枠職人と訳した *kanabiourgos* という語を読み取ったのは Wünsch（DTA 87）だ。もし代わりに *kannabiourgos* と読めるとすれば、訳は「麻縄職人」などとなろうか。

(10) ヴィンシュはこの箇所の文字を意味ある語として読み取ることができず、意味不明の *asphragiai* と読んでいる。一方でファラオネがこの箇所に関し、*asphragistois*（未封印の）との読みを提案している。

(11) この呪詛板は、もともと墓に安置されていたとの想定は、まず間違いないだろう。

(12) 使われている *kranopoios* という語は、それほどよく見られる語ではない。この職業の本性が、アリストファネスの喜劇『平和』1210行以下にはっきり表れている。武具職人の集団が、自分たちの商売があがったりだと平和をひどくけなす場面だ。

(13) この名前は、主格形で、文章の冒頭に中央揃えで記されている。ディオクレスという名の人物が、どうやら呪詛の起草者・張本人であったものと思われる。もしそうだとするとこの事例は、呪詛者の名前が呪詛板上に挙げられている、稀な事例のうちの一つである。

(14) 二重丸括弧内の人名は、故意に綴りがばらばらにされて記されていることを意味している。そう書き誤られた名前の人物が「ばらばらになる」ようにとの企図が、象徴的に表現されているのだ。

(15) 使われているギリシア語は *ara*。祈願や呪詛を表すために使われる語だ。

(16) この呪詛板そのものを指しているのは間違いない。

(17) 呪詛依頼者が、敵対者たちを（集合的に？）表現するロウ人形を、別に作製依頼していた可能性がある。

(18) ギリシア語は *en mnēmasin*。この語で、公的な記念碑も、普通のお墓も表現されうる。ここではそのどちらの意味ととることも可能のようだ。前者の場合、その人物についてのあらゆる記憶を消し去ることが、呪詛の目的となる。一方後者の場合、その人物の死を望むこと、あるいは呪詛板自体が墓に安置されることが、この表現の主旨となる。

(19) ファラオネが指摘するように、ここでは不運にまつわる事が、二つセットで挙げられる。鉛とロウが、呪いの仲介をする。水と墓は、呪詛板（複数？）の安置場所。失職と不評が、社会的な不幸として訪れ、敗北と破滅は、軍事的な災難だ。

(20) ここの語も、*en mnēmasin* だ。

(21) 使われているのは *katadēnuein* という動詞。より一般的な *katadein* の姉妹語だ。この語は他にも、アテネで発見された、法的問題に関わる呪詛板の文中にも登場している (SGD 94)。

(22) 書き手が格変化に伴う語尾変化・綴りをかなりぞんざいに扱っているので、ロディオンとロドン（ロド〈ィ？〉オン）が異なる人物なのかどうか、決定することができない。

(23) この表現は、呪詛板には何らか、呪詛の標的をかたどる物的表象物が伴われていた可能性を暗示している。

(24) このフィロンという名の人物が、呪詛依頼主である可能性の最も高い候補だ。

(25) この箇所は、呪詛板の材料それ自体（鉛）が、望まれる次のような結果を象徴するために用いられている明らかな実例である：「**彼の舌を鉛のように、冷たく、重く、動くことのできないようにせよ**」。

(26) 訴訟呪詛板でも、自分を告発した者を法廷での無能力者とすべく、同様の表現が使われている。だがこの箇所について、必ずしも訴訟での状況を示していると考える必要はない。世間での噂、陰口、または店主同士の競合といった状況もまた、こうした表現で同じように言い表すことができよう。

(27)「全てが失われ、奪い去られ、破滅する」と訳した部分のギリシア語は、それぞれ「家なし *achōra*」「分け前なし *amoira*」「姿なし *aphanē*」である。

(28) ここで書き手は「我」と「アリスト」の二語を書いたが、思い直し、一つ下の行から再び書き始めることにした。

(29) 碑文に何度か登場する名前である。*PA* 902–10 を参照。

(30) 碑文に何度か登場する名前である。*PA* 12664–7 を参照。

(31) 使われているのは *ergastērion*。おそらく売春宿を意味している。

(32) 使われているギリシア語は *pallaka*。

(33) ホメロス『イリアス』8.13 およびヘシオドス『神統記』119 でも、同じ式文が使われている。

(34) B 面の冒頭まで、韻文で綴られた呪文本文が続く。

(35) ここの二つの名前は逆向きに書かれる。ビットスというのが呪詛依頼者の名前なのか、あるいは呪詛板が安置された墓の主の名前なのか、判然としない。どちらの名も、大きな文字で、異なる方から書き始められ、上下も反対だ。

(36) ペークはこのリティアスという人物を、前 342／341 年の碑文（*IG* 2.2. 1622）で言及される、船の建造者との同定を提起している。

(37) ニキアスという人物はここで、アレオパゴスと関係づけられている。アクロポリスの

北西、アテネ市の外縁にある「アレス神の丘」だ。アレオパゴスの評議員は、少なくとも4世紀までそこに召集されていた評議会に所属した。

(38) Young, p. 223でソシアスという人物は、奴隷あるいは在留外人《メトイコイ》と解釈されている。いずれにせよ彼は、アテネの北西150kmに位置するラミア市の出身者なので、アテネ市民ではない。

(39) 公刊者のヤングはこの「アレゴシ *Alēgosi*」という文字列を解釈することができなかった。おそらくこれは、個人名の綴りがばらばらにされたものであろう。

(40) アゲシオンという人物の役割はよく分からない。公刊者は、彼女こそが競争関係の原因と考えているが、これはおそらく少々考えすぎだろう。

(41) Peek, no. 2。

(42) 誰がこの呪文の文言を読むことになるのだろう？おそらく、この呪詛板が安置された墓の主である可能性が高い。本書no. 43の事例を見よ。

(43) 使われている *padiskē* というギリシア語は、たいていは若い女性を表すために使われるが、売春婦を指すために使われることもよくある。

(44) 使われているのは *technē* という語で、「技能」あるいは「職」を意味する。

(45) *Ergasia* の語意にはあらゆる商売が含まれるが、売春を表現することもしばしばだ。

(46) 使われているギリシア語は *anoētis*。

(47) 5枚とは、*DT* 70–71（＝DTA 70–71）および *DT* 72–73（＝Ziebarth［1899], p. 117)、そしてRobert, *Froehner*, pp. 15–6だ。*DT* 70：「オフェリオンに関わる事柄を、またオフェリオン（自身）を、またオリュンポスと呼ばれている居酒屋を、我は呪縛する。マランティオスに関わるあらゆる事柄を、またアガトンと呼ばれている居酒屋を、我は呪縛する。シュリスコスに関わる事柄を、シュリスコスに関わるあらゆる事柄を、我は呪縛する。ピスティアに関わる事柄を、マネスを、またピスティアに関わるあらゆる事柄を、我は呪縛する。これらの者どもに関わるあらゆる事柄、およびその商売を、我は呪縛する」。*DT* 71：「オフェリオン、オフェリメ、オリュンポス。オフェリオンの工房を、また〔オフェリオンの〕商売を、我は呪縛する。ヘカタイオス、マネス、フィメ、エイレネ、およびエイレネの商売を」。Robert, *Froehner*, pp. 14–5：「オフェリオンの居酒屋を、またオフェリオンの商売を、〔我は呪縛する〕。メランティオスの居酒屋を、また〔メランティオスの〕商売を。シュリスコスの居酒屋を、また〔シュリスコスの〕商売を。ピスティアの居酒屋を、また〔ピスティアの〕商売を。ヘカタイオスの居酒屋を、また〔ヘカタイオスの〕商売を。ゾピュリオンの居酒屋を、また〔ゾピュリオンの〕商売を。オリュンポス、オフェリオン、ゾピュリオン、ピスティア、マネス、ヘカタイオス、ヘラクレイデス」。

(48) Ziebarth（1934), no. 5, p. 1032にある前3世紀の事例から知られる、精巧な金属加

工品職人の名前だ。

(49) オドラン（*DT* p. 101）によれば、呪詛の標的が死んだ後の来世での希望を意味している。

(50) おそらく、シリアの大地母神であるアタルガティスを指している。Abt, pp. 148–9 を参照。

(51) 二枚は耕地で鋤により掘り起こされた。発見者はそれらに関し、二種類の、完全には同じでない写しを作成してアテネのフランス学院に送った。発見された呪詛板そのものはその後失われてしまった。

(52) デメテルに近づくべく、おそらく地元の女神の神殿において、おそらく密かに、呪詛依頼者が何らかの既定の儀式を執り行ったのは間違いない。どこで、いつ、そうした行為が行われたのかは示されていない。しかし呪詛板の用意・安置には、たとえ文中にはっきりとは述べられなくとも、実際の一連の行動が付随するのを想定しておく重要性を、こうした表現はしっかりと思い起こさせてくれている。

(53) エパフロディトス自身、奴隷であったのか否かは分からない。指摘しておきたいのが、エパフロディトスという名前はまた、「とある美男の輩」という形容詞として解しうることだ。いずれにせよこの呪詛板に表現されているのは、ある人物により、奴隷たちがその所有者／主人を捨てて逃げるよう計画されたという、大変に珍しい事例である。

(54) 使われているギリシア語は *sunapothelgesthai* という動詞だ（ただしこの箇所、文字ははっきり読めない）。これはホメロス（例えば『オデュッセイア』3.264）ですでに使われている、まじないや呪文を表すために使う *thelk-* という語を語根として持つ語だ。

(55) Homolle, Inscriptions d'Amorgos, *BCH* 25 (1901), pp. 412–56 では、議論なく、呪詛依頼者もまたその女奴隷を自分の愛人とし、享受したいと望んでいたのだ、と推測されている。そうして社会的・経済的不正の感覚に、さらに嫉妬が燃料をくべることとなったのだと。

(56) ここで予期されている懲罰は、エパフロディトスが呪詛依頼者にもたらした害悪に対しての、「目には目を」的なお返しだ。奴隷依存の社会において、奴隷を失うことは「痛恨の一撃」だったのだろう。

(57) 使われているギリシア語は、お馴染みの「カタデスモス *katadesmos*」。

(58) ここでもまた、エパフロディトスによりもたらされた害悪が、懲罰に反映されるよう意図されている。すなわち家の完全な崩壊だ。ここでの焦点となっている情景は、驚くほどに田園生活を彷彿とさせる：騒がしい家、食べ物と飲み物、野菜の栽培、そして収穫の取り入れだ。

(59) 依頼者とその妻は、従僕を失い、その耕地での労働を失って苦しんでいるのと同じほ

どに、その不運ゆえに世間であざけられた結果として、恥辱を味わい、評判を損なったことからも苦しんでいるのが明らかだ。

(60) ヴィンシュはこの丸括弧内の文字に関し、スペルが故意にばらばらにされた人名ではなかろうかと推測しているが、これ以外の名前についてはそう考えていない。

(61)「実りなきものとなるように」と訳した箇所の原文で使われるのが、「生を享受しないように *biou mē onainto*」という表現だ。『ギリシア詞華集』として知られる詩の選集には、シモニデス（前6あるいは5世紀）の次の詩作が含まれている（VII, no. 516)。強盗団により殺害された人物の墓のためにものされた詩だ:「ああ、ゼウスよ、客人の護り主よ。我を殺めし者どもに、同じ定めをこうむらせ給え！だが我を大地に安置せしお方は、良き生を享受しますように（*onainto biou*)」。この詩での肯定的な願いが、呪詛板では否定的なものとなっている。どうやら直接的な引用の可能性は低そうだ。おそらくこれは巷間によく知られた言い回しで、それがどちらの文面にも反映されたのだろう。

(62) また別に、次のように翻訳することもできようか:「(我を) 破滅させ、害した者たちに、悪しき事々が降りかかりますように」。

(63) DTA 65, 8行目に同様の一節がある:「彼らが愚かな者となるように *aphrones genointo*」。

(64) 使われているのは *pais* というギリシア語で、子供あるいは奴隷のどちらかが表現されているのであろう。

(65) 4世紀までにはテクラという名は、おそらくキリスト教徒女性を表す語となっていた。というのも同名の女性への崇敬は、東地中海世界でのもっとも広範なものの一つであったからだ。この箇所に現れる人名については、Youtie and Bonner, Two Curse Tablets from Beisan, *TAPA* 68 (1937), pp. 58–9 を参照。

(66) 使われているのは *katadesmeusate* という動詞。

(67) この箇所の「計算あるいは勘定を追及する *epizētēsōsin log[o]n ē psēphon*」という表現には、この呪文の背景に、パンカリアという女性の経営する商売に関わる経理監査の問題があることが示されている。つまりこの呪詛板は、依頼者への調査（そしてその後の訴追？）を、とにかく食い止めようと意図されているのだ。

(68) 大変に長大な「回文」である。*PGM* 集録の手引きのいくつか（例えば *PGM* I, 294行）にも現れている。*GMP*, p. 331 での議論を参照のこと。

(69) 真ん中の「レトール」の「ト」のところで回転する回文である。

(70) この部分も「イアエオーバ・・」から連なる回文だ。*PGM* III, 60行の、多少違いのある回文を参照。そちらでは、回文の最初・最後および転換点に、母音の連続がある。

(71) この記号が使用されていることは、キリスト教の影響を示しているのかもしれない

(*Papyri Osloenses* no. 5、11 行を参照)。ただし指摘しておかねばならないのが、これと同じ記号が、アレッポ市(シリア)で発見されたユダヤ教文書にも登場していることだ。Naveh and Shaked, Amulet, no. 4, 8 行を参照のこと。

(72) プライゼンダンツ(*PGM*, vol. 2, p. 241)は、魔術パピルスに現れている、ギリシア語の「名前 *onoma*」という語を表現する同様の記号を列挙している。

(73) ヴィンシュはこの直前の 2 語を、「冥界《ハデス》の石造りの屋根 *petraios krateros Haides*」という句が不正確に書かれたと見ている。

(74) ある時期からギリシアの伝統的な精霊《ダイモン》たちは、ユダヤの伝統のもとに「天使たち *angeloi*」と呼ばれるようになった。その他、この呪詛板に現れる「ユダヤ的影響」は、「**セミスィラム**」および「**ライラム**」という文言だ。ただしその影響はきっと直接的なものではなく、ユダヤの伝統が古代末期の精神文化にもたらした、貢献全体の一環としてであった。

(75) 大変よく似た神秘的文言《ウォケス・ミュスティカエ》の連なりが、北アフリカで発見の呪詛板上にも現れている(本章 no. 82 を見よ)。

(76) 原文で読みにくいこの箇所に再現されるギリシア語は、おそらく *ergastillarion* と読まれるべきであろう。この語は、ラテン語の *ergastularius* という語を反映している。そしてさらにこの語は、「作業所(仕置き部屋)*ergastulum*」を監督する人物を指して使われる。「作業所(仕置き部屋)」は、手に負えない奴隷のために用意されていた悪名高い施設で、その過酷な環境で知られていた。それが実際の仕事場であったにせよ、あるいは単に足かせをはめられた奴隷を収容する建物だったにせよ、ローマの著述家たちはこの施設のことを、人間の生における最低状態の代名詞として利用していた。農業に関する論文の著者コルメッラ(1 世紀)が次のように書いている:「**鎖につながれた者たち(奴隷)のために、地下の収容所(*ergastulum*)が用意されるべきである。そこへと、地面からは手の届かない高さにある多くの小さな窓から光が届けられる**」(1.6.3)。

(77) この部分は不明瞭だ。「無生命」を意味する *apsuchia* という語は、死を表す語として使うことができた。動詞は書かれていない。ヴィンシュは「こうむる」といった語でなく、「見る *idein*」と補うことを提案している。

(78) すると状況はこういうことになる。呪詛依頼者は、医師のアルテミドロスに助手として仕えていた。しかし兄弟のデメトリオスの死を機に、彼はいま故国への帰還を望んでいる。デメトリオスという兄弟の名前、およびギリシア語がその母語であるという事実から、故郷はローマ帝国東部のどこかにあることが分かる。しかしくだんの医師は、出発を許可するのを拒む。そうしてその助手は怒り、この呪文が用意されることとなったのだ。兄弟は両者ともおそらく奴隷であった。

(79) この箇所の文意は明確ではない。ギリシア語の原文は *mē easēte oun auton*。おそらくその意味は、出発の阻止を「(医師に) 許すなかれ」という意味であろう。この部分はグアルドゥッチの本文の読みに従っているが、その読みはジョーダンにも受け入れられている。

(80) 呪詛はイタリア自体に対して向けられている。やるせない思いを抱く依頼者が、意に反して留まらざるを得ないイタリアに対して。

(81) この箇所の文意も、完全には明らかでない。グアルドゥッチは「ローマの市門」という表現を、テヴェレ川の河口を指すと解釈している。またこの部分の動詞も、「泥でふさがれるようにせよ」という意味と考えている。つまりこの一節では、ローマ市の生命線、つまりテヴェレ川が無為となるように、との願いが表現されていることになる。一方でロベールが、この解釈に対する重大な反論を数多く提起している。ここでの翻訳は、ジョーダンによる文面の再構成に従っている。総じて、この呪詛はローマ市の市門に対して向けられている。なぜなら、呪詛依頼者が故郷に向かおうとそこを通り抜けることができないという状況を、市門が象徴しているからだ。

(82) 使われているラテン語は、それぞれ「肩甲骨を *scapulas*」および「肩を *humerum*」。

(83) このままでは解釈できない。オドラン (*DT* 135) では *meritas* との読み〔訳注：いずれにせよ、意味は不明である〕が紹介されている。

(84) ラテン語の *quaestus* という語は、通常商売上の事柄について用いられていた。この「商売上の利益」と訳した箇所では、この語、およびほぼ同じ意味の「儲け *lucrum*」とが、並置されて用いられている。

(85) 使われているのは *defigo* というラテン語の動詞だ。

(86) ロ・ポルトの主張する、ピュタゴラス学派とこの呪詛板上の医師たちとのつながりを、どう評価するのかについては注意が必要だ。まず、現れているのはありふれた名前だ。次いで、ピュタゴラス学派とつながりがあると判断された人物は、とても幅広い時代に属する人物たちである。この時代におけるピュタゴラス派と薬については、G. Sarton, *A History of Science*, vol. 1, Cambridge, 1960, pp. 214-6, 333-4 および P. Wuilleumier, *Tarente des origines à la conquête romaine*, Paris, 1939, pp. 608 以下を参照のこと。

(87) 使われているのは *ergastērion* というギリシア語。あらゆる種類の仕事場を表現するために使うことのできた語だ。

(88) 呪詛文が呪文の途中に、自らに言及する多くの事例中の一例だ。使われているギリシア語は *bolimos*。*molibos* の異形で、*molibos* という語自体は、より一般的な *molubdos* という語の韻文で使われるときの形である。すべて意味は鉛、あるいはこの箇所と同様、鉛の呪詛板そのものだ。

(89) Audollent, p. 120.

(90) Audollent, pp. 132 以下。ファラオネから送られて来た手紙では、「ファレルヌム浴場」というのは、もしかすると単に、浴場近くの居酒屋の名前の可能性がある、と指摘されていた〔訳注：「ファレルヌム産ワイン」は、ローマ時代の高級ワインの代名詞であった。すると「ファレルヌム浴場」は、そうした良いワインを「浴びるほど」飲んで「洗われる」酒場、という意味の命名である可能性があるとの推測であろう〕。

(91) 書かれてあるラテン語は *falernas* と読める。おそらく「ファレルヌム浴場 *falernas balineas*」という意味であろう。

(92) この箇所は *falernarum* とのラテン語が記されるが、*balineu* という語が併記されている。おそらく「ファレルヌム浴場 *falernum balineum*」と読まれるべきであろう。

(93) 使われているラテン語は、受動態不定詞の *lavarii* だ。ゆえにおそらく「洗われる」の意。

(94)「結び付け」のラテン語は *nodiate*、つまり「結び目を作って結べ！ *nodate*」。

(95) この箇所では *falernesi balineu* と書かれている。

第5章

（1）この定義は、若干の修正はあるものの、基本的にはSGD, p. 151でデイヴィッド・ジョーダンにより提案されている定義だ。

（2）H. Versnel, "Beyond Cursing", in: *Magika*, pp. 60以下。フェルスネルはこの正義を求める嘆願が、ほぼ完全に他の呪詛板から分けられると強く主張している。ただし彼は、両者の間には境界ゾーンがあり、正義を求める嘆願の中には、どうしても他の呪詛板から区分することの難しい事例（フェルスネルは、そうしたタイプの18例ほどを数え上げている）があることを認めていないわけではない。この境界ゾーン上の事例にせよ、「純正の」正義を求める嘆願（フェルスネルはこの分類の中に、イギリスで発見された事例を除き、20例ほどを位置づけようとしている）にせよ、フェルスネルによれば、どちらにも次の独特の特徴が確認されるのだという：（1）書き手／依頼者の名前が表示される。ただしこの特徴は、性愛呪詛の多くにもまた見られる；（2）自身の行為を弁護する議論が展開される；（3）自身の行為が免罪されるようにとの願いが表現される；（4）通常の冥界の神々以外の神々が登場する。ただし「標準的な」呪詛板でも、幅広く色々な神格や精霊への言及がなされている；（5）強制力を通じてではなく、懇願の表現によって、神々に訴えかけられる。ただし呪詛板上の訴えは、必ずしもいつも強制力によるのでは全くない；（6）たとえば「罰する／復讐する *ekdikō*」のような、処罰や正当性の立証に関わる語が現れる。またもう一つ、正義と復讐を求める嘆願には、神秘的文言《ウォケス・ミュスティカエ》の使用が特徴的でないことを付け加えておくべきであろう。

（3）Versnel, "Beyond Cursing", pp. 196以下、およびTomlin, pp. 70–2（「擬似法的な言葉遣い」）での詳細な議論を参照のこと。後者では、バースで発見された事例中に使用される法律用語が、全て網羅されている。トムリンはさらに（P. 71）、バースでの嘆願者たちは、盗難事件において決められている手続きに、法規定に定められる通りに従っていると述べている。

（4）Tomlin, p. 70.

（5）研究文献の紹介を含む詳しい議論については、次の研究を参照：Versnel, "Beyond Cursing", pp. 72–4; Tomlin, pp. 103–5; E.N. Lane, *CMRDM*, vol. 3, Leiden, 1976, pp. 17–38.

（6）トルコの中部で発見された、164/5年の日付けがある碑文＝Lane, *CMDRM*, vol. 1,

1971, no. 69〔訳注：＝G. Petzl, *Die Beichtinschriften Westkleinasiens*, Bonn, 1994, pp. 3–5, no. 3〕.

（7）トルコ東部の *Kula* で発見された、年代不明の碑文＝Lane, *CMRDM*, vol. 1, no. 58〔訳注：＝Petzl, *Beichtinschriften*, 1994, pp. 76–8, no. 60〕.

（8）Versnel,, "Beyond Cursing", p. 81.

（9）おそらくもっともよく知られるのが、早い時期のローマ皇帝（通常、クラウディウス帝〔訳注：在位 41–54 年〕とされる）による、いわゆる「ナザレ勅法」だろう。墓地や墓を荒らして捕まった人を、極刑に処すと宣言されている。*SEG* 8. 13 を参照。

（10）J.H.M. Strubbe, Cursed be he that moves my bones, in：*Magika*, pp. 33–59 を参照のこと。この論文では、本書で提示するラティモアの著作からの選り抜きと同様、小アジアでにおける墓の防御という問題に一番の強調点が置かれている。

（11）R. Lattimore, *Themes in Greek and Latin Epitaphs*, Urbana, Ill., 1962, p. 122, 注 237 を見よ。ラティモアはこう述べる：「ギリシア語およびラテン語の墓の呪いは、生者が生者に呪いをかける呪詛板と比べ、とりたてて特殊な部分があるわけではない」。

（12）このラティモアの書は、出版されたのは 1962 年だが、その素材への検討はすでに、博士論文（University of Illinois, 1934）の中で行われている。ラティモアはこうした呪いの事例を数多く挙げ、また注でさらに多くを列挙している。

（13）Lattimore, *Epitaphs*, p. 106（ギリシアのシュロス島)。使われているのは「誓わせる *enorkizomai*」という動詞。呪詛板でも頻繁に使われる動詞だ。

（14）同書、p. 109（ロドス島で発見。前 7 世紀)。

（15）同書、p. 110（小アジア南部、リュキア地方のピナラで発見)。

（16）同書、p. 110（小アジア南部、キリキア地方で発見)。使われているのは「誓わせる *enorkizō*」という動詞。

（17）同書、p. 110–1（小アジア南部、キリキア地方で発見)。精霊は、そこでは「冥界の精霊たち *katachthonious daimonas*」と呼ばれている。

（18）同書、p. 112（小アジア南部、キリキア地方のイコニウムで発見)。

（19）同書、p. 112（小アジア、ペルガモンから東に約 250km のアエザニで発見)。

（20）同書、p. 115–6（小アジア中部、フリュギア地方のヒエラポリスで発見)。

史料の解説と翻訳

（1）冒頭の「エウリュプトレモス」と「クセノフォン」という二つの名は、続く文章からは離されて記されている。それゆえ、呪詛板の「見出し」あるいは「タイトル」（ジョーダンはそう考えている）ととらえるべきであろう。

（2）「書き手」という語の基になっている動詞は、*katagraphein* だ（DTA 160、およびエ

ウボイア島のカリュストスで発見された、SGD 64の小像を参照)。ある人物の名前を、新たな見出しの下に記録するという行為により、何かあるいは誰かを移転する、との意味を持つ。今回の場合は、訴えかけられた神々それぞれの見出しの下に、ということになる。だがここでは、この動詞のもっと字義通りの意味を使う言葉遊びが行われているのかもしれない。つまり「刻む」、すなわちこの呪詛板自体に文字を刻む、という意味だ。

(3) 使われているのは *kakos* というギリシア語。ここでは「邪悪な」ではなく、「害を与える力のある」との意味。

(4) この箇所で使われる *katatithenai* という動詞は、しばしば商売の問題に関連し、「委託する」あるいは「譲渡する」といった意味を表す。

(5) エジプトのアレクサンドリアで発見された呪詛板、*DT* 38 (3世紀) の文中には、ヘカテがプルト、ペルセフォネ、ヘルメスその他と一緒に現れている。このように神・女神がずらりと列挙されることはあまりない。

(6) 使われているギリシア語は *theetophagos*。

(7)〔訳注：原著者に確認のうえ、注7を削除した〕

(8) ここでは *katena* というギリシア語が使われている。ラテン語の「鎖 *catena*」からの借用語で、ここではおそらく、鎖状のネックレスを指すのであろう。

(9) この箇所のギリシア語は *sunerga*。道具その他の器具を言い表す語だ。

(10) 使われているのは *leuka chōmata*。

(11) ここでヘカテに付けられている様々な形容辞のうちの三つは伝統的なものだ。たとえば喜劇作家カリクリデスの断片(*CAF* III, 断片1)でも、このように表現されている：**「女主人ヘカテ様、四辻の、三相の、三つの顔を持つ・・・」**。「三つの顔を持つ *triprosōpos*」との語は、*PGM* IV, 2119行および2880行にも現れる一方で、形容辞のうちの次の二つは、全く伝統的なものではない。一つが「一つの顔あるいは性格を持つ *monoprosōpos*」。もう一つが、「天の *ouranios*」である。

(12) この冒頭の神秘的文言には、一見ギリシア語に見える要素が含まれている。例えば「トン・タラッセモン」と書かれてあったのなら、「海で印づけられる」と翻訳可能だ。他の語も、もしかしたら書記の書き写し間違いの可能性がある。

(13)「パナイティオン」は個人名として解釈できる（史料中によく現われる）が、また精霊の形容辞（「あらゆる事々の原因」の意）と解することも可能だ。

(14) ここで呪縛を表現するために使われている語は、それぞれ *katagraphein* と *anathematizein* だ。前者はギリシア語の呪詛板に頻繁に現れる語だが、後者の出現はユダヤ・キリスト教文書に限られている。『申命記』13：15で *anathematizein* という語は、外国の儀礼を導入しようとする人々に対し、イスラエル人が行う誓いを表現している。

またパウロは手紙の中で、名詞形の *anathema* という語を何度も、呪いを表す決まり文句として用いている（『コリントの信徒への手紙一』12：3；16：22；『ガラテアの信徒への手紙』1：8；『ローマの信徒への手紙』9：3）。どの場合でもこの語が表現するのは、標的を死へと委ねる強力な誓いだ。

(15) アルタイアは神話伝承の中で、メレアグロスの母、オエネウスの妻とされている。パウサニアスは、ポリュグロトスの有名な絵画について語る箇所で、次の話を伝えている：「**メレアゲルの死に関してホメロスが語るところによると、〈怒り〉がアルタイアの呪詛を聞き入れ、そしてこれがメレアグロスの死の原因となったのだという**」（『ギリシア案内記』10.31.3）。こうしてアルタイアは呪詛を成功させたとされることから、のちに彼女は、強力な「呪詛者」の助けを得たいと望む人たちにとっての、恰好の選択肢となったのだ。

(16) よく見られるエジプト的モチーフだ。文学中にも現れるが、図像としても現れ、そこでは一匹のヘビが輪の形になり、自分の尾を飲み込んでいる。魔術パピルスや宝石の護符上にも頻繁に登場する。関連する文献については、GMP, p. 337「ウーロボロス *Ouroboros*」の項を参照のこと。

(17) この箇所のギリシア語は *logois hekatikois horismasi abraikois*。この *abraikos*（つまり「ヘブライの *hebraikos*」）という語の登場は、呪文発展の歴史にユダヤの影響が何らか及んだ証拠として、前の箇所の *anathematizein* という語の使用をとらえるという見方を確認してくれている。

(18) おそらく「熱病」を指すに違いない。呪詛板でよく願われる「願望」だ。

(19) B面の文字は、A面よりさらに断片的にしか残されていない。またB面には、ユダヤ起源の要素も欠けている。残された文面の文言から、ヴィンシュはヘカテに付けられた一連の長々とした形容辞について、間違いなくギリシアのヘカテ賛歌に由来すると結論付けている。

(20)「四辻」の守護者としてのヘカテ女神の能力を表現する、よく見られる形容辞だ。ただしこの箇所の文字が明瞭でないことは、述べておかねばなるまい。ヘカテ女神に関する全般については、Sarah Johnston, *Hekate Soteira : A Study of Hekate's Roles in the Chaldean Oracles and Related Literature,* Atlanta, 1990 を参照のこと。

(21)「処罰」「苦痛」「復讐」と訳した箇所のギリシア語は、それぞれ *kolaseis*、*poinē*、そして *timōria* だ。Versnel, "Beyond Cursing", in : *Magika,* p. 65, 注 26 では、*kolaseis* との語について、特に死後の懲罰を指しており、ゆえにここでは「地獄」という意味を持つとの解釈が示されている。

(22) おそらくこれは、この呪詛文の見出し・表題であろう。つまり「これが（その）呪いである」。

(23) この碑文、および同じ内容を持つもう一つの碑文が、*IG* XII, fasc. 9, 955と1179だ(Robert, Malédictions funéraires grecques, AIBL, *Computes Rendus* (1978), p. 245, 注30では、誤って1170と書かれている)。

(24) Robert, pp. 246-53で、アンフィクレスがヘロデス・アッティクスの弟子に違いないとの議論が展開されている。フィロストラトス『ソフィスト列伝』2.8および10〔訳注:ピロストラトス、エウナピオス(戸塚七郎、金子佳司訳)『哲学者・ソフィスト列伝』京都大学学術出版会、2001年、154頁を参照〕では、カルキス出身のアンフィクレスという人物が、ヘロデスの愛顧を受けたことが記されている。ただしヘロデス・アッティクスと、この事例の文章作成者とのつながりを証する主な証拠は、それぞれの公共建築物に記されている文面が「非常に類似している」という点に存することに注意する必要がある。そしてヘロデスの建築物に書かれた文章を詳しく読むと、そうした類似関係を読み取ることができないのだ。確かに似ている部分があるが、それは決まり文句的な表現だ。おそらく当地で購入して入手できた呪詛の定式文集を含む、様々な情報源から手に入れられたのだろう。

(25) ロベールは次のような修正を指摘している:並行事例にみられる「神々および半神たちに」との冒頭の訴えかけが削除され、単数の「神」という語に置き換えられた;この碑文を異教的なものとする際の証拠と考えられることのある、「エリニュス(復讐の女神たち)」「恵み *Charis*」「健康 *Hygieia*」への言及は、特に異教的意味合いを持たない、単なる倫理的価値の擬人化として退けられる;「褒め称える *eulogein*」という語の使用は、『旧約聖書』の『申命記』で同根語(*eulog-*)が何度も使われていることを想起させる;「〜の上に呪いがあるように *epikataratos*」という語は、確かに純粋な異教文書にも現れているが、ここでは『申命記』28:18-19に由来する表現である。

(26) これらの不幸は、『七十人訳聖書《セプトゥアギンタ》』の『申命記』28:22および28からの逐語引用だ。

(27) 使われているギリシア語は *episkopos*。

(28) 末尾の祝福は、この種の呪詛板にはあまり見られない。モーセがイスラエル人に十戒を伝えた時に付随した、呪いと祝福を強く想起させる。『申命記』11:26を見よ。

(29) ほぼ同じ文面の大理石の石板がもう一枚、同じ場所から、おそらく同時に発見されている。

(30) デロス島で発見された別の碑文(Russel and Launey, *Inscriptions de Délos*, Paris, 1937, no. 2531)がある。「神聖なる女神」に対して訴えかけられることから、ユダヤ人が関わっていないのは明らかだが、そこにも両の手が表現されている。この事例と同じように掌がこちらを向き、文面はこう始まる:「テオゲネスが両手を挙げ・・・」。

(31) Deissmann, *Light from the Ancient East*, London, 1911, pp. 432-4での議論を参照。

(32) A.T. Kraabel, New Evidence of the Samaritan Diaspora Has Been Found on De-

los, *Biblical Archaeologist* 147 (March 1984), pp. 44–6での議論を参照のこと。同論文ではまた、デロス島のユダヤ人に関する証拠についても論じられている。

(33) Bergmann, Die Rachgebete von Rheneia, *Philologus* 70 (1911), pp. 507–6では、若い人の死に関連しての復讐を求める祈願は、異例ではないことが示されている。そしてアレクサンドリアで発見された墓碑銘の文面にある、次の興味深い類例が引用されている：「時ならず死したアルシノエは、両手を至高なる（*hupsistos*）神へと、万事をみそなわすお方へと、ヘリオス様へと、そしてネメシス様へと差し伸ばします。彼女に呪文（*pharmaka*）をかけた者どもを、またそれを喜ぶ者どもを、また彼女の死を喜び、あるいはいまだに喜んでいる者どもを、攻撃し給え！」。

(34) Bergmann, p. 509では、この「正義を求める嘆願」の話者について、死んだ女性自身であると論じられている。しかしこの後に一人称が三人称へと転換されることは、話者が不幸なヘラクレアの親類遺族であることを示唆しているのかもしれない。

(35) この表現は、『民数記』16：22を基にしている。この場合の精霊は天なる存在、すなわち天使を指している。

(36) 同時に発見されたもう一枚の板上に記されている女性の名前はマルティナ。これはマルタという名の異形である。

(37) 使われているギリシア語は*pharmakeuein*。通常は、毒殺を意味すると解される語だ。一方でこの語は、毒殺の意と同じほど（より多くではないにせよ）頻繁に、呪文をかけることを指しても使われる。ゆえにここでは、「死の原因」が毒ではなく呪文である可能性を考えておかねばならない。こうした可能性を考え合わせるとき、この箇所についての伝統的解釈についてもう一度検討する必要が出てくる。つまり、くだんの女性は何らかの害を加えられて殺害されたと当然のように理解する解釈だ。その女性が亡くなったことは確かだ。ただし文面では、「殺害し、あるいは呪文をかけ／毒を盛り」という表現が使われており、正確な死因が定かでないことがはっきりと示されているのである。

(38) この箇所もまた、『七十人訳聖書《セプトゥアギンタ》』に現れる聖書的表現への明白な言及だ。『申命記』19：10では特に、罪なき者の血が流されないことについて語られている。「罪なき者の血」という表現自体は、何度も登場している。

(39) 使われている*epikalesthai*という動詞は、「至高なる*hupsistos*」という神の形容辞と共に『七十人訳聖書《セプトゥアギンタ》』に何度か現れている—『シラ書』46：5；『マカバイ記二』3：31。

(40) ここでの*axioun*という動詞は、ユダヤ・キリスト教文学の祈祷の中によく使われる言葉で、『エレミア書』11：14ではこの箇所と同様、*epikalesthai*と共に現れている。

(41) ダイスマンが述べている通り、罪人への罰はその子供たちにも延長されるという考え方も、やはり聖書的なものだ。『出エジプト記』20：5を参照：「わたしを否む者には、

父祖の罪を子孫に三代、四代までも問う」。

(42) 罪に見合った復讐を果たすというのは、特有ではないにせよ聖書的な考え方である。

(43) 『七十人訳聖書《セプトゥアギンタ》』でよく使われる表現だ。『ヨブ記』34：23；『マカバイ記二』12：22。

(44) この箇所の文言は、完全に聖書的だ。『レビ記』23：29にはいくつか、同様の言葉遣いを確認することができる。同箇所で語られるのは「贖罪の日（*Yom Kippur*）」のための準備についてだ：「**誰であれ**（いま取り上げている文では〈あらゆる魂が *pasa psuchē*〉とある）**その日に身を低くしないのであれば・・・**」。このことからダイスマンは、石板は贖罪の日に関連して建立された、との考え方へと導かれた。一方 Bergmann, p. 509-10ではこの見解が否定され、次のように論じられている。正義を求める嘆願に加え、この石板は人目にさらされた場所で誇らしげに聖書の神の普遍性を宣言し、またギリシア・ローマ世界の異教徒たちの中へと、ユダヤ文化を幅広くアピールしているのであると。

(45) 「報復する *ekdikein*」および「追及する *zētein*」の二つの動詞は、聖書のテキストの中では交換可能な語として使われている。『ヨエル書』4：21には、ある写本には *ekdikēsō to haima*、別の写本では *ekzētēsō to haima* とある。どちらも意味は「血の復讐をする」だ。

(46) この形容辞はおそらく、ギリシア語化されたセム語で、「太守」とか「支配者」との意味を持つ *sōkēn* という語であろう。

(47) 偽ルキアノスの『シリア女神について *De Dea Syria*』から最もよく知られるシリア女神は、一般には、他でアタルガティスという名で知られるシリアの女神のことと解釈されている。*The Syrian Goddess*（*De Dea Syria ; Attributed to Lucian*）, ed. H.W. Attridge and R.A. Oden, Missoula, Mont., 1976を参照。アタルガティスはデロス島で発見の別の碑文にも言及があり、そちらでも同じく『シリア女神 *suria theos*』と呼びかけられている。

(48) うち何点かは断片的で、刊本ごとに数え上げられた点数が異なっている。ここでは、最初の公刊者であるNewtonの番号付けに従う。

(49) 使われているのは *pharmaka* というギリシア語。毒あるいは呪文のいずれかを意味しているのであろう。

(50) つまりは、アンティゴネは女性の専門家に金を払い、自分の夫の殺害を依頼したとして告発されたのだ。彼女を告発した人（々）は、どうやらその女性を説得し、アンティゴネに不利となる証言をさせたようだ。

(51) Newton, pp. 726-9は、ここに「熱に打たれ」と訳した *peprēmenos*＜「売る *pernēmi*」という語を一般的な意味に従い解釈し、罪を認められた側の人々が、奴隷解放の反対形態としての、ある種の神殿奴隷として売られることになるのを意味するとしている。

一方 Versnel, "Beyond Cursing", in： *Magika*, p. 73 では、他の場所で発見された同様の呪詛板に現れる類似表現を基に、この語が、熱や他の苦痛に苦しめられるという意味で、「焼かれる」という意味を持つに違いないと論じられている。

(52) ここに表明されているのは、その女性は証言するよう買収されたとの、アンティゴネの抱く疑いだ。

(53) イタリアで発見されている、同様の予防的定式文を持つ呪詛板（本章 no. 92）を見よ。

(54)「我には赦免があるように」と訳した部分のギリシア語は *emoi d'hosia*。クニドスで発見された呪詛板のいくつかに現れる表現だ（Newton 編纂になる史料集の no. 82, 84–87, 90–92）。アテネで発見された正義を求める嘆願呪詛（本章 no. 84）の言葉遣いを想起させる。こうした表現には、呪詛板製作を依頼する行為に対しての、依頼者のためらいのような感情が暗示される。その非合法性のゆえか、社会的に許容されないためか、あるいはおそらく、単に呪詛板の影響力の大きさのゆえであろう。Versnel, p. 73 での解説によれば、この式文は、小コミュニティで呪詛依頼者を守ることにも役立つのだという。そうした地では、神々がいざ呪詛を執行しようという段に、依頼者が意図せず犯人と一緒にいてしまうことが容易にあり得るからだ。

(55)「その家族全員と共に」の箇所のギリシア語は、*meta tōn idiōn pantōn*。

(56) この事例は断片的だが、その言葉遣いからは、呪詛依頼者が社会的に下位の階層に属することが窺われる。彼は奴隷であった可能性もある。

(57) 青銅という素材が呪詛板に使われることはあまりない。ただしオドランは、そうした 2 例を採録している（*DT* 196 および 212〔訳注：＝本章 no. 92〕）。

(58) ここで使われている「奉献する *anatithenai*」という動詞は、類似の呪詛板にも現われている（*DT* 4, 1 行目。小アジアのクニドスで発見の事例だ。本章 no. 89 を見よ）。ここでの事例と、クニドスで発見の諸事例との間の類似については、Dunant, Sus aux voleurs !, *Museum Helveticum* 35 (1978), pp. 243–4 を参照。

(59) 類例である本書 no. 101、オーストリアのインスブルックで発見された事例について、Egger, *Nordtirols älteste Handschrift*, vol. 244, Vienna, 1964, pp. 3–23 で推測されている流れに従うと、おそらく呪詛依頼者は次の道筋を心に描いていたのだろう：まず神々の母に捧げられた地元の神殿に、呪詛板そのものが釘打ちされて掲げられる。次いで女神が盗人たちを追跡し、彼らが金製品を返還すると決心するまで罰し続ける。そして紛失した、あるいは盗まれた財産が神殿へと戻り、元の所有者がそれを請け出す。

(60) フェルスネルの解釈によると、ここでの女神の「力 *dunamis*」という語は、正義を求める嘆願が神の名のもとに行われる他の事例、たとえば本章 no. 88 の「あなた様方の〈力 *aretē*〉」という語に対応している。いずれにせよ全てこうした語により、神ある

いは女神がふるうとして知られる力に対する、公然の訴えかけが表現されているのだ。

(61) もし任務を遂行しそこなったら、それは女神にとっての恥辱となるという考え方は、この種の呪詛板では類を見ない考え方だ。ただし呪詛板の全般的心理に則せば、おそらくそれほど特異ではない。

(62) *MAMA* VI, no. 335. そちらでもこの事例と同様、墓を乱す者に対しこう警告されている：「『申命記』に書かれた呪い（*arai*）が、その者に降りかかるように」。これら二枚の石板が同じ時代に製作されたのは明らかだ。

(63) R. Lattimore, *Themes in Greek and Latin Epitaphs*, Urbana, Ill., 1962, p. 109 および L. Robert, Malédictions funéraires grecques, AIBL, *Computes Rendus* (1978), pp. 253-4 と 267-9 を参照のこと。

(64) 使われているギリシア語は *tō deuteronomiō*。疑う余地なく、『申命記』28：15-68 に記された一連の長大な呪詛を指している。ところで本章 no. 86 の碑文の筆者アンフィクレスもまた、この呪いを逐語引用しているが、しかし彼自身はおそらくユダヤ人ではない。このことから、「『申命記』に書かれた呪い」という大まかな表現の伴われたこのアクモニアで発見の碑文もまた、ユダヤ人由来ではない可能性もある。

(65) こうした要求は、呪詛板では他に類例がない。

(66)「香」という語のギリシア語は *libanos* だ。宗教的儀礼や神殿といった場面で幅広く使われていた。

(67) この予防的な表現の前提にあるのが、呪詛依頼者が盗難の容疑者を知っていたという事実だ。またさらには毎日の通常の生活の中で、意図せず二人が一つ屋根の下にいる可能性の高い閉鎖的な小規模共同体という、この呪詛板の置かれた社会状況も前提とされている。だから依頼者のコッリュラは自分にも害が及ばないよう、二人が共にいる時には、メッリタに処罰が下されないようにと賢明にも願っているのだ。他にも、こうした予防措置が表明される呪詛板の事例がある。おそらくこうした表現は定型表現なのだろう。

(68) この言葉によって訴えかけられているのは、ヘカテ、デメテル、あるいはシチリア島の他の呪詛板で呼びかけられる地元の女神を含む、複数の女性の神格に対してである可能性もある。シチリア島のセリヌスの女神（本書 no. 50）を参照のこと。

(69) ここで名前として使われている *eleutheros* という語は「解放奴隷」を意味する言葉だ。この呪詛板の社会的背景に、元奴隷の暮らす世界のあることが指し示されている。

(70) 使われている *spadix* という語は、竪琴のような弦楽器を意味することもできたし、(コンパレッティはそう解釈している)、あるいはシュロの木の枝や葉っぱを意味することもできた。依頼者の約束する奉納物を何か装飾的なものと考えるなら、ここでは後者の方がより適切であろう。

(71) ここでの二重の条件節(「もし・・・なら、もし・・・なら」)には、正義を求める嘆願における寄進や奉献が、あくまで仮の申し出であることが明示されている。つまり、寄進が行われるのはただ、神の力で財産が返還されたり、あるいはそれ以外のやり方で、不正をこうむった人々が復讐できた場合のみなのだ。

(72) Tomlin, pp. 59–278 における、バースで発見の呪詛板についての驚くべき報告を参照のこと。この研究は人文学の、最も素晴らしく最も多岐にわたる研究のモデルである。トムリンの出版物に含まれているのは、まずはイギリスで発見されている全呪詛板のリスト。次いでイギリス外で発見されている、窃盗と関わりのある全呪詛板のリスト。また定型表現、文章の鍵となる語・句、言葉遣い、および文字の形状を完全にカタログ化した上での考察。そして 130 点の発見事例の文言の書き起こし、ならびに欠損箇所の再構成である。トムリンは、泉の堆積物はこれまでのところまだ 6 分の 1 ほどしか発掘されていないとの推測の上で、さらに 500 点にも上る呪詛板が埋もれたまま残されていると述べている。

(73) トムリンは脱衣場泥棒という存在について、文学的、およびおそらく社会的にも良く知られた人物類型であったことを指摘している。以下の史料を参照:「傑出した」脱衣所泥棒に宛てられた詩である Catullus, 33;盗みを実行中の犯人が取り押さえられた現場での騒ぎについて語っているセネカ『道徳書簡集』56, 2:入浴中に衣服が無くなったとして、主人が自分の奴隷を打ちすえる情景が物語られるペトロニウス『サテュリコン』30;公共浴場で、料金を受け取って衣服を見張る人について規定する『学説彙纂』I. 15.3.5。そしてバースその他の場所で発見されている呪詛板からは、脱衣場泥棒が、単なる文学的モチーフ以上の存在であることが示される(Tomlin, pp. 80–1)。ギリシアの法律では、この種の窃盗犯が処刑されることもあり得た。ユスティニアヌス帝による『学説彙纂』(XLVII. 17)では、この犯罪についてまるまる一章が割かれており、罰則として定められるのは鉱山での強制労働だ。

(74) Tomlin, pp. 182–4 (no. 54)では、アルミニアという名の女性が、ウェレクンドゥスという人物に 2 枚の銀貨(*argentiolos duos*)を盗まれたと申し立てている。トムリンはこの貨幣について、3 世紀半ばの、銀含有がほとんどないまでに悪鋳された「アントニニアヌス銀貨」ではなく、215 年にカラカラ帝により発行された当初の、2 倍の価値を持たされたデナリウス銀貨であろうと推測している。するとつまり、呪詛板依頼にかかるコストは、銀貨(デナリウス/アントニニアヌス)2 枚を超えないということになる。これはそれほど大きな額ではない。

(75) これがバースで発見の呪詛板の中で、原典から文面を写し取ったことに言及する唯一の箇所である。ただしこの事例の場合、書記はいくつか書き間違いを犯しており、おそらく原典との照合後に、文字を上書きして訂正を行っている。

(76) 書かれているラテン語は[*e*]*xconic*[*tus*]。公刊者はこれを「完全に呪われた *exconfixus*」と訂正して読んでいる。

(77) この定式表現そのもの、あるいはその異形は、バースや他の場所から発見されている呪詛板上に数多く登場している。その一例が、前100年から後100年の間に製作された、デロス島で発見されている呪詛板だ（本章 no. 88を見よ）。Tomlin, pp. 67–8および73を参照。類似の表現は様々な史料中にも現れている：（1）『新約聖書』での、パウロによる『ガラテアの信徒への手紙』3：28：「そこではもはや、ユダヤ人もギリシア人もなく、奴隷も自由な身分の者もなく、男も女もありません・・・」；（2）プルタルコス『マリウス伝』46：「プラトーンは既に最後に臨んで自分の守り神と運命を賛美し、第一に人間に生まれたこと、第二にギリシャ人に生まれたこと、即ち蛮族でもなく本来理性のない動物でもなかったこと、更にその上、自分の出生がソークラテースの時代に会ったことを感謝している〔訳注：河野与一訳『プルターク英雄伝』(六)、岩波文庫、を参照〕」；（3）ディオゲネス・ラエルティオス『ギリシア哲学者列伝』「タレス伝」1.33：「ところで、ヘルミッポスはその『哲学者伝』のなかで、ソクラテスについてある人たちが伝えている話をタレスに帰している。すなわちそれは、次の三つのことのために、タレスは運命の女神に感謝していると語っていたという話である。つまり第一は、獣にではなく人間に生まれたことであり、第二は、女にではなく男に生まれたことであり、そして第三は、異民族にではなくギリシア人に生まれたということである〔訳注：加来彰俊訳『ギリシア哲学者列伝』（上）岩波文庫、を参照〕」；（4）ローマの法律文書。一例として、ユスティニアヌス『新勅法』V. 2：「神への崇拝に関しては、男性も、女性も、自由身分も、奴隷身分もない」；（5）様々なユダヤ教文書。そのうち最古の事例は、おそらく『トーセフター』であろう（『バーライター』7:18)〔訳注：『旧約聖書』に関するユダヤ教の最も権威ある注釈書『ミシュナー』に集録されなかった注釈の集成〕：「ラビのユダが言う。〈毎日三回、次の祝福を唱えるべきである。我を異教徒としなかったあのお方に祝福あれ。我を女としなかったあのお方に祝福あれ。我を無作法者としなかったあのお方に祝福あれ〉」。この表現の起源はおそらくギリシアにあり、そこからユダヤ人の世界に、そしてパウロへと伝わったのだろう。それ故、呪詛板にこの表現が使われていることに関し、そこにユダヤ教・キリスト教の影響を想定する理由はない。

(78) この式文には異例な表現が採用されている。今回の盗みの事情に合うようにと、標準的な表現に手が加えられているのは明らかだ。バースでの呪詛板に表現される懲罰には、以下の形態がある：心と目の喪失（Tomlin, no. 5）；血および／ないし生命の喪失（no. 31, 65–66, 94, 99, 103）；睡眠および／ないし子供たちの喪失（no. 10, 32, 52）；飲食、排泄能力の喪失（no. 41）；盲目および子無し（no. 45）；雲および煙（no.

100）。

(79) 使われているラテン語は *gen(tili)s*。

(80) この部分の板面が腐食しており、解読が困難だ。公刊者はこの箇所に関し、盗人の仕掛けた対抗呪文の効果を払いのけることを意図した表現ではないかと推測している。（Tomlin, p. 234）。

(81) このリストでは、名前は板面にここにある通りの順で、上から下へと記されるが、名前の文字列はそれぞれ反対に、右から左へと進行している。

(82) 18 人の名前が羅列されており、うち 10 人の名前がローマ人あるいはギリシア人、他の 8 人（ピッソ、ロキンナ、アラウナ、グンスラ、セニキアヌス、スコティウス、アエッシクニア、パルトゥッカ）がケルト起源の名前だ。おそらく全員が盗難の容疑者なのであろう。

(83) メルクリウス神は、同じくイギリスのユーリーで発見され、大半がまだ未公刊の、約 140 点の呪詛板で訴えかけられている神格だ〔訳注：A. Woodward and P. Leach, *The Uley Shrines*, English Heritage, 1993, pp. 113–30 を参照のこと〕。

(84) この「自身の血で *sanguine suo*」というよく使われる表現は、イギリスの他の場所から発見されている類似の呪詛板にも現れている。具体的には「その生命で」を意味している。

(85) Turner, A Curse Tablet from Nottinghamshire, *JRS* 53（1963）, p. 123 では、この部分の *in corpore suo* という表現がこのように訳されている。しかし他の呪詛板での「自身の血で *sanguine suo*」という並行表現を考慮に入れれば、「自分の体で」、すなわち死をもってと訳すのが適切なのかもしれない。

(86) 同種の呪詛板と同様、神への奉納ないし寄進はあくまで条件付きだ。つまり支払いがなされるのはただ、資産が回復されたときのみである。

(87) この指輪についてさらに検討を進めているコルビー＝フィニーが、セニキアヌスという名は、当該時期のキリスト教徒の世界では決して稀な名前ではなく、この場合は別の人物を指している可能性があると好意から教示してくれた。確かに同じ名前の人物が、バースで発見された呪詛板の一枚にも、銀貨盗難の容疑者の一人として現れている。本章 no. 96 を見よ〔訳注：Paul Corby Finney, Senicianus' Ring, *Bonner Jahrbucher* 194（1994）, pp 175–196 を参照のこと〕。

(88) 盗難品は明らかに、くだんの神の神殿へと返還されることになっている。イギリスのユーリーで発見された呪詛板では（Versnel, p. 88 を参照）、サトゥルニナという名の女性が紛失した衣類に関し、メルクリウス神に手紙（*commonitorium*）をしたためている。その盗人は「男であれ女であれ、奴隷であれ自由人であれ」、その品を「上述の神殿（つまりメルクリウス神殿）に」返却することとされている。

(89) ネメシスは *PGM* にそれほど頻繁に登場する神格ではない。*PGM* VII, 503行では、ネメシス女神がイシス女神およびアドラステイアと同一視されている。また *PGM* XII, 220行では、他の天・地の神々と共に現れている。

(90) Egger, Aus der Unterwelt der Festlandkelten, *Wiener Jahreshefte* 35 (1943), pp. 108–10でのテキストの読みは、次の通り：*domna nemesis, do tibi palleum et galliculas, qui tulit non redimat ni[si] vita sanguinei sui*。

(91) ギリシアのヘルメス神と広く同定されるメルクリウスは、また一般に窃盗とも結び付けられている。それがこの神が窃盗に対抗する呪文に登場する理由だ。*PGM* V, 172行以下では、泥棒を捕まえるための次のような呪文が用意されている：「**我はあなた様を呼び出す、ヘルメスよ、不死の神よ・・・泥棒の発見者よ・・・泥棒の喉をつかみ、その者を今日、白日の下に晒すために・・・**」。*PGM* に集録されるこの文章がここでの事例について明らかにしてくれているのが、呪詛板は、捧げ物および口頭で唱えられる呪文に伴われながら安置されるということだ。

(92) モルティヌスはケルトの神格である。どうやら特に羊と牛をその関心のうちに収めていたようだ。Egger, *Nordtirols älteste Handschrift*, vol. 244, Vienna, 1964, pp. 11–2を参照。

(93) Franz, Ein Fluchtäfelchen aus Veldidena, *JOAI* 44 (1959), Beiblatt, cols. 69–76およびVersnel, "Beyond Cursing", in: *Magika*, pp. 83–4では、この箇所は「14デナリウスまたはネックレスを二つ盗んだ」と訳されている。問題となっているのが *draucus* という語で、両者ともこの語を、ギリシア語の「首飾り *draukion*」のラテン語音写であると解している。一方でEggerは、この語をケルト語からの借用語が表現されていると考え、ラテン語での様々な意味のうちに、「牛」の意が含まれていると論じている。モルティヌスがケルトの神格であることから、この議論が正しい可能性もある。

(94) Versnel, p. 83, 注121を参照。

(95) 求められる懲罰が罪に対応しているというのは、呪詛板で頻繁に見られる通りだ。この事例の場合には、さらに追加の罰則が要求されている。つまり盗難品のみならず、家族や友人とも別れることだ。どのような別れ（死？）が意図されているのかは不明だが、その意図は明らかだ。つまり社会的な圧力をかけ、その者が盗難品を返還せざるをえないようにするのである。

(96) カクスおよびその姉妹のカカは、ローマ市のパラティヌスの丘に住む、火を扱う神格として知られていた。とりわけカクスは、ヘラクレスから牛を盗んだとして知られている。Eggerが解釈している通り、カクスのそうした行為がこの呪詛板の状況にとって適切であることは一見して明らかだ。

(97) 類似の事例（本章 no. 92 を見よ）と同様、ここでの手続きは、まず本来の所有者が盗難品を神々へと「奉納」、つまりその所有権を一時的に神々へと移転し、盗難を所有者の損失のみならず「彼ら神々の」損失にもしてしまうのだ。

(98) ローマ法での牛の盗難に対する懲罰については、Egger, pp. 14–5 を参照。この事例で定かでないのが、依頼者のセクンディナが、盗人をローマの法廷に突き出すために神々に訴えかけているのか、あるいは神々自身に懲罰を加えてもらうべくそうしているのかという点だ。Egger は、比較的少額の品に関する事件では、法廷よりもむしろ神々とその力に頼る方が理にかなっていたと考えている。するとこの呪文の最終目標は、盗人に盗品を、当該の神々の神殿にいる、正当な所有者のもとへ返却するよう強制することにあった。こうした手続きはローマの法的枠組みにおいてではなく、まだケルトの慣習が根強く残っていた田舎の、小規模コミュニティにおいては筋の通ったものであったのだ。

第6章

史料の解説と翻訳

（1）使われているギリシア語は、*agathē tuchē*。古典期ギリシアでは一般的な表現で、公的な碑文の冒頭に頻繁に使用されている。のちに「幸運」が擬人化され、一般的な神格となった。この事例はおそらく、公式的な表現を巧妙に真似て、私的な文書の中に流用している好例であろう。

（2）*IG* 2.2. 1006 に、アンティファネスの息子アンティクレスへの言及がある。

（3）ティマンテスとフィロクレスの名が繰り返されている。おそらく誤記であろう。

（4）使われているのは *eriounios* というギリシア語。ヘルメス神によく付される形容辞だ。意味は定かではない。

（5）解放しない、という式文がもう一度繰り返されている。その特異な性格を強調するかのようだ。

（6）解放奴隷、あるいは元奴隷を意味する *apeleuteros* という語の使用から、呪詛の標的の出自を、非市民および非エリート住民の中に見出すことができる。

（7）こうした精霊や神格とのやりとりの形態は、呪文の中ではさほど珍しくはない。DTA 103 ならびに Wortmann, p. 81 の、古代エジプト人による「死者への手紙」についての解説を参照のこと。

（8）Wilhelm, pp. 112–3 では、この二人の拳闘家こそが困難をもたらし、呪詛依頼へと導いた原因なのでは、と推測されている。この二人が、問題となっている女性たちの愛情を奪ってしまったのかもしれない。

（9）ここから後ろに連なる名前が、この呪詛の主要な標的である女性たちの名前だ。

（10）冥界の擬人化であるヘルメスとハデスへと、直接に訴えかけられている。どちらも呼格形に置かれ、「呪縛する *katechō*」との動詞は二人称に格変化させられている。

（11）ガレネという名の女性は、前4世紀の呪詛板である DTA 107 でも言及されている。

（12）ガレネおよびポリュクレイアは、どうやら二人ともよく知られた遊女《ヘタイラ》である。3世紀の終わりに『食卓の賢人たち』をギリシア語で著した作家アテナイオスは、次のように伝えている。詩人で喜劇作家でもあったフィレタイロスという人物が、『女狩人 *Kunagis*』という題の喜劇を製作した。その中でフィレタイロスは、ガレネという名の娼婦に言及している（587–88）。また同時期の喜劇役者であるアレクシスは、『ポリュクレイア』と題した劇を書いたが、その題は娼婦の名前から取られているのだという（642

c)。するとこの呪詛は真っ直ぐに、ヴィルヘルムが母と娘だと考えているこれら二人の女性の、複雑な人生へと我々を導いてくれるのかもしれない。

(13) *IG* 2.2. 1747 を見よ。そこではペイタンドロスが、「評議会および民会の書記」と表現されている。

(14)「敬虔な *hiera*」というギリシア語の形容詞が、人間に付されるのは稀なことだ。この事例の場合は、背景にユダヤ文化のあることを示しているのかもしれない。

(15) この箇所および別の事例（*PGM* IV, 2075 行）でも使われているギリシア語の *kataklinai* という動詞は、誰かを病気で寝たきりにさせるという意味で用いられている。

(16) 文意からは、呪詛依頼者はどうやらデメトリオスという人の家に雇われていたものの、度重なる健康上の問題の結果、暇を出されてしまったという状況が示唆される。ヴィンシュは、同時に発見された全呪詛板の検討に基づき、言及されている人物の大半が奴隷ないし解放奴隷に属していたと結論付けている。

(17) 呪縛呪文と訳した箇所のギリシア語は *peridesmos* だ。他の魔術パピルス、あるいは呪詛板上には現れていない。この語の基となっている動詞 *peridein* の変化形であれば、鉛の上に多目的の呪縛呪文（*katachos*）を用意するための指示の一部として、*PGM* VII, 453 行に現れている。

(18) 最後の部分は、ガンシニエツによる再構成だ。通常の形であれば「今だ、今だ、早く、早く」となろう。

(19) 使われているのは *paralambanein* というギリシア語の動詞。

(20) *Rhēxichthōn*。祈祷文に特有の言葉だ。たとえば：*PGM* IV, 2727 行（性愛呪縛の儀式で唱えるよう指示されている呪文中に、ヘカテの形容辞として）；*PGM* VII, 692 行（用途不明の呪文中に、天の熊の形容辞として）。

(21) Harrauer, *Meliouchos*, 1987, p. 47 によると、この懇請の背後には、ギリシア神話に由来する、次の重要な主題が潜んでいるのだという。すなわち、ゼウス神が、冥界の「女王」ペルセフォネに対し、見目麗しいアドニスを独占することはできず、彼をアフロディテと共有しなければならないと宣言したことだ。このことから、この呪文中に展開される思考は以下の通りとなる：「アドニス／メリウーコスが、ペルセフォネ（呪文中でお馴染みの存在。ここではエレシュキガルとも呼ばれている）に強いられ、アフロディテのもとにやって来るのと同じように、ペルセフォネは、アンニアノスをイオニコスのもとに送らねばならない」。一方でメリウーコスの四肢を集めるという考えが、暗にイシス女神についての物語を指しているのも間違いない。オシリス神の体がバラバラとなり飛散してしまった後、イシス女神は各地を旅してオシリスの体を集めて回るが、性器だけは見つけられなかった。

(22) *sarkes* = *sarkas*.「肉 *sarx*」の複数形は、ギリシア語で体全体を表すためによく使わ

れる語だ。

(23) この箇所の「溶かす *katatēkein*」という動詞は、性愛呪詛である *PGM* XVI, 3 行でも使われている。接頭辞 *kata-* のない形は、全て性愛呪詛である以下の呪文に現れている：*PGM* IV, 2931–32；XVIIa, 9–10 行；XIXa, 53 行。

(24) クロノス神がまじない文や呪文の中で果たす役割については、S. Eitrem, Kronos in der Magie, in: *Mélange Bidez*, vol. 2, Brussels, 1934, pp. 352–60 を見よ。

(25) マリア。本来はユダヤ人の名前だ。マリア（ム）という名は、エジプトではビザンツ時代までに、キリスト教徒の名前として大きな人気を博していた。

(26) Kropp, vol. 1, p. 48 および W. Clarysse, A Coptic Invocation of the Angel Orphamiel, *Enchoria* 14 (1986), p. 155 で紹介されているコプト教の陶片文書の中で、「神の偉大な指」と呼ばれている天使、オルファミエルへの言及であるのは明らかだ。この祈祷の根幹にあるのが、神の指への言及を巡る聖書的伝承だ（『出エジプト記』31：18；『申命記』9：10）。『ルカによる福音書』11：20（**「しかし、わたしが神の指で悪霊を追い出しているのであれば、神の国はあなたたちのところに来ているのだ」**）は、この呼びかけが 1 世紀のユダヤ教文化の中で、どれほど流通していたかを垣間見せてくれている。

(27) ここに、ギリシア語字母「ローP」が「オメガΩ」を貫いている形の記号が書かれている。「時間 *hōra*」を表現する、よく使われる略号だ（例えば *PGM* VII, 537 行）。

(28) 両側に文字を使って作られた形は、*PGM*（例えば I, 10 行以下を見よ）で「クリマタ *klimata*」と呼ばれる直角三角形を形成している。その間に挟まれた形は、*PGM*（例えば IV, 12 行および III, 69–70 行を参照）で「心臓 *kardia*」および「ブドウの房 *bortus*」と呼ばれる、二等辺三角形を形成している。そして 3 つの三角形が全体として、正方形を形作っている〔訳注：「心臓」の実例は、本書第 2 章 no. 27 を参照。具体的には、◤▲◥のような形が作られている〕。

(29) ヘラクリオスとヘルミアスとは誰なのだろう？　この呪詛板の依頼者が、それらの人物の前でキコエイスが話せなくなるようにと望んでいる、この二人とは？　彼らは地元の政府当局者で、彼らの面前でキコエイスが、何か自分に害を与えるような証言をするのではと呪詛依頼者は恐れているのだろうか？　*DT* 139（ラテン語で記された鉛の呪詛板。ローマで発見。アウグストゥス帝時代）は、この事例と非常によく似ている。そちらでは、ロディアナという名の女性が、リキニウス・ファウストゥスの面前で話したり会話したりできなくなるようにと願われている。そしてさらには、ロディアナが彼からいつも憎まれるようにとも願われている。こうしたかなり類似した両史料に基づき、Guérard, Deux textes magiques du musée du Cairo, in: *Mélanges Maspero*, vol. 2, Paris, 1935–1937, pp. 206–12 では、この事例に使われている *murik-*

oun というギリシア語のここでの適切な訳は、「死者のように無言とさせる」であろうと推測している。

(30) つまり、望みの相手の家のこと。

(31) その秘密の名前によって神格に呼びかけるために使われる、連続する神秘的な言葉の典型例である。

(32) この一節は、第二蒼穹、62 行以下。『セペル・ハ・ラジム *Sepher ha-Razim*』p. 49.

(33) 不眠を引き起こす同様の呪文は、以下の箇所にも現れている：*PGM* IV, 3255–74 行および *PGM* LII, 120–26 行。不眠を作り出す性愛呪詛で、同じように犬の使用（犬は、粘土やロウから作ることになっている、人形である）を要求している呪文が、*PGM* IV, 2943–66 に現れている。

(34) *PGM* XXXVI, 370–71 にも同様の表現がある。そこでは記された性愛呪詛は、死んだ犬の口の中に置かれるよう指示されている。

(35) 呪縛呪詛の他の利用法、つまり呪縛を解く、あるいは解放することへの関心が示されている実例だ。

(36) こうした呪文が有効となるようにとの、心理的な前提条件への興味深い洞察である。

(37)「ブリモー」を含む、これら一連の形容辞、あるいは神秘的文言《ウォケス・ミュスティカエ》とほぼ同じ文言が、*PGM* VII, 696 行に現れている。また Wortmann, no. 1, 52 行にも、D.R. Jordan, Love Charm, *ZPE* 72（1988）, p. 255 で修正されている形で登場している。

(38) これと同じ回文が、いくつかの語が伴われて上にも現れている。

(39) 使われている *skuza* というギリシア語は、盛りのついた犬を表現するために広く用いられ、そのことから、女性を罵倒するための言葉としても使われるようになった。英語の口語表現での「ビッチ（メス犬）」とちょうど同じだ。

(40) ここでの *hamartōlos* というギリシア語は、ユダヤ教およびキリスト教文書の中で、広く「不信心者」を意味するために使われた。ここでは「悪事を働く人」といった意味を表している。

(41)「病気 *nosos*」および「腐敗 *sēpsis*」はどちらも、主格形で現れている。つまり動詞の目的語や、対格形に置かれているウァレリアという女性を形容する語ではない。つまり両語は、想定される動詞の主語でなければならない。コンパレッティは「病気と腐敗が、お前を連れ去るように」いった意味であろうと推測している。腐食、腐朽、腐敗といった考え方はまた、*DT* 190 にも現れている。

(42) この箇所の「受け入れ給え *potidexesthe*」という動詞は、*prosdexesthe* のドリス方言形で、呪詛板では使われるのが稀な語だ。「受け入れる」という意味の動詞は、通常は墓碑銘において、魂が冥界《ハデス》に難なく受け入れられるのを確実にしようと使われた。だから当初 Nabers, Lead Tabellae from Morgantina, *AJA* 70（1966）, pp. 67 では、こ

の事例は「生者に向けられた呪詛ではなく、この板に文字が書かれた時には、すでに亡くなっていた人物のために、冥界の神に対して捧げられた敬虔な祈りである」と考えられていた。

(43) この箇所の補いについては、Faraone, “Context”, p. 31, 注 83 で指摘されている L. ケーネンの提案を参照のこと。

(44) もう一人の主人だ。しかしおそらく奴隷の女性は同一で、「呪縛」の式文も同じだ。

(45) エジプトの神格、ネフテュスだ。

第7章

（1）それ故、Preisendanz（1972), pp. 6–7での、呪詛および呪縛呪文に対抗するのは、一般的に不可能であった、との主張は誤りである。*PGM* IV, 2177行には、「**呪詛板**（の力）**を破却する**」ための呪文が用意されている。またもっと古い時代（前5世紀)、喜劇作家のマグネスの作品の断片の中では、依頼者に向けて発せられた呪文の「解消*analuein*」を請け負う、三人の専門家（*analutai*）がいたことについて言及されている。マグネスについては、*CAF*, vol. 1, p. 8を、更なる文献指示を含め参照のこと〔訳注：*CAF*については、本書「序章」注29を参照〕。

（2）P. Brown, Sorcery, Demons, and the Rise of Christianity, in: *Religion and Society in the Age of Saint Augustine*, London, 1972, p. 120. さらにブラウン自身はこの考え方を、E.E. Evans-Pritchard, *Witchcraft, Oracles and Magic among the Azande*, Oxford, 1976より得たと述べている。

（3）Brown, Sorcery, p. 128.

（4）H. Geertz, An Anthropology of Religion and Magic, *Journal of Interdisciplinary History* 6（1975), p. 83. このギアツの見解は、K. Thomas, *Religion and the Decline of Magic,* New York, 1971への批判的な書評の一節だ。

（5）Geertz, “Religion and Magic”, p. 84.

（6）この問題全般については、Bonner, *Amulets*, pp. 1–21およびR. Kotansky, “Incantations and Prayers on Inscribed Greek Amulets, in: *Magika*, pp. 107–37を参照。

（7）石の護符については、Bonnerの研究に加え、A. Delatte and P. Derchain, *Les intailles magiques gréco-égyptiennes*, Paris, 1964およびHanna Philipp, *Mira et Magica*, Mainz, 1986を参照のこと。

（8）護符の用意、石や植物の使用に関する数多くの著作については、以下を参照：A. Delatte, *Herbarius: Recherche sur le cérémonial usité chez les anciens pour la cuillette des simples et des plantes magiques*, 3d ed., Paris, 1961; R. Halleux and J. Schamp eds., *Les lapidaires grecs*, Paris, 1985; M. Waegeman, *Amulet and Alphabet: Magical Amulets in the First Book of Cyranides*, Amsterdan, 1987.

（9）この一節は、ヘルメニアスによるプラトンの『パイドロス』への解説の中に現れる。Bonner, *Amulets*, p. 16での議論を参照。

（10）Bonner, *Amulets*に、関連する事例が挙げられている。そのうちno. 234と235には

次のように記されている：「我と我が子供たちに恵みあれ」「我と我が財産に恵みあれ」。

(11) Bonner, *Amulets*, pp. 51–94 の多くの事例を見よ。また他に、J. Scarborough ed., *Symposium on Byzantine Medicine*, Washington D.C., 1985 でも、詳細な議論が展開されている。

(12) Bonner, *Amulets*, no. 150（「ヒエラキオンを・・・セレニッラと別れさせよ」）および no. 156（「アキッラスを・・・ディオニュシアスのもとに連れ来たれ」）。

(13) 同書、no. 149。

(14) 同書、no. 151 および pp. 108–10 の解説。

(15) 同書、no. 156 および pp. 116–7 の解説。

(16) Brown, "Sorcery", p. 120.

(17) 本書第 8 章 no. 146 を参照。

(18)『オクシュリュンコス・パピルス』1477 番。

(19) J. Trachtenberg, *Jewish Magic and Superstition*, Cleveland, 1939, pp. 132–52 および S. Lieberman, *Greek in Jewish Palestine*, New York, 1942, pp. 100 以下での議論を参照。

(20) 本書第 8 章 no. 158 を見よ。

(21) L. Thorndike, *History of Magic and Experimental Science*, vol. 1 : *The First Thirteen Centuries*, New York, 1923, pp. 172–4 での議論を参照。

(22) ジェームズ・フレイザー卿からキース・トマス〔訳注：前注（4）を参照〕へといたる伝統の中では、いつでも答えは明らかに、そうしたものに効果はない、であった。近年になってこうした考え方が攻撃にさらされ、伝統的な答えはもはや自明のものではなくなってきている（本書「序章」31～36頁を見よ）。視点のこうした移動にとりわけ大きな影響を与えたのが、クロード・レヴィ＝ストロースの業績だ。

(23) Stanley J. Tambiah, "The Magical Power of Words, *Man* 3 (1968), pp. 210–1 を参照。

(24) G. Roheim, The Origin and Function of Magic, in : *Magic and Schizophrenia*, Bloomington, 1955, pp. 3–85.

(25) 同書、p. 3.

(26) 同書、p. 83.

(27) B. Malinowski, Magic, Science and Riligion, in : *Magic, Science and Religion*, Garden City, N.Y., 1954, p. 90［訳注：マリノフスキー著（宮武公夫・高橋巌根訳）『呪術・科学・宗教・神話』人文書院、1997 年、121 頁］.

(28) たとえば大プリニウスは、彼の生きた時代（1 世紀）、人々はエジプトの神々の姿で飾られた護符を身に着け始めたと述べている（『博物誌』33.41）。

史料の解説と翻訳

（1）キリスト教の伝統の中での、ヨルダン川の持つ魔除けの力については、Wünsch, *Antike Fluchtafeln*, pp. 29–30 を参照。

（2）こうした告白は、『ソロモンの契約』によく現れる特徴だ〔訳注：『ソロモンの契約』については、本書第1章史料の解説と翻訳注54を参照〕。

（3）呪文の中でガブリエルの果たす、代理人たる天使としての役割については、本章 no. 123を見よ。

（4）行の上には、「**誰も侵入できぬ場所**」と付記されてあった。

（5）「我こそは」あるいはコプト語で *anok* という語に神格の名前が続く表現は、呪文ではお馴染みの式文だ（例えば *PGM* III, 418行）。この式文は呪文の力が直接、名の挙がる神格から発していると宣言することで、それが偉大な力を持つことを主張している。

（6）「＊オソロノフリス」という名から。

（7）「クメフ」は、エレファンティネのクヌム神の別名。エレファンティネは、エジプトの南にあるヌビア地方近くにある、ナイル川沿いのエジプトの前哨地点だ。「クメフ」はまた、オシリス神の形容辞でもある。*PGM* III, 142行および VII, 584行を参照のこと。

（8）「呪い」のギリシア語は *hupothesis*。ここでの意味は、下に置かれた何か、であり、おそらく呪詛板の安置を指しているのであろう。Wünsch, pp. 29–30 を見よ。

（9）おそらく「＊アブリアオートゥ」の異形。

（10）Wünsch, p. 31 で、この名は、戦争の神「直立不動のアレス神 *Ares orthios*」に由来すると推測されている。

（11）「場所 *topos*」という語は、聖なる名の一表現として、ユダヤ人がよく使う方法だ（フィロン『夢について』1.63を見よ）〔訳注：本書第1章 no. 6 注53を参照〕。

（12）公刊者は、「**ランプスーエール・ラメーエール・ランフォレー**」の三つの名を、同じ名前の典型的な異形であると論じ、非常に幅広い呪文の中での出現について詳細に調査している（Robinson, pp. 249–50）。ロビンソンはこれらの名を、「とある太陽神」と関連付けている。

（13）これらいわゆる魔法の鉢についての最近の研究史については、Naveh and Shaked, pp. 19–21 を参照。最も重要なのが、以下の研究だ：J.A. Montgomery, *Aramaic Incantation Text from Nippur, Philadelphia*, 1913； E. Yamauchi, *Mandaic Incantation Texts*, New Haven, 1967； V.P. Hamilton, *Syriac Intantation Bowls*, Ph.D diss., Brandeis University, 1971； C.D. Isbell, *Corpus of Aramaic Incantation Bowls*, Missoule, Mont., 1975.

（14）Naveh and Shaked, pp. 17–8 で、そう主張されている。

(15) 例えば、Naveh and Shaked, pp. 173-5 の鉢 no. 8 にはこう書かれている：「精霊は縛られる、悪魔は封印される、偶像の精霊は縛られる、リリスは、男でも女でも、封印される、邪視は縛られる・・・」。呪文や呪詛の返しならびに解除についての詳細な議論は、Levine, pp. 368-71 を参照のこと。呪文や解毒呪文を集録する、広く流通した『ソロモンの契約』（7：5）では、「邪悪な」精霊（リクス・テトラクス）が次のように語る：「もし我に機会あらば、夜の間でも昼の間でも、家の隅の下に滑り込んでやる」。

(16) Montgomery, pp. 40-5 での、いくつかの事例を交えた詳細な検討、および Naveh and Shaked, pp. 15-6 での、簡潔な議論を参照のこと。

(17) リリスやその力、またその評判については、Neusper, pp. 235-6、および R. Patai, *The Hebrew Goddess*, New York, 1967, pp. 180-225 における詳細な検討を参照。リリスは性的に貪欲な生き物で、たいてい女性だが男性のこともあり、別の性の人間が特に無防備な時、たとえば月経期間中や産後、また夜などにやって来るのだった。性的に貪欲そうなこの存在の姿は、子供たちや、またリリスたちに気に入られた人間の配偶者への、それらによる死の襲撃を補完する心理的イメージである。総じて、女性のリリスは、『創世記』6 に記載のある「神の子ら」に対応する存在と見る必要がある。さておそらく 2 世紀頃、リリスに対処するには、それらをあたかも人間の恋人と「結婚している」ものとして扱い、法的に有効な離婚証書によってそれらを退けるしかない、と信じられるようになった。ユダヤ教のラビの世界における、離婚手続きの法的背景については、Levine, pp. 348-50 を参照のこと。

(18) この部分は、Harviainen, *A Syriac Incantation Bowl in the Finnish National Museum*, Helsinki, 1978 の訳に従っている。彼は *raz* という語を、呪文の書かれたこの鉢そのものを指すと解釈している。同書 p. 16 によると、この箇所の背景には、家に置かれた鉢とは天および地に埋められた宇宙の鉢（つまり宇宙そのもの）を象徴するミニチュアである、との神話的思考があるのだという。こうして鉢は、邪悪な諸力に対抗する宇宙的力を分け持つのだ。

(19) この護符が目指す目標は、家の安寧だ。列挙されている悪はその対極、つまり家の混乱を表現していると理解する必要がある。

(20)『ハギガー』2.2 および『アボット』1.6。

(21) これら文献およびその複雑な歴史についての詳細な議論は、J. Neusner, *A History of the Jews in Babylonia*, vol. 5, Leiden, 1970, pp. 235-43 を参照。ユダヤ人史料中で、魔術師として現れるイエスについての簡潔な議論は、M. Smith, *Jesus the Magician*, New York, 1978, pp. 46-50 を参照。ラビ・ジョシュエ／イェホシュアについての議論　は、Jack N. Lightstone, Magicians and Divine Men, in: *The Commerce of the*

Sacred : Meditation of the Divine among Jews in the Greco-Roman Diaspora, Waterloo, Ontario, 1984, p. 51を参照。多くの混乱の中でもとりわけ、ラビ・イェホシュアが生きたのは、イエスの時代から約100年前、ユダヤのアレクサンドロス・ヤンナイオス王の時代だ（前80年頃。Smith, p. 49には、前180年との残念な誤植がある）。

(22) この箇所は、天や地にあると書き手が想像できるあらゆる呪文よりも、この呪文が強力であることを言わんとしているようだ。

(23) この挿入部分は、あらゆる儀礼行為において、名前がいかに重要であるかという事実を際立たせている。しかしまた同時に、人間の行為の他の多くの領域でも、名前が果たす役割の持つ重要性が変わらないままであることもはっきり分かる。つまりこの事例の場合は法的領域で、離婚の証書は、そこに当事者が名指しされている場合にのみ有効であったのだ。またこの事例の場合は、女性精霊のリリスを離縁しようとの最初の試みは、彼女の名前を知らなかったために失敗した。そうこうしているうちに、文面の述べるところでは、その名前の書き込まれた新たな決定が現れる。Montgomery, *Aramaic Incantation Text from Nippur,* 1913に集録された鉢のうちには、リリスをその母親の名で特定している事例がいくつかある（no. 8, 11, 17）。あらゆる事例で、リリスの名は知られていると宣言されるものの、管見の限りでは実際に名前が挙げられている事例はない。

(24) 護符の製作依頼者の名前だ。

(25) この箇所では、ガブリエルの名前と、ヘブライ語で英雄を意味する *geber* という語が掛けられている。

(26) 離縁の証書が持つ権威の背後には、二人の強大な天使、ガブリエルとイェホエル（おそらく、より一般的なヨエルの異形）の力がある。天使が呪文や呪詛の効力を保証する存在としての役割を果たす場面は、古代末期のあらゆるところで見られる。天使がユダヤ文化の世界に起源を持つのは確かだが、次第に万国共通の存在となっていったのだ。呪文や呪詛の世界で天使が果たす役割については、『ソロモンの契約』および『セペル・ハ・ラジム』といった文章の中で存分に紹介されている。

(27) 魔術パピルスでよく使われる、通常は「イァオ」と記される、聖書の神の荘厳な名前の異形だ。

(28)『旧約聖書』の『詩篇』およびのちの呪文の中で頻繁に使われる、文章の荘重な結びだ。

(29)「神殿」と「シナゴーグ（ユダヤ教の会堂）」の二つの語は、ユダヤ人と異教徒が混ざり合って暮らす社会を示唆している。メソポタミア地方では、これは特に驚くべきことではなかった。ただし呪文のこの冗長な言葉遣いの性格は、これらの語が別々の存在を指してはいない可能性を示すのかもしれない。

(30) この箇所では、精霊や邪悪な霊に抗してもらうべくその名を唱えて呼び出された天使たちの力に対し、精霊や邪悪な霊が背くことのないようにと警告されている。

(31) この部分の正確な意味は定かではない。主旨としては、地と天との間をつなげて共鳴させることについて、専門家が適切な知識を持っているがゆえに、この祈祷は有効であるということだ。ここではこのつながりが、天使たちの秘密の名に具現化されている。Naveh and Shaked, amulet 1, 12–13 行での式文と比較のこと：「**書いたのは我**(専門家)。**そして神がお癒しになることだろう**」。

(32) この部分の二つの節でもまた、専門家は呪詛を探知し（つまり地の声を聞き）、そして天から望みの反応をもたらす能力を持っていることが、依頼者に対して再び確約されている。実際には、小村社会での呪詛を発見する能力は、天上での会話を聞き取る能力よりもむしろ、村での人々の生活についてどれほど知っていたかに、より大きく依存していたと想定せねばならない。

(33) 使われているのは *pharmaka* および *katadesmoi* というお馴染みの二語のセットだ。

(34) この後に続く、秘密の名前を用いての、様々な天上世界にいる天使たちへの訴えかけは、ユダヤ教の黙示文書および古代末期の手引き集の中で、完全に典型的な例だ。

(35)「アドナイ」の異形であるのは間違いない。

(36) この部分のジョーダンの読みは、最初の公刊時のテキストからは大きく訂正されている。

(37) Robert, Amulettes grecques, *Journal des savants* (1981), pp. 14–8 は、ここで「暴力の山の上で」と訳した *epanō tou orous palamnaiou* の部分を、アブラハムが息子のイサクを犠牲に捧げようとする逸話を指すものと解釈しており、ユダヤ・キリスト教的起源を持つ護符、ランプおよびフレスコ画に数多く現れる、このモチーフの事例が列挙されている。

(38) ここで使われている *kathēmenos* という、「座る」ないしは「玉座につく」という意味の表現は、数多くの護符や呪文の中に登場しているが、中でもとりわけユダヤ的な文脈の中によく現れている。Robert, pp. 9–12 を参照。

(39) Robert は「茂み *batos*」という語を、『出エジプト記』3 の「**柴の間に燃え上がっている炎**」を指していると考えている（『七十人訳聖書《セプトゥアギンタ》』では、茂みを表すのに *batos* との語が使われている)。

(40) 類似の表現は、*DT* 241(本書第 1 章 no. 12 を見よ)にも、また別の護符(本章 no. 125)にも、さらには *PGM* 集録テキストにも何例か(例えば VII, 634 行)現れている。Robert, pp. 8–12 を参照のこと。『旧約聖書』では、この表現が『詩篇』(80：2, 99：1) などに現れる。

(41) 他のユダヤ的な呪文にも見られるように、『旧約聖書』の一節が引用されている。こ

こでは『出エジプト記』15：26だ（同じ箇所が、Naveh and Shaked, Geniza Amulet no. 8, 22–7行でも引用されている）。

(42) 使われているギリシア語は、順に以下の通り：（A欄）*telos, skotos, ektropē, lupē, phobos, astheneia, penia, thorubos*；（B欄）*apotomia, ponēria, baskanos, asōtia, douleia, aschēmosunē, odurmos, loimos, kenōsis, melania, pikron, hubris.*

(43) G. Scholem, *Jewish Gnosticism, Merkabah Mysticism, and Talmudic Tradition*, New York, 1965, pp. 95–6において、この名前のユダヤ的性格が解説されている。

(44) マンダ語の鉢に同じ名前が出現することについて、E. Peterson, *Engel- und Dämonennamen. Nomina Barbara*, *RM* 75（1926）, p. 421を見よ。

(45)「魔法をかけられ」および「呪文をかけられ」の箇所で使われているラテン語は、*devotus*と*defixus*である。ラテン語の文章によく見られるように、おそらくこの二つの語によって表されているのは、呪詛板により呪文の影響下におかれるという一つの行為のことであろう。

(46)「最初の夜」とは、少なくとも一種類の写本で言及されている、結婚式後の初夜を指すのかもしれない。あるいは、月の最初の夜を意味する可能性もある。

(47) この箇所、および以下で使われているのは、*miasmata*というギリシア語だ。

(48) この箇所、および以下で使われているのは*katadesmoi*。呪詛板を表す標準的な語だ。

(49) おそらくアラム語の「我が主よ、来たれ！　*mry t'*」に由来している。

(50) 公刊者は、この直前の三語、「**イァオー・アルバルバフララフラクス・ラトゥラタクス**」の数的価値は2662となり、つまりその数が回文となっていることを指摘している。同様に、続く「**バインコーオーオーク**」の数的価値は3663で、これも回文だ〔訳注：ギリシア文字はそれぞれに数的価値が定められていて、そのままで数字として代用されていた。例えば「バインコーオーオーク βαινχωωωχ」は、それぞれの文字の数的価値が α＝1、β＝2、ι＝10、ν＝50、χ＝600、ω＝800で、2＋1＋10＋50＋600＋800＋800＋800＋600＝3663となり、前から読んでも後ろから読んでも同じ「回文」のような数字となる〕。

(51) 公刊者はこの「アプ *ap*」を、続く「癒し給え *apallaxete*」の冒頭を誤って記してしまったのではないかと推測している。

(52) こうした一連の母音は、しきりとピラミッド、あるいは梯子のように配列されて書かれる。*PGM* I, 13–19行を参照。

(53) 以前の行で二度現れる同じ文と同様に、どうやらこの箇所でもう一度、祈祷文が繰り返される予定だったらしい。板面下部には、あと数行分の空白が残されている。

(54) フォックスはまた、様々に特徴的な綴り字から、この呪文に携わった人物たちについて「住民のうち、最下層の人々」であったと結論付けている（Fox, *The Johns Hopkins*

Tabellae Defixionum, Baltimore, 1913, p. 35)。しかしながら、もしそうだとしても、この言明が当てはまるのは呪詛板を用意した専門家にであって、製作を依頼した人にではないであろう。

(55) ラテン語呪詛板の中に、ケルベロスが現れる事例は他にはない。ただしフォックスは、アッティカ地方で発見のギリシア語呪詛板に2例ほど、ケルベロスが現れる事例のあることを指摘している（*DT* 74, 五行および *DT* 75A, 9行)。どちらの事例でも、ケルベロスは「守護者 *phulax*」と呼ばれている。またその両方の史料で言及される他の神格は、ヘルメス、ヘカテ、プルトおよびペルセフォネであり、すべてが冥界の標準的なお馴染みの存在だ。ケルベロスはまた、*PGM* IV, 2264行および2294行にも、短長格三脚韻で書かれた「月」への長大な祈祷文の一部として登場している。また *PGM* IV, 2861行にも現れるが、こちらは長短短格六脚韻で書かれた、「月」への祈祷文中だ。最後に *PGM* IV, 1911行以下にもケルベロスへの訴えかけが、女性を男性に惹きつけるための性愛呪詛の一部として現れている。

(56)「精力を、能力を」の部分のラテン語は、*vires* および *virtutes* だ。いかようにも訳すことのできる語である。

(57) 他にもこの事例と共通点を持つ、*DT* 74の6行目を参照のこと。

(58) *victima* という語は、通常は動物の犠牲について使われるが、ここではどうやら、人間の標的であるプロティヌスを指しているようだ。あるいは、呪詛板の安置の時点での捧げものを指しているという可能性もある。

(59) アケロンは、神話での冥界の入り口にある川の名前だ。ゆえにこの語はまた、「冥界の」などと訳すことができるかもしれない。

(60) 他の箇所と同様、ケルベロスの名前は明記されない。だが「三つの頭を持つ」というのは、非常によく現れる描写だ。

(61) 多くの形容辞の中でも、ケルベロスは人間の肉を食らう存在として知られている。ヘシオドス『神統記』311:「生肉啖《くら》いのケルベロスとて、青銅の声を持つ冥王《ハデス》の番犬」〔訳注:中務哲郎訳『ヘシオドス　全作品』京都大学学術出版会、2013を参照〕。

(62) 三種の捧げものが、それぞれ三つの頭のためであるのは間違いない。冥界の神格は、豚を、特に黒い豚を好むのが習わしである。

(63) 基本的な思考法は、まず依頼者がプロセルピナに捧げ物をし、それからプロセルピナがそれをケルベロスに取り次ぐというものらしい。

(64) 異例のこの身体部位リストは、おおむね、頭から爪先へと規則正しく進行する。手始めのこれら各部位の列挙に引き続き、今度は各部位の一揃いが羅列され、それらが害されて具体的に引き起こされることになる苦痛への言及へとつながる。すなわち、たとえば発声器官が影響を受け、そうすると標的は、その苦しみを人に伝えることがで

きない、等々。

(65) ひな形からこの文書を写し取った人物が、この箇所で誤りを犯していたことが、一緒に見つかった他の呪詛板の並行箇所から明らかとなる。つまり、「肩甲骨」という語を直前のリストに入れ損なった筆記者は、そのミスをそのままにしておかずに、新たに（「安眠できなくなるよう・・・」）との節を補ったのだ。

(66) バースで発見の呪詛板での同様の表現を思わせる、「～であれ、～であれ」という定式表現は、ここでもまた、多くの呪詛板でも感じ取れる法文書的な香り・雰囲気を漂わせている。

(67) この行からも分かるように、呪詛依頼者は、敵のプロティヌスが既に自分に向けて呪詛を依頼したのを承知している。だからこの事例は「対抗呪文」なのだ。するとこの事例はまた、呪文や対抗呪文の公的性格を証する重要な証拠ともなる。呪詛するという行為は、決して完全に個人的で秘密の行為ではなかったのが明らかだ。そして確かに、呪詛が効力をあらわすためには、周りの人々に知られることが肝心であると想定せねばならない。

(68)「託した *mandavit*」という動詞はまた、呪詛板が然るべき場所に安置されたことか、あるいは誰か別の人間に委ねられたことを意味するのかもしれない。Fox, *The Johns Hopkins Tabellae Defixionum*, p. 46 では、この難しい部分はこう訳されている：「彼が呪詛の法に従い、何らかの呪いを（我に対し）作成し、それを文字に託したのと同様に、我は彼をそなたに託す」。ラテン語原文は以下の通り：*seive plus, seive parvum, scriptum fuerit, quomodo quicquid legitime scripsit, mandavit, seic ego Ploti tibi trado, mando.*

(69) 呪文や祈祷文で典型的なように、この箇所の原文でも、「見る」という行為を説明するのに3つの異なった動詞（*aspicere, videre, comtemplare*）が使われている。

第8章

（1）J.J. Winkler, The Constrains of Desire: Erotic Magical Spells, in : *The Constrains of Desire*, New York, 1990, pp. 71–98.

史料の解説と翻訳

（1）ここで鍵を握る表現は *carminibus defixa* だ。この表現から、夫は自分の妻が呪いの呪文の標的となったと信じていたに違いないことが分かる。

（2）「告白碑文」については、Versnel, "Beyond Cursing", in: *Magika*, pp. 75 ff. での議論を参照〔訳注：ここで取り上げられている史料については、G. Petzl, *Die Beichtinschriften Westkleinasiens*, Bonn, 1994, pp. 88–90, no. 69 も参照のこと〕。

（3）アナエイティスは、バビロニア起源の女神である（セム語での名前はアナト）。小アジアへと伝えられ、そこでアルテミス女神、および月の神であるメンと結びついた。Lane, *CMRDM*, vol. 3, p. 83 を参照。

（4）小アジアで広く崇められた月の神、メンについては、Lane, *CMRDM*, vol. 3 の当該箇所を参照のこと。

（5）原文には *pharmakon* という語が使われている。Versnel, "Beyond Cursing", in: *Magika*, p. 76 では「毒」と訳されているが、これは語弊がある。*pharmakon* は、非常によく「呪文」を表すために使われる語で、この事例の場合も、ほぼ間違いなく呪詛を指している。その呪詛の効果として現れたのが、狂気（*mania*）の状態だ。訴訟呪詛である DTA 65 では、原告側に証人として立つ可能性のある数多くの人たちに狙いが定められ、それらの人々が正気を失う（*aphrones genoito*）ようにとの願いが表明されている。

（6）Lane, *CMRDM*, vol. 3, p. 30 では、折よくこう述べられている：「誰しもいぶかしく思うだろう・・・タティアは本当は無実ではないのではと・・・ただ確かに、これほど霊験あらたかとして知られる神に誓って、自ら罪を否定することには、多大な勇気が要ったことではあったろう」。

（7）笏を捧げることは、神々の庇護の下で行われる法手続きの開始のために行われる、標準的な手順であった。Lane, *CMRDM*, vol. 3, p. 28–9 での議論を参照。笏の奉納の意味したところは、既知あるいは未知の人々に対する告発が行われ、そうすることで訴追手続きが、神々に委ねられたということだ。

（8）家族の行動は、犠牲を捧げること、およびそれから石碑《ステレ》（おそらくこの事例そのもの）ないし碑文を建立し、その中で彼らが公に神々の偉業を「告白する」ことから構成されている。

（9）「称賛する *eulogein*」という動詞は、個々人の敬虔の念を表現する私的行為ではなく、神々への奉納物を建立するという公的な行為を指している。

（10）これらの語をどう読めばよいのか。単純に、おそらくベレロポン王殺害の手はずに関する命令を含んだ知らせの内容を表現しているのだろうか。その場合、この書版は単なる書簡ということになろう。それに対し「符牒 *stēma*」は文字を指しているのではなく、とにかく何か書かれたものを指していたとの議論も可能だ。そして『オデュッセイア』2.329 に現れる *pharmaka thumophthora* という表現は、明らかに死の呪文を表している。すると少なくとも、ここでの二つ折りの書版（*pinax ptuktos*）が、のちの呪詛板（同様に折りたたまれ、また同様に記号が使われる）の原型である可能性はある。そこには記号が書かれ、どうにかしてベレロポンに死をもたらそうと意図されていたのだ。この一節について、Leaf, ed., *The Iliad*, 1971, p. 270 は「書は一種の魔術と見なされていた」とコメントしている。ギリシアでの最古の呪詛板には、いくつか冥界への手紙の形をとるものがあることは、指摘しておく価値がある。

（11）「黄泉路の *chthonios*」ヘルメス神は、ちょうどこの時代、前 5 世紀の呪詛板ではお馴染みの存在だ。

（12）復讐の女神エリニュスもまた、多数の呪詛板に登場する存在だ（E. Kagarow, *Griechische Fluchtafeln*, Leopoli, 1929, p. 62 を参照）。

（13）ヘファイストス神についての研究である Delcourt, *Héphaistos ou la légende du Magicien*, 1957, p. 160 では、アイアスの語る言葉は、呪詛の儀式からとられた定式表現と解されねばならないと論じられている。Tupet, pp. 261–2 も参照のこと。確かに、「〜であるように、そのように〜」という表現は、数多くの呪詛板で使われている同様の式文を思わせる。

（14）使われているギリシア語は *epōdai* および *katadesmoi*。後者は、金属板に刻まれた呪詛文を表現するために使われる標準的な語だ。発見されている数多くのギリシア語呪詛板は、プラトンの生きた時代およびそれ以前に製作されたものである。

（15）使われているギリシア語は、*manganeia*、*epōdai*、および *katadesis* だ。後二者は、前項の『国家』364 にも現れている。ここでの *katadesis* という語は、*katadesmos* と同じであるに違いない。

（16）*PGM* IV, 2955 行では、性愛呪詛は「交叉路」に安置すべきと指示されている。面白いのが、同じ呪文中で小さな犬をかたどるロウ人形の使用が求められていることだ。こちらの魔術パピルスは、もちろんプラトンの時代よりずっと後の時代のものである。

しかしこうした儀式にまつわる多くの慣習は、どうやら長い時間をまたいで存続していたようだ。

(17) もうお分かりのように、呪詛板は通常、墓や墓地に安置された。

(18) ローマにおける文学の伝統の中で、テッサリア地方はまじないや呪文の（ギリシアにおける）本拠地として知られていた。そこはルカヌスのあの有名な、「テッサリアの魔女」についての陰惨な逸話の地である。またセネカ作とされる悲劇、『イダ山のヘラクレス』では、テッサリア地方は強力な薬草を育む地とされている。さらにアプレイウスの『黄金のろば』では、英雄ルキウスが「魔術的行為」を学ぶべく、テッサリアへと旅をする。これらの物語では、そういった行為を行うのはいつでも女性だ。

(19) 使われているラテン語は *venenum*。おそらく愛の女神ウェヌス（*Venus*）に由来する語だ。狭義に性愛呪詛を指すためにも、あるいは広義にあらゆる種類の呪文を指すためにも、この語を使うことができた。

(20) 使われているラテン語は *devota*。呪詛板上の呪文を指す専門用語だ。呪詛板は、「デウォティオネス *devotiones*」とも「デフィクシオネス *defixiones*」とも呼ばれた。

(21) プラトンと同様、オウィディウスは呪術に二つの形態を想定している。つまり植物（*herba*）から調合された薬と、唱えられる呪文（*carmina*）である。

(22) 使われているラテン語は *defixit*。これもまた、呪詛板を指す専門用語だ。

(23) 誘引か別離かを問わず、性愛と関わる呪詛板中に登場する、小像に針を刺すという行動は、文学史料、魔術パピルス、および小像の実物で、しっかりと証拠立てられている。肝臓は感情の宿る場所としての定評があった。

(24) ここで使われる二つのラテン語動詞は、*devovet* と *figit* だ。どちらも、金属板上の性愛呪詛を表す専門用語だ。

(25) ここで詳細に綴られる部分（「帯を解き～針を突き立て」）について、何人かの現代の校訂者がこれを、後世の挿入と解していることは述べておくべきであろう。しかしいずれにせよ、ここでの詳細は、我々が呪詛板そのものから見てきたことと合致している。こうした小像は、性愛呪詛で使われており、小像はしきりと墓に安置されていた。そして小像には、呪詛の標的から取った、あるいは関係する物が使われていた。

(26) Tupet, *La magie dans la poésie latine*, 1976, pp. 409–10 では、次のような流れが想定されている：まず若い女性たちが、鉛製の呪詛板を準備・奉献してもらうために、老女のところにやって来る。あらゆる魂の祭りと死者との間の関連は、この後に女性たちがその呪詛板を、墓地に安置するのに好都合だったのだ。祭りのために、いずれにせよ彼女たちは、墓地へと赴いたのだから。

(27) *PGM* に集録されている性愛の呪文にも、また発見されている数多くの呪詛板の実物にも、糸と鉛板との間のつながりは現れている。おそらくそのつながりは、物理的な

ものであった。つまり手引き書は、呪文の記された鉛板に、小像を糸で結び付けるよう指示しているのだ。あるいはもしかすると糸とは、呪詛の犠牲者の衣服から取られたものであったかもしれない。Bömer, *Die Fasten*, vol. 2, 1958, p. 126 および Tupet, *La magie dans la poésie latine*, Paris, 1976, pp. 409–10 では、この一節は正しく、金属板上の呪文、つまり呪詛板を明らかに指すと考えられている。

(28) 発せられたこれらの言葉から、老女が用いた呪文は特に「沈黙のまじない」の範疇に属するものであることが分かる。その呪文は、発見されている呪詛板の中でも（「**我は誰々の舌を呪縛する**」)、また *PGM*（例えば IX, 1–14 行）でも、幅広く確認できる。

(29) この「ムタ・タキタ *Muta Tacita*」という冥界の女神（オウィディウス自身が、『祭暦』第 2 巻 610 行で「**冥界の沼地の女神** *infernae nympha paludis*」と名付けている）は、この箇所に現れるだけでなく、ラテン語で書かれた一枚の呪詛板上にも登場している。その呪詛板については、R. Egger, Zu einem Fluchtäfelchen aus Blei, *Römische Antike und frühes Christentum*, vol. 2, Klagenfurt, 1963, pp. 247–53 を参照。フレイザーや他の研究者たちはかつて、この「ムタ（沈黙)」という女神の名前について、「フェラリア祭」の特徴を説明するために、オウィディウスがこしらえただけだと論じていた。しかし上記の呪詛板自体が、「ムタ・タキタ」という神格への訴えかけであり、クアルトゥスなる人物を女神が黙らせてくれるように、またこの人物が逃げまどう鼠のように走り回るようにと願われている：「**ムタ・タキタよ、クアルトゥスを沈黙させよ、彼が逃げまどう鼠のように混乱して走り回るようにせよ**」。

(30) 使われているラテン語の動詞は *defigis*。呪詛板を使って呪いをかけることを表す専門用語だ。

(31) のちのキリスト教文書である、『聖キュロスと聖ヨアンネスの奇跡の話』〔訳注：本章 no. 165 を参照〕において、ステファノスという人物が呪詛の標的となった話が紹介されている。呪いをかけたのは彼の親戚たちで、ステファノスから金を借りたにも関わらず、返済を免れようと呪文という手段に訴えたのだという。H.G, Magoulias, The Lives of Byzantine Saints as Sources of Data for the History of Magic in the Sixth and Seventh Centuries A.D.: Sorcery, Relics and Icons, *Byzantion* 37, 1967, p. 234 での議論を参照。

(32) Tavenner, *Studies in Magic from Latin Literature*, 1916, p. 56.

(33) 使われているラテン語の動詞は *defigi*。これもやはり、呪詛板を指す専門用語の一つだ。

(34) つまりリボの罪状は、おそらく秘密の名前や象徴記号《カラクテレス》を用い、多くの敵対者に対する呪詛を用意したことであった。

(35) 使われている *venenum* という語は、毒あるいは呪文のどちらも表すことができた。

(36)『年代記』3.13。その箇所でも、*venenum* と *devotio* という同じ語が使われている。タキトゥスよりもわずかに若い同時代人である、ローマの歴史家スエトニウスもまた、同じ事件を伝えている（『ローマ皇帝伝』「カリグラ」3)。それによるとゲルマニクスは、「呪文（*veneficiis*）や呪詛板（*devotionibus*）で自分の命を狙っているとの報が自分のもとに届くまでは」、ピソと断交するのを渋っていたのだという。

(37) ディオ・カッシウス『ローマの歴史』57, 18:「というのも彼（ゲルマニクス）がいた家の中に、人骨が埋められているのが発見され、そのそばには呪詛と彼の名前が記されている鉛板があったのだ」。

(38)「呪文や呪詛〜」以下の部分のラテン語原文は次の通り：*carmina et devotiones et nomen Germanici plumbeis tabulis inscruptum*。F.R.D. Goodyeay, *The Annals of Tacitus. Books 1–6*, vol. 2, Cambridge, 1981, pp. 409–10 では、呪文、呪詛、および鉛板という三語で表されているのはただ一つのもの、すなわち鉛製の呪詛板であると述べられている。

(39) 使われているラテン語は *numinibus infernis*。ここでのタキトゥスの記述は、実際に発見されている呪詛板に観察されるそのままである。

(40) なぜこのような探索が行われたのかは明記されていない。しかし、この逸話からまさに次のことが明らかとなる：不運、この場合の重病は、呪詛板のせいとされ得た。そして呪詛板の安置は、完全に個人的な出来事ではなかったのだ。

(41) ここも原語は *venenum*〔訳注：この語は、毒殺と呪いの両方の意味を表すことができた〕。

(42)「呪詛で」の部分に使われているラテン語は *devotionibus*。

(43)「呪文」の部分に使われているラテン語は *devotiones*。

(44) ここでも、公に呪術行為を実行する人間は女性であるとされ、やはりまたギリシアのテッサリア地方と結び付けられている。

(45) 様々な呪文とケラメイコスの墓地、そして墓に記された名前との間のつながりは、呪詛板自体の中に多くの証拠が見出される。もちろん、広告されている二人の名前とは、単に「AはBのことが好き！」というたぐいの落書きだったのかもしれない。

(46) *PGM* IV, 295 行以下では、金属板の準備に「煙 *thumiatērion*」が用いられることが述べられている。

(47)「魔法の輪」の箇所のギリシア語は *rhombos*。おそらくこれは、ギリシア語で俗に「アリスイ *iunx*」と呼ばれた器具と同じものと理解できる。「魔法の輪」は、*PGM* IV, 2336 行で言及されている。その（性愛？）呪文は、ヘルメス、セレネ、コレ、およびヘカテなど、様々な神格に訴えかけられており、その道具は、「地獄《タルタロス》を支配する女神」のものと説明されている。また同じ文書の 2296 行にも、神格を呼び出すことに関連す

る器具として登場している。A.S.F. Gow ed., *Theocritus*, Cambridge, 1950, p. 41では、この器具についてこう描写されている：「スポークの付けられた車輪、ないしは円盤で、中心点の両側に二か所、穴が開けられている」。そしてその二か所の穴に紐が通され、紐をぴんと張ったりゆるめたりを順番に繰り返す。すると円盤が、回転したり逆回転したりするのだ。この器具は、数多くのギリシアの陶器で図像として現れている。魔法の輪と、性愛呪詛ならびにその他の呪縛と関連してのその使用については、Gow, p. 41およびSarah Johnston, *Hekate Soteira : A Study of Hekate's Roles in the Chaldean Oracles and Related Literature*, Atlanta, 1990, pp. 90–100を参照のこと。

(48) もちろんここで唱えられるのは、この時代のあらゆる呪文や呪詛板に見出されるような、神秘的な文言および語である。

(49) *PGM* VII, 465–6（スズ製の薄板上に性愛呪詛を準備するための手引き）では、難破船から取られた青銅の釘が要求されている［訳注：写本にある「船（*naves*)」の語を「鳥（*aves*)」と訂正する読みが提案されている。邦訳者の呉茂一は後者に従い、この部分を「不吉な鳥類のかたくなった骸骨」と訳している。ここでは本書の著者ゲイジャーの解釈に従って「船」のままとし、それに応じて呉茂一訳の文章を改訳した］。

(50) ここで語られる詳細は、発見されている実物の証拠と正確に対応している。まず植物の使用。次いで神秘的な名前の記された金属片（呪詛板本体である）。それから沈没船の一部。この場合は、よく呪詛板に伴われる釘だ。また遺体の一部（呪詛板はよく、墓地や墓と関連付けられる）。そして最後に、一連の入念な儀式的祈祷。これにより、呪詛板は安置される前に清められるのだ

(51) 使われているのは*devotiones*および*maleficia*というラテン語。ここでもやはり他の事例と同様に、この二語で表されているのは異なる二つの戦略ではなく、おそらく一つの行為の別の側面であろう。

(52) 明らかに最初の努力は、性愛呪詛によるものだ。夫の愛情をもう一度燃え上がらせようとしている。ここから、鉛板上に残されている性愛呪詛の多くは、夫婦間の和解のために利用されたと想定しても差し支えはない。

(53) 最初の努力の失敗に引き続く第二の努力は、標的に危害を加える、ないしは殺害することを目的とした呪詛板の配備という形態を取っている。

(54) 使われているギリシア語は*poikilos*。羊毛と呪文とのつながりはもしかしたら、このギリシア語がしばしば、薬の調合の複雑さについて使われたというところにあるのかもしれない。あるいはまた、ときに呪詛板では、金属板に小像をくっ付けるために紐を使う、という事実に由来する可能性もある。

(55) 使われているギリシア語の動詞は*katadedesthai*。呪詛板に頻繁に登場する「呪詛

katadesmos」および「呪縛する *katadō*」の二語は、この語の関連語だ。

(56) 使われている動詞は、*pepharmakeusthai* および *dedesthai*。

(57) アプレイウスは『弁明 *Apologia*』47 において、こう述べている：「(君がそれについて僕を非難するところの) **その魔術は、僕の聞き知る限りでは、法律的な観点からは罪であり、すでにかなり古く、十二表法の時代から禁じられていた。というのもある驚くべきやり方で、穀物がある農地から別の農地へと、まじないによって移動したからだ**」。その箇所でカギとなっているのが、「呪歌《まがうた》 *carmina mala*」の禁止だ。ローマの著述家の中には、この表現を、詩歌によって他人を貶めることに対する禁令と解している人もいる。例えば、アウグスティヌス『神の国』12.9 に引用されるキケロ等だ。Tupet, Rites magique dans l'antiquité romaine, *ANRW* II. 16. 3 (1986), pp. 2592-2601 を参照。アプレイウスをどう読むかには、大プリニウス『博物誌』28.10 が役に立つ。

(58) キリスト教徒皇帝コンスタンティヌスは、パウルスが書いた文章の権威に、大きな信頼を置いていた (『テオドシウス法典』1.4.2)。さらにコンスタンティヌス帝は、その時代以前から行われていた「有害な」魔術と「無害な」魔術を区別する試みの一環として、病気の治療策、ならびに天災から作物を守るための呪文については、処罰には及ばないことを付け加えている (『テオドシウス法典』9.16.3)

(59) 使われているラテン語の動詞はそれぞれ、*obcantare*、*defigere*、および *obligare* だ。おそらくここでもまた、これらの三語は一つの行為、すなわち呪詛板を使用することを表現していると想定して差し支えなかろう。

(60)「呪文」、「魔力」の箇所でそれぞれ使われているギリシア語は、呪詛板を表現する通常の語である *katadesmos*、および性愛のまじないを表す専門用語の *epagōgē* だ。

(61) 使われているラテン語は、*carmina* と *devotiones* だ。『アエネアス』4. 478 以下で、作者のウェルギリウスは女王ディドに、「魔術的手法」を用いてアエネアスを戻って来させる、と誓わせている。この箇所以下の部分では、呪文や呪詛と関係する詳細への言及が数多くなされている。その中に、「三重のヘカテ *tergemina Hecate*」への訴えかけがある (511 行)。数多くのギリシア語呪詛板に登場している女神だ。

(62) 実際に、『アエネイス』4.515-6 の詩句は、「愛 *amor*」を求めるディドについて語っている。この *amor* という語は、しばしば詩人により、性愛の呪文を表現するために使われることがあった。マクロビウス自身、それを「呪文 *devotio*」と表現しているのだ。

(63) ソフォクレスの作品とのつながりは、この「青銅の鎌 *aeneus falx*」という表現による。マクロビウスはソフォクレスの散逸した悲劇作品『根っこ切り／草木集め *Rhizotomoi*』に言及している。この作品では、草木から毒素を集め、青銅の容器に貯蔵する

メディアの姿が描き出されている。

(64) 使われているギリシア語は *katadesmos*。

(65) ここで使われているギリシア語は、普通の組み合わせである *epaoidē* および *katadesmos* の二語だ。

(66) ここでシュネシオスの使う語は *goēs* だ。

(67) ここでは *katadesmos* という語が、*epōidē* という語と共に用いられている。

(68) この箇所のギリシア語は「アリスイ（魔法の車輪）*iunx*」である。

(69) エジプトのメンフィス市において。こうした場面でアスクレピオス信仰への言及が現れるのは、あまり普通ではない。というのも一次史料、すなわち魔術パピルスや呪詛板そのものの中では、この治癒を司るギリシアの神が呪文や呪詛と結びつくのは通例ではないからだ。

(70) 目指す標的の家の近くに性愛呪詛板を安置することは、*PGM* に集録されている様々な手引き、およびソフロニオス（本章 no. 166）の記述の中でも規定されている。

(71)「種々の不吉な言葉 *portenta quaedam verborum*」という表現は、呪文の内容か、あるいはあのいつもの神秘的な文言や名前、またはむしろその両方のことを表現しているのかもしれない。

(72)「不吉な姿 *portentosas figuras*」という表現は、この時代の呪縛呪文のほぼ全てに見出される、あの様々な図像や象徴記号《カラクテレス》を指しているに違いない。

(73) つまりは、呪文は効いたのだ。この種の性愛呪詛では、呪詛の標的とされた女性は依頼者のもとにやって来るまで、その通常の能力を失うようにと明記されることがよくある。同様の逸話が、10 世紀ないし 11 世紀の『カッパドキアの聖イレネの生涯』(J. O. Rosenquist ed., *Life of St. Irene, Abbess of Chrysobalanton*, Stockholm, 1986）の中にも現れている。ある時イレネの修道院に住む尼僧が、「燃え上がるような情熱」に襲われた（41 章)。実はそれは、彼女にふられた求婚者が、土地の呪術師《マゴス》を訪れることでもたらされたのだった。結局、イレネは殉教者アナスタシアおよび聖バシレイオスに助力を願うことになる。そして物語はこう展開する：「空中に包みが忽然と現れた・・・そこには様々な魔術器具（*periergeias*）が包まれて入っていた。その中に鉛製の二体の像があり、うち一体は求婚者に、もう一体は病に悩む尼僧に似せられていた。さらにその二体は互いに抱擁しあい、髪の毛と糸で結わいつけられていた。またその他の有害な装置も入っており、そこにはこの悪事の首謀者の名前と、彼を補佐する悪魔への呼びかけが記されていたのだ」。

(74) *Philoponoi*。俗人労働者の集団で、病人の介護を役目のうちに持っていた人々。

(75) 詳細は明示されないが、足を引きずる状態は呪縛呪文によって引き起こされたに違いない。

(76) ここでもまた、この器具の正確な性質についての詳細は明示されていない。

(77) この箇所のラテン語は、*per laminas plumbeas scriptas*。

(78) 古代においてソロモン王は、どうすれば精霊《ダイモン》をコントロールできるかを知る、力ある偉大な人物としての定評があった。『ソロモンの契約』は、元はユダヤ教文書であるものの、現在はキリスト教版のみが保存される『旧約聖書』偽典であるが、この書は古代末期世界における呪文の使用において、最も人気の高かった書の一つであった。

(79) 使われているギリシア語は *katadesmos*。

訳者紹介

志内　一興（しうち　かずおき）

東京都生まれ
東京大学大学院人文社会系研究科博士課程満期退学　博士（文学）
中央大学他兼任講師　専攻は古代ローマ史

主要著作
『ローマ帝国と地中海文明を歩く』（共著、講談社）
『ラテン語碑文で楽しむ古代ローマ』（共著、研究社）
『古代ローマ検定　公式問題集』（共著、学研パブリッシング）

古代世界の呪詛板と呪縛呪文

2015年12月11日　初版第一刷発行

編　者　ジョン・G・ゲイジャー
訳　者　志内一興
発行人　末原達郎

発行所　京都大学学術出版会
京都市左京区吉田近衛町69番地
京都大学吉田南構内（〒606-8315）
電　話（075）761-6182
FAX（075）761-6190
URL　http://www.kyoto-up.or.jp
振　替　01000-8-64677

ISBN978-4-87698-891-4
Printed in Japan

印刷・製本　亜細亜印刷株式会社
定価はカバーに表示してあります